《贵州佛教中国化研究丛书》，分为《华聚释融》《典藏意象》《贞珉释理》《诗词绮韵》《佛联意趣》五卷，共280余万字。阐述了贵州佛教中国化历史进程与当代实践；对贵州佛教文献、碑刻摩崖、诗词楹联等，进行选录释读。

该书是贵州省及国内20余位专家学者及实际工作者共同研究的成果，内涵丰富，资料翔实，逻辑严谨，图文并茂，是集学术性、资料性、可读性于一体的大型佛教研究专著。

贵州佛教中国化研究丛书 ②

典藏意象

贵州佛教文化·文献选释

贵州省佛教协会 编著
编委会主任 妙果

宗教文化出版社

图书在版编目（CIP）数据

典藏意象：贵州佛教文化·文献选释 / 贵州省佛教协会编著．-- 北京：宗教文化出版社，2023.8

（贵州佛教中国化研究丛书；2）

ISBN 978-7-5188-1450-3

Ⅰ．①典… Ⅱ．①贵… Ⅲ．①佛教—文献—汇编—贵州 Ⅳ．① B948

中国国家版本馆 CIP 数据核字 (2023) 第 162359 号

贵州佛教中国化研究丛书②

典藏意象

——贵州佛教文化·文献选释

贵州省佛教协会 编著　编委会主任 妙果

出版发行： 宗教文化出版社

地　　址： 北京市西城区后海北沿 44 号　（100009）

电　　话： 64095215（发行部）　13691373138（编辑部）

责任编辑： 孟金霞（158504349@qq.com）

版式设计： 武俊东

印　　刷： 河北信瑞彩印刷有限公司

版本记录： 787 毫米 ×1092 毫米　16 开　165 印张　2860 千字

2023 年 10 月第 1 版　2023 年 10 月第 1 次印刷

书　　号： ISBN 978-7-5188-1450-3

定　　价： 980.00 元（全五册）

《贵州佛教中国化研究丛书》顾问委员会

顾　久　王茂爱　王泉松　何士光　张新民　张连顺

《贵州佛教中国化研究丛书》编委会

主　　任：释妙果
副 主 任：释通植　释藏青
成　　员：沈洪华　释通睿　释普法　释果园　释灵普　释祖定

《贵州佛教中国化研究丛书》编辑部

总　主　编：纳光舜
分 卷 主 编：朱佶丽　伍　娟　孙　娟　禄佳妮　王竞晗
分卷副主编：杨建平　饶睿颖　王　江　孙　青　马　晴
陈春艳　梅小亚　陶朝英　徐文静　彭　博
撰　　　稿：马　虹　张　樊　谭啟玲　纳海洋　张　畅
张银荟　祖文雄

本卷主编、副主编、撰稿及分工

本卷主编：

伍娟（成都信息工程大学副教授，宗教社会学博士）

副主编：

王江（成都信息工程大学副教授）

孙青（贵阳市经济贸易中等专业学校讲师）

撰稿：

纳光舜（前言、概述、铜仁市和黔南州佛教文献）

伍娟（贵阳市佛教文献、其他佛教文献“明清时期”）

马虹（六盘水市佛教文献）

孙青（遵义市和黔西南州佛教文献）

王江（安顺市、毕节市和黔东南州佛教文献；其他佛教文献“唐代、民国时期”）

序　一

顾　久①

回顾历史，佛教自传入中国二千多年来，与中国传统文化多有融会：从佛学的角度说，早在东晋，佛学家道安就曾提出过“不依国主，则法事难立”，促进了中国佛教的本土化；高僧慧远，倡导佛儒道对话互鉴，树立了促进佛教文化与中国传统文化融合的典范；中唐高僧宗密提出“孔、老、释迦，皆是至圣”；北宋高僧赞宁，提出“王法为本，融摄三教”；明末清初名僧元贤，主张会通儒释道；民国时期名僧太虚提出“人间佛教”思想，等等。不断自觉地引领着佛教的中国化。从国家管理者的角度看，古代帝王在稳固现存治理秩序的基础上，大都重视宗教在教化百姓、维护社会稳定方面的作用。典型者如明太祖朱元璋，亲撰《三教论》《释道论》等，以儒家社会秩序为主干，兼收佛、道两家的精华，对三教均有所改造、利用和融会，建立起主流意识形态，是经过深思熟虑并行之有效的。

贵州佛教自唐代正式传入起，就开始了中国化进程：主要表现在获取朝廷认可，适应社会，融会传统文化和本土文化。中华人民共和国成立后，贵州佛教中国化进入创新发展阶段，体现出四大特点：一、增强政治认同，坚持正确方向；二、积极适应社会，服务时代；三、发挥积极作用，涵养良善；四、传承佛教文化，融会中华传统文化。进入新时代，贵州佛教界更确立了“坚持中国化方向”的新目标：强化政治认同，勇于自我求变，加强自

① 顾久，贵州省人大常委会原副主任、贵州省文史馆原馆长。著名学者。

身建设，主动服务大局，重视人才培养，加强佛教文化建设。

但在理论化、系统性方面，尚有缺憾。于是，由贵州省佛教协会发起并邀请省内外专家学者编纂《贵州佛教中国化研究丛书》，旨在推进“坚持佛教中国化方向”理论的系统化、明晰化和科学化。这既是积极探索，又是大胆创新，可喜可赞！《贵州佛教中国化研究丛书》共分五卷：首卷《华聚释融——佛教中国化·贵州篇》，对佛教中国化历史探寻；其余四卷为佛教文献、碑刻、诗词、楹联选录。该书视角广阔，资料翔实，体例完备，结构合理，论述严谨，文字畅达，图文并茂，可读性强。

贵州宗教文化研究较为薄弱，坚持我国宗教中国化方向的研究更是一个需要持续推进的重点课题。春阳和煦，《贵州佛教中国化研究丛书》一花先放，定能促成百花齐放的美景！

是为序。

2021年11月9日

序　二

张连顺[①]

贵州省佛教协会邀请省内外专家学者编纂的《贵州佛教中国化研究丛书》，即将出版，可喜可贺。

《贵州佛教中国化研究丛书》洋洋数百万言。共分五卷。该书内涵丰富，资料翔实，逻辑严谨，图文并茂，是集学术性、资料性、可读性于一体的大型佛教研究专著。

佛教中国化研究领域广阔，是新时代宗教研究者一个重要的主攻方向。佛教中国化源远流长，它既有历史的沿袭，又有新时代的创新。中国佛教史上，东晋佛学家道安提出"不依国主，则法事难立"；东晋慧远，唐代宗密、智顗，北宋赞宁、智圆，南宋宗杲，明末清初元贤，清末杨仁山，民国时期太虚等，在促进佛教中国化方面，均有不可磨灭的贡献。中国佛教物质文化遗产（寺院、石窟、塔幢、雕塑、碑刻、绘画等）和非物质文化遗产（戏曲、舞蹈、音乐、神话、小说、诗歌等）均蕴含着丰富的中国化内容。《尚书·周书》言："功崇惟志，业广惟勤。"我们新时代宗教研究者应当在"佛教中国化"研究中尽心尽力，出成果，见实效！

近十年来，贵州宗教文化研究突飞猛进，人才辈出，成果卓荦。先后出版了贵州宗教系列史书——佛教、道教、伊斯兰教、天主教、基督教史和贵州宗教史，是全国出齐中国五大宗教史专著的省份之一。贵州宗教研

① 张连顺，贵州大学哲学与社会发展学院教授，博士生导师，贵州省宗教学会会长。

究发展前景甚为可观。“潮平两岸阔，风正一帆悬”，贵州宗教研究的未来，寄希望于甘于寂寞、勤奋研究的老一辈；寄希望于朝气蓬勃、肩负未来的年轻一代！

是为序。

2021 年 11 月 18 日

序　三

释妙果①

促进贵州佛教文化研究，是我一直以来的心愿。

2020 年下半年，省佛协筹备召开“贵州省佛教中国化研讨会”，与省宗教学会联系增多了，逐步了解到省宗教学会不仅具有较强的研究实力，而且与省内外宗教研究专家学者联系广泛。省佛协会拟邀请省宗教学会编纂《贵州佛教中国化研究丛书》。省宗教学会欣然接受邀请，很快联系省内外专家组成编委会。确定体例，编写大纲，落实编撰人员，开展资料收集，撰写初稿——多管齐下，齐头并进，各项工作井井有条。经过各位专家学者的辛勤努力，《贵州佛教中国化研究丛书》终于成稿。

《贵州佛教中国化研究丛书》的编纂出版，是我会学习实践坚持我国宗教的中国化方向的具体行动，也是落实中国佛教协会《坚持佛教中国化方向五年工作规划纲要（2019–2023）》的重要成果。

《贵州佛教中国化研究丛书》全面记述了中国和贵州佛教中国化的历史进程，系统辑录了贵州佛教文化史料，集中反映了贵州佛教文化面貌。视野开阔，内涵丰富，资料翔实，阐释严谨，文字通畅，图文并茂。

在此，我谨代表贵州省佛教界，对为此书编纂、出版付出辛勤劳动的专家学者和本书编辑，致以诚挚的问候和衷心的感谢！

“猛志逸四海，骞翮思远翥”，我们将再接再厉，继续与省内外宗教

① 释妙果，中国佛教协会副秘书长、贵州省佛教协会会长、贵州佛教中国化研究院院长。

研究专家学者一道，坚持佛教文化建设的中国化方向，创造具有新时代中国特色的佛教文化。

2021 年 11 月 22 日

目　录

上　篇　概　述

下　篇　贵州佛教文献选录

前　言

佛教文化是中国传统文化的一部分。佛教传入中国两千多年来，与中国传统文化有多方面的融会，深刻地影响了中国古代哲学和文学艺术，长期以来部分佛教故事已经成为中国优秀的文学作品的组成部分。佛教对中国小说、诗词、舞蹈、戏剧、曲艺、楹联，以及建筑、雕塑、绘画产生了重要影响。中国佛教协会《坚持佛教中国化方向五年工作规划纲要（2019—2023）》提出："深入研究、整理、总结具有中国特色的佛教文化的发展历程、优秀成果、历史经验、基本规律，做好佛教文物和非物质文化遗产保护工作，为新时代佛教文化建设提供历史借鉴。"因此，贵州省佛教协会决定请专家学者编写《贵州佛教中国化研究丛书》。《贵州佛教中国化研究丛书》分为五册：《华聚释融——佛教中国化·贵州篇》（分上下两部分），《典藏意象——贵州佛教文化·文献选释》，《贞珉释理——贵州佛教文化·碑刻选释》，《诗词绮韵——贵州佛教文化·诗词选释》，《佛联意趣——贵州佛教文化·楹联选释》。

一、贵州佛教中国化

《佛教中国化·贵州篇》分为上、下两部分："佛教中国化的历史演进"和"贵州佛教中国化"。内容简述如下：

（一）佛教中国化的历史演进

佛教中国化，简单地说，就是产生于古印度的佛教于西汉末年传入中国后，通过与中国文化交融，逐渐演化为中国本土佛教的过程。方立天指出：

佛教中国化是指在印度佛教输入过程中，佛教学者一方面从大量经典文献中精炼、筛选出佛教思想的精神、内核，确定出适应国情的礼仪制度和修持方式，另一方面使之与固有的文化相融合，并深入中国人民的生活之中，日益与中国社会的政治、经济和文化相适应、结合，形成独具本地区特色的宗教，表现出有别于印度佛教的特殊精神面貌、体现中华民族传统精神的特征。佛教是一种系统结构，由信仰、哲学、礼仪、制度、修持、信徒等构成，佛教中国化并不只限于佛教信仰思想的中国化，也应包括佛教礼仪制度、修持方式的中国化以及信徒宗教生活的中国化。①

中国佛教的历史，本质是从教理教义、戒律伦理、礼仪轨范等各方面深度中国化的历史，亦是吸纳、融合、滋养中国本土文化的过程。佛教中国化的重要表现，即在于对印度佛教戒律、修学、制度层面的传承、发扬与革新，中国佛教倡导的丛林清规、农禅并重、宗派传承及人间佛教思想，支撑和保证了佛教在中国历史上的兴盛与生机。②

佛教中国化可分为五个阶段③：即比附格义阶段（汉魏晋南北朝时期），交流融会阶段（唐宋时期），稳步推进阶段（宋元明时期），曲折演进阶段（清至民国时期）和创新发展阶段（1949 年 10 月后）。

（二）贵州佛教中国化

佛教影响贵州始于东汉末期。到魏晋南北朝时期，佛教轮回思想在贵州少数民族中亦有一定影响。表明贵州佛教已经开始本土化、民族化。

唐代，贵州有僧人活动并建有寺院。据史书记载，唐贞观十六年（642）前，桐梓已经创修了金锭山寺。说明佛教已经传入贵州。唐垂拱元年（685）牛腾贬谪贵州，并传播佛教④，而且“夷僚渐渍其化”，对少数民族产生影响，

---

① 方立天：《佛教中国化的历程》，载张志刚《宗教中国化研究论集》，宗教文化出版社，2018，第 51 页。

② 《不断开创我国佛教中国化新境界》，《法音》，2019 年，第 8 期。

③ 本书主要研究汉传佛教中国化，未涉及藏传佛教和南传佛教。

④ （唐）牛肃：《记闻》，载（五代至北宋初）李昉等编：《太平广记（卷 112）·报应（11）（崇经像）》。

是为贵州佛教民族化的开端。唐王朝为抗击南诏，招募一批北方大姓领军入黔。这些外籍移民多来自佛教繁盛的长安等地，不仅会有佛教信仰者（仅杨氏后人中杨选、杨粲均笃信佛教），而且所带入的佛教也具有较多融会儒释道的因素。

宋代（960—1279），地方土官土酋热衷奉佛兴寺，在少数民族地区传播佛教，推进贵州佛教的民族化、中国化。南宋宝庆三年（1227）杨价亲自选址在播州城（今遵义）西碧云峰下兴建规模宏大的佛道儒巫合流的“大报天正一宫”①。这一场所分别塑轩辕黄帝、释迦牟尼、老子，可见播州土司杨氏的佛教信仰明显融会儒释道。

元代中后期印度僧人指空在黔西弘法，江西人彭如玉于黔中传教，使佛教在黔中腹地扩展，并深入黔西少数民族聚居区，拓展了佛教在贵州传播的地域，深化了贵州佛教中国化。

明代贵州佛教中国化主要表现在三方面：即增进国家认同，获取朝廷支持；儒释道“三教合一”思潮与贵州佛教中国化。佛教与民间信仰进一步融会，增进了佛教地方化、民族化。

清代，贵州佛教中国化的特点为：利济民生；促进佛教与中国传统文化融会；倡导“孝道”；推动“三教合一”，使佛教文化更适应民众需求；佛教进一步民族化和民间化。

民国时期贵州佛教中国化表现在如下方面：坚持农禅并重，发展寺院经济；兴办佛学院（讲习所、培训班），培养佛学人才；出版佛教刊物、经籍，推进佛教宣传；支持革命和参加抗日救亡活动。此外民间庙会、佛教社会团体、佛教事务管理，以及佛教文学艺术发展，均对贵州佛教中国化有所助益。

中华人民共和国成立后，贵州佛教中国化进入新阶段。有两个明显特点：第一，树立政治认同意识，积极参加社会活动。例如，积极参与三大运动（抗美援朝、土地改革和镇压反革命）等。第二是适应社会，发展生产。据1960年25个县、市僧尼状况调查，1385名僧尼中，有1147人从事农业生产，167人从事商业，63人从事手工业生产，占总数的99.4%。

① （清）道光：《遵义府志》卷之十一《金石》。

改革开放以来，贵州佛教中国化发展迅速。主要表现在：第一，增强政治认同，坚持正确方向。各级佛教团体和寺院，积极开展爱国主义学习教育活动，发扬佛教爱国优良传统。第二，积极适应社会，服务社会。贵州省佛教界发扬佛教热心公益、扶贫济困、自利利他的精神，积极支援国家经济建设，植树造林，保护环境，参与“希望工程”、扶贫、救灾等社会公益事业。第三，积极推进佛教教职人员培养。第四，加强教风建设，纠正僧尼违法、违规行为。第五，发挥佛教文化的积极作用。积极开展佛教文化活动，促进佛教文化研究。第六，融会传统文化，传承佛教文化。通过讲经说法交流会等，提高了佛教教职人员的素质修养和佛学水平，促进了佛教健康发展、社会和谐稳定。

进入新阶段，贵州佛教中国化将进一步从坚持强化政治认同，勇于自我求变、加强自身建设、主动服务大局、重视人才培养、加强佛教文化建设等六个方面大力推进。

二、贵州佛教文化

贵州佛教文化，分为四个部分：贵州佛教文献、贵州佛教碑刻、贵州佛教诗歌、贵州佛教楹联。

（一）贵州佛教文化概述

佛教由古印度迦毗罗卫国（今尼泊尔南部）释迦牟尼（前565–前486）创立。公元前3世纪起，佛教开始向外传播，通过与东西方不同地区文化和宗教交融，最终发展为世界性宗教。

佛教在西汉哀帝元寿元年（公元前2年）传入中国。佛教在中国有三大语系：汉传佛教、藏传佛教和南传上座部佛教。汉传佛教：是以地理位置划分的佛教派别，流传于中国（以及日本、朝鲜半岛、越南等地），产生过众多派别，主要有八宗，即三论宗（又名法性宗）、唯识宗（又名法相宗）、天台宗、贤首宗（又名华严宗）、禅宗、净土宗、律宗、密宗（又名真言宗）。其中禅宗和净土宗流传最广。藏传佛教：7世纪中叶，佛教由印度和内地传入藏地，由此形成藏传佛教（也称藏语系佛教）。主要有有宁玛派（红教）、萨迦派（花教）、噶举派（白教）、格鲁派（黄教）等，并形成活佛转世传承继位制度。其中格鲁派是15世纪初宗喀巴在原噶当派基础上创立的，之后成为藏传佛教诸宗派中影响最大的宗派。此外还有过一些小派，如希解派、觉域派、郭扎派、觉囊派、夏鲁派等。藏传佛教主要传播于中国的藏族、蒙古族、土族、裕固族、纳西族地区以及不丹、尼泊尔、蒙古、俄罗斯布里亚特等地。南传上座部佛教：7世纪佛教由缅甸传入中国云南西双版纳、德宏等傣族地区，由此形成南传佛教（亦称南传上座部佛教）。11世纪前后，因战祸而受重创。后由泰国经缅甸再度传入西双版纳。云南地区南传佛教分为润派、多列派、摆庄派和左抵派四派。主要在傣族、布朗族、阿昌族等少数民族中传播。

汉代，佛教对贵州已有一定影响。东晋时期（317–420），贵州北部地区受到四川佛教的影响。魏晋南北朝时期，佛教轮回思想对布依族有一定影响。唐贞观十六年（642）前，桐梓已经创修了金锭山寺。说明佛教已经传入贵州。其后，唐垂拱年间（685–688），牛腾在贵州传播佛教，黔北、黔东兴建寺院10余座。贵州僧人海通，于唐开元年间（713–741）倡导开凿四川乐山大佛，组织完成前期工程。宋代，贵州土官土酋奉佛兴寺，佛教传入少数民族地区。南宋时，播州（治在今遵义）土官杨氏修建桃溪寺、福源山寺和桃源寺等寺院。元代中后期印度僧人指空，在黔西北一带弘法。元至正年间（1341–1368），江西庐陵人彭如玉在贵阳创立精舍。黔北、黔东地区形成了金鼎山、中华山等佛教名山。明代，入黔的外省僧人增多，对贵州佛教发展有重要推动作用。明初，中央朝廷建立僧官制度。贵州各地也设立了相应的佛教管理机构。明代密教传入黔中。清初，外省籍僧人敏树、燕居、语嵩、梅溪等入黔创建寺院，著书立说，传播佛教文化。僧人著述较多，有语录、灯录、疏论等50余种（现尚存20种）。佛教人士架桥铺路，引泉开渠，植树造林，救死扶伤，扩大了佛教的影响。清中叶后，贵州佛教日益世俗化。咸丰、同治年间（1851–1874），贵州战事不断，佛教寺院多毁于战火。“庙产兴学”运动中，一些地方官绅掠夺寺院财产，迫害僧尼。一些寺院自愿捐产或直接兴办学堂，获得成效。清末，佛教人士参加了反清斗争，贵阳华严寺曾是反清秘密据点；贵阳东山栖霞寺僧铁肩，武术功底深厚，曾协助同盟会会员平刚等训练反清志士。民国年间，佛教文化在贵州的传播得以复兴。各地兴建了一些寺院，成立了佛教团体，开展了一些有组织的佛教活动及社会活动。国内一些名僧先后到贵州宣讲佛法，省内也出现了一批精通佛理的僧人，他们办佛学院、印佛经、讲经说法及主持各种法事，扩大佛教的社会影响，促成了贵州佛教文化的发展。中华人民共和国成立初期，中国共产党制定和实施宗教信仰自由政策，保障公民宗教信仰自由权利。人民政府组织佛教界人士学习时事政治。佛教徒积极参加各种社会政治活动。通过佛教革新运动，70%的僧尼走上自食其力的道路。“文化大革命”时期，寺院被封闭或占用，正常的佛教活动被禁止，佛教文物古迹遭到破坏，佛教界人士被批斗，造成不少冤假错案。中共十一届三中全会以后，历次政治运动中受到不公正待遇的僧尼，经过复查，得以纠正。寺院还归佛教管理。1979年以后，佛教团体陆续恢复和建立，促进了佛教组织建设、思想建设和人才培养。佛教界注重发挥佛教文化的积极作用，参与佛教典籍整理和出版，积极参与保护文物，修复文物古迹，发展文化及旅游事业，促进对外友好交往。

（二）佛教文化的价值

佛教文化是中国传统文化的一部分。佛教传入中国两千多年来，与中国传统文化有多方面的融会，深刻地影响了中国古代哲学和文学艺术，长期以来部分佛教故事已经成为中国优秀文学作品的组成部分，佛教对中国小说、诗词、戏曲、楹联，以及建筑、雕塑、绘画也产生了重要影响。

佛教既是一种信仰体系，又是一种文化现象。佛教随着人类社会的发展而不断演进，逐渐形成以信仰为核心的佛教文化传统。佛教文化在自身发展中与其它文化形态相交融，产生了佛教哲学、佛教伦理学、佛教文学、佛教艺术等，成为人类文化宝库中的重要组成部分。佛教文化包括文学艺术、建筑、雕塑、音乐、绘画，以及哲学思想、伦理道德、生活习俗，这些文化因素几乎渗透到社会的各个领域和人们生活的各个方面。贵州佛教已有近2000年历史。一千三百年来，各民族信教群众创造了种类繁多的佛教文化遗产。佛教建筑、雕刻、绘画等，是佛教在物质层面的展现，凝聚着各族人民的智慧和创造精神，保存着大量历史信息。在国家级文物保护单位里，佛教建筑占的比例较大。在许多城市中，佛教建筑已成为城市独特的标志性建筑。寺院是佛教活动的主要场所。一些重要佛教节日，如佛诞节（浴佛节）、佛涅槃日、佛成道日、盂兰盆会等，已成为地方民俗的一部分。贵州佛教中还有大量以无形形态传承的文化，包括佛教民间文学（如神话传说，寓言、诗歌、楹联等）、佛教美术（如书法、绘画等）、佛教手工技艺（如建筑工艺、雕塑工艺）、佛教习俗（如居住、饮食、服饰、节日）。

佛教文学艺术内涵丰富。佛教文学是运用文字表现佛教内容、塑造佛教形象的一种语言艺术。佛教文学涵容佛教典籍中具有文学性质的作品、僧俗两界创作的有关佛教思想和佛教活动的作品。主要有文献、碑刻、诗歌、楹联等。贵州佛教文献主要分为著作和文章两类。著作有语录、灯录、疏论等 50 多种。其中汇编成册的语录、灯录两种，即丈雪《锦江禅灯》，如纯《黔南会灯录》。单独编辑的语录有 40 余种（现存 19 种）。文章、书信包括序、疏引、记、书、辨、说等。贵州佛教诗歌颇为丰富。贵州僧人写社会、生活、自然之诗作较多。尤其是明末清初，不少明朝遗臣、文人出家为僧，他们文学造诣颇深，所作诗文在贵州文学史上有一定影响。贵州今存佛教碑刻约有 600 余方。内容涉及佛教传播历史、名山名寺史、宗派传承史，以及佛教教理、寺院规约等，反映了佛教与贵州社会历史、政治、经济、文化，以及宗教、民族、民俗、法律、伦理道德的关系。贵州佛教界很重视楹联的作用，在贵州宗教场所中，佛教楹联运用最广，流传至今的楹联作品也最多。贵州佛教楹联作为一种文学体裁，是佛教信众精神世界、道德修养和文化积存的反映，其中蕴涵着丰富的哲理，不少联句寓意深刻，对引导人们提高道德素养有积极意义；贵州佛教楹联又是赞美佛教胜迹的一种形式，它以简短的语句盛赞佛教名山古刹建筑、园林、雕塑艺术，帮助游览者欣赏佛教艺术的自然美、建筑美和艺术美。

佛教提倡的“平等友爱”，有利于增进社会稳定。在社会交往中，佛教倡导慈悲博爱，关怀众生；多行善事，广积功德；弘扬正气，抑制邪恶；断除苦恼，脱离痛苦。这些理念对于引导人们培养广扬博爱精神，实现和谐相处，确有积极作用。譬如，佛教倡导众生平等，有助于实现求同存异，融洽人际关系。佛教的慈悲观主张，相对革除自私狭隘的自我中心主义，关注对其它众生苦乐的影响。消除不同人群内心所坚固执着的各种成见、偏见，消除不和谐的错误的观念，以及对人和事物的不正确的认识方法。在面对种种复杂的人际关系、社会关系矛盾时，以正确的方法排解自己及他人的烦恼及痛苦；包容与自己不同的观念、思维模式、行为方式、风俗习惯等；包容不同个体、群体之间存在差异，化解不和谐因素，互相尊重，和睦相处。从积极方面理解这些教义，对于个人的修养不无裨益。①

佛教主张扬善抑恶，有助社会伦理升华。佛教道德观调和儒家伦理，旨在使人明晰善恶，以识正途；熟知戒律，内戒于心；实践修行，弘道济世；了悟人生，明心见性；敬老尊贤，孝亲敬长。佛教善恶观亦可引导人们认识善恶，遵从社会公德和公共秩序，约束自己的行为，从事正当的职业，不要误入歧途。佛教的五戒、四摄、六度、十善等，则是佛教最基本的道德规范。佛教强调报“四重恩”，即报父母、众生、国主、三宝的恩德。其中报父母恩、众生恩、国主恩，都涉及社会。佛教报父母恩的思想，对促进家庭和睦有重要意义。这些道德规范、行为要求，在今天若运用得当，对提高人们的道德修养，提升精神生活的层次，培养良好的社会风气，促进社会和谐发展，仍能发挥有益的作用。②

佛教倡导服务社会，有利于促进经济发展。纵观历史，佛教之所以能够在中国扎根和发展，成为中国化的佛教，与佛教大力提倡和践行奉献思想分不开。而其成功之处，就在于积极吸收儒家思想，采取入世的态度，农禅并重，关注民生。唐代高僧惠能认为，“佛法在世间，不离世间觉，离世觅菩提，恰如求兔角”，强调了融入社会的思想。近代高僧太虚则更进一步提出“人间佛教”思想，他认为：“人间佛教是根据佛法常住真理涤除其不合时代的思想文化，展开佛教教化功能。”③佛教所提倡的六和敬（简称六和），即身和敬、口和敬、意和敬、戒和敬、见和敬、利和敬，

---

① 林建曾、纳光舜、禄佳妮：《中国当代宗教关系与社会和谐研究》，贵州人民出版社，2012，第225–226页。

② 林建曾、纳光舜、禄佳妮：《中国当代宗教关系与社会和谐研究》，贵州人民出版社，2012，第230–231页。

③ 太虚：《太虚大师全书·新与融贯》（第2册）。

也可作为与信徒、民众相处应当遵循的原则。佛教和合爱敬的道德要求，与当今社会提倡的集体主义和爱心奉献精神，团结协作和恪守职责原则，谦虚谨慎和关爱他人的品格等，有许多相似之处。

佛教力主善待自然，有助于保护生态环境。佛教主张爱惜生命，保护自然。佛教的缘起论即认为，世界万物均处于“此有故彼有，此无故彼无”的相互依存状态下，万物一体，离开了任何一个条件，就不能生起万物。天台宗认为山川草木也充满了佛性；禅宗也说“郁郁黄花无非般若，清清翠竹皆是法身”，将大自然的一草一木都看作是生命的存在，主张珍爱自然，重视自然物的价值。佛教还提出，修善能破恶，念善则罪消；积善致福，积恶遭祸；祸福有根，善恶有报。佛教认为保护环境的责任在人类自身，因此强调众生平等，视一切有情如父母眷属般之亲缘而行慈悲对待。佛教还认为，人与自然环境是一个有机的整体，是相辅相成的。佛教要求信徒必须具有大慈大悲心，慈心于物，善待生命。平等地看待一切众生，慈爱地关爱一切众生。①

① 林建曾、纳光舜、禄佳妮：《中国当代宗教关系与社会和谐研究》，贵州人民出版社，2012，第236页。

上 篇

概 述

一、贵州佛教文献的分类

（一）著作

贵州佛教文献主要分为著作和文章两类。

著作有语录、灯录、疏论等50多部。

语录、灯录两部，即丈雪《锦江禅灯》，如纯《黔南会灯录》。

语录有40余部，现存19部，即《敏树禅师语录》《赤松领禅师语录》《瞿脉和禅师语录》《云山燕居申禅师语录》《云腹智禅师语录》《莲月禅师语录》《昭觉丈雪醉禅师语录》《月幢了禅师语录》《善权位禅师语录》《善一纯禅师语录》《灵隐文禅师语录》《东山梅溪度禅师语录》《山晖禅师语录》《天一悦禅师语录》《华严圣可禅师语录》《象崖珽禅师语录》《绿萝恒秀林禅师语录》《锦屏破石卓禅师杂著》《华严不厌乐禅师语录》。另有《高峰山了尘和尚事迹》《石兰和尚文》《雪斋诗存》《转识论》各一部（篇）。

（二）文章（书函）等

文章分为序、疏引、记、书、函、辨、说。

1.序

通常为著作正式内容之前的介绍性文章。譬如，玉屏县人、偏桥卫教授田起虬《新建瑞雪禅林序》；康熙三十年（1691）吴中蕃《〈东山梅溪度禅师语录〉序》；康熙四十四年（1705）贵州巡抚于准《黔灵山志序》；清康熙五十二年（1713）举人（曾任山东巡抚）朱定元《〈飞云岩志〉序》；

梅溪福度《刘副台请题书斋匾并序》等。其中，田起虬《新建瑞雪禅林序》，主要记叙了“瑞雪禅林”创建建经过及命名的缘由。体现了对本土文化的推崇。于准《黔灵山志序》，在记述黔灵山寺的地理环境和赤松和尚的同时，还阐述了佛法的教化作用。展示了朝廷封疆大吏对地方治理的关注。吴中蕃《〈东山梅溪度禅师语录〉序》①，首段简要记述了佛教及禅宗历史，继而介绍梅溪福度禅师，“源承破老，拂授灵公，内外双融，权实互用，单提向上，普被三根。洵逆风之栴檀而绝流之香象也。前已刊行流布，钳锤后学。今欲翻板附藏，津逮十方，其翘仅至矣！而吾犹有疑焉，既云不立文字，何为饶舌不休，得无以矛陷盾乎？不知正以楔出楔也。梅师契即此证彼之旨，抱自利利他之心，王舍城之结集，将以破愁闷于诸天，亦悲愍中之方便耳。显正乃可破邪，立真始能祛妄。所谓一千四百余部不为多，一句也无不为少，其是也夫……”使人们对梅溪有所了解，为深入研读其语录奠定基础。

2. 疏引

疏引，为寺院募捐簿前的说明文字。主要说明募捐的缘由、意义等。譬如，明代丘禾实《阳宝前山重修殿宇疏》；清代洪湜《募修观音阁疏》；贺士弘《募修飞凤山庵疏》；石兰和尚《募修高风（峰）山寺疏》《水口寺募换金身疏》；郑逢元《募修水月庵引》；徐訚《莲池洞募修后殿卷棚引》；金以盛《开元寺重修佛殿引》；周乐山《莲池洞募修韦驮尊者引》；敖述谦《重修玉屏山募化小引》，傅春闱《募修兴福寺引》。其中，金以盛《开元寺重修佛殿引》②，开篇并不谈募修寺院事，而是指出唐代韩昌黎辟佛之误，引述宋儒程子（程颢）、周濂溪（周敦颐）与佛教相同的观点。这样做一方面是为佛教正名，同时也可以将募捐范围延伸到儒士当中。普

---

① 张新民等整理：《续黔僧语录·东山梅度禅师语录·序》，巴蜀书社，2000，第538页。梅溪福度（1637–1699），四川永川人。俗姓张。住贵阳东山栖霞山寺。有《灵隐文禅师语录》（贵筑东山发昙寺嗣法门人福度复编）。吴中蕃（1618–1695），字滋大，贵州贵阳人。明崇祯十五年（1642）举人。南明永历年间任遵义知县、重庆知府、礼部仪制司郎中兼吏部文选司郎中。后隐居贵阳。清康熙三十一年（1692），应贵州巡抚卫既齐之聘，主纂《贵州通志》。

② （清）咸丰《安顺府志（卷之47）·艺文志（九）·引》。

安直隶厅知州傅春闱《募修兴福寺引》[①]，写法也较为独特，作为知州他并不直接说募捐事由，而是讲述早年读书读书峨山小刹，听客与禅者关于广种福田的对话，以此表明捐建寺院的意义。玉屏人、清康熙丁酉（1717）科举人洪湜撰《募修观音阁疏》[②]，不到300字，但写得很有爱家乡的激情。首段写观音阁地介江滨，规模宏敞；树影山光，水碧沙明，相为掩映；征帆上下，渔歌欸乃。随即点明募捐缘由：修葺该阁，工甫垂成，丹雘之饰，砖瓦之需，尚有缺然者。贺士弘《募修飞凤山庵疏》[③]，首段简要介绍飞凤山寺院，接着阐明寺院急需修葺，“第庵建自前明，越今多历年所。上雨旁风，梁移栋渺。断瓦颓垣，几委灌莽。于是紫气山大师天祐，偕本山住持宗圣，怒然忧之。风雪当门，单撑孤立。誓告众佛，以修葺为己任。踵门乞言，以为倡导。”再往下是宣传捐建寺院能带来种种好处，这也是一般募捐文章的共同写法，“余观佛法，不违时节因缘。今日乾清坤彝，时和年丰。人多植大善果，种大福田，琳宫绀殿，所在兴修。何况兹山，尤擅一邑名胜，人才科目，皆由此出。灵秀所钟，青铜白镪，其何吝惜。师持此说以往，吾知时节适逢。机缘辐辏。凡我善信，必有如须达多长者，布祇陀之金，师其藉手以告成功。如兜率天宫，下移人世，在一弹指间矣！”[④]

3. 记

记，分两种：一种是记载寺院或僧人事迹的书册或文章；另一种是记述游览佛教名山、名寺的文章。前一种如清代钱邦芑《水源洞记》，郑之珖《西来庵记》；黎庶昌《置佛藏记》，福康安《新葺飞云洞殿阁记》，张仲怡《石佛寺记》，黄龙光《准提亭记跋》；民国时期《虚云大师在贵阳黔明寺开示》；当代倪如锡《我所知道的昌明和尚》，查继垕《铁肩和尚事迹补轶》。后一种，如明代徐霞客《黔游日记》中，游长顺白云山、镇宁双明洞、盘县丹霞山；

---

① （清）光绪《普安厅志（卷21）·艺文》。

② （清）乾隆《玉屏县志（卷10）·艺文志（上）·疏引》。观音阁，在玉屏县城北㵲阳河北岸正平山上。

③ 贺士弘，清雍正五年（1727）例贡生。官大定府（治今贵州大方）训导。飞凤山：位于玉屏县城西郊，又名众香山，下临野鸡河，风景秀美，为玉屏八景之一（今寺已废）。

④ （清）乾隆《玉屏县志（卷10）·艺文志（上）·疏引》。

清代张澍《游黔灵山记》《游东山记》《游飞云岩记》《飞凤山》，许元仲《飞云洞记》，谢阶树《贵州道中记》，胡寿彭《游丹霞山记》，彭而述《游天台山记》，郑珍《游大觉寺记》；黎安理《游石佛洞记》，徐樾《双明洞记》；民国时期春波《游黔灵山记》，千里《黔灵记》，张世泽《游双凤山永兴寺记》，白槐《东山记》，黑子《游丹霞山》，聂树楷《了尘大师传略》。其中，黎庶昌《置佛藏记》[①]，撰于光绪十五年（1889）十月。他于光绪七年（1881）出使日本，“遇坊肆间有翻刻南藏本佛经全帙”（经6771卷，总281函；唐慧琳《一切经音义》百卷）。他购买送给禹门寺，后来还出资修葺该寺。黎庶昌并不信佛，不赞成佛教“清静寂灭窈冥诞幻之说”，反对儒者“欲援儒入释”，融会儒释二家。他为禹门寺购《藏经》和修葺寺院，是从文化的角度考虑；同时也是为了抵御基督教、天主教的传播。他认为天、基二教“其说尤浅陋，为释氏所不道”，而地方民众信佛者颇多，因此，倡扬佛教，有助于防止民众为彼所惑。表现了清末士大夫面对多种文化冲突、交流、融会的复杂心态。对于购得唐慧琳的《一切经音义》，黎庶昌认为该书：“中土久逸，颇存苍雅故训，为考据之学者，亦将有取乎此也。”文化方面的意义更为突出。甘肃武威人张澍（1781–1847），曾任贵州玉屏知县、广顺知州等职。好游历，有黔中游记20余篇，其中游贵州佛教名山名寺的有《黔灵山记》《梵净山》《游白云山记》《游东山记》《重游东山记》《飞凤山》《游飞云岩记》《游牟珠洞记》等。他的游记摹写准确，语句优美，联想丰富，意境深邃。譬如《游东山记》[②]，首先描述其途中见闻“出玉屏东门，循山麓而行。石磴盘曲，路才容轨”，“时新雨初霁，畦水涨汛，秧苗抽针，平绿如罽[③]，谷犬乱吠，殊足喜人。”“一径云深，层松攒柏，列若夹道。松柯隐景，交荫修篁，清籁鸣条，山壑答响，雅可游目，凭衿悟衷散赏。”继之，摹写寺院景致：“山之右为寺，正殿倚岩结构，虽未宏丽而真容巨壮，亦称雄刹。两厢有楼可眺远，下则

---

① （民国）《续遵义府志（卷4）·庙坛寺观附·禹门寺·附》。

② （清）张澍：《续黔书》，载顾久主编：《黔南丛书（点校本）》（第10辑），贵州人民出版社，2010，第155–156页。

③ 罽（ji）：毛制品类似毡子。

游人憩息之所。”“出山门，振袖延风，神志为豁。牛下远村，炊烟在树，归飞之鸟，千翼竞来。俯瞰大江，回萦如带，视往来征帆，不啻凫雁[1]也。”这篇游记仅270余字。但对玉屏东山寺沿途景色、寺院形态、在寺中反观四周，交待得清晰明了，引人入胜。

4. 书、函

书，即信件。函，属于公文一类，用于商洽工作、询问和答复问题、向有关方面请求批准等。书，如明末清初万任《复无相和尚书》。清代敏树如相《答相国吕东川居士》《复风卫侯牟章甫居士》《寄御史郑天虞居士》，云腹道智《复玄象廖居士》《复金沙张居士》，丈雪通醉《复咸若佟护法（讳师圣）》《复潼川永伯刺史（讳锡胤）》《复非眼刘居士（讳道开）》《上万峰老和尚启》，月幢彻了《复李道台》《复王月时文学》，悟卓破石《答天虞郑少司马书》。当代，慧松《给赵朴初的信》。其中，敏树如相《答相国吕东川[2]居士》，是如相致吕大器的一封信，信中在研习禅理方面，如相对其既有肯定，又有启示：“敬羡乡尊，位居极品。家传后裔，不以声名自拘，焉得燔柴所缚。虽然致君泽民，海内无不称善，如风清月朗，天下莫不仰观。以为不愧王师，此真七朝元老大中正柱国也！致贺！致贺！然则夙有愿力，示现宰官，以此深信法门，知有向上一着子事，所以本师破山老人相，见用其棒喝交驰，必要居士顶门具眼，脑后见腮。始知步步踏着实地。时时得见本来面目，与三世诸佛同此一道，历代圣贤具此一机。第不识近日果有壁上高僧，一呼便应；瓶中鹅子，一唤便出者么？若有，

① 凫（fú）雁：亦作“鳧鴈”。野鸭与大雁。

② 吕东川：吕大器（1598-1650），字俨若，号东川，四川遂宁人，明末著名政治家、军事家、诗人。明崇祯元年（1628）进士，曾任吏部主事、兵部右侍郎、吏部左侍郎，官至永历朝兵部尚书、武英殿大学士。

是裴休、陆亘、张相国、无尽居士再来[①]，复吐一番辞气耶？……”[②]破石悟卓《答天虞郑少司马书》[③]，是与郑逢元相互问答、共同探讨禅理的一封信：“……老居士于性内寻思此语，人人本具，个个不无，若真正到此地位者，稍着拟议，即落二三。云崔灏之诗略较些子，屈杀不遇。待歌到捶碎黄鹤，踢倒鹦鹉，拦腮一掌，使凑泊不暇，教瓦解冰消，免惑后人。云胸中有主，未能遁世之语甚恰，大约只知有主，而不知主之作用。此段精灵何必遁世，何必不遁世。虽然山僧行脚二十年，后依天童老汉六载，被者主人公弄得七颠八倒，如服鸩毒，恍恍惚惚，愈觅愈差，毫无着落时蓦头撞破娘生鼻孔，原来是者个聻[④]。”

函，在民国时期使用较多。譬如，《贵州省佛教会陈述该省改组佛教会多艰情形函》；觉崇、慈照、定安、持省、永昌《贵州省佛教会呈报澈浊到遵义县指导情形请将前委任原案撤销文》；贵州省佛教会《贵州省佛教会陈覆本会报告该省府对于佛教最近情形函；太虚《本会呈内政部关于贵州省佛教会请取消息烽县苛征庙捐文》。

5. 辨、说

辨，古代明辨是非的议论文体。说，古代一种议论文体，既可说明记叙事物，也可发表议论，但都是为了陈述作者对社会上某些问题的观点。

---

① 裴休（791–864），字公美，汉族。河内济源（今河南济源）人。唐朝中晚期名相、书法家。对佛教信仰相当虔诚，与禅宗有深厚因缘。陆亘（764–834），字景山，吴郡吴县（今江苏苏州）人。佛教居士。曾任户部郎中、太常少卿等，追赠礼部尚书。无尽居士：张商英（1043–1121），四川蜀州新津人。字天觉，号无尽居士。宋徽宗崇宁（1102–1106）官至左丞。靖康（1126）赠太保。中年倾心佛学，具有较深禅学修养。

② 张新民等整理：《黔僧语录·敏树禅师语录》（卷8、卷9），巴蜀书社，2000，第137–146页。敏树如相（1603–1672），四川潼川（今四川三台）人，俗姓王。二十五岁出家，参就破山和尚，得其正传。入黔后居石阡三昧寺开法，后住持贵阳大兴寺。弟子有天隐道崇、天湖正印、颖秀真悟、赤松道领等11位。

③ “天虞郑居士”即郑逢元。逢元字天虞，贵州玉屏县人，明崇祯六年（1633）举人。曾任县教谕、州同知、知府等职。永历帝到云南后，又被任礼部尚书兼管兵部，吴三桂缢杀永历帝后，郑逢元在云南宝台山削发为僧，自号天问和尚。写此诗时郑逢元尚未出家，故称“居士”。诗中以梦里登楼作戏场隐括郑逢元身世，阐发了佛门空无真谛，慨叹世事无常。

④ 聻（nǐ）：句末语气词，相当于“呢”。

陈法《论象山认心为理之非》《论象山之学合乎禅宗》《论象山辟佛之非》《论象山轮对五劄》《致良知辨》；田雯《白云山说》。例如陈法在《致良知辨》中明确指出，“且佛氏于‘不思善、不思恶’时认本来面目，阳明以佛氏本来面目为良知，又以‘随物而格’是致知之功，即佛氏之‘常惺惺[①]，亦是存他本来面目’”，又欲人将‘货色名利’等心一切消灭，只留‘心’之本体，便是寂然不动，所谓‘不思恶’也。又谓‘心体上着不得一念留滞，不但私意，便好念头亦着不得些子’，所谓‘不思善’也。是则随物而格即去人欲、存天理；而去人欲、存天理，不过存养本来面目，其本体工夫则在于不思善、不思恶，与圣人所谓去人欲、存天理者，燕越异向矣。”[②]田雯《白云山说》，主要是对怀疑和肯定建文遁迹贵州长顺白云山事进行辨析。田雯只列举事实，不做定论。他在开篇说到白云山上有罗永庵、跪井、流米洞、大杉数株和三首题壁诗等与建文帝相关的遗址。但历来也有不少人质疑建文帝“出亡”事，如“红箧”（朱元璋去世时留下的小箱子，内有度牒三张，以及袈裟、帽、鞋、剃刀俱备，白金十锭。并指示建文帝出逃路线），疑者指出，“明祖早知其不终，则何不举国以授燕王。”田雯列举了丁炜所言：“建文行遁之迹凿凿，其在滇黔者最久，所传牢落西南之什，实题于滇之武定狮山龙隐庵，庵故帝久驻锡处也。在黔罗永之诗，或出于好事传写。至若跪而汲泉，流而献米，此与释氏虎跑[③]、木毬之说何异？其为不经附会，无足深辨……”[④]

---

① 常惺惺：佛教语。指头脑经常或长久保持清醒。此句出自王阳明《与陆元静书·其三·甲戌》“是致知之功，即佛氏之‘常惺惺’，亦是常存他本来面目耳。”

② 政协平坝县委员会编，谢发忠主编：《陈法诗文集续点校本》，贵州人民出版社，2011，第151页。

③ 虎跑：指虎跑泉。相传唐元和年间（806–820），高僧寰中与弟子性空从南岳云游杭州，居大慈山下，适逢天旱无水，夜梦神人告知南岳有童子泉，神人将遣二虎移来供僧人用。天明，果见二虎跑地作穴，须臾，清泉涌出如珠，故名“虎跑泉”。

④ （清）田雯：《黔书》（上卷）。田雯（1635–1704），字紫纶，一字子纶，号漪亭，晚号蒙斋。山东德州人，康熙三年（1664）进士。康熙二十七年（1688）任贵州巡抚。诗与王士禛、施闰章同具盛名。著有《山姜诗选》《黔书》等。

二、贵州佛教文献的内容

（一）记述贵州佛教历史

贵州佛教文献最基本的内容之一，就是记述历史。这类文献在本书收录的400余篇中约占30%。譬如，唐代剑南西川节度使韦皋《嘉州凌云寺大佛像记》；宋人李昉等编《太平广记》载《牛腾》；明代贵州巡抚郭子章《大兴寺》，贵州巡抚秦敬《记略》；清代郑之珖（南明礼部祠祭司郎中）《西来庵记》，贵州六枝人同治八年（1869）举人张瞻云《重修岩脚三才屯观音洞阁序》，贵州遵义人，道光壬午（1822）科举人祝文震《佛仙寺序》；民国时期《贵州通志·人物志》载《通慧》等。

其中，唐剑南西川节度使韦皋《嘉州凌云寺大佛像记》、宋人李昉等编《太平广记》（载《牛腾》）、民国时期《贵州通志·人物志》（载《通慧》），均从不同角度记述了唐代贵州佛教情况。表明最迟在盛唐时期（712–762）佛教已在贵州传播。《牛腾》记述了佛教在唐周武年间（690–705）贵州传播情况。"牛腾，字思远，唐朝散大夫，郏城令，弃官从好，精心释教，从其志者终身……公子至牂牁，素秉诚信，笃敬佛道，虽以婚宦，如戒僧焉，口不妄谈，目不妄视，言无伪，行无颇，以是夷僚渐渍其化，遂大布释教于牂牁中。常摄郡长吏，置道场数处……后弃宫，精内教，甚有感焉。"① 牛腾在贵州传播佛教，还"置道场数处"，表明佛教在贵州已有一定影响。唐代贵州还涌现了名僧。据唐剑南西川节度使韦皋《嘉州凌云寺大佛像记》载，川西岷江波涛汹涌，常致舟覆人亡。"开元（713–741）初，有沙门海通者，哀此习险，厥惟天艰，克其能仁，回彼造物。以此山淙流激湍，峭

① （宋）李昉等编：《太平广记》卷一百十二"报应十一（崇经像）"，引唐牛肃《记闻》。

壁万仞，谓石可改而下，江可积而平，若广开慈容，廓轮相好，善因可作，众力可集……不数载而圣容俨然。岧岧亭亭，岌嶷青冥，如现大身，满虚空界。惊流怒涛，险自砥平。萧萧空山，寂照烟月。由内及外，观心类境，则八风澄而爱河静也。”① 关于海通的事迹，四川乐山地方史志载“黔僧海通”。海通很可能出身于贵州书礼之家，青少年时在贵州于名寺高僧处出家。但海通不甘静处黔地，力求精进，于是云游四方，求经向道。关注佛事功德，立志要作大德高僧。唐代由“蜀身毒道”前往印度求法僧人有20余人。海通极有可能参与其中，并由此了解到佛像雕塑。唐初四川摩崖造像颇多，也可能是海通萌生建造大佛的理念因缘。并在嘉州平羌驿一处陡峭的红砂石岩层建雕琢过一尊大佛（因故未竣工，今存遗迹），但却为乐山大佛雕琢积累了经验。最终促成“乐山大佛”这一世界奇观壮举。② 又据民国贵州通志《通慧》充州黄道司鳌山寺僧通慧，不仅精于佛理，还擅长医道，曾奉诏道京师治愈了皇帝的病。③

明代贵州巡抚郭子章《大兴寺》和贵州巡抚秦敬《记略》，分别记述了贵阳大兴寺和普定卫（治今西秀区）圆通寺的历史。《大兴寺》载：“大兴寺，在城中。元至正间，庐陵彭如玉建。洪武二十年，长沙游僧南宗重修。正统十年(1445)，颁敕谕大藏经典陆千叁百伍拾卷，赐玉碗金佛，后经残缺。万历三十年（1602），章为补之。建阁，祀接引佛。题曰：玉炉金佛之阁，昭君赐也。以经全故，刻米元章‘宝藏’二字于阁下。南充黄谕德辉亲书‘龙轮法藏’四字颜之。”并附“寺田”等内容。是见于贵州典籍记载最早的寺院之一。④ 秦敬《记略》记普定卫圆通寺（该寺今存），“创始于洪武十八年（1385），重修于永乐六年（1408），皆镇远侯顾成之力也。乃今

---

① 周文华主编：《乐山历代文集》，市中区编史修志办公室，1990，第15–16页。参见龙显昭主编：《巴蜀佛教碑文集成》，巴蜀书社，2004，第45页。

② 罗孟鼎编著：《世界关注乐山大佛》，巴蜀书社，2002，第66–69页。

③ 冯楠总编：（民国）《贵州通志·人物志（七）·方外（明）》，贵州人民出版社，2001，第1291页。

④ （明）郭子章：《黔记（卷55）·方外列传二·寺观》。郭子章（1543–1618），字相奎，号青螺，又自号曰蠙衣生，江西泰和人。明万历二十七年（1599）任贵州巡抚。史称其“能文章，尤精吏治”，有著述20余种。大兴寺，又名大庆寺，今已移建于花溪区青岩镇小西冲。

六十余年，风雨摧圮。天顺四年（1460）冬，镇守贵州中贵郑忠统兵征讨西□首，驻兵普定，见寺将废，意欲修之。既而执讯获丑，班师以还。即捐己资，倡率僚属，完而新之。”①《记略》文字不多，但完整记载了寺院创建及后续修葺情况。贵州遵义人，道光壬午科（1822）举人祝文震所撰《佛仙寺序》，根据寺僧所嘱详记遵义县(今红花岗区)忠里兰若佛仙寺:“寺创自明代，因居士申明祥素重金仙，适与云游僧至耀言谈契合，遂谋创建……继因申文选性嗜礼佛，始将尽有田业，施入庵中，即以绍法住持。绍法无徒，招沩仰正派之僧佐之。传至正葵，清修灭费，累积余金，始于庵后增修上殿，继又易修下殿，并建两廊，夫然后伽蓝宏骏，佛像庄严，院井阶梯，较前奚翅倍蓰，于是易庵名寺，榜以‘佛仙’……自明及清，化阅人世，而栋宇多倾。寺僧乃竭力鸠工，卑其故址，易岑楼而为巨厦，规模较阔，而坚固倍之。”②记述建寺、修葺，居士扶持，僧人的勤谨，清楚明了。张瞻云《重修岩脚三才屯观音洞阁序》首先摹写了三才屯观音洞阁优美的环境，“当岩镇之冲，有三才之屯。郎山锁钥，乌撒通衢。地接羊肠，形开狮口。悬崖峭拔，何殊巫峡参天；古洞清幽，谁识仙源有路。溯自道光五载，节逢新岁元辰。倏瞻彩鹤于山巅，俨坠祥云于空际。翩翩有态，法像分明；冉冉而来，观音酷肖。从峰头而直下，乍见者疑讶其神；至洞口而忽停，近觇焉以穷其异。则有灵风嘘拂，瑞霭和融。石乳悬来，纷纷变幻；岩泉滴久，面面玲珑。当中之宝相天然，斯诚异矣；座下之莲台宛若，不亦神乎！佥谓履端而显化若斯，意必大士之栖灵于此。”随之记寺因兵燹毁坏而重建事“今者升平久享，安乐无虞。回思兵燹频年，众姓几危而复安者，何莫非大士之阴为呵护乎？屈指烽烟到处，此方完善而无恙者，何莫非大士之默为保全乎？于是合里绅耆，一方领袖，同心约会，建议重修。土木概取其新，规模一仍其旧。第需材孔巨，原非一木能支；而功德贵丰，惟有众擎易举。尚望乡邻信善，贯镪随施；还望远近官商，囊金襄助。捐资蕆事，

① （明）郭子章：《黔记（卷55）·方外列传二·寺观·普定卫》。成化五年（1469），秦敬以右副都巡抚贵州。

② （民国）《续遵义府志（卷4）·庙坛寺观附·遵义县》。祝文震，贵州遵义人，道光壬午（1822）科举人，授翰林院编修，吏部拣选知县。

卜吉鸠工。刻其角而丹其楹，焕其龛而巍其座。高矣美矣，堂哉皇哉！”① 叙述寺院历史有更多的可读性。郑之珖（曾任南明朝礼部祠祭司郎中）《西来庵记》描述寺院美景外，主要记述西来庵创建者钱邦芑（大错和尚）与居住或隐居于此的各方人士的交往，“前村为处士吴扶灵山庄，处士与错师朝夕过从，风雨之音，动静相引……河之北，为柏杨坝范学士我劬别墅也。望衡对宇②，欢情相接。余尝同凫庵居士③访错师于庵，或便同过范氏，泛舟褰裳，率尔休畅。维时遐荒天末，寥落寡俦；屯蹇相依，形怀无间，霄暮连床，寤言投契，悲歌慷慨，一往情深。非复末俗之泛交，谅亦世外之良遘也。因为文记之，使后之览者，论世兴怀，亦有以想见兹地之情事云尔。”④ 寺僧与佛教及社会人士的交往，也是寺院历史的一部分，表明寺院也是社会的一分子，与社会有着密切联系。

周正己《修玉皇阁记》⑤，记述此庙由道教和佛教住持的变迁：“郡自有明正统间，于东门之阜，去城里许，有庙貌在焉。二氏之徒，去住无常。自道人高道洪、沈常智、史守真，僧人极乘，竭力修补，厥后兴废不一。此山虽属阖城香火，而正己先人自南京从戎有功，升授此地指挥世袭，以汗马功，施有庄租一区，载在碑志文券中，可考而知也。无何，而物换星移，一座绝好道场，几为狐兔窟穴。乾隆九年（1744），阖城善士欲鼎而新之，规制轩敞，周之以楼，焕然一新。奈人力不足，几废前功。至二十二年（1757），释家弟子祖新自江西来，实心募化，辟草莱，密棘栏，莳花植果，种树灌园，庙中渐有起色。适永丰州牧李公化来署府篆，既恭人刘氏助七十金，创造戟门并左右围墙、月台及坡路，更得阖城远近士商集腋成裘，又募北［化］斋米，数年始告成焉。”

---

① 咸丰《安顺府志（卷50）·艺文志》。观音洞阁位于六枝特区岩脚镇三才屯。张瞻云（1838–1919），贵州六枝下营盘人，同治八年（1869）举人。曾任贵州玉屏县教授、云南某州通判。

② 望衡对宇：门户相对；可以互相望见。形容彼此住得很近。

③ 凫庵居士：名胡钦华，山阴人，明季桂王时任宾州知州，后隐居于湄潭之客溪。

④ 康熙《湄潭县志（卷2）·西来庵记》。郑之珖（？–1659），字于斯，号峨眉道人，四川广安人。南明时曾任礼部祠祭司郎中等职，后弃官隐于湄潭，躬耕教授。著有《明书》《棱庵诗文集》等。

⑤ （清）咸丰《兴义府志（卷33）·祠祀志·寺观》。周正己，贵州南笼（今安龙县）人。乾隆年间任天柱县训导。

（二）阐释佛教义理

这也是贵州佛教碑刻中普遍涉及的。譬如，在伦理道德方面，佛教五戒为不杀生、不偷盗、不邪淫、不妄语（说谎和不实之词）、不饮酒。约束信众的言行，促其弃恶从善；四摄包括布施、爱语（以恰当的方式和语言向人们宣讲教义，教育和挽救犯错误者）、利行（做“利他”之行，从多方面帮助人）、同事（与信众和民众同甘共苦）；六度，即布施、持戒、忍辱、精进、禅定、智慧。其中十善，包括不杀生、不偷盗、不邪淫、不妄语、不两舌（搬弄是非）、不恶口（出言不逊）、不绮语（花言巧语）、不贪、不嗔（心平气和）、不痴，是以五戒为基础扩充来的，是佛教的基本伦理规范，要求人们思善、言善、善为，戒绝恶行，与人为善，成人之美。又如，在处理佛教与国家和社会关系方面，佛教主张“庄严国土，利乐有情”，就是爱国、护国，利益民众。佛教提出“报四重恩”（父母恩、国王恩、众生恩、三宝恩），也是要求信众爱国爱教，护国利民，勤修善行，辅助教化。

贵州巡抚于准《黔灵山志序》[①]言：“夫人性本善，习则远矣！虽有凶顽，莫不各具觉性。佛者，先觉者也。以觉遇觉，自亲切而易化，是故临以刀锯鼎镬而不动念者，晓以佛法，未尝不改容起敬。则知胎、卵、湿、化，各含佛性，此之谓也。而况于耳、目、口、鼻、身体发肤，俨然而人者乎！释祖具大慈悲心，行大慈悲法，智慧光明，普遍一切，故感之者辄化。”肯定佛教义理在安边化民中的作用。“赤松了悟上乘，明通圆彻，如秋潭之月，如春海之云，乃体佛祖之意，欲行化黔灵，使吹笙跳月之辈，望金容而生欢喜心，听梵音而思离垢想，变凶悍而为礼义，易杀戮而为仁让。”

僧人的著述阐释佛教义理的很多，例如敏树如相《答相国吕东川居士》《复凤卫侯牟章甫居士》《寄御史郑天虞居士》；赤松道领《复客问阅藏经书》《复张经公》《复王镇台》；燕居德申《书问》（与古山张居士讳

① （清）康熙《黔灵山志·序（一）》。于准（？ –1725），字子绳，号莱公，山西永宁人。于成龙的长孙。康熙四十三年（1704），授贵州巡抚。饬州县立义学，令土司子弟及苗民俊秀者悉入肄业，送督学考试。

明辅附复书）《复古山张居士书》；云腹道智《复玄象廖居士》《复金沙张居士》；莲月印正《达圣瑞姚护法》；丈雪通醉《复明珠院主》《复俗檄上藩臬两台并席文宗王府尹》；月幢彻了《复李道台》《复果詹时文学》；梅溪福度《赠最良李居士》《刘副台请题书斋匾并序》。这些文章多以问答方式，阐释佛教义理。譬如，敏树如相《复凤卫侯牟章甫居士》："昨贵将官持书至山，开读再四，见居士夙具上乘般若灵根，深信宗风于法门也……然而真参实悟，真履实践，贵在深下疑情。此大疑中，必有大悟。若不深下疑情，必不有悟门也。然今时人，多是以册子上文字讨个分晓，须是得便宜处失便宜也。所谓览本似悟，过后还迷，盖谓入门一著，不曾谛当也。故此本地风光不清楚处，脚跟不稳当处，鼻孔不辽天处，盖是工夫不到不方圆也。而贫道苦口所说者，正欲居士顶门具眼，勿受邪见，则不忘灵山会上，先佛世尊付嘱国王大臣一段大事在今日也。"① 云腹道智《复玄象廖居士》："读来翰，深生庆慰。知居士金汤法门为道，笃切不拘形迹。往往书中请益开示并偈、颂等语，致诚致诚。历观古人，挺特见于天下者，未有不得于创辟，而得于因循者也。故惟豪杰能之耳。公夙有灵根，才闻举着，胸次洒然，不甚欣跃。只将欣跃之心，一齐坐断，不起解会。如狮子游行，不假伴侣；壮士屈臂，不藉他力。只贵一念猛省，一切现成，正如力士额珠，原未他失者。恁么会去多少省力，舍此他求，则不可也。来谕所说虽是不欺，但恐心意识之所，著述终难保，任务须彻底掀翻始得，不见赵州八十行脚不休者，只要到佛之一字。吾不喜闻，方才休歇。所以此事，只在恒一，不贵多闻。公能如此用心，一朝击碎额珠，尘劳业识，尽净光辉。"②

---

① 张新民等整理：《黔僧语录·敏树禅师语录》（卷8、卷9）》，巴蜀书社，2000，第138页。敏树如相（1603–1672），四川潼川（今四川三台）人，俗姓王。二十五岁出家，参就破山和尚，得其正传。入黔后居石阡三昧寺开法，后住持贵阳大兴寺。

② 张新民等整理：《黔僧语录·云腹智禅师语录》（卷2）·书问》，巴蜀书社，2000，第468页。云腹道智，四川渠县人，俗姓李，母何氏。早年在本里水月庵出家。后辗转入黔，先后驻清镇云归山，安顺府（治今西秀区）清凉禅寺、长寿院，永宁州（治今关岭县城）灵应山中和禅寺，弘法宣教。后入楚住持潭州益阳凤山西峰禅寺。

（三）倡导文化融合，促进佛教本土化

佛教与中国文化融会，肇始于魏两晋南北朝时期。当时佛教初传中土，为了立足和发展，佛教人士多倡导儒释道“三教融会”。譬如东晋高僧慧远提出“内外（佛教和儒家）之道可合”的原则，确定了佛教与儒家“出处诚异，终期则同”的基本立场。东晋佛学家道安借道教和儒家学说解释佛教教义，并提出“依国主，立法事”的处理政教关系的重要原则。唐代高僧智顗（yǐ）认为“五常、五行义，亦似五戒”。神清提倡“三教玄同，彝伦克谐”。宗密认为“孔、老、释迦，皆是至圣”。宋代高僧赞宁主张三教一家，理归一揆，融会三教，忠君护国；行秀提出“儒道二教，宗于一气。佛家者流，本乎一心”。明代高僧憨山德清指出，“不知春秋，不能涉世；不知老庄，不能忘世；不参禅，不能出世。知此，可与言学矣。”紫柏真可，认为“三家一道也。而有不同者，名也，非心也”①。清代名僧元贤提出“三教一理”；民国时期杨仁山以佛释儒、道。历代高僧、名僧倡导和促进佛教与中国文化融会，不仅促进了自身发展，并使佛教文化汇入于中国传统文化洪流，成为中国文化的组成部分。贵州佛教承袭这一良好传统，重视与中国传统文化和贵州地方文化的交融。

黄龙光（明万历末年任贵州布政司经历）撰《准提亭记跋》，认为：“夫佛以心性为宗，以无为体，如太虚不挂一丝，善恶从何而立，此最上一乘义，不落言诠。而六祖教人于十二时中，自见己过，则兼修中下事也。”他引用儒家义理来说明佛儒二家具有相容性，他指出，“夫子曰：‘中人以上，可以语上也，中人以下，不可以语上也’②。亦未尝名上为何物，而物实混成于中下之中。”他又引用《易经》（经过孔子整理的）说：“故其称颜氏子，‘不善未尝不知，知之未尝复行。’③而其自忧，但曰：‘闻

① （明）真可、曹越主编，孔宏点校：《紫柏老人集》，北京图书馆出版社，2005，第213页。

② 语出（春秋战国）孔丘及弟子《论语·雍也》。

③ 语出《易经·系词下》：“子曰：‘颜氏之子，其殆庶几乎！有不善未尝不知，知之未尝复行也。’”大意是孔子说：“颜回这个人，或许知晓众多隐微吧。存在的不好事情他没有不知道的，知道是不好的事情没有再去做的。”《易经》成书于西周，孔子曾进行过整理。

义不能徙，不善不能改’①。盖自处以庸德之行，而不敢以最上示人也。令世无夫子，诸具利根种智者，尽从无处流行，种种习气，悉成暴流，谁为究竟，而还无声无臭之至乎。如是，则谓夫子之相于佛也亦宜。”②表明佛教理念与儒家思想是相契合的。

山晖行浣《示石琴闻监寺》：“道本无名，无名斯可谓之道也。老氏曰：‘吾不知其名，强名曰道。’③是道也，运四时而不遗，宰万物而不惑，居烦恼而不戕害，住禅定而不空寂，天地以之，圣人明之，民俗昧之，鸟兽愚之，甚至止之而为山，流之而为水，震为雷，行为云，日为昼，月为夜，散为星，澄为空。”④

徐訚《修莲池洞日振海观音大士金像序补遗》言，佛教“由是化流中夏，数千年人心皈向，坚不可移，亦已久矣。虽其道与吾儒二帝三王⑤之授受有异，然虞舜以大孝而极尊富享保之荣；牟尼以至孝而登大乘无上之果，地藏以孝而救母拔苦海，而恩推扬颂；大士以孝而救父度慈航，而德遍群生。其即吾儒由亲亲而仁民，仁民而爱物之由本及末欤？至于舍己利人，博施清众，破人悭，诱人为善，皆佛愿力所宏，欲使大千世界无一失所，不亦与二帝三王养欲给求，视同仁之道，异派而同源也哉。况夫若观音大士者，慈悲悯世，恒思超化万劫，普度众生，故心□见闻，身化万亿，凡诸有情，有求必应，险者能使之平，危者即予以安，不惜千手千眼以援救之，其奈万劫之险厄日滋，大士之慈悲难遍，遂百古千秋，以菩萨身说法，而未有纪极也。”⑥

---

① 语出（春秋战国）孔丘及弟子《论语·述而篇》：子曰：“德之不修，学之不讲，闻义不能徙，不善不能改，是吾忧也。”大意为：孔子说：“不去培养品德，不去讲习学问，听到义在那里却不能去追随，有缺点而不能改正，这些都是我所忧虑的。”

② （明）郭子章：《黔记（卷55）·方外列传二·寺观·贵阳府》。黄龙光，广西人，明万历戊午（1618）任通政司右通政，后以忤魏瑠（魏忠贤）被贬戍偏桥（曾任贵州布政司经历。崇祯初召还）。

③ 语出道教《清静经》（全称《太上老君说常清静经》）。原文老君曰：大道无形，生育天地；大道无情，运行日月；大道无名，长养万物；吾不知其名，强名曰道。

④ 张新民等整理：《续黔僧语录·山晖禅师语录（卷第八）·示不已纯书记》，巴蜀书社，2000，第834页。

⑤ 二帝：唐尧、虞舜；三王：夏禹、商汤、周武王。

⑥ 中共贵州省铜仁地委档案室、贵州省铜仁地区政治志编辑室整理：（光绪）《铜仁府志》，贵州民族出版社，1992，第328页。

陈法《明辨录》有多篇文章辨析儒释关系。他在《论象山[①]之学合乎禅宗》言："自古圣贤之教人，不过使之循乎子、臣、弟、友之常，谨乎视、听、言、动之则，求之遗《经》，以致其知；反之身心，以践其实；去乎外诱之私，充其本然之善，如是而已。故曰夫'道若大路'；然无他元妙之可言也。自达摩入，而后直指人心，见性成佛。自宗杲教人'静坐''体究'，而后有改头换面之伎俩。于是，好高欲速者慕其高妙而希冀其捷获，绝圣弃智，定虑澄心，以求之虚无旷渺之中，其恍惚之间，偶有所见，遂矜为独得，以为至道之妙不外乎此。乃举吾儒所谓'一贯'，所谓'仁'，所谓'天理'者，皆以释氏之本来面目当之，盖弥近理而大乱真矣。"[②]认为儒家（包括宋代理学家程朱等）所提倡的"'一以贯之'，'仁'，所谓'存天理，灭人欲"俱来自于佛教义理，不过是换了一种说法。陈法在《论象山辟佛之非》在指出："象山于秩序、命讨之源，天理、民彝之实，毫无所见，而只恃一'心'以为主宰，所谓'当恻隐自恻隐，当羞恶自羞恶'者，与释氏'心生万法'何异？虽曰在典常、彝伦之中，而人伦之未察，庶物之未明，亦无由知明而处。当其本源之地，事实之乐，与出世者何异？如是而辟禅，是窃出世之伎俩为经世之作用，究之体用，衡决本末，皆失，正呵佛骂祖，改头换面之尤者，斥之为禅，又岂冤哉？"[③]认为陆象山虽然辟佛、辟禅，但实际上他的理论基础有的来自佛教，有的与佛教无异。实质上是采借佛

---

① 象山：陆九渊（1139–1193），字子静，号存斋，抚州金溪（今江西省金溪县）人。南宋大臣、哲学家，"陆王心学"的代表人物。因讲学于象山书院，人称"象山先生""陆象山"，号象山；陆九渊的学生刘淳叟拜禅师学参禅，"其友周姓者问之曰：'何故舍吾儒之道而参禅？'淳叟曰，'譬之于手，释氏是把锄头，儒者是把斧头。所把虽不同。然却皆是这手。我今只要就他明此手。周答曰，'若如淳叟所言。我只就把斧头处明此手。不愿就把锄头处明此手。渊曰：淳叟亦善喻。周友亦可谓善对。"锄头、斧头皆为工具，就看人如何去操作。陆九渊对此表示了赞同。认为儒释各有所长。但他还是偏重儒学。他认为佛教是"大偏"之学，他说"佛教汲汲私利"；出家是厌弃现世；执著生死。没有一个不出入佛老，陆九渊也不例外。但陆九渊对佛教的评判与两宋其他儒者有所不同。他的佛教批评比较理性，而且反对将佛教说成异端。

② 政协平坝县委员会编，谢发忠主编：《陈法诗文集续·点校本》，贵州人民出版社，2011，第139–140页。

③ 同上，第146页。

教某些义理，充实儒家经世之学。金以盛《开元寺重修佛殿引》[①]言：“韩昌黎《谏迎佛骨》一疏，千古重之，盖惧圣域榛芜而为之树其防也。以余观之：瞿昙之教，厥理最微，故自毗蓝降生以迄双林示寂，其间宣扬妙谛，真无上菩萨不可思议旨哉！未曾有也。吾儒独以其沦于虚寂往往少之，不知尧舜勋华不过浮云半点。程子曰：‘内外两忘’[②]；周濂溪曰：‘千休千处得’[③]。此岂凝滞境相者，可能闯圣人之奥深阳哉！登岸舍筏，在在中庸，然在在皆鸢飞鱼跃，吾于禅也喻之矣。”认为韩昌黎（韩愈）写《谏迎佛骨》目的是企图阻止佛教在中国传播。但实际上佛教有不少微旨妙谛。北宋大儒语出程子（程颢）、周濂溪（周敦颐）也有相同的观点。

（四）倡导融入社会，适应社会

中国佛教特别注重融入社会，以出世的精神作入世的事业，建设国家，利益民众。提倡“农禅并重”，“一日不作，一日不食”[④]。提倡学习技能，以便更好地创造财富，《华严经》说：“为利益众生故，世间技艺，靡不谙习。”这些思想在贵州佛教文献中也有体现，并成为佛教信徒实践的目标。

敏树如相《寄御史郑天虞[⑤]居士》：“昔在思唐时，每承护法对贫道所谈者，是佛法之理；所讲者，皆圣贤之章。而终日不虑于世缘者也。如居士之道学，博物不凡，穷理不俗，虽居宰官而无有宰官之气，虽住城郭而无城郭之声，但心上所存者忠孝，而面上所敬者高人。诚然白居易居士之再来应身[⑥]，而撑持儒释之大道也。”[⑦]

---

① （清）咸丰《安顺府志（卷之47）·艺文志（九）·引》。

② 语出（北宋）程颢《定性书》：“与其非外而是内，不若内外之两忘也”。

③ 语出（唐）吕洞宾《太乙金华宗旨》第10章：“何谓无念？千休千处得。”北宋周濂溪（周敦颐）是引用此语。

④ （南宋）普济著：《五灯会元（卷3）·百丈怀海禅师》。

⑤ 郑天虞：郑逢元（1600–1676），字天虞，法名天问，思州（治今岑巩县城）人。明崇祯年间中举人，官至兵部尚书等。清初在云南宝台山出家，法号天问。

⑥ 应身：佛教语。指佛、菩萨为度化众生，随宜显现各种形象不同的化身。

⑦ 张新民等整理：《黔僧语录·敏树禅师语录》，巴蜀书社，2000，第141页。

丈雪通醉《复潼川永伯刺史（讳锡胤）》认为，信仰佛教的官员，身在官场而心存佛理，“第致君泽民之心，乃忠恕无用之用，若此谨慎做官，即是做佛。”⑧这便是佛教融入社会的最好表现。

梅溪福度《赠最良李居士》，认为修习和参悟佛法不能脱离社会生活，他指出，“学是悟之师，悟乃学之祖。有学无悟谓之增上慢，有悟无学谓之担板汉。是知学必假悟以透……尼父乃云：‘以我为隐乎！吾无隐乎尔！’⑨此理也矣。《楞严》云：‘十方薄伽梵，一路涅槃门。’此理也矣。《华严》云：‘佛法世间法，若见其真实，一切无差别。’亦此理也矣。上古淑哲，未有不在头头上明，物物上显，又何尝取舍，执定一边，是知在真宗师手里出来的，自不被境鼓动，世念碍他，如空中烟云，周旋无碍，谁能拟测哉！”孔子的教育之道是注重言传身教，他将自己的知识毫无保留地传授给学生，同时又要求学生将学习融入日常生活，在社会实践中去体验和感悟。梅溪福度引用孔子这句话，就是要弟子们理解佛法与世间法在本质上并无差别。不要将修习和参悟佛法与社会生活隔离开来。

（五）倡导“孝道”

“孝道”为儒学之本，其核心是“拜、敬、祭”，即“生养死丧，慎终怀远”。儒学“孝道”的主要观点为：1　总的原则：孝是“仁之本”“德之本”“孝慈则忠”“人之行，莫大于孝”。2. 爱己立身（“身体发肤，受之父母，不敢毁伤，孝之始也。立身行道，扬名于后世，以显父母，孝之终也。）。3. 养亲、敬亲和礼亲（“谨身节用，以养父母”）。4. 几谏（“事父母几谏，见志不从，又敬不违，劳而不怨”）。5. 继志，述事，干蛊。6. 显亲，扬名（“立身行道，扬名于后世，以显父母”）。7. 继嗣。8. 葬之以礼，祭之以礼，慎终追远。9. 博爱忠君。（“君子之事亲孝，故忠可移于君；

⑧　（清）释通醉撰，（清）释彻纲等辑：《昭觉丈雪醉禅师语录（卷8）》。

⑨　语出《论语·述而》。子曰：“二三子以我为隐乎？吾无隐乎尔。吾无行而不与二三子者，是丘也。”大意为：孔子说：“你们大家以为我对你们有什么隐瞒不教的吗？我没有什么隐瞒不教你们的。我没有一点不向你们公开的，这就是我孔丘的为人。”

事兄悌，故顺可移于长；居家理，故治可移于官。”）①

如何理解和处理儒家“孝道”观与佛教孝道观，是个很重要的问题。早在佛教初传中土的魏晋时期，时人质疑佛教，“夫福莫逾于继嗣，不孝莫过于无后。沙门弃妻子，捐财货，或终身不娶，何其违福孝之行也。自苦而无奇，自拯而无异矣。”② 在儒家正统观念看来，佛教僧人出家，有的抛弃家庭，舍弃妻子，有的或终身不娶，这违背了中国的孝道观。三国初期佛学家牟子《理惑论》这样作答：世间总是存在着矛盾，“夫长左者必短右，大前者必狭后”，然而，“妻子财物，世之余也；清躬无为，道之妙也。”认为佛教僧人出家是为了追求道之奥妙所在，才舍弃了妻子财物。牟子还引用《道德经》“名与身孰亲，身与货孰多”，来说明追寻寰宇之奥义比身体和资财更重要。牟子的论述虽然逻辑上不够严谨，但却开启了融会佛儒“孝道观”之先河。此后，隋代高僧智顗、唐代高僧延寿、宋代高僧智圆均专门著文辨析佛儒忠孝观的一致性。到了明代，高僧袾宏深化佛教“出世不舍孝道”的思想，明确提出“人之于父母，服劳奉养以安之，孝也；立身行道以显之，大孝也；劝以念佛法门，得生净土，大孝之大孝也。”③

佛教有几部经典专门阐释佛教的孝道观，如《佛说盂兰盆经》《佛说报恩奉盆经》《地藏菩萨本愿经》《佛说孝子经》等。佛教注重孝道，佛教讲“孝”，提倡的是“大孝”。这种“孝”，不仅以让父母、亲友幸福自由生活，而且要在更高的层次上理解“孝”。子女尽孝道，必须成就父母止恶修善，引导父母皈依三宝，信奉因果，寻求最后出世间的解脱。离开此途，即使以丰富的物质供养父母，仍然算不上圆满的孝道。

由此可见，将出家人舍弃父母家室误解为只顾自己修行，不尽孝道，这是错误的。其实，佛教也重视孝道，倡导孝义。佛教的孝道观是与报恩思想紧紧联系在一起的。报恩思想，是佛教教义学说的一个重要组成部分。佛教的孝道观与报恩思想相结合，与佛教教义中的因果报应说有关。而因果报应说是佛教最基本的教义之一，并且在中国社会有广泛的影响，因此

① 见《论语》《孝经》等。

② （南朝·梁）僧祐编撰：《弘明集（卷1）·牟子理惑论》。

③ （明）莲池大师著述，曹越主编，孔宏点校：《竹窗随笔》，北京图书馆出版社，2005，第100页。

佛教的孝道观也随着因果报应说的传播而在社会上广泛得到流传。这在贵州僧人诗文中多有体现。

黔灵山弘福寺开山祖师赤松法师在《复祇林罗居士》中指出："孝义乃助道之缘，脱轮回之本，大丈夫之所为也。"① 山晖行浣② 在《示不已纯书记》中记载其徒不已有关孝道的问答："一日，（不已）得乡井信，知高堂未倾，乃惟曰：'我出家学道，无乃先亲后己乎！不然，何以明吾大孝而报吾劬劳于二老人邪？'先觉曰：'吾精吾道，其道精可答吾亲也。先佛常有十种报恩，勒而为经，而方隅盛传。'《梵网》亦曰：'孝名为戒，亦名制止。'"③

贵阳性莲《雪斋诗集》《辛酉清明有感寄金归梓扫亲墓诗》，直抒僧人尽孝之心境，其辞悲切感人④：

藐躬负罪深，徒为人之子。不辰入空门，虽生亦犹死。
不能事双亲，徒长犬马齿。不能扫亲茔，徒增其惭耻。
半生浪天涯，万里隔桑梓。客中听子规，相思愁难已。
报道节清明，处处焚香纸。风雨添凄其，山花乱红紫。
家家携酒浆，陈馔还读诔。父母生我身，我置空桑里。
如今泪雨珠，粉身亦枉矣。老大多伤悲，劬劳报无以。
微金寄手足，代我修怀水。以表吾深衷，吾力只如此。
年年吊祭时，代吾下一跪。我遥焚香祝，愿天眷顾尔。

语句凄绝哀婉，孝义之诚，跃然纸上。充分体现了儒家孝道观与佛教义理的融会。

---

① 张新民等整理：《黔僧语录·黔灵赤松领禅师语录》（卷5），巴蜀书社，2000，第230页。

② 山晖行浣（1621–1687），四川夔州新宁（今开江）人。清顺治七年（1650）到贵州平越（治今福泉市）府城开圣寺。康熙三年（1664）离开平越，至苏州虎丘住持双塔寺。其弟子辑有《荆南开圣禅院山晖行沅语录》。

③ 语出《梵网经》（全称《梵网经卢舍那佛说菩萨心地戒品第十》）"孝顺父母师僧三宝，孝顺至道之法，孝名为戒，亦名制止。"

④ 张新民等整理：《黔僧语录·雪斋诗存》，巴蜀书社，2000，第758页。性莲（生卒不详。活动于嘉庆年间），章江人，开创并住持贵阳扶风山寺。工诗。有《雪斋诗存》二卷。

（六）描写寺院景观

佛教景观包括名山、寺院、佛塔、石窟等。“天下名山僧占多”，这句话点出了中国山水审美中常见的一个特殊现象。佛教传入中国后，中国传统的山林审美观与之相结合，将大多数寺院庙观建于自然景观优美寂静的名山之中，以应修身养性之需，佛教名山乃成为中国文化景观中一大特色。①

贵州有100余座寺院列为重点文物保护单位，其中包括贵阳市弘福寺、黔明寺、栖霞寺；六盘水市盘州市丹霞山护国寺；遵义市红花岗区湘山寺，禹门寺；安顺市西秀区东林寺、崇真寺，平坝区天台寺（伍龙寺）；毕节市威宁彝族回族苗族自治县凤山寺、织金县保安寺；铜仁市梵净山承恩寺，碧江区东山寺，观音山莲花寺；黔东南州黄平县月潭寺（飞云崖）；黔西南州普安松岿寺。这些寺院（含名山），多为山清水秀之地，风景绮丽秀美，文化内涵丰富，多为民众旅游休闲之地。文人学士多有美文记之。如王沆之《东山记》②，极言东山寺景色之美：“由城门入而右，小径横斜，乱石盈处。长竹短竹，新叶败叶，绵绵参差。曲曲而上，而且虬松老槐，盘结径侧。树石间取道而前，有僧元公之静室在焉，方圆斜曲，位置玲珑，则观音堂依于岩畔也。栏外补石为墩，墩下有精舍，棱楼散散，洒洒落落……循蹬登陟，见夫瘦石罗列，有逸如僧者，有勇如虎者，有跃然飞者，有拳曲如老人者，有藤枝穿其隙者，有竹根蟠其足者，而元公作亭于其间，风至此而剪，月至此而筛，云至此而堕。依亭而坐，则双江之舟，或往或来，若吞吐于烟波之际，而阁亭相接也。由亭折出，路若绝而复通，石将颓而更起，有翼然凌空者，双峰阁也。”贵州兴义人蒋金奎《重修木贾武庙序》③

---

① 吴必虎、刘筱娟著：《中国景观史》，上海人民出版社，2004，第405页。

② 中共贵州省铜仁地委档案室、贵州省铜仁地区政治志编辑室整理：（光绪）《铜仁府志》，贵州民族出版社，1992，第350页。

③ （民国）《兴义县志（第十三章）·艺文·文录》。蒋金奎（1840–1917），字小坪，号满公，贵州兴义木贾人。清同治入文庠，旋补明经。工诗文，善书法，著述颇丰（多散佚）。

云：兴义木贾武庙“林丽葱茏，地尽西城之盛；山驿迢遥，关司北锁之雄。自来领袖西乡，颇称蕃庶；在昔云分花县，夙号名区。朝拥晴岚，窗吞铜鼓之秀；夕凝晚翠，帘卷紫金之霞。看玉带之潆洄，泉流漱马；喜青屏之叠嶂，村峙盘龙。天马行空，壮崔嵬于北极；苍龙堕地，任天矫乎南城。数百家蝉联烟火，绣壤青畴十余里。螺髻参差，红尘紫陌，诚县治之膏腴，禅林之胜地也。”

下　篇

贵州佛教文献选录

一、贵阳市佛教文献

（一）明代

大兴寺　郭子章

大兴寺，在城中。元至正间，庐陵彭如玉建。洪武二十年，长沙游僧南宗重修。正统十年（1445），颁敕谕大藏经典陆千叁百伍拾卷，赐玉碗金佛，后经残缺。万历三十年（1602），章为补之。建阁，祀接引佛。题曰：玉炉金佛之阁，昭君赐也。以经全故，刻米元章“宝藏”二字于阁下。南充黄谕德辉亲书“龙轮法藏”四字颜之。寺田：正统十二年（1447），僧福广用价玖拾柒两，置二桥冲田伍拾柒丘。弘治十六年（1503），僧圆昊、福广用价贰拾陆两捌钱，置石门坎下大坝田贰分。景泰二年（1451），僧彻空等用价贰拾两，置四方河田贰拾伍丘。万历十六年（1480），僧教澄、祖融用价拾捌两置□铺田贰块。都司李显文施价拾壹两，置二铺麦山田壹块。僧詹维清用价捌两，置前所窑园地壹所。以上共纳秋粮壹硕柒斗肆升伍合玖勺，差银肆钱。

佥事时季照①记略：

大兴寺在贵城中。元至正间，庐陵道人彭如玉创精舍。后真贤建大雄殿、毗卢阁，庄严设像，遂名大庆寺。本朝洪武四年（1371），贵款附，立军卫戍守之，渐知向慕，寺名益显。二十年（1387），长沙沙门南宗游方至寺，苦行修持，与其徒圆智态心葺造。构四天王殿、山门、寮舍，重塑三宝毗卢诸佛及观音、地藏、十八罗汉等像，并五十三参。于壁傍植松柏，外缘

① 时季照，慈溪人。洪武中，以训导，擢监察御史，在任10年，始终一节。升四川按察佥事。

垣墉，焕然增美。镇远侯顾成启于蜀王，改赐今额。永乐二十年（1422），僧慧智领寺事。八年，宣慰使举智奏设僧纲司，就授都纲。贵州僧有官有署，昉①于智。智首营丈室为栖禅所，购《大藏经》一部。顾公及李正相与集赤铜七千五百斤，鸠工铸铺于廊左。余以巡历屯田抵贵，常谐寺瞻礼。智请余记，以传永久。

[附记]选自（明）郭子章《黔记（卷55）·方外列传二·寺观》。郭子章（1543–1618），字相奎，号青螺，又自号曰蠙衣生，江西泰和人。隆庆五年（1571）进士，历任知府、左布政等职。万历三年（1575）奉命入黔，万历二十七年（1599）任贵州巡抚。史称其“能文章，尤精吏治”，著述宏富。有《粤草》《蜀草》《黔草》《闽草》《平播始末》《阿育王山志》等20余种。

圣　泉　郭子章

贵阳府诸水，城西五里有圣泉。山麓涌出，消长如潮，镇远侯顾成石为池，覆以亭，池中立一石以视消长。下流溉田数百亩。傍有寺，郡人四时咸观焉，即景云“圣水流云”。今寺废址存，郡人刘汝楫为记，具详楫传。

[附记]选自（明）郭子章《黔记（卷8）·山水志（上）·省城内诸水泉》。

转识论　如登

僧如登，蜀人。万历己亥（1599）游于黔，阅藏于大兴寺。既精三乘，复谙《六书》。予建忠勋祠，后竖准提亭，遵登与破尘二僧虔共香火。破尘南谒普陀，如登孑处亭子，著《转识论》。

论曰：元穷至理，秉握天然。心刳到多为少，事既变粗为细。缘生死，依涅槃，释烦恼为菩提，转也。分别一切见闻，觉知亦非他物，全是真心。

---

① 昉（fǎng）：起始。

影名弃彼，百千澄清，大海认一浮沤为全潮，体种种拟议，思量结缚，背却真光妙体，识也。议摭文词，贯成法式，总斯一旨之弘纲，论也。乾元弗比，造化始初，威音那畔以前，鸿蒙未判之兆。混混沌沌，杳杳冥冥，无形无相，故强示曰真空不动之道。玄玄寂寂，一物未冥，假名为心，心焉天然，亦名火藏，火性无体，遇物成形，动则如积薪之火，杯水救而难灭，寂则似浊水投于静器，不拟久而澄清，迷之旷劫不返，悟时只在刹那。

论曰：古今三界唯心，万法犹识，所谓心生则种种法生，心灭则种种法灭。心生则万境全彰，心灭则一尘不立。揣其本末，三世诸佛，皆用此心。前贤后贤，无一不同，此心成等正觉。

或曰：何心也?

答曰：涅槃妙心也。世有一法，过于涅槃，吾即不说。

问曰：修习涅槃，成等正觉。为从有行，为从无行?

答曰：不从有行，不从无行。及不从有行，又不从无行。

云：何得成等正觉乎?

答曰:有亦如如,无亦如如,不于诸法生吾我心者,是谓有行。摄意常定,心如虚空，不著三界，是谓无行。然此有行无行，尽情荡绝，于空离空，不染空识，息心永灭，不兴相著，嘿然无言，以与涅槃符合。学悟之士，为求涅槃，故修圣道，道如船筏，必应舍，故亦犹意乐不愿圣道，故缘道，行相亦得无愿明以本期心厌有为故空，非我相，非所厌，舍以与涅槃相相似，故览融云无心恰恰用，恰恰用无心，今说无心时，不与有心殊。悲乎！学道之士，其心怯弱。或着空厌有，或执中背边，或生断灭想，作增灭见。流浪情尘，莫知能返，执尔不了，妙净明心，为物所转，受诸轮坠，一切众生，闻已不闻，从无始来，为心意，识流转，流转时毫不觉知，如来在般若会上说诸法空相，荡尽情量界蕴，尘劳冰消瓦懈，到究处，空亦不可得，若人续有善根种性，只向不可得处，抵却见闻，觉知了没交涉。

或曰：转识为智理义云何?

答曰：当垂正幢，摧折邪慢，顿成智识之相。了无思议之心，智体廓然无明，《浣尽经》云：此是无明灭，已则成智见。噫！欲忆转识为智，先净自心，自心清静，何识不转，何智不明已。

论曰：心意、意识、习气、过患等法，皆悉转变之极，乃复其性，无非一如以皆如。故《离心绝想经》云：思想心息，如是法相，名大涅槃。言大涅槃者，甚深禅定，圆明寂照，非同殂落。《华严经》云：心智路绝，名不思议，法名如来印。《法华经》云：非思量分别之所能解。《楞严经》云：若能转物，则同如来，穷其物者，心意识分别之境，然根境识三，摄尽万法是也，夫凡修观行转阿赖耶识，为一团一积一聚，为一聚已，犹缘真如境智，故修习，多修习而得转依，转依无间，当言已断，阿赖耶识犹此断，故当言已断一切杂染。

问：阿赖耶识何也？

曰：心意及与识，总言识也。远离思想法，智也。得无思想法，则转识为智。此是菩萨，而非声闻，此言智之始也。人能转识为智，智悲双运，广大无尽，然后佛恩可报，圣果可期。如此用功，自念我与众生，说如斯法，是名真度生也。《楞伽经》云：通达智识之相疾，成阿耨多罗三藐三菩提无上法王萨婆，若心恳切而已。岂亦长沙云，此事约限不定，唯在心思路绝，自然净去，不虽搕拉。庞老云：但愿空诸所有，切勿实诸所无，推寻源底，只是一念不生，方有少分相应，如实而论，转而无转，乃转假相；变而无变，乃变假名。荷以名与相，假与真，七颠八倒，待对不绝，信知诸佛如来，识心成佛，换名不换体也。然我无有我，灵知无知，名相两释，使心境洒乐，物我一如，则归如来大寂灭海，归无所得，始得究竟坚固圆满菩提。

颂曰：绝心思量法，情境寂然休。识浪同时息，大海亦无沤。如是四处转，转处得源流。菩提得不得，人法两俱空。有无无所立，空空亦复空。远离思想法，智海阔无穷。澄清归妙湛，月影现其中。无生亦无灭，三际体圆融。是出世间法，闻思急急修。归无所得处，涅槃彼岸头。

予为序，而刻之大兴。

[附记] 选自（明）郭子章《黔记（卷54）·方外列传一·唐宋大明》。

准提亭[1] 郭陵爲

准提亭，在贵阳忠勋祠佛阁后，家大人因黄恭父梦名也。恭父名龚，漳州龙溪人。少业儒。已，弃儒习孙子书。从家大人讨播、讨皮林，俱与幄筹。贼平，间以净土问，家大人杂儒佛语语之，黄有省。

万历二十九年（1601）夏五月，病觙[2]，丐僧如惠诵《弥陀经》。将持为西方，公据忽忽之一亭，甚庄严。见一牌大书："吾与汝今夜论司存复命先进长者之道。"亭坐二人，侍者语黄曰："左丘太守，右郭建公。"黄曰："非郭中丞长公子邪？"侍者曰："然。"黄趍[3]与兄建公揖。建公目之井，黄之井畔，一人汲水二钟饮之，甘。丘与建公行，黄随之。倏而醒，汗如雨下，病寻愈。以告家大人，竟莫晓为何所。

黄自是弃武，归侍其母。行至汀州旅署，漏下二鼓，见金色如来，始似人，渐高无量，直与天齐。黄顿首，三鼓而灭。三十年（1602），滇有缅警。陈中丞公复趍黄之滇，从滇还闽，道黔。

九月廿五日夜，黄梦之一所，甚庄严。颜曰"准提大会"。门竖二大黄旛，篆书："人佛不二，人二，佛无二；心性相缘，心缘，性谁缘。"黄趍而入中堂，左右柱上楷书："不善未尝不知，知之未尝复行。"少选，建公出，迓之曰：君前所见，乃准提亭也。予负谴，幸救入此，为会间校字。君前所饮，乃非生水也。先进长者，乃予严也。司存复命，准提佛母也。今其相君，乃吾夫子也。君其谨识毋忘。怅然而别。已，复追黄授一纸曰："人有心照'准提'二字，口证'准提'二字，手临'准提'二字，其人乃能于阿耨多罗三藐三菩提注一善位。口不恶，心不恶，身不恶，得报。"四十九字，字字金书。

黄归间，道白下，因以语陵。陵忆兄建公初殁[4]时，母夫人哭之恸。一夕，

---

① 原注：准提亭在城东忠勋祠后，万历三十年建。标题为编者加。

② 觙（jí）：足相踦。行走不便。

③ 趍（qū）：古同"趋"。

④ 殁（mò）：古同"殁"。

梦至一亭，亭垂琉璃帘，建公謦咳其中。已，二童子卷帘，建趍出，见母顿首。母问曰：“汝何为此？”建对曰：“儿居此掌人间善恶簿，昨大人居乡救荒一事，此已登善念簿。”母曰：“可得见乎？”建曰：“可。”少选，二童子传呼取善念簿。簿至，高阔丈许。建揭示母曰：“此条乃大人救荒事。”已，命持去。引母入内堂礼佛，槛外莲花盛开，母子倚槛细玩，顷之献茶。茶毕，送母归。曰：“母亡哭，儿处此甚畅也。”明日，母夫人以语陵兄弟，竟亦莫晓为何所。

以今黄生二梦质之，吾兄所居其准提亭乎？嗟乎！颇子修文地下，建公校字准提，夫复何恨。而况得吾夫子为之依归也。至云不善未尝不知，知之未尝复行，陵兄弟与恭父当共闵免焉。亭成，家大人命小子陵记之如此。

[附记]选自（明）郭子章《黔记（卷55）·方外列传二·寺观·贵阳府》。郭陵舄（xì），郭孔陵，明万历间泰和人，郭子章次子。

准提亭记跋　黄龙光

准提亭记，记昔者吾友郭建公往因也。其说如梦如幻，疑信者半。疑者以死为断灭一切往生，梦现尽属乌有，病在不能信。信者谓人间善恶，鬼神悉闻悉知，微掌记，孰为司契？独其指相君为吾孔夫子，柱上书不善未尝不知，知之未尝复行。语杂儒佛，似属牵附，病在不能疑。

夫佛以心性为宗，以无为体，如太虚不挂一丝，善恶从何而立，此最上一乘义，不落言诠。而六祖教人于十二时中，自见己过，则兼修中下事也。夫子曰：“中人以上，可以语上也，中人以下，不可以语上也”①。亦未尝名上为何物，而物实混成于中下之中。故其称颜氏子，“不善未尝不知，知之未尝复行。”②而其自忧，但曰：闻义不能徙，不善不能改。盖自处

① 语出（春秋战国）孔丘及弟子《论语·雍也》。

② 语出《易经·系词下》：“子曰：‘颜氏之子，其殆庶几乎！有不善未尝不知，知之未尝复行也。’”大意是孔子说：“颜回这个人，或许知晓众多隐微吧。存在的不好事情他没有不知道的，知道是不好的事情没有再去做的。”

以庸德之行，而不敢以最上示人也。令世无夫子，诸具利根种智者，尽从无处流行，种种习气，悉成暴流，谁为究竟，而还无声无息之至乎。如是，则谓夫子之相于佛也亦宜。

余往在长安，度门无际禅授以佛母准提经文，无多言，法用观想余说，受持愿报，不立文字，信其为诸佛第一密因。亦吾夫子所谓不可语者也。持之一岁，以罪放归，舟中病疫，二十日，忽忽若卧多手佛座下，愈而知其为准提护持也。夫以余之卤莽作辍，尚获报如此。

况君生平善信，不作人间一黑业，死之日，犹捐百金造桥施絮，深心檀度，其云得救入此会，夫复何疑？且自为诸生，先进长者，令从见罗先生讲学，武夷先生甚器之，语具《垂杨集》中。其于不善未尝不知二语，殆庶几矣，固宜其揭以自助助世也。丁酉之役，君一日声动缙绅，诸缙绅先生无不愿一得当郭生者。顾独匿迹自喜，间以时启户纳余入，因窥君博雅才慧，世界无两。而暗朴沉嘿，殆类颜氏之愚。计其住世，亦略相等，君岂其后身邪？其宿命殆不可思议已。夫人生有所持，死必有所往。戊戌春，君下第还，至涿州，以书抵余云，自谓丘壑足毕此生。斥鷃之于大鹏，其逍遥一也。君今校字此亭，其见梦云处此甚畅，诚然，诚然！

乃龙光踯躅人间，无一善状，上负圣训，下惭友生。中年学佛，亦堕信不能疑窠中。读兹记，悠悠我思。愿乞亭畔甘泉灌顶，令诸不善业化为酪酥。而幽明路渺，质证无从，因缀数语其末，以当忏悔。庶几他日不为兹亭生客，且以见余与君其过去未来因，或当如此耳。

[附记] 选自（明）郭子章《黔记（卷 55）·方外列传二·寺观·贵阳府》。黄龙光，曾任贵州布政司经历。曾陪同郭子章游历平越等地。

记　略　秦敬

普定卫圆通寺创始于洪武十八年（1385），重修于永乐六年（1408），皆镇远侯顾成之力也。乃今六十余年，风雨摧圮。天顺四年（1460）冬，镇守贵州中贵郑忠统兵征讨西□首，驻兵普定，见寺将废，意欲修之。既而执讯获丑，班师以还。即捐己资，倡率僚属，完而新之。又买田数亩，以供寺僧常住。且寺又为祝延圣寿之所，公请记，故并及之。

[附记] 选自（明）郭子章《黔记（卷55）·方外列传二·寺观·普定卫》。秦敬成化五年（1469），以右副都巡抚贵州。郭子章《黔记》载：圆通寺在卫治南白虎山上。洪武十八年（1385）指挥顾成建，后有孤峰屹立，上建石塔以为镇，永乐六年（1408）重建观音阁、大雄殿。天顺五年（1461），太监郑忠重修。寺有藏经殿，永乐间十二营长官萧贤建，捐资购《藏经》六千三百五十余卷，六柜，《法华经》二柜。①

（二）清代

东山志略② 谢三秀

山在黔东门外，故曰“东山”。峭壁陡绝，百仞朱楼，缥缈欲飞。前俯金汤，后枕铜鼓，固俨然西南一具瞻云。山麓旧无结构，万历初，中丞何公始建东山阁。两山夹谷之间，颇足幽胜。阁后为“都是春风楼”，楼高不及阁之半，而阔倍之，槛外社坛诸山，一目都尽。劲松谡谡，如听潮江八月潮，能令坐者忘倦。出阁，启短扉，梯石而上，望一天门，如在霞表，山椒祠灵官虬髯如戟，凛凛有生气。门东西各翼以祠，祀关、赵二将军。岁时香火不乏。祠右高阜，则小鲁亭在焉。亭据三面之胜，故自佳，惜不见城南如练耳。亭下小有洞，仅容二胡床，乱石岌嶪③相倚。

去小鲁，望绰楔而进④，是为空中楼阁。阁不甚华，呼吸帝座⑤。左右与楼络绎，东为云堂，以客方外。残碑断碣相枕藉，苔藓蚀而茑萝封矣。

---

① （明）郭子章《黔记（卷55）·方外列传二·寺观·贵阳府》。

② 《黔诗纪略》为“东山记”。

③ 岌嶪（jí yè）：高峻。

④ 绰楔（chuò xiē）：牌坊。

⑤ 帝座：座一作坐。《宋史·天文志》：“帝坐一星，在天场中，天皇大帝外坐也。”“呼吸帝座”，意为像呼吸一样时时不忘皇室。

僧构小楼于丛薄中。三圣殿与阁对峙，负山雄丽，而眺望不赊。殿左为文昌阁，少爽闿[①]，近亦倾圮。斗姥阁半嵌崖半，飞架空中，凭栏极目，便自有天际真人想，然而据险为不甚适。自此过通明殿，仅数十武，皆从冈脊上行，罡风蓬蓬然，吹人欲起。殿祀东岳玉帝金像，颇肃，真足奔走万灵。左为钟亭，右为积翠亭，咸与殿称。前楹轩豁，松桧阴森，即六月不受暑。下视城市，殆如蚁垤，千甍翼张，万瓦鳞次。明江一派，盈盈扉履间。虹桥卧波，渔人操舴艋，如在镜中行。大都黔中之胜，无逾兹山。

[附记]选自（明）郭子章《黔记（卷8）·山水志（上）·贵阳府诸山》。

雪涯洞　吴振棫

洞在贵阳次南门外，深广不过二丈，以在省会，且去郭近，游人多，故其名著。洞中塑大佛；洞上为来仙阁，有吕仙石像；旁有堂、有轩；春秋佳日为嘉宾燕乐之地。下临南明河，桑阴夹岸，滩声远闻，时有短鲋[②]穿艇，采鱼烟水；凭栏静眺，令人有江湖之思。

水口寺　吴振棫

寺在贵阳东北数里，地幽僻，游者不恒至。秋水平桥，春芜绕岸，吟赏佳绝处也。岸有大石如船状，郡人呼为“石船”，余尝为《石船引》。寺旧有楼，不得要领，且将圮，郡守葺而新之。既落成，觞客于此，适甘澍盈尺，大慰农望，遂以“春雨”榜焉。

建文遗迹　吴振棫

贵阳城南罗永庵有建文题壁诗。又安顺城东飞虹山、清镇城北耸翠山、

① 闿（kǎi）：开。

② 鲋（fù）：鲫鱼。

安平城东高峰山玉龙洞皆有建文遗迹。按，明人言建文出亡者，王鏊《守溪笔记》、祝允明《九朝野记》、郑晓吾《学编》，及稗官杂说如《致身录》《亡随笔》诸书是也。“靖乱”之事，实录多曲笔，野史尤不足凭。如因杨行祥事，而移之杨应龙，王世贞辨之，因史仲彬之名而造为《致身录》；钱谦益驳之，朱检讨彝尊、王尚书鸿绪辨之尤力。近杨椿《明惠帝论》于宫中火一节，指说事情极确，而辑志乘者辄以传讹之词为山水点缀，甚无谓也。

[附记]选自（清）吴振棫《黔语》（卷上、卷下）。吴振棫（1792–1870），字仲云，亦作仲耘，号毅甫，晚号再翁。浙江钱塘人。嘉庆十九年（1814）进士，授编修。咸丰四年（1854）署云贵总督（七年实授），剿抚兼施，缓解民族矛盾。有《黔语》《花宜馆诗钞》等。

黔灵山　李宗昉

黔灵山在贵阳城西北三里许。有一峰蜿蜒从西北来，为杖钵峰。水潺潺绕山麓，为檀山涧水。中峰矗立，即黔灵正峰。山口有杨柳泉，甚清冽。又进，有天生石桥，翠竹掩映，过此则宏福寺也。寺北一小径，可通樵牧，即大罗木村。村前有溪，抱山后折而东转。有岫参天，昂藏回首，乃狮子岩也。岩下有洞，洞下有溪，皆名檀山。白宝塔峰，有特起一岭，自南而东，绵亘相向，与狮子岩对峙如双阙者，象王岭也。又其外则狮子山，昂伏为案，上有云盖三台，缥缈无际。登象王岭，望贵阳，城郭历历如指掌，山后可眺圣泉。

宏福寺为赤松和尚建。和尚名道领，浙江人，后迁长沙，又移蜀中，居潼川。姓韩，父中轩，母谢氏。和尚生而好佛，不茹荤饮酒。明末避乱至黔，为杜氏。后弃儒业，投灵药和尚剃为僧。游滇蜀归，遂辟黔灵山，为祖师云。

[附记]选自（清）李宗昉《黔记》（卷2）。李宗昉（1779–1846），字芝龄，江苏山阳人。嘉庆七年（1802）进士。曾督学贵州。

游黔灵山记　张澍

古城李孝廉芬，逸旷士也。余引疾闲居，日偕游雪涯洞，因为余谈黔灵山之胜，约共往游。旋孝廉返乡去，不果。时届初秋炎都褰埃，旻寓涤氛，遂乘兴步出六广门。石径纡曲，形似书字，寒溪沙衍①，静无沤瀴②。远树空碧，哀蝉激响，恍助予之乡思。

约行三里，众山回抱中，露出羊肠一线，盘旋直上，若鸟玒③霄。天风振袂，足履波涛，仰视蔚蓝，天苍苍如石壁。洎造巅，则阿平开朗，四彻中绳，若未始有山者。修篁万个，荟翳成林，曦晖侧注，金影琐碎。延伫凝睇，青宁蠕动，绿痕上衣，裾芯刍出。邀入净室，茶饮少憩。由正殿侧右至一院，斜峰入牖，曲沼环堂。树响飞嘤，阶从花药，则游人匡坐之所也。壁多题时官诗，独鄂西林相国近体二章契予心，据石和之，掷笔舍去。抵寺后，见攒木千章，围绕如幄。长卿缘坡而舒翠，蕳④子附枝而凝红；蒲错振羽于草根，媚蚓引啸于林杪。扶老之禽与梵呗相答，石窦之水共松涛偕鸣。余亦乍觉其秋色之上眉也，徘徊者久之。日已入苍林，野烟漠漠，微辨来时路，望见明月宛如故人。偕游者，予弟淑也。

附

追和鄂文端公诗

乌纱新脱却，掷仗问仙灵。
袖揽岭云白，眼争山骨青。
鞕⑤钟林表度，驯鹿苑前经⑥。
默念铜文颂，商飙入广庭。

---

① 沙衍（yǎn）：沙滩边水浅处。亦指沙滩。

② 沤瀴（òu yǐng）：潭水充盈。

③ 玒（gòng）：到。

④ 蕳（jiān）：兰草。

⑤ 鞕（kēng）：撞。

⑥ 作者原注：寺僧养鹿子二。

一泓鸣玉筑，万绿耸金茎。
似此山如买，当为智者营。
听松涛盖偃，顾影月波倾。
俯仰九霄阔，轩渠鹅笼生。

[附记] 选自（清）张澍《续黔书》，载顾久主编《黔南丛书（点校本）》（第10辑），贵州人民出版社，2010，第161–161页。张澍（1781–1847），字介侯，甘肃武威人。嘉庆己未（1799）科进士，选翰林院庶吉士，历任贵州玉屏知县、广顺知州等职。好游历，博览经史，著作等身。有《五凉旧闻》《续黔书》《蜀典》《姓氏五书》等。

赤松和尚传　朱铃

师名道领，法号赤松，俗姓韩，其先浙人也。迁楚迁蜀，最后随父避难于黔，因家焉。师行五，少习儒，性嗜佛，行住坐卧，不无皈依。及长入滇，潜心游学，避嚣深山。年余，父兄寻遇，强之归。然终茹素，不事家室，亦不婚娶，父母见其如此，遂听焉。

闻灵药禅师戒行高，即投披剃，铮铮磨励，以法器自任矣。始参学于九峰和尚，未有所得。一日，入定，豁然大通，乃悟万法归一之旨，曰："原来，原来，白云消息尽，明月一轮圆。"继随西师开建白云，终日灰头土面，随众操作。念非歌手处，飞锡游蜀，与敏树师参悟，大得宗旨，受付嘱，复还白云。康熙丁未（1667），张阃光焕请入黔省，闭关三载，了彻菩提。诸檀越后先护法，遂开黔灵作弘福道场。

师古貌清清臞，淳朴质实，绝无粉饰而气度幽逸，如秋月寒潭。噫！七十年来，根宗了悟，彻底圆通。譬之百炼之钢，夙具坚性，一经大炉锤，则成不坏金刚矣！（行述另具，此不备）

[附记] 选自（清）康熙《黔灵山志》。

《黔灵山志序》 于准

黔灵山寺者，赤松和尚手辟之道场也。黔于古为鬼方，以其椎髻侏离，不通语言（人也而鬼矣）。迨其后虽通于庄蹻，凿于唐蒙，相沿迄今，亦不过羁縻之而已（然难驯而易动，犷悍而嗜杀），其性然也。赤松之辟黔灵，建刹开堂，鲜不以为祝圣法门。余谓固也，而不尽然也。

夫人性本善，习则远矣！虽有凶顽，莫不各具觉性。佛者，先觉者也。以觉遇觉，自亲切而易化，是故临以刀锯鼎镬而不动念者，晓以佛法，未尝不改容起敬。则知胎、卵、湿、化，各含佛性，此之谓也。而况于耳、目、口、鼻、身体发肤，俨然而人者乎！

释祖具大慈悲心，行大慈悲法，智慧光明，普遍一切，故感之者辄化。赤松了悟上乘，明通圆彻，如秋潭之月，如春海之云，乃体佛祖之意，欲行化黔灵，使吹笙跳月之辈，望金容而生欢喜心，听梵音而思离垢想，变凶悍而为礼义，易杀戮而为仁让。此则赤松志也，此则赤松厢黔灵意也。岂仅卜因维胜地，暮鼓晨钟，而戋戋[①]为祝圣法门乎哉？一片婆心，半生精力，尽在此山，宜其志之以为传灯光。至于山水灵秀，殿宇巍峨，竹木披纷，文字错杂，此不过庄严法界，何足备述。

余莅黔半载，稍暇，寻访其地，与和尚晤语，大得西来祖意，最后出手辑《山志》一册，因弁数言于首，以揭其悲悯阎浮，化行（蠢类）之意云尔。

时康熙四十四年（1705）岁次乙酉桂月之吉

[附记] 选自（清）康熙《黔灵山志·序（一）》。于准（？ –1725），字子绳，号莱公，山西永宁人。于成龙的长孙。康熙四十三年（1704），授贵州巡抚。饬州县立义学，令土司子弟及苗民俊秀者悉入肄业，送督学考试。

---

① 戋戋（jiān jiān）：细微。

《〈黔灵山志〉序》 周起渭

辛巳（1701）二月君人周起渭渔璜书

东南山水之奇，如雁荡①者鲜矣，至谢康乐②而乃废之；西南山水之奇，如钴鉧潭西涧③者鲜矣，至柳柳州④而乃废之。夫会稽、零陵，开于上古，盛自秦汉以迄于今，而佳山水蕴藏其间者，且迟之又久而后得人以传。况国于黔，才三百年耳，其灵境之湮没不章者，可胜数耶？

始者密云禅师卓锡天童，中兴临济宗旨，后憨山、紫柏大演法教，由吴越而海南，而楚蜀，遂遍行天下。今黔灵山赤松禅师，密公三世法派也，始来黔，厌城市之喧阗，思得空山，缚茅习静，始望城西之岭而异之，乃辟为禅堂。其山冈峦四合，自外睇之无所得，及登陟至顶，而后千奇万变，刻画呈露。自师居山，士大夫日从之游，后先增饰，今则林木日以茂，游人日以众，丹崖叠嶂，日增而奇丽，飞楼涌殿，遍压山椒矣。师乃手辑《黔灵山志》十二卷，而问序于余。

余以为：宗教之传，自密公以及于师，凡三世矣。密公中兴临济于天童，而师中兴密公于黔灵。自宗教言之，则天童祖而黔灵孙，然而南纪山水，自岷山跨夜郎，界大江，中走楚粤，而盘结于吴越之间，则天童之脉自黔灵出也。故以胜概言之，则黔灵祖而天童孙。山亦自为祖孙焉焉，教亦自为祖孙焉。而兹山也，自师未居山之前，前人无知黔灵者；自师居山，而黔灵遂为黔山之冠。是师为谢康乐、柳柳州也，他日以师为西南宗教之祖可也。

是为序。

---

① 雁荡：即雁荡山，位于浙江省温州市东北部海滨。

② 谢康乐：即谢灵运（385–433），本名公义，字灵运，陈郡阳夏县（今河南省太康县）人，东晋至刘宋时期大臣、佛学家、旅行家。他是东晋名将谢玄的孙子，曾袭封康乐公，世称谢康乐。

③ 钴鉧潭西涧：为位于永州（治今湖南零陵）城西南冉溪。《钴鉧潭记》是柳宗元《永州八记》之一。钴鉧（gǔ mǔ）：熨斗。钴鉧潭形状像熨斗。

④ 柳柳州：柳宗元任柳州刺史，世号柳柳州。

[附记] 选自（清）康熙《黔灵山志·序（五）》。周起渭（1665–1714），字渔璜，一字桐野，贵州贵筑人。康熙甲戌（1694）进士，曾任浙江乡试主考官，《康熙字典》纂修官、詹事府詹事等职。有《回青山房集》《桐野诗集》等。

《〈黔灵山志〉序》 刘子章

康熙辛巳（1701）季春下浣之吉君人刘子章书

天下名山多为释氏所有。初有其山之人，必岿然杰出，手阔榛芜，阐山灵之秘显而为未有之奇观，其山借其人以传矣，然后其人能有其山。彼瞿昙之西域，迦叶之鸡足，普贤之峨眉，文殊之五台，尚矣。而达摩之嵩少，慧远庐阜，慧能之予曹溪，近而密云之于天童，是皆山借其人以传者，非偶然也！山川显晦，各有其时，人杰地灵，适相际会；此大事因缘，只可解人索取也。环黔皆山，而东之栖霞、象宝，亦既久竖刹竿矣。出郭而西，层峦掩映之中，谷深而径窅，回环而入，扪石而上至其俶（陬），而群峰四合，中自开阳，则所谓黔灵山也。

自赤松上人传密云三世衣钵来游于黔，探幽逸胜，至止兹山，以为此吾证悟之所，接引之场也，遂诛茅而建禅关。嗣是凡宦于黔，游于黔，及黔之士大夫，莫不蜡屐往游，兴触景发，往往形为咏歌，以纪其胜。数十年之间，造化之巧，经人工点缀而益妍，而游人咏士又能唤醒山灵，于是笔峰几案，峭壁丹巌[①]，焕然改观焉。茂竹修林，萧森雅韵；楼阁殿台，备极庄严。栖霞象宝，夫且见而妬[②]之。

上人以经营之劳，游咏之胜，不可无以纪之也，又辑为《山志》十二卷，而黔灵山由是传焉矣。嗟乎！山之灵也，云胡不传？自此以后，黔及天下群相传为赤松和尚道场，然则上人之经营此山而复志之也，其亦善自传也欤？若夫读斯集也，默契祖印，大振宗风，不负上人付嘱，不负密老人的脉，

① 巌（yán）：古同“岩”。

② 妬（dù）：同“妒”。

俾此山遥映天童，曹溪、庐阜、蒿少并传不朽，且上续鸡足、峨眉，直追西域，是又在嗣赤松之法者。

《〈黔灵山志〉跋》　赤松道领

从来开山建刹，患无其人；有其人也，患无其地；有其地矣，患无其缘。必有其缘，而后地脉以兴，人功以著。如我黔灵，自有宇宙以来即有此山，因其生于边鄙，埋没于荒烟寒雨中，不知其几千百载。

康熙丁未（1667）春，余荷阃司张公暨诸大檀越推挽入城，闭关三载，出而结制。事竣之后，厌红尘之扰扰，望翠嶂之重重，遥意其中，定韬佳境。于是策杖访之，直造山麓；攀萝拨草，深涉岩阿；眼界忽宽，峰峦争绕；龙虎分列，狮象成形。洵哉！其为福地也。至其前后左右，则有古硐清溪，危右峭壁，幽潭翠竹，不可名状。心窃喜之，欲求之而来可必。讵意山当耀彩，景不虚生。欣逢施主之发心，叠感宰官之乐助。初营大殿，继建经楼、香积、僧寮，次第毕举。更为置田供众，铸像请经，引水凿池，栽松造塔。

三十年来，荒烟寒雨之墟，化而为清净庄严之域，法幢高建，龙象云蒸，是岂山僧之力也欤哉？莫非缘也，所谓有缘而后地脉以兴，人功以著也。兹当《山志》告成，勉弁数言以贻后世之住此山者，尚思开建之辛勤，念善缘之难觏[①]，加意培植，极力撑持，庶几此山传之永久。若漫谓人杰地灵，则我辈缁衣自足之流，无德无才，曷克当此。

时康熙辛巳（1701）□□下澣黔灵释道领赤松氏谨题

[附记] 选自（清）康熙《黔灵山志·跋》。赤松（1634–1706），法名道领，别号黔灵，赤松乃其字。俗姓韩，名景琦，祖籍浙江，生于四川潼川。清康熙十一年（1672），选黔灵山建寺院，得贵阳官绅仕民支持，建成弘福寺。著《语录》《黔灵山志》等。

① 觏（gòu）：遇见。

《〈东山志〉序》 何德峻

或问于余曰："山有《志》乎？"曰："有。"五岳四镇，以及洞天福地，无论已。此外，则兰亭、孤山，咸有成书；金焦、二姑，久列名胜，皆山也。山盍可无《志》？""《志》之其有可详者乎？"曰："有。景之奇则详焉，人之重则详焉，事之核则详焉，关系之巨则详焉。夫数典昧祖，古人所忌也，详之庶免忘之矣！""《志》之其有不可详者乎？"曰："有。事久湮则不详，事无考则不详，更革多则不详，朝代异则不详，无故旧传闻则不详。夫史犹阙文也，矧《志》哉！""然则其《志》山有说乎？"曰："有。或其气之相类也，或其情之有属也，或感遭逢之不偶而叹人之湮其美，或幸践踏之不及而乐彼之全其天也。向使人与山无与焉，则《北山之移》不作矣！""然则曷不地之《志》而独《志》山？"曰："地可志乎哉？夫志，史流也。国史非草野所敢秉笔，因野史、稗史，则又不经之书，至于通志，省志，则主坛坫[①]者有人，操笔削者有人，吾辈罕与闻者。惟山则公物也，吾目之所见则志，耳之所闻则志，身之所经则志，人志而我亦志不为多，人不志而我志不为僭，言之者无罪，而见之者可观，奚以他为？""然则子何不他山之志，独于东？"曰："余东西南北之人也，而志东山有为也。山在东而余居亦东，山号栖霞而余亦隐沦此，即其生而同者矣！且余好懒，而山多野趣；余好石，而山多奇石；余性既奇僻，而山多幽邃；余性避轩冕，而山为冠盖驺从燕会之所不尝经，又非雪厓、甲秀徒供长官，照壁、黔灵绝少丘壑者比，所谓气类而情属者端在斯焉。此其尤可感而可幸者，若其中有详有不详，则请读而知之，余遑问其他？"客唯唯而去。因述所问答者以冠其端。

[附记] 选自黄永堂点校：《贵州通志·艺文志》，贵州人民出版社，1989，第382–383页。何德峻（生卒不详。活动于乾隆年间），字鲁瞻，一字醉石，贵州开州（治今开阳县城）人。清乾隆三十四年（1769）进士。

---

① 坛坫（diàn）：会盟的坛台。引申指文坛。

改庶吉士授编修。著有《东山志》《栖霞山房集》等。

《〈东山梅溪度禅师语录〉序》 吴中蕃

原夫恒星不见竺乾之教，以文为禅、为净、为律、为讲。所入不同，究竟则一。无非以妙明之心，成无上之觉而已。饮光尊者，灵山一笑，直踏毗卢之顶，教外遂有别传。至二十八传而少室直指于西来，又五传而曹溪，呈偈于书壁。于是正法眼藏播流震旦，迄于今千二百余年矣。其间大机大用，莫不各有其语，因各有其录，以阐宗风。得意者固可忘言，因言者亦可生悟。莫之或废也。惟正法之凌夷，故邪外之交煽。在经而非于律，在律而非于净，在净而非于禅，各欲分茅裂土，互为诋讼，安能归一实于三车，摄千枝于五叶也哉！

独梅师法师，源承破老，拂授灵公，内外双融，权实互用，单提向上，普被三根。洵逆风之栴檀而绝流之香象也。前已刊行流布，钳锤后学。今欲翻板附藏，津逮十方，其翘仅至矣！而吾犹有疑焉，既云不立文字，何为饶舌不休，得无以矛陷盾乎？不知正以楔出楔也。

梅师契即此证彼之旨，抱自利利他之心，王舍城之结集，将以破愁闷于诸天，亦悲愍中之方便耳。显正乃可破邪，立真始能祛妄。所谓一千四百余部不为多，一句也无不为少，其是也夫！

梅师箭锋着处，致抚军慕公为新梵宇，固无异祇陀之施树，给孤之买园。而中丞田先生纪东山之胜，亦以能诗见称，又何异皎然之遇颜公，了元之值苏子哉！道艺既隆，因缘不小。乃圆觉一叙，不问于当代之巨公，而问于穷山之逸老，岂以余为裴头陀耶！噫，误矣！

时大清康熙辛未岁（1691）春三月　紫泉天闲老人吴中蕃大身氏和南书

[附记] 选自张新民等整理：《续黔僧语录·东山梅溪度禅师语录》（卷第四）·杂偈》，巴蜀书社，2000，第538页。梅溪福度（1637–1699），四川永川人。俗姓张。住贵阳东山栖霞山寺。有《灵隐文禅师语录》（贵筑东山发昙寺嗣法门人福度复编）。吴中蕃（1618–1695），字滋大，一字大身，晚年别号今是山人，明朝末年贵州贵阳人。早岁通经，青年时曾漫

游吴越等地。明思宗崇祯十五年（1642）举人。南明永历年间出任遵义知县、重庆知府、礼部仪制司郎中兼吏部文选司郎中。后隐居贵阳。清康熙三十一年（1692），应贵州巡抚卫既齐之聘，主纂《贵州通志》。

《〈雪斋草〉序》 王湛恩

诗之为道，必其人胸涵万汇，笔无点滓，即眼前之景物，委婉描写；虽村夫牧竖、穉[①]女黄童闻之，而无不知。所谓是真为得《三百篇》之遗旨者矣，乃可名为诗。他如饾饤敷衍，拾前辈之咳唾，野狐参禅，未解大乘妙谛，又奚取焉。雪斋学悟天人，智穷景物，温柔敦厚，抒写性灵。雪斋即不以诗名世，而已括诗之至义焉。读上下卷若干首，苍劲秀逸，兼而有之。虽有骚坛健将，亦当拜下风。余何敢赘其说焉。

余杭王湛恩拜书

[附记]选自张新民等整理：《黔僧语录·雪斋诗存》，巴蜀书社，2000，第738页。性莲（生卒不详。活动于清乾隆年间），章江人，开创并住持贵阳扶风山寺。工诗。有《雪斋诗存》二卷（其诗已选录于本书第四卷）。王湛恩，字涵庵，浙江杭州府余杭县人，乾隆五十九年（1794）至嘉庆四年（1799）任贵筑县（治今贵阳市）知县。

序 翟鏁观

黔人朴质，不善为名，故论者动谓黔中无诗，而黔之诗僧尤不少概见[②]。余髫龄日读胜国杨山子、吴滋大、越自兴[③]诸老诗，及本朝周渔璜、潘橡林、陈定斋诸先生作，缠绵敦厚，本诸性情，始知黔自有诗。而黔之诗僧如破山之在湘川，大错之居平月，其最著者也。少长，见草塘傅先生

① 穉（zhì）：同“稚”。黄童：小孩；儿童发黄，故称。

② 概见：概略的记载。

③ 髫（tiáo）龄：童年。吴滋大：吴中蕃（1618–1695），字滋大，贵州贵阳人，清初贵州著名诗人。越自兴：越其杰（？–1645），字自兴，贵州贵阳府（今贵州贵阳）人。清初贵州著名诗人。

所辑《黔风》，甚盛举矣。犹恐未能遍搜而尽善，询诸同人，良有遗佚。于是怦怦然动，思蒐[①]集十三郡之诗，与三二良友厘定而合刊之，一雪黔人之陋。官贫力不逮，每以为憾。

今年春，扶风寺住持僧方月，以其开山禅师《雪斋诗藁[②]》质余，请序而付之剞劂[③]。雪斋，章江人，儒而释者也。余习耳其名高，及观诗，质直而浏亮[④]，超卓处不灭宋元名家。夫方外之诗，无关于源流升降，然而雪斋拄锡黔中，采览山川之秀蕴，与贤士大夫游，抒其胸臆，发为篇章，忠孝友爱之作，传播人口，固已得诗家正轨矣。不可谓非彼教之豪杰，诗僧之上乘也。余嘉方月禅师之志，而兴感于黔诗。则斯集也，当与破山、大错诸诗採择而附诸《黔风》，愿以俟之他日云。是为序。

大清道光二十二年（1842）岁在壬寅孟夏月贵筑翟鑅观让溪甫叙

[附记] 选自张新民等整理：《黔僧语录·雪斋诗存》，巴蜀书社，2000，第 739 页。性莲（生卒不详。活动于清乾隆年间），章江（今江西南昌）人，开创并住持贵阳扶风山寺。工诗。有《雪斋诗存》二卷。

贵阳铜佛寺令牌

令牌一

钦差镇守贵州兼制湖北川东等处地方提督汉土官兵总兵官平蛮将军前军都督府都督罗，为赏照杜患事：据四川永川县尼僧万门王氏诉称："氏夫万春，苦守萤窗，幸出岁贡，齿积资本万金，同氏往滇修铸大佛三尊，观音佛一尊。原请至西蜀峨眉鼎建，崇祀斋供，以了前愿。已请到黔，寄居威清门王崇贵店，乃系俗家火宅，昼夜冰竞，岂今口口披猖，路途阻塞。且蜀家产尽破，寸步难进。氏奉夫命未结，只得削发为尼，立簿募化，善

① 蒐（sōu）：同"搜"。

② 藁（gǎo）：本义指多年生草本植物，茎直立中空，根可入药。亦称"西芎""抚芎"。也同"稾（稿）"，有禾秆、稿子、草稿之意。

③ 剞劂（jī jué）：雕版；刻书。

④ 浏亮：明朗。

士舍出金钱，置买地基，建竖庵所，供养佛尊。尤恐无知恶棍，前来侵害，恳乞赏照”等情；又据本僧执出买明黄凯所卖新城内黄泥塘园地文契赴验，除察相同，合行给照为凭。为此，仰给尼僧王氏即于置明匠地，起建庵所，供养佛像，永为香火。一切往来及附近人等，不许擅行侵扰，违者许令赴禀，以凭究治施行，须至牌者。

右牌给尼僧王氏遵照。

弘光元年（清顺治二年，1645）二月二十四日椽史蒋云程承都督府行，定限本月日照缴。

令牌二

钦差镇守贵州兼制湖北川东等处地方提督汉土官兵总兵官平蛮将军都督府都督罗，为给照事：照得净土庵尼僧王氏，系原任云南昆明县知县万养谷之妻也。氏夫居官恬淡。素性好善，于滇省铸释迦佛像五尊。运回峨眉供养。不料氏夫在任身故，官资萧然，王氏孤身不克回籍，削发为尼，佛像亦因而暴露。众姓各动菩提，合力助买镇府右山地为之基矣。独尚缺资建宇，终是未结之缘，本镇专闻斯地，闻之恻然。乃捐俸银，建立庵舍一所，并修莲台，移请佛像，少致皈依之虔。即令尼僧王氏住持，绵兹香火。今本镇钦限入卫，功果方完。除另镌碑传记外，合行给照，为此牌给尼僧王氏遵照。倘有无知人等妄自藉故侵害者，许令执照赴官申禀，以凭交处不贷。须至牌者。

右牌给尼僧王氏执照。

隆武二年（清顺治三年，1646）七月二十九日椽史蒋云程承都督府，定限月日照缴。

[附记] 选自贵州省文史研究馆古籍整理委员会编：《贵州通志·金石志·古迹志·秩祀志》，贵州大学出版社，2010，第126页。贵阳铜佛寺（原名净土庵，又名名铜佛庵），明万春（养谷）妻王氏建。清嘉庆中在此建忠烈庙，庵与庙合一。铜佛移供于后殿。民国年间复建寺于庙后供之。寺中藏有令牌二，记铜佛及建庵始末颇详，今不存。

重修扶风山寺记　庆保

黔中跬步皆山，形如聚米，峰攒蚕列，荦确[①]而为蹄辙之妨，行役者恒苦之。然贵阳省会，风景清佳，左栖霞，右相宝，烟鬟岌嶫[②]郁乎苍苍。每一放目，五仓皆为之豁。

嘉庆甲戌夏，予奉命来抚牂柯，未半载，政事觕[③]理，群僚咸乐予之简而谅予之诚。因于秋日高爽，循行阡陌，远度林峦。见螺峰一山，奇秀独绝。山之巅有寺曰“扶风”，复廊涌翠，飞阁流丹，如天际嫏嬛，[④]列岫拱而相向。询之，知主僧慧先从峨眉来，始结茅其上。邦之善士，骖履偶留，见林壑湾圜，实关一郡人文之秀；而慧先又能却扫禅关，剪除茨棘，爰相乐助，构此招堤。美哉！洵足尚已。惟板筑位置，稍有未宜；楹桷亦渐朽剥，遂解俸为之葺治。匝月讫工，弥增清旷。窃愿此邦之人，亦如兹山之苍翠奋兴，英华叠纪，以成观国之光，岂不盛哉！将拭目而俟之，是为记。

嘉庆十有九年岁次甲戌（1814）仲冬之月

庆保撰并书

[附记]选自（民国）《贵州通志·金石志（四）》。庆保，清满州镶黄旗人。雍正十九年（1814）正月至二十年二月任贵州巡抚，增修贵阳扶风山扶风寺，同时创建阳明祠于寺左[工程于二十四年（1819）完成]。

释心（节选）　黄彭年

《老子》之言心也，曰虚，曰恍惚犹有物有象也，庄周譬之“死灰”，

① 荦（luò）确：怪石嶙峋貌。

② 烟鬟（huán）：云雾缭绕的峰峦。岌嶫（jí yè）：高峻貌。

③ 觕（cū）：同“粗”。

④ 嫏嬛（láng huán）：神话中天帝藏书的地方。也借指仙境。

欲无是非、掊仁义、心斋、坐忘，皆周寓言，非孔子颜子之言也。释氏以心法起灭，天地不能穷，则谓之幻妄，张子所谓疑冰也。《易》始八卦，惟《坎》言心其中实也。张子之言心大乎道，程子之言心主乎敬，司马文正公之言心系乎中，王文成公之言心求乎已，皆实也。朱子之言曰："心具众理，应万事，体无不备，用无不周"，大哉言乎。若夫程子言传授心法，谢氏言非有所存，语偶同于释氏，义或高过《大学》，盖因俗沿讹，未可遂为诟病。而唐仁卿遂谓"古有学道，不闻学心"，斯大谬矣。

[附记]选自（清）黄彭年：《陶楼文钞卷》（卷1），载贵州省文史研究馆编：《续黔南丛书（第4辑）·下·黄彭年诗文集》，贵州人民出版社，2012，第953–954页。黄彭年（1823–1891），字子寿，号陶楼，贵州贵筑（今贵阳）人。清道光二十五年（1845）进士，授翰林院编修。后随其父黄辅辰回贵阳办团练。曾任湖北按察使、署江苏巡抚等职。

《〈壶隐斋联语类编〉跋后》　了尘

文艺之中，备有楹联一体，衡赏家多以小道目之。然世之饱经史而工诗文者，每立意操笔，而反不成章，即勉力成章，而又鲜完善，良由此中甘苦尚未尽悉也。或谓诗有别才，余谓联语亦有别才，盖关人力焉，亦关天授焉。

夫楹联之可炙人口者，竟几何哉？其佳者，不过写情景之真而已，骋才学之富而已，其他则无闻焉。我真氏刘君者，博览经史而兼涉内典，非特世故之精阅，抑亦善果之证明，蕴之于胸，斯脱之于口。其他著作姑不具论，即此楹联一宗，往往以格言警人，而遏彼邪念；以玄语示人，而导彼真修。其有涉于嬉谑、形诸怒骂者，无非欲衰世之一悟、颓风之一变也，岂仅壮景物之观、备志乘之采而已哉？

余披阅全稿，欣然有得，因跋数行于后。后有览者，请以余言备审刘君联语之汇编可也，并审刘君各体之全集可也。

丁未（1907）秋季　释了尘跋

[附记] 何静梧、龙尚学主编，贵阳市编纂委员会办公室编：《贵州联语两种》，贵州教育出版社，1999，第302页。了尘（1851–1914），俗名张园洲，贵州贵阳人。少时入私塾，略通经史，不愿婚娶，披剃为僧。光绪元年（1875）住持贵阳九华宫、平坝高峰山万华寺。变卖其家业，重修万华寺大殿两廊。清光绪二十六年、二十七年（1900–1901），贵阳大饥，了尘主持赈饥，使不少饥民得救。宣统元年（1909），了尘与空月赴南京，取回日本版《大正藏经》一部，藏于高峰山。三年（1911），官府下令禁烟，拟派兵入镇宁扁担山镇压种鸦片之民。了尘闻讯，急见贵州巡抚庞鸿书，救暂缓用兵，只身入山，向民陈说利害，民皆自动铲烟苗，避免了一场兵祸。民国初年，任贵州佛都总会会长，著述颇富，有《了尘语录》等。

（三）民国时期

贵州佛教联合会筹备通告

呜呼！我释迦摩文之一化，正法已过，□法已过。乃至主今岁元日已过，元月已过，今晨已过。过渺杳然不可追。其未来也，刹那刹那无蹔[①]停也。悲夫！人生难得，佛法难闻。吾黔地僻边疆，难之又难矣！承昔宿尊大德，躧[②]芒鞋，负棕笠，跋履山川，眷焉斯顾。又得达官长者，善信诸仁，各各生大欢喜，赞叹焉，乐输焉，檀度弘修，具四缘，成四摄，故吾黔所治若干县，县若干地，凡此又成若干寺，寺若干产，产足以供若干众。众获上焉者几人，次焉者几人，而下焉者不必言。使东交于湖南，西交于云南，南交于广西，北交于四川。其来与往也，一锡一钵，至于州，至于邑，居有住，行有单，或间亦有草鞋拄杖之缘，此岂所幸致者哉！抑亦师尊之化扬，

① 蹔（zàn）：通“暂”。

② 躧（xǐ）：草鞋。趿拉着。

而昔人举生心血之所嘉惠也。噫，法运之衰，难有檀信殷勤护持，披夫缁[①]者，自之不振，使丛林规目不过等因奉此，方丈为人天师范，有至今士林弃之如台隶巫祝[②]，则其次也可知，下也更可知。胜国鼎迁[③]，前贵州佛教会正会长了公[④]，忧悲慈惠，欲有所为，寿不假增，缘不假熟，慭慭赍志[⑤]以终。有心人莫不兴歌叹息。自而中原逐鹿，国家播荡，豪杰奔命于上，奸滑诡谋于下，群不弔之人，乘间逞志于其间。世运已如斯，法运又无论已。悔人则悔已，人自轻，人则轻之，事之常也。以释子之至贵阳，而甘下流，不克振作，遂使士林比于台隶祝巫，潮流所趋，视为国家蠹虫，于是，著述者有废教之论，兴学者有提产之图，行政者有卖寺之事，握军者有迷信之捐。呜呼！我之壞矣，自贻伊戚[⑥]，僧徒岂得尤人，亦尤为僧不知为僧之意耳。尝闻乱极则思治，否去则泰来，世运之推迁与法运之隆替，其势辅车[⑦]也，今吾人生此不辰，莫不知浩劫造成，成自人，欲消亦必自人也。知之矣，宜可消矣。然日望不见或消者，殆未之行耳。故同人不能文，敢竭忠告亦冀。垂听焉。

夫今欲求世运之隆，则宜求法运之隆；欲求法运之隆，则宜纠合我身关法运之人，各知法运之所由衰，兴之作之，勉之策之，戒之慎之。凡曩[⑧]之所不知而失之者，皆诚求所失而痛革之。则凡我四众之属，皆法运所关之人，苟一致以法运之所关为心，则法运之隆可臻而世运之泰可交矣，是难而非难也。今之世，大江流域，教有法师，宗有老宿，密有阿闍黎，护法有大人先生，护持有长者居士宰官，莫不大声疾呼，以期有所转移，

① 披缁（zī）：意思是出家为僧尼。

② 台隶（tái lì），地位最低下的奴仆。巫祝：古代称事鬼神者为巫，祭主赞词者为祝；后连用以指掌占卜祭祀者。

③ 鼎迁：亦作“迁鼎”，犹迁都。鼎为古代视为立国的重器，是政权的象征。

④ 了公：了尘。

⑤ 慭慭（yìn yìn）：谨慎，恭敬。賫（jī）：亦作“賷志”。怀抱着志愿。

⑥ 自贻伊戚：比喻自寻烦恼，自招忧患。

⑦ 辅车：事物互为依存。

⑧ 曩（nǎng）：以往；从前。

而同人虽谫劣[①]自惭，窃念亦佛子也，当行佛事，见佛法之危而漠然，罪也！况国之所关，民之所关，故民虽披肝胆，掷头颅，不得不爱国，身家性命系之也。今夫佛法，佛子所关。佛子能宏法，发乃盛，盛则又可惧人之来轻侮耶？法运隆，世运亦隆，追本求源，其功伟，其德至。宁有使人视之如蠹虫乎？不然，在僧甘为狮子身虫，不惟为佛罪人，亦国蠹虫。无旷土，无游民，各食其力，王者之制不贷。若贪目前安佚[②]，即不思三途罪报，亦不计制所不贷，人将乘隙耶斯为僧无所立足，为俗无力护法矣！同人等仰愧前贤，俯则又悯沉迷，故敢成此会也以筹之。然事无成见，不成，致人不告所举之实，人不能践信[③]赴约，用草简章、布通告顺潮流之新声，存固有之风教，采各省之善法，谋社会之利益，修悲智[④]之双因，尽佛子之分事，约期事事践实[⑤]，言必施行，不作故事[⑥]，惟其衰也，非一朝，革之固不易。《传》曰："教不先，子弟之表率不谨。"[⑦]是岂能全责今之僧徒，要力求补救耳。何则，君子开改过之门，圣人有自新之路，我佛通忏悔之方，非圣贤，谁能无过。菩萨隔阴之昏[⑧]，仍贵觉悟耳。放下屠刀，立地成佛。夫然，故三无[⑨]差焉。今我僧侣，或素少参学，或有玷前行，或见地相差，或因嫌失义，或侵衅纠葛相牵，或存疑彼此怀贰，或平息怨毒深结，俱此开诚布公，推置腹心，捐弃不协，上凭诸佛诸祖，天王龙王，神鬼神帝，昭见其衷，细大勿校，职是以往，前云难之又难者，顾各各有分且易也。且夫地僻无奔候之劳，土瘠杜骄奢之习。故治专化易，治世之言也。法化亦尔。黔虽诸不逮大藩，此则幸也。苟策力同德以济，何患。是筹思再三，难坐视不焉。故借地定期开会，今先布一切，邮投各县名山，凡退隐老人，

---

① 谫（jiǎn）劣：浅薄低劣。

② 佚（yì）：同"逸"。

③ 践信：践言，守信。

④ 悲智：佛教语。谓慈悲与智慧。

⑤ 践实：踏实，切实。

⑥ 故事：旧日的制度；例行的事。

⑦ 语出司马相如《喻巴蜀檄》："父兄之教不先，子弟之率不谨也。"

⑧ 菩萨隔阴之昏：亦言"菩萨有隔阴之迷"，指菩萨再一入胎，再投胎之后，他所有的神通都忘了。

⑨ 三无差：即三无差别。指心、佛、众生的体性平等，毫无差别。

现任方丈，班首执事，十方上座师，暨村镇溪谷山泽散处寺院大住持，告至，即乞惠临。而长者居士肯贲降者，尤欢迎之。

呜呼！得人身难矣，闻佛法难矣。得焉或不闻佛法也，闻焉或不思进焉，亦空过也。刹那刹那念念不停，慎勿空过，敢布腹心，愿诸仁蹑草蹻，赴约期，好策进行。雪比巫祝台隶蠹虫之羞，人遂护持，建希有难得之功勋，干法运以推迁，世运将来，广前贤兴作之隆，慰了公于西土，人皆乡风，名声播于无涯，而所作悉不唐捐矣。此告。

[附记]选自（民国）《贵州佛教联合会筹备通告》，《海潮音》，1926年第6期。

贵州佛教会继续进行

今黔佛教会，前会长任期届满，特有诸山公选新会长。日前于东山宴请各界，宣告会务进行情状。冀得社会上之赞助，以广传佛法，兹将开会经过，揭布于后。

正会长广妙向来宾致辞云："本日有劳诸公远来寒山，茅荜增光。今广妙略有管窥之见贡献。诸公幸垂听焉。广妙自莅黔以来，十有余年，对于佛学素少研究。嗣因了尘上人圆寂，教网渐退，直至今日。今年三民五权，普遍全球，邦人君子，于佛学恒多讲求，良以释迦学说，本普度众生为宗旨，于社会有无穷之利益。兹南北诸山数次勗⑩勉，谬选广妙为全黔佛教会会长，苦辞不获，勉为承乏，但迩来佛教之秩序，维持之方法，非具有灵敏之手眼，不能逐渐整理。广妙智识浅薄，世谛鲜精，何出能出膺斯责。今承诸公驾幸寒山，尚望指导一切，以匡不逮。是则广妙所深幸也。至其今日所为，并鄙会后来办理，请持省和尚代为发表。"

副会长持省继续发言："今日承蒙各护法屈步到山，因前佛教会长道仙师任期已满，故于旧历五月十四日，召集诸山行初次选举。又七月初二

⑩ 勗（xù）：勉励，鼓励。

日，复选举广妙法师为正会长，黔灵山主刹觉崇和尚为副会长。又承各同胞谬选持省例副会长。然前佛教会秩序，弗见展进，究其所由，皆外护无人，致使不能推广佛化。是以昨日各缁素同胞再三磋商，启请省主席为名誉会长，今奉周主席回文，略谓本人正在致力党国，政务殷繁，未便兼及，所请为名誉会长一节，碍难应允。惟佛教宗旨正大，对于世道人心，均有裨益，此后自当随时准助，以促进行，云云。则周公虽婉却名誉会长，已蒙允为保护维持。今欲请石总司令、袁师长，其他再请数位为鄙会名誉会长。惟冀诸公欣然允诺，并请赐教。

石总司令演说云："青阳平时对于佛法之博大精深，诸佛菩萨之大悲宏源，非常信服。在这个万流争竞的时候，多数人的言行，不出杀盗淫妄，利己害他。拿阐扬佛法来补救人心的狂妄与私利，实为紧要事情。绝不是什么迷信。贵会既告成立，三位会长又都戒行精严，经典融彻，必能宣流佛化，溥利全省缁素。谬承大众推举青阳为名誉会长，在本身虽有宏法之愿，却无宏法之力，兼之不久即离去贵州，实在不敢承认，更进一步说，名誉会长既无实在任务，不须多此虚名，我们不必照别样集会，留此无意义之形迹。青阳信仰佛法，值开会盛举，愿为贵会赞助会员，尽我的力量，随时帮助。"

袁师长演说云："锦文系属军人，学识陋劣，素来对于佛理，只知精深，于世道人心均大有裨益。至于其中奥义，则丝毫莫名。兹承不弃，推举为名誉会长，实不胜任，且锦文职在公安，事务殷繁，于事实上亦不暇兼顾，应请另举贤能担任。锦文愿从诸公之后，仍为一赞助员，此后维持会中一切，锦文职任所关，自当惟力是亲。"

副会长崇觉云："今既总司令并袁师长均愿为赞助员，甚善，甚善！不如普请诸公皆为赞助员，且不更善呢！"

次请赞助员签名，计：石青阳、牟贡三、袁锦文、杨献廷、张冕堂、毕润华、钱青甫、杜鹤仙、王仲肃、江务滋、金善之、华之鸿、龚值三、平少璜、傅志和、马明亮、刘述锡、曹永兴、施彦庵、桂百铸、叶子充、张用五、易宇昌、石天民、熊静安、和绍孔、周膴堂、孟筱轩、聂尊吾、方濬明、贺绍文、周异凡、王季迪、杨少白、舒华楼、冉云龙、王绍甫、蔡叶笙、胡志祥、文西牧、李根泉、邵静波、李芸亭、段永樑、陈用和、许杏塘、徐亮丞、刘名江、罗志达、刘助五、华永春、孔程之、谢道香诸人。济济一堂，颇极一时之盛云。

[附记]选自《全黔佛教会之消息》，《海潮音》，1928年第9期。另载《贵州佛教会继续进行》，大云佛学社月刊，1928年第21期。

贵州省佛教会陈述该省改组佛教会多艰情形函

中国佛教会诸大德执事钧鉴：

启者，属会前于本岁七月内八月初间，案奉鈞会第一号至十号训令内开各等因奉此，属会亟于正式呈复，奈因本省地处边远，文化闭塞，僧界识智微弱，且未受若何打击。省垣向外，多数竟不知佛教为何物，以致会务迟滞。一俟办理稍有头绪，自当分别具复。其组织一项，因去岁改组时，鈞会尚未成立，亦拟有会章，向政府立案。本岁鈞会成立，经属会代表曹正中函知，以系先欲组选定执监委员，但纯系家族性质，不知负责，爰由众公推天曦法师主席，以资统帅，现已成立县会数处。鈞会令饬各项，均以转令知照也。至以后进行，但积极办理情形，自应与前项分别报查。所有鈞会派定之款，所弗敢辞。但现刻只驻会文牍书记共二人，薪资及各项会用印刷，均系会主席一人自行垫付，实难递筹，容后劝募缴解，以重佛法公益。其外，对于本省之视佛产为私产，公益视仝膜外之多数僧徒，倘鈞会能有相当之对付以省悟，或强制之，更为公便之善者也。用合先为函复，略呈概况，余容后呈。此上即颂。

贵州省佛教会启

[附记]选自贵州省佛教会：《函件：贵州省佛教会陈述该省改组佛教会多艰情形函》，《中国佛教会月刊》，1929年第4期。

贵州省佛教会成立

贵州省佛教会成立，于本月十日假东山寺开第一次全省代表大会。选举广妙、觉崇、定安、持省、天曦、慈照、永昌、江务滋、文寿琨、朱幼先、罗井寒、张冕堂、彭公武等 13 人为执行委员；如松、永常、竹桥、尘空、竹青、朱宪华、罗正西等 7 人为候补执行委员；纯悟、龙眼、刘鹤、叶子充、施念庵、刘巨川、康静山等 7 人为监察委员；妙信、寿民乐、谢道玄 3 人为候补监察委员。继续于本月十二日，执监各委员，在本会宣誓就职，并于是日下午 4 时，开第一次执监委员联席会议。推举慈照觉崇永昌持省定安 5 人，为本会执行委员会常务委员。

[附记] 选自《海潮音》（第 11 卷第 1 期）。民国十九年（1030）1 月 1 日出版。

贵州省佛教会致本会书

中国佛教会钧鉴：

近闻庙产兴学之议，鼓荡全国，吾教存亡，在此一举。幸蒙鈞会主持正义，据理力争，凡属僧伽无不同声感荷！惟兹事关重大，尚乞鈞会热心毅力坚持到底，不达撤销查办之目的，势不停止进行；挽救狂澜，以保教产。吾教前途，实深利赖。属会僻处边疆，见闻迟滞，值此危急存亡之际，匹夫有责，何敢放弃，谨率全省僧伽以作后盾。再，属会昨接闽南佛学院大醒法师通函：主张召集全国佛教徒代表大会，解决各种问题，所拟办法，均属切要。务祈鈞会俯赐采纳，迅予施行，以资救济。谨电奉达，敬候明教。

贵州省佛教会全体执监委员率各县佛教会执监委员暨全省僧伽仝叩文

[附记] 选自《贵州省佛教会致本会书》，《中国佛教会报》，1931 年第 15–21 期。

虚云大师在贵阳黔明寺开示（1933 年 2 月 1 日）

虚云这次奉政府首长，及诸位大居士邀请，赴渝主持护国息灾大悲法会，路过此地，因时间所限，不能到各常住去拜访问讯，诸请原谅。现在因修理汽车机件，来与各位谈谈。

各位都是老参上座，对于佛法已有相当研究，用不着我来饶舌，可是你们一定要我来说，又不得不说几句。现在世界相争相杀，人民生活，同在水深火热之中，所谓“民不聊生”。此地幸有广妙和尚弘扬佛法，普度众生。虚云此次得与各位相会一堂，因缘非偶。但虚云不过比各位空长几岁，其他自问无足取。

民国创立，信教自由。政府本着国父遗教，迭经明令颁布，试观异教如天主、耶稣、回教均在政府保护下，何以我国遍处毁庙逐僧的事，有冤无处诉？此点大家想想。他们毁庙逐僧，固然不对；但物必自腐而后虫生。现在佛门弟子，多将自己责任放弃，不知道既为佛子，当行佛事。佛事者何？即戒定慧，是佛子必须条件。若能认真修持，自然会感化这班恶魔，转为佛门护法。

现在是和尚犯法，累到诸佛遭殃，霸庙宇，逐僧徒。他们不知道和尚不好，与庙宇何干？……如谓和尚不好，便要毁及庙宇……此种道理，我们希望众人明白。我们大家总要各出一只手，扶起破砂盆。不要说贵州人顾贵州佛法，须知佛教是整个的，人不分冤亲，地不分疆界，方为真正大同主义。

还要知道自己生死大事，更为要紧。从闻思修，人三摩地。各人自己前进，切勿空过此生罢！

[附记] 选自虚云大师著：《虚云大师文汇》，华夏出版社，2012，第 170–171 页。虚云（1840–1959），中国近代著名高僧。湖南湘乡人，俗姓萧，名古岩，字德清，六十岁后改字幻游，号虚云。十九岁出家，遍参名刹，巡礼四大名山。重振云南鸡足山迎祥寺、昆明西山华亭寺，住持福建鼓山涌泉寺、广东南华寺、云门寺。乃近代“一身而系五宗法脉”的禅宗大德。1953 年 6 月，任中国佛教协会名誉会长，全国政协委员。

唯识学上转依义[①] 释慧海

太虚大师按语：

旁助古今人一解，转所依中染净依名第八识为染净种子依，依他起为染净现行依，迷悟依名真如为所缘迷悟依，意识为能转迷悟依，可舍相违而补未足。

太虚

一、序论

在科学昌明的20世纪，人们的心理，多半是爱追求真理的，所以近来研究唯识学的人，对成唯识论，多注重辨“唯识相”的一部分；而“唯识变”和“赖耶识”“种现熏持”等又为辨唯识相中之谈理最精，说事最切者，故近年来出版唯识学的著述，无论长篇或短品，其思想中心，不是“三能变”义，便是“唯识现”义，鲜有谈及辨唯识行与唯识果的一部分。因而成唯识论之“唯识行”与“唯识果”中的道理，就少有人精研了。然而我还是没有全谈唯识行与唯识果的本领，只能在唯识果中提出一个名词——“转依”，以略略的分析一下。但是我为什么谈转依呢？

第一，转依是唯识学上的不共义——唯识的主张，凡是世间超世间的有漏和无漏的法，都不能离开能变的识而独自存在。这理论在唯识上很肯定而不许否定的。宇宙中的现象界和国家社会种族阶级以及天堂地狱，一切的一切，都是众生各自本识中的共相种变现的共同或非共同的现行；出世间的如无漏的菩提与涅槃，亦由修行者，尽舍识上的杂染种现而显而生。总而言之，举凡所有，莫不以“识”为存在的根本也。那么，无上的佛陀和三界中的众生，都是建立在一“识”字之上，不待更言了。心识圆明就是佛，心识迷昧即是众生。虽有所谓心佛众生、三无差别的说教，然而又

① 慧海：《唯识学上之转依义》（附图表），《海潮音》，1938年第9期。参见中国历史文献研究会、贵州历史文献研究会合编：《学者笔下的贵州文化——贵州文化国际学术研讨会论文集》，贵州人民出版社，1998，第304–317页。

有一定的界限，此界限盖即已转依与未转依而已。如是之理，求之他宗绝不可得！哪一位能在非唯识宗的经论中寻获“转依”两字和它所诠的甚深又甚深、殊胜最殊胜的意义呢？纵然有相同的意思或诠说，但也绝没有如唯识宗所建立的这样圆满吧！所以我特别要谈“转依”义。

第二，转依是唯识学的最高目的——要想得圆满的转依果，除非成佛；而成佛又非得圆满的转依不可。那末，圆满的“转依”也就是无上的佛果了。一般学大乘佛法的最高目的在成佛；而学唯识的最高目的也就在转依，所以“转依”是唯识学上的最高目的。这绝不是夸大狂，而有最明白的铁证：“由转烦恼，得大涅槃；转所知障，证无上觉。成立唯识，意为有情证得如斯二转依果。”这《成唯识论》的论文，任何人也不能否认的。我们在成唯识论的全部组织上看，也可以得到一个确实的了解，以转依义置于修习位之末稍，究竟位之起头，介乎两位之间，作为佛与菩萨差别的关键，半得转依者谓之为菩萨，满得转依者谓之为佛陀。于此可知转依在成唯识论之地位和价值，那是绝不可等闲视之，而须得大书特书者也。所以我要特别谈“转依”义。

第三，转依是唯识学产生的根源——佛由兜率陀天降生中印度毗罗国，目的全为救度一切人、非人类的众生。他的一举一动一言一默，没有不是摄化的方便。现在我们去打开他亲口所宣说而遗传下来的三藏十二部教典来看，哪一部不是在教导有情修心办道，快快成佛？譬如《深密》《华严》《楞伽》都是在教训众生成佛，乃当然之事实了。然成佛必须得圆满的“转依”，所以《深密》广示三自性和三无性，为非空非有中道之教。而三自性中，以依他起为遍计圆成之所依止，非三亦非一，非一更非三。这妙义要在有情的善了通达，观见遍计之迷，便得圆成之悟。在《楞伽》则五法三自性，八识二无我，圆满遍说，正智与真如乃遭虚妄之分别而证；二无我理，乃除三性中之遍计以显。而《华严》则曰：“三界唯心，若人欲了知，三世一切佛，应观法界性，一切唯心造。”此中密意，请三复之。总而言之，凡是唯识宗的经教，都是为的众生得到“转依”而宣说的。无著、世亲等大菩萨，秉着这一贯的宗旨，而造《摄大乘论》《成唯识论》等，扫荡过乌烟瘴气的印度十六种外道和偏执下劣的二十部小乘！圆成近代佛法应付新思潮的特立独出的唯识宗。我这点意思，除前段所引成唯识论的论文，可以作为注脚而外，论后又有“为劝有情，依智舍识，故说转八识得四智”；其文可为注脚的注脚。《摄大乘论》更说得好：“为转所依，为欲证得一切佛法，为欲证得一切智智，入唯识性。”入唯识性，非先说唯识不可，而说唯识结果在为入唯识性。换言之，为得“转依”而说唯识。所以说“转依”是唯识宗产生的源泉。因此之故，我要特别宣谈“转依”义。

二、正论

（一）转依义

转是一件事，依是一种法，转依是两件事合成的一个名词。转又有能转智、所转障、所转得之三法；依复有染净依，迷悟依，或依他起之三说，非分为几个小段，不能说得明白。

A、能转智——能转道

能转的法，就是一种能断烦恼的力，明白点说就是“智慧”。因为智慧能够观察“事”和“理”；并能判断其是或非；有断惑证真之力故。在此处所说。总共有三：一者“加行智”，二者“根本智”，三者“后得智”。虽为数仅是三种，而能包括地前地上及佛果位上的一位智慧。“加行智”者，以闻思所成慧和修慧一分为性，缘于诸佛菩萨所说正法教理；依教修习观察法性，渐遣一切世俗假相；能够引发根本智，故名加行智。“根本智”者，由加行智，遣相既尽，而起真实无漏之智，亲证真如，此后能生后得智等，故名根本智。“后得智”者，根本智后之所得也。智体无漏而有分别，变似真如，观其空性——空性之体，既是真如，又名法性——而与根本智异。加行智为有漏智，根本、后得为无漏智。这三种智，也就是断惑证真的道体，所以在成《唯识论》上，统名之为：“能断道”及“能伏道”。能断道者，其道能永断二障之种子与现行也；能伏道者，其道仅能渐伏或顿伏二障之现行也。能断道为三智中的根本智，兼取后得智；能伏道则通三智。加行有漏，后得带相，不能正断惑故，说为能伏道摄，乃当然之理，自不待说；而根本智，性唯无漏，正能永断“二障种子”，如何亦说为能伏道摄呢？这不成问题，据实而说，根本智可以全断二障，但程度上有尚未能全断二障的，如初地见道时之根本智，只能断除一分。可是它又确实是证真的，不能不说是根本智，所以也可以将它摄入能伏道中也。

为明白起见，制一粗表如左：

B、所转舍

所转“舍”就是能转智所转舍的东西，这有两类：一类是“障”的，二类是“非障”的。障的就是“烦恼”与“所知”二障，因为障于圣法，而必为智慧之所对治故，故谓之障也。非障的就是“三界有漏善法”，或“无记法”；以及劣等的“无漏法”——如二乘圣者中的“四圣谛法”，不障圣法，亦不必为智所断。不过不为佛果净识中所藏，而佛果净识非彼依故，故亦须舍也。

能转智
- 后得智——唯无漏
- 根本智——唯无漏
- 如行智——唯有漏

能断道　能伏道

能转道

因是障与非障之故，第一类名“所断舍”，第二类名“所弃舍”。断舍之舍，有两种说法：一说“无间道”现前之时，与二障种子，好似冷水与火炭，绝对不能相容，道火愈增胜，二障愈灭消，从此以后二障之冰永远不得复生。道于二障，有殊胜之威力故，所以说为断舍。二说：“所执我法不对妄情”，亦叫作“舍”，此家意说，凡实我实法，皆无自性，但由众生的妄情，执着似有；今众生自身的妄情一断，便不计执实我实法，而实我实法，也再不与妄情相对，于此妄情不对其境，假名之曰“舍”也。

弃舍之“舍”，要在“金刚道”之“金刚定”现前之时，因由此“定”而引生最极圆满明亮纯净的“根本净识”。此识所藏，纯为殊胜无漏的种子，不藏不劣无漏或其他有漏的善无记种，故诸劣无漏法等，在“金刚道”末“无间道”时，即须弃舍，到佛果圆明净识一生起，顿然灰尽，无存无余。为圆明净识所不容纳，不更藉胜道威力加行断舍，净识一生，彼自退出，故名为弃舍也。

C、所转得

由有能转舍的智，转舍了所转舍的二障，和有漏善及劣无漏法，应必有所获得，乃可合符正理，故“所转得”不可不说。所转得即是“二转依果”。

一是所显得——大涅槃果

大涅槃如何名所显得呢？因为涅案就是真如，又名清静法界，也就是诸法的真实理体；乃众生无始时来本具之德相也。其体不增不灭，不生不灭，不明不暗，尽绝一切安立之相；诸佛出世、若不出世，体常凝然；然因众生烦恼炽盛，将它隐被盖复，不得光明显现而已，若大菩提智一生，烦恼顿然灭尽，其相脱然而现，好似云散日显，垢去镜明，一不由种子而生，二非熏习所成，所以名为显得。

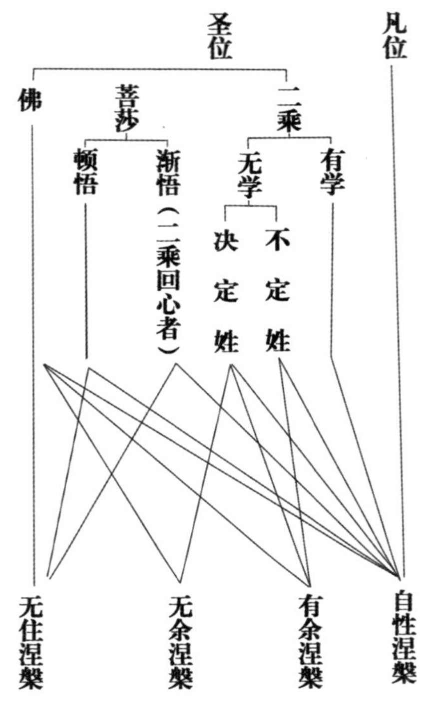

平常为何说有四种涅繁呢，涅槃真有四种吗？涅槃本无二体，一切众生与一切圣人，都是共同一个涅槃，不过因为有客障复令未显之时，而假名为——本来自性清静涅槃，谓虽为客障，而性本净，不生不灭，凝然湛寂也。烦恼已断，真如已证，涅槃已得，而尤有异熟果报的依生存在，故名——有余依涅槃。即前此的异熟果身一灭，所谓灰身泯智，故名为——无余依涅槃。即前此真如，尽除所知之障，然为大悲般若，交相辅翼，故不如二乘人之住于寂灭，亦不如众生之住于生死，利乐有情，穷未来际，虽现生死而相常寂，安然无动，故特立名——无住大涅槃也。总之，涅繁是一个，不过由未显及已显而又断障不同运用不同，安立如上四种名字罢了。

涅槃虽一而证得各异，什么人该得什么样子的涅槃呢？这须借唯识讲话的表说。

二是所生得——大菩提

大涅槃果，如何叫“所生得”呢？因为“赖耶识”中，本来具有“菩提种子”，但因所知障碍难生，后由圣道之力，断所知障，令其从种子位，发生现行，故名“所生得”也。菩提种子，虽赖耶中无始本具，但在渐趣大菩提果的因位之中，数数薰发，渐渐增长，非到佛果究竟，不能圆满；然至佛果以后，却又不必再薰，仅是从种发生现行即足，因为得佛果即是圆成，无丝毫缺陷，功德圆满不增不灭。

大菩提果，到底是些什么？就是“四智相应心品”。四智就是“大圆镜智”，“平等性智”，“妙观察智”，“成所作智”。四智应心品呢？品是聚类之意，就是说四智各个相应的一聚心及心所。这一聚心心所，总共有二十二个。统此心聚，称为相应心品。既然智就是一聚心品，为何独以智来标名呢？因为智用殊胜，所以特用立名。这四智相应心品，总能包括佛果位上一切有为功德，所以就是大菩提果。

四智是转有漏的八识而得，故体相用，都与有漏八识相似。如转第八赖耶所得的大圆镜智，能摄藏无漏种子，能现自受用身土和余三智的智影，恰像一面光明大镜，故名大圆镜智。转第七识所得的平等性智，则与有漏第七识相翻其用，于内则证诸法的平等理性，于外则观诸法自他平等，无有高下，而常与大慈大悲等恒共相应，随十地菩萨所乐所欲而变现他受用身土，满他受用，故名平等性智。转第六识所得妙观察智，则善能观察诸法自相共相，便能于诸大会中，转大法轮，施设无量无边众多方便，断诸有情之疑网，令得妙法之安乐，故名妙观察智。转前五识所得的戌所作智，则是示现一切身土等法，以应地前和二乘圣人及诸凡夫之机，以成佛果本愿力所应成的事业，故名成所作智。

转八识得四智，是完全在佛果位时才转的吗？圆满转得，当然四智都须到了佛位才圆满，不过也有从入初地就得初起的，那就是妙观察智与平等性智，此二智在一入初地，就得现前。可是在初地初起之后，于后诸地之中，或时现前，或不现前，直到第八地才永永现前也。再单论妙观察智，若是生空观品妙观察智，二乘见道之时，亦可现起，若是法空观品的妙观察智，则非菩萨见道位，不得现起。因观察法空，唯有菩萨故，非二乘所能也。这是地上可得初起的二智。若大圆镜智和成所作智，未到佛位，是决定不能现起的。所以四智有地上初起者，有非佛果不能现起者。

D、所转依

一是依他起性：前面所谈，都是在“转”字上，还没有说出“依”来，现在来说转之“所依”。“依”在唯识有两说，这是第一种说法。

为何第一家说为“依他起”呢？因为依他起性的本身，具有遍计执和圆成实的两面；在凡位以遍计所执为主，圆成实即隐而不现，而依他起，则随之成染；在圣则圆成实尽露，遍计全归乌有；依他起亦即成为圆成实之依他起，全是清净。随遍计执的染依他，就是烦恼与所知二障；随圆成实的净依他就是涅槃与菩提；转舍了依他起上之烦恼遍计，便得依他起性上圆成实之涅槃，转舍了依他起上之所知遍计，便得依他起性上圆成实之菩提。以依他起性，乃是转舍转得之所依止，故立转所依即依他起。

二是持种依与迷悟依，此是第二家的说法。“持种依”者，就是第八根本识，能含藏一切有漏无漏的种子，故名“持种依”也。有漏种子称为杂染种子，无漏种子称为清净种子，这两类种子，赖耶识中无始时来，平等具有，但在凡位因为有漏种子有强力的薰发，唯是有漏现行，全无无漏。若有一时真圣道生，灭除所有染污种子，薰发无漏，则无漏种子现行，即是前面所说的四智菩提也。“迷悟依”者，就是真如，就是前面所说的清净法界，真如何以为迷悟之依呢？因为众生烦恼殊胜，真如隐覆，不达真理，便生一切有漏有过失之法，因此迷味愚痴，永远流转于生死轮回，故为迷依。由圣道力遗惑显真，证无漏法，便得涅槃常住寂灭安乐清净界中，永不为二障所覆，生死所引，故名悟依。以真如之未得及已得，而说迷之与悟，迷与觉悟以真如为所依而转，故真如为迷悟依也。这两种所依，非是对立的两法，而是互成关系的，如舍去二障种子，菩提能生，涅槃亦能显，舍除真如之迷，亦复能生菩提，能证涅槃也。然而一定说两种者，盖显大菩提果，由赖耶净种子出生；大涅槃果，由弃烦恼自显也。上面两家说法，第一家为不正义，故唯识论中，就简别了：“余依他起性，虽亦是依，而不能持种，故此不说”。在述记上，也举出依他起性，属断舍和弃舍之一，不能说为转之所依。据我看来，说依他起为转之所依，确实太模糊了！

前来“转”能转道，所转舍，所转得三假说明：“依”用依他起，持种依，迷悟依来说明，可以得到一个“转依义”的大概，现在总起来表示如次：

先有转之所依，持染净种，为迷悟本，然后能转之道，舍除所舍之染，而证得二所转得，转依之义方乃圆满也。

（二）转依位

——唯识转依位与摄论转依位之比较——

欲得圆满究竟的转依，自然非到佛位不可，但是菩萨从入资粮位起，乃至第十地，和二乘的圣者，都已各得一种转依，这在唯识论上，称作六转依位。而《唯识论》的转依位又与《摄大乘论》不同，故不得不作一比较的观察。先看唯识论的——

A、损益力能转——资加粮加行位

在资粮加行二位，总名损益力能转，为何名损益力能转呢？因在资粮位，由多闻藏习，对于佛法有殊胜了解之力，即于有漏诸恶，不去造作，而心心向道，种诸净善，故能渐损根本识中染污种子，而渐薰增清净种子，所以名为损益力能转。在加行位，因由资粮位中，于法能生胜解之后，进入此位，即便生起一种殊深的惭愧之心，惭自罪深重，愧于诸佛之妙德，于是加功用行，除恶积善，不再作有漏的罪法以薰发赖耶中的染种，而前进造作无漏善法，增益赖耶中的无漏种子，故亦益为损益力能转也。

此中所谓损益，非是断证之义，损仅是伏损，益仅是熏增，不如见道时或见道以后之真断真证，所以述记称之为假能转。

B、通达转——见道位（就是通达位）

菩萨经过加行位的世第一法，无间进入见道，顿断分别二障重，顿见二空真理，故名通达转，在通达位转舍转得也。

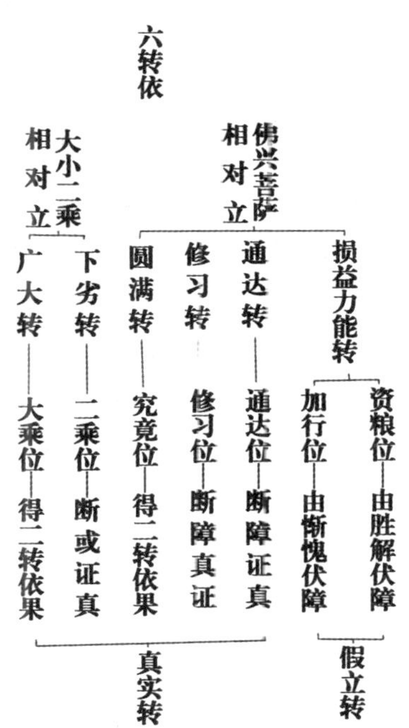

C、修习转——修习位

修习位包括菩萨十地，从初见道之后，至未入金刚道之前，中间都名修习位，即此十地每地之中修一行，断一种障证一真如，名为修习转，修习位之转舍转得，名修习转也。

D、果圆满转——究竟位

经过三大阿僧祇劫，修集无量无边的福德和智慧，一到金刚喻定现前之时，永断一切二障种子，乃诸有漏善法劣无漏法，顿得圆满大涅槃果大菩提果，功果圆满无增无灭，故名圆满转。此是对菩萨而说。

E、下劣转——二乘

这是对后面的广大转而假立的，因为二乘所证的转法：（一）唯自利；（二）欣乐厌苦；（三）唯达生空；（四）唯断烦恼障；（五）唯证真择灭；（六）无一切智无胜堪能，与佛果相较，实为下劣，故名下劣转。

F、广大转——佛果

广大转就是果圆满转，因前是对菩萨安立，今对二乘，特立一种也。广大之义，翻下劣之六种即是。（一）唯利他故；（二）不住涅槃；（三）双达二空；（四）双断二障；（五）证得无二大转依；（六）具一切智有胜堪能。

前面完全是《成唯识论》的，现在来看《摄大乘论》又是怎样一个说法：

损益力能转——《摄论》云："由胜解力闻熏习住故，及由有羞耻令诸烦恼少分现行不现行故"，如此，当然是资加二位，不过没有说明二位的界限，世亲释无性释也未加分别。

通达转——是这样说："谓诸菩萨，已入大地于真实非真实，显现不显现现前住故，乃至六地"，就是说从初见道乃至等六地，中间都名通达转。

修习转——承前转而来，从六地起至第十地。其理如论："谓由有障，一切相不显；真实现故。"

果圆满转及下劣转——同唯识论。

广大转——这说的菩萨，不是说佛果。如其论云："六广大转，谓诸菩萨兼通达法空无我性，即于生死见为寂静，虽断杂染，而不舍故"。

这样看来，除开圆满转与下劣转与唯识同而外，其余四种都不相同，但两论相不相违呢？依愚见揣测，并不相违。第一转位，《摄论》虽未划分资加的界限，而义与唯识相同，很可以通得过去，第二三转位，两论各据一面而谈，也并不错乱，摄论据有相观无相说；前六地犹有有相观与无相观相杂，故立为通达转；第七地以后纯为无相观，纯熟修习，故名修习转。而唯识则依修习位得名以立其名，故稍有异。第六转位，摄论就因为说，由菩萨向上趣证佛果之圆满转，故立为广大转。唯识就果位说，已经证得而与二乘相较故名广大转。

（三）转依余义

A、转识成智非转识种

由表面看去："转识成智"，似乎是将心王的八识，转变成心所的四智；或者，将八识的种子，转为四智的种子，而另发生智的现行。实则不是。众生有八识，佛也是有八识；众生有心所，佛并非没有，盖识种不变，识性不灭也。不过因为强劣相异，运用不同，而假名转识成智罢了。识之胜用是——分别，在凡位夫上极强，名识；智之胜用是——抉断，在圣位上则胜，名智。非是灭除因位上之识性，而另产生一种智体也。然而为何要说——“转”呢？第一要转去无始时来藏于识中的染污，智慧生起故；第二智随识转故；第三转舍得，识为依故；所以特为转识。

B、转依二字之妙用

一障种子和涅槃菩萨，同时都是藏在赖耶识中的，但二障一除，便现出了涅槃与菩提。在这一断一证之间，到底安个什么名字才恰当呢？那就是转依，故转依之为义，真是妙到不可言喻。一方面显示菩提涅槃，无始本具，不是从断障之后，从无的方面而生出的；另一方面，显示转舍转得，只是两种子易位，因烦恼不是固体之物，须智力来断；而智一生起，障即灭尽；两法同时，一生一灭。盖唯识上不许一识上同一刹那有相违的二性存在，有此便无彼，有彼便无此也。唯识殊胜微妙的思想，转依也是一种。

C、转依果之得全是意识之力

转八识成四智，转烦恼得涅槃，八识之中的主动者，并非八个识，而仅是八个识中的第六意识。第一：“动身发语独为最”及一切善恶业之制造者故（思为业主，意识相应）。第二：初步的转依，要靠多闻薰习如理作意，这正是第六识的功用。第三：见道时之妙观察智现前时，能逼平等性智初起故。第四：大圆镜智和成所作智要金刚道后，进入佛位时方得生起，亦为第六造障熏发之力故。所以四智虽为八智转成，而能转者，却为第六意识也。

三、结言

前面四转依义六转依位的两段，都是在给成唯识论下注解。其余的就靠自己的愚笨的意识，粗浅的想法而述说的；对与不对，盼望海内知识慈悲示教了。

[附记] 选自中国历史文献研究会、贵州历史文献研究会合编：《学者

笔下的贵州文化——贵州文化国际学术研讨会论文集》，贵州人民出版社，1998，第304–317页。原载《海潮音》1938年第9期。

游黔灵山记　春波

筑垣附近的名胜，最著名者，以水而言，只有花溪；以山而言，则为黔灵。花溪未受任何管制，人们有兴趣的时候，即可前往游览，很感便利，可是黔灵山呢？近年禁止游览，因此住在筑垣的人们，每当春光明媚、秋高气爽的季节，或于生活厌倦欲游山以变换心情的当儿，莫不远望着松柏苍翠的山峰而兴叹。日前报载当局为应黔灵山僧侣请求，从四月二十三日起至五月二日止，开放十天，一般人得着这个消息，无不喜形于色，这几天到处可以听人们以游黔灵山为谈话的中心资料。星期五的下午，宇春兄谓本星期日为黔灵山开放的第一日，我们何不前往一游。我与建白、孝芬两兄咸感赞同，陈君绪爵，亦愿参加，当推荐白兄拟订游览计划和餐品物，经大家同意后，请绪爵事先准备。

星期日的中午，天气晴爽，午睡起来，在厂集合。正值下午二时出发，随带方陆两兄的小朋友，一行七人，且谈且行，沿着云岩新村背后新开的马路向目的地前进。行约数百步，略向右转，即见黔灵道上红男绿女，车水马龙，往来如织，我们这静寂的心，被这黔灵的空气鼓荡，顿时紧张起来，迈步踏上了碎石的马路，参加到群众的行列里，蜂拥而进。

自西南而来的一条蜿蜒的山脉，俨如“一”字，横陈在我们眼前，其中矗立云表，树木参天的最高峰，即黔灵山的正峰，有溪涧一条，环绕山脚，向西南而去，细流澄澈，吱吱有声，山脚空坪，停歇着的车马和摊贩，拥挤得水泄不通，沿山道前行，有门栏一，上书“贵州省保安干部训练团”字样，进栏后，山道渐窄，古树夹道，植根石罅，长者数寻，浓荫蔽日。循石阶而上，中途有窌①亭，因其石壁有指大岩穴十余，吹之声音响振山谷而得名；再上，有洗钵池，状如新月，贮水不涸。回旋曲折，曲折回旋，计有十余转折，始抵山麓，地势平畅，树木苍郁，状如伏虎的弘福寺即在斯焉。

① 窌（jiào）：窈窕。

我们上山得很快，急需休息，匆匆的选定庙前左侧树荫下的露天茶园的椅子上靠着，将携带的荸荠、萝卜取出啖食止渴，同时鉴赏山野的闹热场合，满山遍野，人山人海，庙内庙外的空坪和沿途道旁，都排满卖吃食的临时摊贩，游客如织，穿梭似的往来其间，如似乡镇的老百姓赶街子的风趣，且管弦歌唱，猜拳饮酒之声，所引起的山谷的共鸣，响彻入云，整个的山野，充满了热烈紧张、愉快若狂的一团生气。

休息片刻，便将疲劳恢复过来，遂推孝芬兄留守据点，我们就开始游览庙内景物。庙有四进，殿宇巍峨，气象庄严，供奉神像众多。寺内碑记很多，我摘要阅及其二。一为《黔灵山记》，从残缺字痕上看来，得悉黔灵山之成为名胜始于清康熙年间，斯时有僧人赤松来此，悦其幽静，遂建弘福寺于其上，嗣后历年增修，蔚为贵阳一大丛林。二为赤松自书《七绝诗》："翠嶂青溪跨白牛，乐眠水草已忘忧。横吹铁笛无腔调，水月松风佳韵收。"从清爽的文字和秀丽的书法看，可以推测赤松确非俗僧，而是有相当学养的人。

当我把碑记看过以后，他们已不知去向，四处搜寻，迅驰赶上，古庙后山道，跟着如潮的群众，登后山山峰。山上有亭一座，已成倾斜状，凭栏四顾，更前进数步，有绝岩参天，昂首回顾，状如雄狮站立悬岩，故名狮子岩，俯首大地，见环筑皆山，形势壮丽，诚一天然的省会。市区房屋栉比，俨若蜂房，南厂兵营，好似鸽笼，飞机广场，如绿油地毯，葱茏东山，形似丘陵，顿生孔子登泰山而小鲁的感慨！

后山景色，既已叹为观止矣，虽闻后山麓有百盈泉，水自地中漏出，忽断忽续，昼夜百盈，俗称圣泉；但以当时似有五岳归来不看山之意，故未前往。

仍回茶园休息，掉换孝芬兄独往游览，对于后山景致的雄伟咸称快焉，惟均感野餐地点以未能在后山之巅峰行为憾，为了补救此种缺点，我乃倡议作前山之游，大家同声赞成，于是携带酒菜而上，只以山道窄狭未铺石阶，加之山势坡度之高，较后山为陡，上山游览的人亦不若后山道上的拥挤，道路虽艰苦难行，可是我们鼓勇而上，爬得汗流浃背，卒抵山顶，山上亦有小亭，建白兄等均留亭旁休憩，我则单独继续前行，选定有松树浓荫且能眺望贵阳市全景的块平坦地方为野餐之址，然后请他们齐集该处，盘足曲膝席地而坐，展开菜盒，取出杯筷开始野餐。大家痛饮且食，畅叙衷肠，眺望贵阳的市容，好似一幅最精致的图画，耳听松涛的长啸和雀鸟的唱和，好似极和谐的音乐。一时杯筷狼藉，飘然若仙，我已置身于天地与我并生、万物与我为一的境界！

游兴正酣，乐而忘返，不知暮之将至，可是一轮红球已经西沉，雀鸟亦渐归巢，我们不得不收拾菜盒，循道而下，山野游人多去，沿途所见，多为一般为追求物质而来的人们在收拾残局而盘算一日所得。我们漫步下山，在暮色苍茫中，满载黔灵山的正气而归。

[附记] 选自贵州省文史研究馆编：《民国贵州文献大系·第7辑·中》，贵州人民出版社，2015，第395–397页。原载《贵州日报》民国三十三年（1944）6月9日。

黔灵记　千里

战后西南几个省会，风景各具特色。一般的说法，桂林的山水交碧是秀，昆明的湖山一色是丽，成都的锦江孤帆是美。贵阳位于万山之中，峰峦环绕，只有南明一水蜿蜒潆洄着半城，惜乎水浅不能行舟，因为山多水少，所以号称“山国”。当然，谈贵阳的风景，要算黔灵山居首了。我几次过贵阳，到过花溪，玩过东山，终无缘一登黔灵，颇不胜遗憾。

听说每逢四月八日大佛节盛会，远近的善男信女，都赶来朝山进香，游人如织，大有山阴道上应接不暇之势。这次在贵阳，适蒙友人邀约，作竟日游，一识“庐山面目”。初夏的早晨，雨雾相当浓，看去阴沉的像要落雨。可是大家都以为雨中游山，倒是别饶意趣，晴雨既不能预断，山上气候一定多变，“行人莫着单衣去”，于是早点用过，就各备雨具、毛衣一起向黔灵山出发了。

一、山脚初望

出了威西门，转上黔灵北路，便是直去黔灵山的公路。新修的路面非常平坦，经过了昨夜的雨洗，土不扬尘。约四十分钟，到普陀寺，寺在路旁山腰，红墙绿瓦，壁山而立，石阶很陡，经雨洗得很光滑，所以一不留神，便有滑倒的危险。

过了普陀寺，以为可以看到黔灵山的寺宇了，谁知不然，直到山脚，还看不见山中宇榭。苏民和明轩一对夫妇是重游，我与巧生是初游，觉得很惊诧，立在山脚，吟着“相看两不厌，只有敬亭山”的诗句，仰视峰顶，绿树丛荫，花草弥漫，其秀丽不灭四川的青城山。黄花遍满了山坡，这一点又可与皖南的黄山媲美，瞻望黔灵，遥忆黄山，真不胜“君山无恙”之慨！

二、山径素描

准备爬山了，大家脱下外衣，顺着山路向上爬，路宽约二公尺，斜度不大，两旁古松、杨柳、楸桐矗立夹道，密叶、翠枝把天空都遮蔽起来，微风吹动了枝叶，朝露滴到微觉喘热的脸上，“一股清新味，料得少人知”①，顽皮的小伍早就跑得流汗了，抱着小树乱摇，却又像一阵蒙蒙细雨。越过一个茅亭，藤花从石缝里绕上树梢，黄鹂穿林飞过，惊人一鸣，待你注视黄鹂何处，却又是几只百灵鸟在枝头振羽会话呢。“园柳变鸣禽”②，会心处总令人醉意几分的，因而我怀疑板桥道情里“醉醺醺山径归来”③的意趣，不会是指的老僧醉酒吧！

走过一段斜坡，石级愈上愈陡，树木愈密愈高，十步一曲折，两折一小亭，亭子藏在石级的转角处，非到近前是看不见的。红漆的栋梁，光滑的石板，专供游人小憩。琴辉喊着休息吧！我们一连越过三个亭子，的确身上流汗了。

三、洞宾亭下

在洞宾亭打尖，拿出香烟吸，一面看碑上刻的纯阳圣像，全像刻道家装束，背宝剑，执拂尘，胡须飘胸，书法、石工尚能传神，旁刻纯阳山人自题一首：

宴赐琼林不计年，功满玉阙号选仙。

---

① 两句诗出自（北宋）邵雍《清夜吟》。

② 此诗选自（东晋至刘宋）谢灵运《登池上楼》：“池塘生春草，园柳变鸣禽。”

③ 此句选自（清）郑燮（郑板桥）《道情》。

峦飞群社挽末世，吕嵩遗像留黔南。

书法也很飘逸，亭后两株高大的古松，直侵霄汉。小伍很幽默地拍着树说："这古松是纯阳老祖显灵了，特别高大，可以挂红布'有求必应'。"惹得大家一笑，助长不少的游兴。

四、窌[1]亭小憩

再上一阶是窌亭，亭背石壁刻一大"佛"字，石上有十几小洞，彷徘牛角嘴大，吹之，其声呜呜，响振空谷，大有"一声高唱万山惊"之感[2]，苏民叹为天然的山中警报器，小伍就说："是《石头记》里贾宝玉的化身，空谷一声，指人迷津。"盖苏民服务空军，小伍儿女情长，同为一物，当因个人的主观不同，所见就差异了。

亭旁有赵次珊官贵阳知府时，集庄子句云："以息相吹，如同地籁；自归而返，心有天遵。"亭西边是个石洞，可容二人，上题"赤松旧隐"四字，书法很飘逸，顾名思义，赤松和尚在此隐居过的。

五、洗钵池畔

洗钵池，形似新月，据说开山祖赤松子在此洗钵，故名。池前建一亭，已是山的高处，凭栏下看，来时所经所见，尽在眼底。山径渐渐窄成一条曲线，亭榭、古松、杨柳……行人都变小了。身若绝壁天悬，不敢久视，苏氏以为正如坐飞机看地下一样，叹为奇景。

六、弘福古寺

上去就是弘福寺，金字红墙，一看到殿宇，立时松一口气，不复再如爬山时心情。"待入天台路，看余渡石桥"[3]，过了小桥就是山门。

这寺建在山腰里，四围山峰拥抱，树荫蔽幛，阎兴邦登山俯眺诗："石蹬千盘履印痕，僧房四面峰交翠。轻风隔钻送钟声，好鸟窥窗听说偈。"

---

① 窌（jiào）：窈窕。

② 此句选自（清）孔尚任传奇剧《桃花扇》唱词。

③ 两句诗引自（唐）宋之问《灵隐寺》。

道尽宏伟幽妙的全貌。

不到山门，不见寺宇，更有藏龙卧虎之势。山门横匾题“黔灵山”三字，进去是个墙院，一座铁鼎剥蚀得看不清铸字，至少有二百年的寿命。前殿四壁都是神像，两旁名人题咏、修山的碑记很多，红墙油饰，粉白涂墙，非常壮丽。

过了这一院，就是“大雄宝殿”，门柱一副正联：

竹露松云得罗仙道无诤三昧
清风明月比栖霞岭更高一层

这是弘福寺的正殿，画栋雕梁，极其雄伟，居全寺的中心，前后左右，廊檐拥抱，颇有“北辰居所，众星拱卫”之势，金色神佛光耀夺目，再披上许多红绿飘带，鲜花香火，交扬神座四周，觉得庄严中却带几分活气。我们到时正是僧人整齐袈裟、早课诵经时候。他们平常一日三餐，诵经三次，晨钟暮鼓，都有一定的时间，连敲多少下都有定数。四十多个和尚，蒲团跪定，朗诵心经，木鱼梵铃、钟鼓齐鸣，高低节奏，也很调允悠扬。佛前冈闪的油灯，像指示他们人生的光明。在这深山古刹里，听到发人深省的梵音，令人会不自觉地发生宗教的情绪。明轩太太年纪大些，很敬菩萨，力主每个人抽个神签，先在捐册上独捐五十元，一定请大家下手去抽，老和尚看到捐款册的数目，笑嘻嘻地捧过签筒：“阿弥陀佛！”我们反倒觉得不好意思，小伍抽的是上中，断语为“婚姻美满，求财得财，家人吉利，百事月顷心”。

偏偏小伍还未结婚，明轩的太太很快地替神签辩护：“嫁作商人妇，真省去许多生活上的压迫。”小伍红着脸付之一笑。

正殿两旁悬一联：

山海悲群溺
乾坤有大雄

书法劲道，颇带奇气，其余各联，秀逸皆可观。大殿两边廊房是斋房，右边是老和尚的办事地方、知客寮、纠察寮、来宾招待寮。正堂悬佛像，一道灵光冲出顶门，暗示“还丹结胎”的成功象征。佛前悬家法，不守清规、破除九戒者，依法惩处，非常严厉。《水浒》上鲁智深就受不了这一套。

游山的人可吃僧家特备的斋饭、山茶、蔬菜三样，清素可口。想吃点心、糖食的，就到合作社去……图书室陈列着佛书、金刚经……报纸、古画、珍玩……非常富丽，也是游人品茗聊天的雅地。

七、藏经楼中

最后一个院是藏经楼，装设的古香古色，据说是乾隆年间奉颁的，距今二百余年。几经兵燹，幸无损失，此地是全寺的生命，保管之严，如尊家宝，除了阔人参观外，便终年封锁，令人不胜“金匮石宝”之感。但是，却没有人经常看守，以防火警，法师说：“楼上住了人，不到三天就要泻肚，还是请菩萨保佑的好。”小伍嫌楼上阴暗，不愿我再啰嗦，就下楼向山后走去。我走着想着，总觉得法师保管藏经的方法，虽严而未密，有火警怎么办呢？可是，佛法无边，什么都托请保佑，反见法师信道之笃了。

八、洗心瞰筑

我顺着一条崎岖的山路，盘登洗心亭，看见满地都是茅草、藓苔，和着去冬打落的残叶松针，青黄狼藉，“落叶满地无人扫”[①]，隔些时仍能归根。爬上黔灵山的绝顶了，豁然心开。峰上建洗心亭，我们顾名思义，大概不外登临四望。山高月小，可以洗尽心中尘渣的意思。

的确，大家一坐下，可以俯视贵阳全城，烟火万家，尽收眼底。从一条银白色的南明河，指点出河滨公园、师范学院、甲秀楼……南厂和机场一幢一幢的帐篷，像几排整齐的帽子，吉普车穿梭的来去，像小猪竞赛。明轩从市区认清这笔直的黔灵路，推测到那几点树影交吻的地方，如果是杨柳的话，就是铜像台。大家顺着他的手指，伯群大楼、无线电台、大十字、邮电大楼……各凭眼力，辨认一番，因为苏氏常从飞机上低空俯视，所以辨认的结果，都又折中于他的决定。

向四面看去，贵阳附近的峰，只有东山、扶风山、贵山诸峰，略可相埒，同具林壑之胜，近旁围绕的许多山，都伏在黔灵山峰之下，使人有“一览众山小”之感。有些还长树林，有些连小树皆无，相形之下，黔灵得天独厚，

---

① 此诗引自（南宋）刘克庄《有叹》：“落花满地无人扫，自是春来懒下堂。”

浓密茂盛，红瘦绿肥，连一片的黄土地也看不见。

九、空谷听涛

时候近午了，天气变好起来，游兴一振，只有明轩的太太觉得肚子饿，大家特许先回大殿吃点心。从此，我们便下了洗心亭，“行不由径”，寻壑涉险，攀藤援荆，迂折曲转，到了山的背后。发现一条去山下村庄的小路，皮鞋、袜子都浸湿了，满身的荆棘与叶针，立着脚拍打一下吧！

觉得背后松涛排空而起，如万马奔腾，大有风声鹤唳、山雨齐来之势，初闻声至，真是惊心动魄，不敢久立。但是，凝神四面一看，隐晦的阳光仍然随着树影摇摆，乱鸦成群飞鸣在深谷里。再静心细听，便很清楚地分析出那排空而起的是松涛声，叮叮当当的是伐木声，悠扬婉转的是鸟叫声，这样，惊疑与清幽化作一团了。山下是一块一块的稻田，蓄积着雨水，平明照眼，“小桥流水三两家，藤上摘瓜童子笑”，山泽田间之美，使人很真切地意识到已是脱离大海与尘凡了。

兴奋使我们忘了自己，大家联唱起来：

欲从绝顶看峰高（仙蠡），
可许接天古木豪（苏民）。
烟火一城迷远色（小伍），
奔腾万马是松涛（明轩）。

回到寺院，拿出太太们自备的烧牛肉、青豆鸡丁，吃僧人斋饭。

十、麒麟洞里

饭后用过了山茶，大家又去游麒麟洞。天气越来越晴了，走着下坡路，格外轻松愉快，由洞宾亭左折下去，是通麒麟洞的小路。我们到了洞前观音殿，经过小院就向洞里去看，这洞又叫檀洞，泉水自洞顶细细地滴下来，终年涓涓不绝，下面砌的小池，池水终年盈盈，泉水澄清，甘冷可饮，洞大可容十余人。

坐在院中的小亭子里，或是弹琴，或是歌咏，听水滴叮咚……像是自然拍板，这样富有音乐诗境，清幽绝伦。苏民没把小提琴带来，大家颇不胜遗憾之意，还是小伍奋勇地唱完了《维也纳狂想曲》，才刹住大家依恋幽泉的情绪。

洞外就是山前之马路，大家一面走，一面谈，可算尽兴而归。

[**附记**] 选自刘磊主编：《抗战期间黔境印象》，贵州人民出版社，2008，第 73–77 页。原载于《黔灵》月刊创刊号，1945 年 7 月 31 日出版。

为改组佛慈医院呈文贵筑县吴县长　永空

窃住持于民国二十六年，在贵筑县属青岩地方，联合寺院住持共同捐资，创办“佛慈医院”一所，当经呈报贵州省佛教会，转奉钧府核准备案。溯自开办迄今，已逾四载。虽不敢自信优良，然始终继续，并未停顿，颇获社会信仰。惟是为日既久，情况变迁，加以本年雨阳愆期，收成欠薄，各寺院负担过重，财力不胜，对于此项应捐资金，因而延缓，进行上殊多窒碍。值兹国难严重之际，一般民众困苦者多；而出征军人家属及穷而无告之贫民为尤甚。良以百物昂贵，生计困难，一旦染病在床，医药无资，困难情形，匪可言喻。住持入佛门数十载，究心医学，历来代人诊病，无论贫富，向不取资，兼营药业，半施半售，重在救济病家，与注意谋利者，性质不同。三十年来，深得地方人士之信仰。今者年虽迟暮，此志不衰；加以历年应诊，地方人相信已久。一息尚在，实不能杜门推卸。伏思抗战特期，有力出力，有钱出钱，竭尽绵力，勉行善举，实为我佛教徒应尽天职。遵照中央颁布《监督寺院条例》第十条文、内政部修正《寺院与办公益慈善事业实施办法》第二条第二款之规定，未办者尚应提倡，已办者更不容中辍。住持世外闲身，不慕名利，赖祖先余荫，粗粝差还自给，垂老之年，决不萌牟利之想。各寺院既出资困难，只有由本寺独资办理。每年由专产收益项下节衣缩食，划定租谷叁拾石，以作基金，将医院另行改组，不尚虚文，不图掩饰，重在切合实际，表现精神，且因住持一身，应接不暇，特加聘国医王宝书协同治疗。查王宝书籍贯安徽，曾经国医考试及格，医学渊深，堪以胜任，业经延聘到院，与住持协同工作。所有改组情形，业经拟具章程，重在救济穷困，实行施诊施药，于诊断室之外，附设药室，以期手续简便，理合缮具简章，呈乞钧府鉴核，准予派员视查，俯准备案，伏候批示祗遵。

民国三十年（1941）11 月 26 日

附《佛慈医院组织简章》：

第一条　本简章依照《监督寺院条例》第十条及《修王寺院与办公益慈善事业实施办法》第二条第二款并《中国佛教会会章》第二十九条规定订立。

第二条　本院以服务社会、利益群生、优待出征军人家属及一般贫苦同胞，表现我佛大乘救世精神为宗旨。

第三条　本院定名为“佛慈医院”。

第四条　本院设于贵筑县花溪区青岩镇龙泉寺内。

第五条　本院经费由龙泉寺单独负担，以本寺收入租谷每年拨叁拾石为固定基金。

第六条　本院办事分设左列（按：原文为竖排，从右到左）人员：（一）院长一人，处理全院事务；（二）国医二人，担任诊病事项；（三）事务员二人，担任院内外一切事务；（四）杂务一人，担任本院内外一切工作。

第七条　本院对于出征军人家属及贫苦同胞到医院诊治者，完全免费施药；至富裕之家，得酌量灭轻收费，但以不超过市价为原则。

第八条　凡病重不能到院诊治者，得通知本院派员莅家诊治，仍旧前条规定优待办法，并不另取车费。

第九条　本院办事细则及诊断室规则另定之。

第十条　简章自呈奉核准之日施行，其有未尽事宜，得随时修改之。

[附记] 选自陈晓毅《从花溪档案馆所藏之民国档案看抗战时期青岩佛教的六个特点》，《贵州文史丛刊》，2006 年第 1 期。原注——资料来源：贵阳市花溪区档案馆档案，卷宗 2–1–191。

（四）当代

记一个拳术师——铁肩　范子文

东山寺方丈铁肩和尚，曾以武术闻名一时；又知医；是个行侠好义、乐于助人的和尚。

铁肩原名刘人纪，四川仁寿县人。幼年读过书，喜武术，拳棒刀枪无不遍习，尤长于花枪。闻贵州梵净山多武术高人，非常向往，特与其弟不远千里同往寻访。到了梵净山以后方知所闻非实，而旅费已尽，受了许多辛苦辗转来到贵阳，入营当兵，隶麻管带部下。

民国元年唐继尧率滇军入黔，驱逐黔军，铁肩所在部队溃入广西。因内部发生纠纷，铁肩离开了部队。不幸其弟又坠水死。

在极端悲痛悔恨之下，铁肩削发为僧，只身转到青岩该地江西会馆，住持僧云游未归，当地人士留他住持，照料香火。不久，原住持僧归来，他又离开青岩回到贵阳，投黔灵山方丈自明和尚。因他虽已落发，尚未受戒，不能留在山上，派到南京街五显庙住持。五显庙颇有庙产，他的许多朋友和穷人常去找他，他都慷慨接济，有些远地无家可归的人，甚至留在庙里住宿，因而大殿两廊都开了铺。后来方丈自明得知，把他痛斥一顿，驱逐出庙。他无所依靠，只得去拜东山方丈本川为师，并由平坝高峰山方丈持性为他受戒，才得派在次南门回龙寺当住持，后来还住持过三官殿大乘寺。本川圆寂后，他继任东山寺方丈。

铁肩行侠好义，急人之急，他在五显庙时，虽因招留朋友接济穷人遭到训斥和驱逐，性情依然不改，一闻他人告苦，便即慷慨解囊。平常钱一到手随即花光。他所认识一个姓孙的，一家四口，生活困难，常常得他接济，赖以存活。后来日子久了，不便开口，以致阖家闭门挨饿。铁肩知道了主动配了些跌打损伤药酒交他拿去设摊售卖，收入的钱即作他一家生活，自己分文不取。后来姓孙的渐渐有了盈余，买了大坝子临街房屋，居然开起来。

铁肩对中医有相当研究，为僧后有了一定处所，也就行起医来。他行医非常认真，必须辨症清楚然后处方。出诊时无论远近都是步行去来，打破当时贵阳出诊医生轿马接送的惯例，而取费则从廉，遇穷苦者多是免费。铁肩的武功曾闻名当时，从他学习的人不少，甚至许多在校（如师范、模范中学等）在业生徒，也利用课余、业余时间向他学习武术，蔚为风气。他练过砂掌，一次，他过马房街（现在的新华路）米店门外，店老板是他的相识，招呼他说：铁肩师，来买米罗！今天卖的是中曹司大白米。铁肩走近米箩一看，问底合面不？店老板说："底面都是一样，大颗大颗的；不信你抓来看"。铁肩伸手到箩底抓了一把出来，摊开手全是碎米，再抓另几箩也是一样。他笑笑说：这样碎的也拿卖给我，还算是照顾呢？"说着扬长而去。店老板大惑不解，他想这些米都是我亲自看着倒下去的，怎么会变了？随唤店伙们把铁肩抓过的几箩米倒翻来看，又全都好，没有一点碎的。这才恍然大悟，原来是铁肩在开玩笑。其风趣如此，亦可见其武功之深。

铁肩思想先进。他曾和当时贵阳的革命先进人士张忞、平刚等经常来往。早在1905年，张忞联络许多革命人士，准备在贵阳举行推翻清政府的起义时，他就参加了那个组织，并以他自已的关系（他是哥老会的大爷，又在绿营做事）为张联络许多青壮年，又亲自训练武术，以备起事时使用。后来被人告密，事泄未成，张逃避出省，举家罹祸，清吏以"造反"尚未成事，亦未敢株连。辛亥革命后，张忞回到贵阳，见滇军占踞贵州，唐继尧、刘显世等捕杀革命党人，异常愤慨，张曾作诗赠他：残楼傍水即吾家，神去仙来日已斜；两个拳头为活计，三根手指是生涯。

铁肩年逾80，病殁于东山寺，死后即葬于东山丫口。每逢寒食清明，他的生徒们常去墓前拜扫，后在十年内乱中，亦与其他僧塔同被捣毁。

本文撰写时，承铁肩师高足屈乃伸、刘焕立诸君相助，顺便在此致谢。

[附记] 选自政协贵州省贵阳市委员会文史资料研究委员会编：《贵阳文史资料选辑》（第5辑），1982，第221–223页。

铁肩和尚事迹补轶　查继玺[①]

民国年间，在贵阳市，曾有一个闻名的武术大师，一个任侠仗义的和尚。他就是人们广为传领的铁肩。直到现在，贵阳市不少花甲以上的老人，一提到铁肩，无不称道他是一个乐于助人的好和尚。

有关铁肩和尚的种种传说，虽然常听人们谈起，但有关他的身世、经历、活动见诸文字的极少。偶有介绍，亦不详尽，因此，尚有待进一步发掘整理。

去年，我在办公室，偶然得知李永和同志在三十年代曾拜铁肩为师，并且与之交往甚密。因而向他了解到一些有关铁肩的情况。现根据其口述，并参考部分资料，作一些记述。由于这些资料仅是一鳞半爪，并不是铁肩一生的全面介绍，这些资料，肯定有出入或不足之处，还望了解情况者补充教正。

铁肩，原名刘仁纪，出身于四川省仁寿县一个有钱人家里。其出生年月大概是一八六八年七月十一日。（此出生年月日系根据李永和回忆推算。据李说一九三五年七月铁肩生日前，他们几个弟子送他一套僧衣，包括僧帽、僧衣、僧裤及僧鞋。当时铁肩对他们说："明天，七月十一日，是我的母难日。七月十三日烧包。"当年铁肩年六十八岁，由于是农历，按虚岁算。所以李永和推定铁肩生日为 1868 年 7 月 11 日）从幼年时代开始，便酷爱武术，为此，家里专门为他聘请了武术大师，对其进行训练。由于他聪颖好学，对老师所教枪捧、刀剑、拳术，领会较快，加之他刻苦钻研，因此技艺大进。逐渐感觉得武术教师的传授已不能满足自已的要求了。武术教师也觉得徒弟武术功夫已很不错，于是劝他另寻名师指点。为了精进技艺，进行深造，刘仁纪决心遍游名山大川，去寻访能人投师习武。在游历中，所遇见的师友，大都武术平常，并不理想。后来游历到贵阳，住在青岩、花溪一带，以行医为生。当时与刘仁纪随行的义弟，被当地有权势的人家迫害，刘仁纪闻讯后，便手提双锏赶去营救。与十数人相搏斗，众人虽仗人多，拼力围攻，但均非刘的敌手，被刘打得纷纷狼狈逃命。刘仁纪因此在这带再也无法容

---

① 查继玺，1945 年生，贵州人。曾任贵阳市教育年鉴办公室副主任（主持工作）、《贵阳教育年鉴》主编等职。玺，读 réng，意为玉器。

身了，投到梵净山削发为僧，法名为铁肩。

铁肩和尚在武术上的功夫超群绝伦。他不仅精通杨家戗和滚堂刀，尚精南拳。其平生所练背指功（专练一中指，以大指抵住中指，食指背于中指之上，以无名指及小指护于中指之左侧），堪称绝技。他能以独指击毁桌面。他力过人，能随意拉满十二个力的硬弓。据说他曾以两只手与狂奔的牛相搏斗，结果牛被击死，而他安然无恙，由于铁肩以武术闻名当时，所以有不少青年从他学习。

他的徒弟中，有不少在业和不少在校青年学生。造就的人才不少，贵阳市武术界名流中，如：屈乃伸、周本洞、李际时……等均是他的徒弟。

1907 年，贵州自治学社成立以后，其主要负责人张忞等曾延聘铁肩和尚，训练青年人的武术，以便起义时使用（见吴雪铸、张田《贵州辛亥革命先行者张忞事略》）。周西成主持黔政期间，也聘请过铁肩为武术总教习。

铁肩传授武术讲究武德。在三十年代，曾有一个闻名全国的武术家查瑞龙，此人在国内擂台上多次击败耀武杨威的外国大力士，在流亡海外时，以武会友，从未遇敌手。被人们誉为“关东大侠”和“东方大力士”。当时铁肩有一个徒弟曾说，要下决心苦练三年，然后去找查瑞龙见识高低，将他击败。铁肩知道后，对他说：“我们习武练功，其目的在于锻炼身体强健体魄。找人比武，也在于以武会友，向别人学习。共同提高技艺，提高中华武术水平，不是为了击败谁。”

另外，铁肩对中医素有研究。他的行医，实是出于救死扶伤。因此，并不以金钱为意。凡是请他医病的，其医药费用，给多少算多少。而且诊断认真，用药慎重。出外行医时都是步行，从不骑马坐轿。对于贫苦人家付不起费的，常常免费。有时反而资助药费。当时有不少人曾得到过他的接济。

铁肩大师在贵阳，先是住持南京街皮匠湾五显庙，以后历任次南门回龙寺、黔灵东路檀香寺以及三民东路三官殿、马家巷大乘寺等处住持。1929 年以后，铁肩住在太平桥周西成的 25 军军部副官长杨显庭之长子家，杜门不出，约十年左右，不与世人交往。直到 1939 年“二·四”轰炸以后，才任东山寺方丈。

1941 年，铁肩大师坐化于东山寺，塔葬于东山丫口。（此时间亦依据李恋苍老师回忆推算。李永和说：铁肩死时，他并不在贵阳，因而并不知道。1942 年，他去看望铁肩，才知他已圆寂。寺里和尚告诉他是去年死的。他问葬在何处，便带他去看了铁肩的塔。）

说明：本文在写作过程中，李恋苍老师亲自帮助修改。在此表示感谢。

[附记] 选自政协贵阳市南阳区委员会文史资料委员会编：《南明文史资料选辑》（第 11 辑），1993，第 228–230 页。

清镇巢凤山护国禅寺　释宗满

在清代康熙年间，出现一段太平盛世、国运昌隆时期，当时的政府提倡孔子的忠孝节义和佛教慈悲济世的精神。《中国佛教史》说，清代康熙、乾隆二帝，尽力振兴儒教，对于佛教亦颇提倡，如顺治、雍正二帝之参禅，乾隆帝之翻译经典，则于固有之佛教，关系至深，可谓清代佛教的全盛时期。在此时期创修的寺院和祠堂也比较多。

相传清代康熙年间，贵州清镇县东门桥有一个孝子，侍养双亲殷勤周到，家贫，放牛为生，因他有些灵异现象，如能知天气转变，预知未来事件，当时的人称他为活佛。因来访的人渐多，只好跑到活佛山里隐藏起来。清镇县活佛山因而得名。

这段故事传到皇帝的耳中，颁布敕令在清镇东山修座寺院。在我的记忆中，当时在大门背后立有一块石碑敕修护国禅寺碑记，内容也提及活佛在此显灵等，最后记大清康熙十四年（1675）造。修庙既是官办，所以容易建成。当时在四合院的天井中间，有一大石状如卧凤在巢，因而得名“巢凤山”。寺名“护国禅寺”。

乾隆以后嘉庆、道光、咸丰、同治年间，天灾、人祸、贫富两极分化。农民起义，此起彼伏；寺院也呈萧条衰败的景象。

民国初年，有一段升平时期，清镇巢凤山护国禅寺有如松和尚为住持，并在此传过一次三坛大戒。可知也兴盛一时。不久军阀混战，抗日战争，又是战乱时代，当时有沿海中学为避免日机轰炸，迁到清镇东山为校址，抗战胜利又复回迁。当时因东山没有出家人住，恩师持省和尚商得地方坤士李宜经、高美南、朱壁卿等同意接管清镇东山。时为1946年秋。我和宗实、宗权师兄在此住过。以后到贵阳东山挂单。

[附记]选自《贵阳文史》2005年第2期。释宗满（1923–2007），广东新会县人。1946年礼高峰山持省和尚披剃。旋住东山寺。1958年毕业于中国佛学院专修科，翌年转本科，结业后回贵阳市佛协副秘书长。后任黔明寺住持。历任中国佛教协会理事、贵州省佛教协会副会长、贵阳市佛协会长等职。

重振黔明寺的释广妙

释广妙（1873–1946），俗姓吴，贵州桐梓县人。青年时在遵义出家。光绪三十年（1904）在遵义西来寺依本寿和尚受具足戒，从此发奋苦学，略通经史。后到贵阳黔灵山弘福寺任悦众①。不久，云游江浙，朝礼四大名山，参谒大德高僧，习天台宗。在苏州灵岩山参学，承当代净土宗大德印光法师之教，弘传净土宗，实为贵州弘传净土宗之先声。光绪三十二年（1906），回黔灵山弘福寺，后又到南岳山参学数年，民国六年（1917）回黔。民国八年（1919），释广妙任平坝高峰山万华寺住持。在施主信徒的资助下，他对万华寺逐年增修了大寮、斋堂、客堂、藏经楼、讲堂、退院寮、山门及石围墙，并新塑西方三圣像。民国十四年（1925），释广妙住持高峰山万华寺期满退院，适逢贵阳东山栖霞寺方丈崇学和尚圆寂，被众推举接任栖霞寺方丈。由于连年战乱，东山栖霞寺的房屋树林和寺内文物悉遭破坏。广妙法师接任方丈后，维修了三圣殿，新建了禅堂、僧寮、斋堂等处，同时清回部分被霸占的田产，使东山栖霞寺逐渐恢复旧观。广妙法师承苏州灵岩山道风，从此东山道场成为当时贵阳有名的名山古刹。民国二十一年（1932），广妙法师在贵阳东山栖霞寺任方丈期满退院，被迎养于舒家祠堂。该祠堂原系黔明寺，建于明朝末年，清乾隆三十六年（1771）重修。清朝

① 悦众：维那的副手，可设置数人，称为大悦众、二悦众、三悦众等。若维那不在，禅堂可由大悦众代管，因此大悦众又叫管堂。悦众在上殿时具体敲打乐器，配合唱念，并教初学参禅僧人的礼仪。

末年，战乱频繁，住僧离散，该寺遂由士绅舒竹平代管。舒竹平将其易名“舒家祠堂”，占为舒家所有。广妙被迎养舒家祠堂时，因增修禅房，从地下掘出乾隆三十六年（1771）重修黔明寺碑记三块。广妙据此知其黔明寺被舒家私占，遂诉请贵阳地方法院受理舒氏私占黔明寺案，得到各界人士支持，法院判决收回恢复黔明寺，众推广妙任该寺住持。在他的谋划下黔明寺增修了弥陀殿、藏经楼、东西厢房，并塑造丈六阿弥陀佛像。黔明寺经广妙法师中兴，成为享誉省内外著名丛林。此外，还在舒家寨朝阳洞建下院各一所。

广妙法师积极修缮寺院，一生为慈善事业作了无私的奉献。他念佛精进，夜不倒单，带头劳作，以德感人，凡信众供养食物，皆不独享，一律供众，深受广大僧尼赞佩。民国三十五年（1946）农历三月初三，广妙法师念佛示寂于黔明寺，世寿七十三岁。众信徒在朝阳洞建塔藏其肉身，中国佛教会贵州省分会理事长平刚书塔名：“正觉堂上广下妙老和尚之塔”。

[附记] 选自贵阳市政协文史和学习委员会编著：《贵阳历史人物丛书综合卷》，贵州人民出版社，2005，第183页。

冒险保护黔灵山林木（节选）　性定自述①

我于民国二十五年（1936）正月回贵州任黔灵佛学院教育长，由于僧众吸毒，性定辞去教育长职务，任黔灵山弘福寺知客。接连遇到两起难事：一是当时的贵州省建设厅长谌湛溪想把黔灵山划为模范林场，一是当地联保主任李春发要赖砍青杠木的事，均遭我拒绝。其经过情况是：谌湛溪意欲在其任内，把黔灵山古刹名胜据为己有，以办模范林场为名，要划夺黔灵山。我以黔灵山的名义向谌交涉，不同意划出黔灵山。并指出黔灵山的林木森森，是广大僧众们栽种培育起来的，所说学生在九曲径沿途栽树，至今不见一棵树，怎能称之为模范林场；并直接指出名为办模范林场……实是想私占去。结果未被占去。不久谌湛溪以政令不行，建设不举，谎报

---

① 标题为选录者加。

业绩而被撤职。

黔灵山林木令头桥、三桥龙滩洼地痞流氓垂涎，三桥小流氓、保长钟和元勾结黔灵山的不肖僧人，盗窃山上树木，广大僧人，防盗频仍，不堪其扰。有一次，当地联保主任李春发，打马车要青杠木，出条子向黔灵山弘福寺要。我见到条子后，认为黔灵山青杠是风景林木，不便处理，请示方丈永常法师。法师亦不同意，从而得罪了联保主任李春发，他怀恨在心，并扬言：“早晚要拈点给你吃。”就在这一年的腊月底，我与弘福寺方丈水常法师谈了工作后，返回城里，走到威西门报国寺时，李春发唆使流氓栽抢嫁祸，把我挟持到设在威西门外慈航寺的联保处，拳脚交加，意欲谋害。吵嚷声中，被路过的贵阳龙头大爷邓占奎知道了，叫去李春发，陈述利害，指出，一个和尚不要紧，佛教会要人可不好说，予以带制止。李春发迫于自己利害攸关，不得不放了我，故此我方免遭难。

1942 年，我在贵州省佛教会当理事时遇到一件棘手的事：当时是吴鼎昌当贵州省主席，为了提取庙产，便在全省 81 州、县长会上的讲话中，暗示了提举庙产的想法。各州县长也心领神会，回去后纷纷开始提取庙产，这一浪潮所及，全省僧尼，生活无着，又无可奈何，尤以梵净山坝梅寺的情况，最为突出。坝梅寺有尼僧 30 多人，由于庙产被提取，她们被驱赶出寺来，一时间，奔逢无路，求告无门，只得将此情反映到贵州省佛教会来，当时平少璜先生任佛教会理事长，由于平刚（少璜）先生嗜烟成癖，未及时处理此事，又不愿找吴鼎昌面商，以致全省僧尼，苦痛良深。贵阳黔灵山弘福寺也面临这一险恶处境，甚至要砍山上树木，情况确实紧迫，在此情况下，趁吴鼎昌来黔灵山时，我只得以佛教理事的名义向他陈述风景名胜应予保护，僧尼生活问题应予解决的意见，请求免予提取庙产，但吴鼎昌仍置之不理。

正当我们百思难求一计之时，广东韶州南华寺长老虚云和尚前往重庆祈祷和平，途经贵阳，我便及时向虚云法师反映，要求他向重庆国民党政府反映，谕令吴鼎昌停止提取庙产的作法。果被国民党政府采纳，谕令吴鼎昌停止这一强硬作法，以免引起意外事端，此事始得平息，全省僧尼，才能重回庙中。黔灵山林木方免避砍伐。

1943 年，我离开弘福寺，到螺丝山挟风寺当住持。不久，驻在螺丝山道真祠的国民党均十三库，在其库长王允恒的指挥下，要砍伐扶风寺后的大柏树，我当即劝阻，未果。被砍了一些。事后不几天，贵州省田粮管理处处长邵如恒和宪兵司令 ×× 螺丝山游玩，见到古柏被砍，邵责备我说："为什么没有保护好？"我说："僧人有责保护，理应保护，但无力保护。"并说明原委。宪兵司令听后，叫来王允恒，见王披衣歪帽，军容不整，立即训斥王一顿，并禁止砍伐树木。从此王允恒何恨在心。他啃不动青杠啃泡木，多次寻机加害于教，如开汽车撞辗。把螺丝山上布上铁丝网，控制上山道路，以致无人上山进香，意图断我生活之路，实是禁闭了我。害我未成，仍待机报复。1944 年，王允恒借高峰寺灭粮事诬我抗缴军粮，由王亲自将我逮捕入狱。

所谓高峰灭粮的实情是这样的：抗战期间，国民党政府苛捐杂税多如牛毛，累进军粮的征集也是其中一种。平坝高峰山有个高峰寺。1944 年平坝县粮政科给高峰寺派征累进军粮 660 担，并限期交出。寺住持慧海和尚，一时难以筹集，焦急不安。此事反映到贵州省佛教协会，我知道后，便以佛教会名义先后找平刚、李环（国民党贵州省政府秘书长），向雷峰（一任秘书）等商量解决办法，旋经秘书处出函平坝县粮政科令其灭少军粮。结果由 660 担灭成 60 担。这样处理后，我又结怨平坝粮政科。想不到 ×× 又和王允恒一起，诬我"为首抗粮"，由王允恒亲手捕我，交贵州省保安处监狱，判刑 3 年。将及半年，国民党宪法公布，日本投降，大赦天下而被释放。

出狱后挟风寺已由慧海为住持，我便在省佛教协会任常务理事。

1945 年春，杨森任贵州省主席、贵阳阳市市长不久，便开始修建六广门合群体育场。1946 年间，其修建体育馆，需用大量木材，为了解决用料问题，不顾重庆国民党政府禁止砍伐风景区林木的命令，下令砍伐黔灵山树木。当我事先得到这一消息后，便与省佛教协会理事长平少璜商量，拟以佛教会的名义，要求杨森不砍，但平先生不便出面。我只得径往省政府求见杨森。见面后，杨森问我有什么事，我便说明来意，着重强调体育馆要建，黔灵山风景林木也要保护，切不能就此废彼，因为这都是有益于贵阳人民的。杨森问，依你意，该如何办呢？

由于我了解清镇县茅坡寺有成材松杉不少，被清镇县政府指导员（号称告不倒的八任区长）李立金强行砍了一些，打算做棺材送人这件事，便对杨森说。不砍黔灵山的树。能在省城附郭 20 多里的城周范围内找木材，也未尝不可。

杨森见这话还有些道理，便问“你看，哪里有呢？”

我便反映了清镇茅坡寺杉木被砍的情况说：“何不将李立金要做棺材送人的木材调来修体育馆，既解决了用木材问题，又保护了黔灵山的风景林木，只是要多用些人工。”

杨森听了，考虑一下，觉得这样做事可两全，何乐不为呢？便电话制止。就是已经砍了弘福寺的一棵树，也留给寺里用了。李立金的田土大都处在茅坡寺运木杉的通道上，当军工运木材出山时，把李立金的庄稼，几乎踏光，给李立金以沉重打击，这又是始料不及的。

1947 年，国民党贵州省保安处在黔灵山办有一个干训团。干训团教育长蒋无识。成立不久，黔灵山弘福寺不肖僧人智扬勾结训练团军官孙雨龙砍伐黔灵山树木，我知道后极力表示反对。但因我已非弘福寺僧人，也只有干着急，便将此事向教育长蒋无识说了，喜的是蒋也对军官砍树一事不满，表示反对而予制止，这次只砍了几棵树就停止了。

1949 年十月，贵阳临近解放不远了，我已在贵筑县沙子哨千田寨团馆教私塾。这期间，智扬再次勾结在黔灵山的国民党贵州省政府干训团教育长华老二肆无忌惮的砍树，由于当时弘福寺方丈仁参和尚懦弱无能，胆小怕事，故使得华老二等一次砍了 3 尺直径的大树 70 多棵。我知道后，非常惊愤！到黔灵山一看到被砍树木的惨状，更是痛心。便将毁林祸首智扬和尚扭送公安局以求解决。谁知公安局慑于省政府干训团的势力，便托辞将我和智扬转交国民党贵阳法院处理。由于干训团已向法院打过招呼，我被皂白不分的和被告关在一起，审判过程中，又由原告被诬为被告，吃了不少苦头，备受折磨。此次关押审理未及结束，我人民解放军以破竹之势，于十一月十五日解放贵阳。我才得以脱难。从此，黔灵山的树木，在人民政府的保护和培育下，日益枝繁叶茂，成为贵阳市的风景林区，每看到山上郁郁苍苍的繁荣景象，从内心感到欣慰。

一九八六年六月口述
一九八七年四月整理

一九八七年七月定稿

[附记]选自邵永成整理：《性定忆往》，载政协白云区委员会文史资料研究委员会：《白云文史稿》（第5辑），1988，第79–86页。

佛教法师释怀一

释怀一（1920–1985），法名能慈，号济众别号怀一，俗姓邵，名宝珠，河北省昌黎县人。北京华严大学毕业，佛教法师。怀一出生于一贫寒的农民家庭，少时敏而好学，十岁能诗。在乡村小学毕业后，到辽宁锦州一鞋店学徒，与锦州毗卢寺监院洗尘大师友善，从其受方便皈依，每以闲时到寺探讨死生问题，由此亲近三宝，受佛学熏习，1939年十八岁时，礼锦州毗卢寺洗尘和尚出家。后到北京广济寺现明和尚座下受具足戒。受戒时发下宏深誓愿：一生不做方丈，不为执事，只求皓首穷经。其后，到净莲寺求学，拜当时公认为“第二律师”的慈舟法师学习律宗，深受器重。

1940年考入青岛湛山寺佛学院预科，跟慧闲法师学习天台宗。时怀一法师有诗志其事：“负笈湛山习台宗，院传律法复演经。可谓法门一时盛，七百学子青年僧。但能不昧初心志，必感众圣不落空。”后因出于对日本侵略中国的义愤，不愿与日僧同修，反对学院强迫进行日语教学，遂于1941年回净莲寺佛学院从慈舟法师学习贤首宗。不久，转入极乐庵北京“华严大学”，随智悲法师继续学习华严宗。华严大学毕业后，复回净莲寺闭关阅藏。1943年考入沈阳慈恩寺创办的“布教师养成所”（堪称中国那烂陀寺），学习《瑜伽师地论》《因明入正理论》《俱舍论》等课程。在校期间，怀一学习勤奋，于1944年提升辅讲。三年学成，毕业时赋《调寄浪淘沙》词一首，抒其志，有句云：“毕业时至四方分，各本四弘兴法轮，馨香普闻。”

1946年南下上海，时称拈花老人、“华严座主”的贤首宗大德应慈老法师在慈云寺举办“华严师范学院速成班”，他为速成班学员并“复讲”，深受应慈老法师器重，得为侍者追随左右，往返于苏杭各地讲经说法。后居江苏句容县空青山宝藏寺阅藏，授了乘方丈聘请，担任该寺佛学研究班主持。1948 年，到无锡开元寺修习密宗，兼任汉藏佛学院讲师和训育主任，后接禅宗泰斗虚云和尚聘任广东曲江南华寺律学院主讲。

1948 年怀一法师来到贵阳，首次在黔明寺讲授《劝发菩提心文》和《大乘妙法莲华经》，深受四众弟子的欣赏赞叹。经贵州大学的邀请，到贵州大学讲《般若波罗密多心经》一星期。在筑期间，应贵州佛教大护法、民族资本家华问渠夫妇之请，住持“大觉精舍”。

中华人民共和国成立后，怀一法师任贵阳市佛教革新委员会主任、贵阳市“佛教徒学习委员会”主任，曾主讲《社会发展史》，介绍劳动创造世界理论。1952 年在观音庵组织“佛新织袜社”，任经理，倡导百丈禅师“一日不作，一日不食”的风范，发动僧尼从事生劳动，自食其力。1953 年 6 月，释怀一作为贵州佛教代表，出席了中国佛教协会成立大会，被选为中国佛教协会理事，并担任贵阳市人民代表大会第一届代表。1955 年 3 月任贵阳市政协第一届委员，贵州省政协委员，1959 年十年大庆，贵阳举行庆祝大会，应邀上观礼台观礼。1960 年为战胜自然灾害，曾在茶店清风寺开办清风农场从事生产。1962 年至 1966 年任黔灵山弘福寺住持，白天学习劳作，晚上仍埋头整理寺藏明版藏经。并担任贵州佛教史料编写组组长，搜集、整理、编写佛教史料，不畏疲劳，节假日星期天也不休息。1978 年党的十一届三中全会后，任贵阳市佛教协会副会长、贵阳市政协第五届常委、贵州省佛教协会筹备组组长。1985 年因病示寂于贵阳黔明寺，世寿六十五岁。

怀一法师一生，是不断钻研佛教真谛、不断追求进步的一生。尤其是新中国成立以后，在党和政府的领导下，更是身先士卒，与时俱进，为佛教与社会主义社会相适应，作出了有益的贡献。法师在贵阳弘法 37 年，勇猛精进，无懈无怠，深受各界人士好评和佛教四众敬仰。

[附记] 选自贵阳市政协文史和学习委员会编著：《贵阳历史人物丛书·综合卷》，贵州人民出版社，2005，第 198-200 页。

建国后贵阳佛教僧尼的劳动生产　魏觉民

僧尼从事生产劳动，是中国佛教的优良传统。早在唐代，百丈怀海禅师就倡导“一日不作，一日不食”的风范，成为僧尼劳动学习、效法的座右铭。但在旧社会，绝大多数僧尼的生活，不是靠生产劳动，而是靠田产地租，应赴经忏和信徒布施。

在历史上，原始佛教僧团，是乞食度日，完全以信徒施舍为生。后来随着大乘佛教的发展，根据释迦“资生业等，皆顺正法”的言教，一些具有远见卓识的佛教大德，不满僧徒不耕而食、不织而衣的腐败现象，或著书立说，或刊物撰文，大声疾呼僧尼各尽所能，生产自给。并组织僧尼从事农业和手工业生产。这在当时，的确是难能可贵的。由于种种社会原因，他们的这些正确主张，未能被绝大多数僧团所采纳。直到新中国成立前，中国僧徒的主要生活来源，仍然是靠他人的施舍，实际上过着不劳而获的寄生生活。

新中国成立以后，社会发生了根本的变化。政治、经济、文化各方面的变革，动摇了僧尼赖以生活的物质基础。在党和人民政府领导下，广大僧尼通过学习，认识到只有发扬中国佛教的优良传统，参加生产劳动，才是唯一的出路。百丈禅师倡导的“一日不作，一日不食”的风尚，在全国僧尼中得以实现。各地僧尼的劳动生产组织如雨后春笋纷纷建立起来。贵阳僧尼一马当先，生产劳动走在全国僧尼的前列。不仅解决了自己的衣服、饮食、卧具、医药的“四缘”问题，而且用自己的双手参加了祖国的建设，为国家和人民作出了应有的贡献。得到政府和人民的好评。

1951 年 9 月，贵阳僧尼在学习中，受到基督教“三自”革新运动的启发，组织了贵阳市佛教革新委员会，怀一任主任，朝悟、慧海任副主任；后来传学继任副主任。大家认为佛教与基督教不同，佛教所谓“革新”，其根本点是使僧尼摆脱不劳而获的寄生生活，通过劳动，逐步成为自食其力的劳动者，做到生产、行持两不误。并总结了外省僧尼办生产的经验，生产组织不宜搞大型，而以小型为好。于是灵活多样的各类生产组织先后建立，遍布各处。这些生产组织的名称，大多带一“佛”字，以表示佛教徒的生产组织。就其形式而言，大体可以归纳为农业、工业、商业几类。下面分别记述。

一、农业——办农牧场

1950年东山栖霞寺住僧10余人在山脚茅蓬组织农业组，从事开荒生产，负责人为朝悟，后为莫运钢。

1951年大觉精舍怀一法师带领学生种智、能安、然成等六人在华家山开荒生产，成绩卓著，种植花椰菜、豌豆、番茄等精细蔬菜和土豆、薯类，勤恳耕作，获大丰收。进城卖菜，收益颇好，自给有余。

同年螺丝山扶风寺方丈慧海法师和师弟慧常与同参智圆、徒侄香国、香云等人在花果园结庐，开垦荒地，建“化身窑”，种植粮食、蔬菜，兼营火葬业务，后皆因国家征用土地而进城参加工业生产。

1952年上半年，由圣中等牵头，组织僧尼15人在六冲关开荒，创办佛慈农场，取得成效，首次种植旱谷成功，解决了当时僧尼所需的部分粮食；经政府贷款支持，购置了耕牛，发展了生产。

1960年市佛教协会与基督教爱国会在油榨街观音洞（后迁茶店清风寺），联合开办“清风农牧场”（包括葫芦山观音寺），经理是佛教徒莫运例，副经理是基督教徒赵立教。发展养殖业：养鸡养兔，种植小麦、玉米、红薯、土豆及各种蔬菜，成为两会工作人员10余人的劳动基地，市宗教处干部也分期到农场和大家一起劳动。当时不仅锻炼了体质，改造了思想，在三年困难时期也改善了两会工作人员的生活。

1964年佛协工作人员响应政府种植棉花的号召，在兴隆东巷普贤庵园地试种棉花，后与基督教在花果园开垦棉地，种植棉花，获较好收成，向土产公司出售皮棉，得到了布票奖励，有助于解决佛协工作人员的穿衣问题。

二、工业——织布、织袜和缝纫

1950年东山栖霞寺僧众成立工业组，朝悟负责，由知客果元教众僧织毛巾技术，参加织毛巾生产者10余人。同年在次南门协天宫（俗称城楼上）成立工农织布生产社，有演妙、修圆、觉如等20余人从事织布生产，负责人朝悟、莫运钢。

同年在黔明寺组织织布生产，十多名尼众加工布。

1952 年在都市 [司] 路准提庵，由永祥、法智、传湾等近十名僧尼以 20 元为一股（生活困难，实在无钱入股的，可以免去。如传学、传忠师兄弟，皆未纳股金），集资成立佛新织袜社，请胡林辉师父教僧尼织袜技术。后迁小河巷观音庵，1955 年迁黔明寺。人数逐步增多，如香国、元明、法清、照空、传学、传忠、如福等相继参加，从业人员近 20 人。怀一任经理，莫运钢、宗悟、镜明任副经理。在政府宗教事务部门大力支持下，由国家给予贷款，使生产坚持下去并得到发展。产品有各种纱袜、背心，经营方式自产自销，当时由永祥等将产品运至郊区朱昌等地场坝推销，后做加工订货，产品由国家下达计划。

1953 年黔明寺僧众在宗教事务部门贷棉纱支持下，组成奋迅织袜社，觉正负责。有万能、幻学、果元（与东山果元同名）参加。由幻学教寺僧织袜技术，从事织袜生产。1956 年合作化高潮中，合并到南明针织厂，后改为贵阳针织厂。

1952 年在都市路准提庵，由僧尼入股集资成立佛新织布社，有道方、道光、慧常、香云、演妙等参加，请应慧林为会计。为了办起生产，不少僧尼解囊相助，尤其是太慈桥紫云庵妙成慷慨出资入股，大力支持生产，表现突出。购铁机两部，请黄平安师父教僧尼织布技术。由镜明任经理，莫运钢、怀一、宗悟任副经理。政府贷款支持生产，使生产顺利进行，产品自销时，宗悟等负责人经常到各地推销产品。1956 年合并至十一织布社，后改为南明棉织厂。

1952 年上半年在电台街慈云寺，由僧尼集股组成佛慈手工业社，请朱师教僧尼织布技术，织加工布。从业人员有福松、如仙、满成、通海、理智等 25 人。经理圣中，副经理海伦，1956 年合并到和平棉织厂。

1958 年在富水北路觉园，由镜明负责组成觉园生产小组，学习并开展缝纫业务。有海印、妙成、传胜、道心、心德、道融等参加。1964 年 12 月合并中中服务站，后改中中服装厂。以上这些生产组织，都是僧尼自筹资金和政府支持贷款兴办起来的。开始对生产一窍不通，一边学习，一边生产，创业初期，根本无工资可言，除了伙食，所剩无几，但大家任劳任怨，不计报酬，通过劳动生产，逐步变为自食其力的劳动者。

三、商业——经营素食

1953 年东山栖霞寺僧众开始办茶室，卖凉粉凉面。1954 年改为经营茶水和豆花饭。茶每杯一角；豆花饭每份二角五分，四菜一汤（豆花），饭随吃，豆花可加。因价格便宜，饭菜丰盛，颇受顾客欢迎。香脆可口的油榨锅巴，每盘一角五分，尤为游人所称道。每逢星期假日，游人如云，生意兴隆。众多游人上山览胜，来此饮茶，品尝素食。一度名为“六和蔬食社”，宗满任组长，后为经理。从业人员有方广、方才、悟贵、普济、海伦、法静、通贵、梵清、端明、道素、成栋、宽融、果元等近 20 人。1956 年合营后，增加花色品种，承包素席。同时，印力、妙文等僧尼在东山丫口兼营面食。后由园林管理处接收。

1958 年黔明寺开办黔明食堂，对外经营素食。众多职工在此搭伙，方便了群众的生活。负责人真敏、心元、果吉、万能、印周等僧尼先后在食堂工作。

1963 年市佛教协会维修富水北路觉园街房，组织尼众开办豆花饭店，经营豆花饭，兼售小菜。有法融、妙光、永慧、众清、海松、莲法等人从业，通明任负责人。妙法、心元、果吉帮助磨豆腐，作临时工，单独核算工资。经营方式：豆花饭每份三两粮，一角五分，小莱随意选购。60 年代初期曾以经济实惠、卫生可口，颇受群众赞贫，门前经常排着长队，有教师、工人、干部等暮名而来，专程到此进餐，不少职工常年在此搭伙，薄利多销，顾客盈门。1965 年将饭店交饮食公司经营。

此外，或从事蔬菜行业，或参加园林部门工作。或在其他单位工作者，不胜枚举。总之，贵阳市百分之九十以上的僧尼都走上了工作岗位。由于僧尼参加劳动生产，成绩卓著，1958 年 –1960 年在贵阳市宗教界劳动生产评比中，佛教连续三年获得流动红旗。僧尼参加工作以后，大多能模范地遵纪守法，较好地完成生产工作任务。如永祥、传清、林法等在贵阳针织厂连续多年评为先进生产者。当年生产组织的负责人，在带领僧尼参加劳动、实现生产自给的工作中作出了贡献，党和人民给予了一定的荣誉，担任了各级人民代表或各级政协委员。当年参加劳动生产时还是中青年的，现在大多年逾古稀了。他们当中，有的已经离开人世，如宗悟、镜明、海伦。

但他们为支持教徒生产而积极工作的精神，却是值得怀念的。现在还健在的都已退休了，有退休金安度晚年，有的虽然退休，还参加搞街道工作，继续发挥自己的余热，如传学、道伦连续多年评为街道先进工作者，受到各级政府部门的表彰，还出席了全省宗教界人士参加社会主义建设经验交流会。

以上是笔者的亲见亲闻资料，提供编写宗教史的参考，疏漏之处请指正。

[附记]选自政协贵阳市南明区委员会文史办公室:《南明文史资料选辑》（第5辑），1987，第53–58页。

重修扶风山双祠一寺碑记　吴志刚

扶风山位于贵阳城东，因山似田螺，峰如芙蓉，又名螺狮山、芙峰山。苍松翠柏掩映之中，有双祠一寺。一祠为王阳明先生祠，建于清嘉庆十九年，公元1814年；一祠为尹道真先生祠，建于民国五年，公元1916年；寺为扶风寺，建于隋朝初年。三者依山随势，浑然一体，构为奇秀独绝之古典园林，以黔中文化圣地名闻遐迩。扶风山双祠一寺历经沧桑，几度变迁，至二十世纪四十年代末已破败不堪。五六十年代之交，政府曾予维修，随即在“文革”中复遭破坏。八十年代末，贵阳市人民政府依其旧制，再次重修，于公元1989年部分开放，1995年全部开放。增置二先生汉白玉雕像，重制康有为、萧娴所书匾额及碑廊石刻，此后又广植草树，移立古坊，增设展厅，今日之扶风山双祠一寺，旧貌新颜，盛世风采，倍胜于往昔岁月。

东汉尹道真为贵州教育先驱，后世称其“北学游中国，南天破大荒”。明代王阳明为著名哲学家、教育家，贬谪贵州期间，经龙场悟道，创阳明心学，举办龙岗书院，主讲文明书院，培养贵州弟子，开启治学新风。贵州文教史得有二公，宛若双峰并峙，光耀千秋。二祠开放以来，海内外学人前来瞻仰者日众。纪念尹王二先贤，重在倡文兴教，弘扬优秀传统，发展先进文化，为振兴繁荣贵州文教事业尽心竭力。

金筑城东扶风山，双祠一寺紧相连。

飞阁流丹圣洁地，复廊涌翠锦绣园。
沧桑历尽成旧事，盛世重修展新颜。
道真阳明留青史，倡文兴教传人间。

公元二零零四年春
吴志刚 撰文
戴明贤 书丹

[附记] 选自贵阳市东山阳明祠。吴志刚曾任贵阳市委常委，市政府常务副市长、党组副书记，市人大常委会常务副主任、党组副书记。

弘福寺移交佛教界管理纪实（节选） 王廷琛

弘福寺创建于康熙十一年，距今有300多年历史。原有佛殿大殿、左右厢阁、藏经楼等，曾开办过佛学院，传戒18次之多。该寺是佛教丛林之一，向有佛教名山大寺之称，有历代方丈和尚的石塔、僧众石塔，为佛教信徒所关切。新中国成立后，该寺由政府接管，1956年黔灵山正式辟为公园，弘福寺划归黔灵公园管理。其管理体制是：属于公园部分划归贵阳市园林部门管理；弘福寺在政府宗教事务部门的行政领导下，由佛教团体管理使用。在“文化大革命”中寺院被破坏，殿内佛像被捣毁，住庙僧人被撵走。随后贵阳市园林局接管，将寺内建筑改建为展览厅、会议厅、贵宾休息室、茶室等。

党的十一届三中全会以后，党中央、国务院对清退宗教团体房产和开放宗教活动场所，曾作过一系列重要指示。1980年，根据党中央、国务院指示精神，省委、省政府就落实宗教政策、恢复宗教活动场所多次听取汇报；1982年6月，在讨论贯彻中发（1982）19号文件时，根据国务院宗教事务管理局的意见，省委曾表示同意将弘福寺列为全国重点寺观，其具体管理办法由贵阳市委研究决定；国务院（1983）60号文件，明确将弘福寺列入全国对外开放的重点寺院之一。弘福寺仍由市园林部门使用。

1985年底，王思明同志由省委组织部副部长兼省委整党办公室主任，调到省委统战部任部长。他对自己的工作变动作了一个明确的划分：过去主要是做党内同志的工作；现在则是做团结党外各方面人士的工作了。党的十一届三中全会以来，统一战线工作进入了个新的历史时期，宗教工作也是全面贯彻执行党的宗教信仰自由政策最好的时期之一。对弘福寺反映的政策落实问题，思明同志认真查阅十一届三中全会以来党中央关于落实宗教政策的一系列重要指示，感到十一届三中全会过去七八年了，弘福寺政策落实还有这么大的阻力，成为我省落实统战政策遗留下来的“老、大、难”问题。他深知统战工作对宗教政策落实所担负的重要责任，广泛听取宗教部门和有关人士对弘福寺落实政策提出的意见与建议，并亲自到北京向国家宗教局和中央统战部领导汇报。

贵阳市佛教协会会长莫运刚、副会长怀一在历届省政协会上多次提出议案，要求恢复弘福寺活动场所，全国佛教协会理事、贵阳市佛教法师释性定等，也曾为此多次向国家宗教局和各级政府主管部门写信申诉。根据国务院关于落实宗教政策的系列文件精神，思明同志向省委领导汇报反映，尽快将弘福寺归还佛教界、作为佛教活动场所对外开放的建议，得到认同。省委统战部与省政府宗教部门向中央统战部、国家宗教局及时进行了报告。

在中央统战部的关心下，从 1987 年 1 月起，经过半年多的工作，弘福寺就顺利移交市佛教协会管理。贵阳市委、市政府成立交接小组，由城建、园林、统战、宗教等有关部门的负责同志参加，市政府一位副秘书长任组长。交接小组经过深入调查研究，反复协商，提出交接方案，明确弘福寺移交范围。经市委、市政府同意，进行一系列工作，于当年 7 月 27 日上午在弘福寺举行了交接仪式。省、市统战、政协、宗教、外事等有关部门，市园林、市佛协等单位的负责人和代表参加了交接仪式。黔灵公园负责人和贵阳市市佛协会长莫运刚分别代表交接单位在移交协议书上签字。市园林部门负责人和从遵义湘山寺调来担任弘福寺管理小组组长的慧海法师在会上讲话。他们都表示要认真落实党的宗教政策，互相支持，和睦相处，管好公园，管好寺院。慧海法师特别表示，感谢党和政府落实了宗教政策，要教育好僧人和佛教徒爱国爱教、遵纪守法，按照国家法律和政策规定组织好正常的宗教活动。

为了把弘福寺管理好，在省、市政府宗教工作有关部门的帮助下，市佛协抽调 4 名和尚、1 名居士，还安排了固定的和临时的工作人员 20 多人。由慧海法师负责组成的弘福寺管理小组，及时开展了各项工作。弘福寺交接后的第二天就对外开放，每天都有两三千人到寺院观光、拜佛，宗教活动正常。

这样，弘福寺又成为名副其实的西南名山名寺，增辉黔灵胜境。

[附记] 选自政协贵州省委员会编：《回忆贵州改革开放 30 年（下）》，贵州人民出版社，2009，第 1017–1021 页。王廷琛，时任中共贵州省委统战部研究室主任。

东山赋 释妙果

筑城东隅，崇山之巅，有山“栖霞”，又曰“东山”。亘古屹立，护卫黔府，誉为“东山胜概”；今番新貌，绿景丽城，堪称黔中明珠。

寺创明代，依山而立；鳞次栉比，巍峨壮丽。奎阁、东山阁、灵官阁、斗姥阁、空中楼阁，阁阁相望；钟亭、小鲁亭、振衣亭、培风亭、积翠之亭，亭亭互依。山多古迹，弥久历新：“忍耐”“栖霞岭”“为善最乐”，“一路福星”“君山读书处”；“忠孝”“云深处”“天然奇妙”，“南天一柱”“一览众山小”。古碑两米余，创黔境之最；摩崖意蕴深，表佛子之心。

欣逢盛世，百业并举；寺院重兴，倍感党恩。藏经楼塔高达百米，蔚为壮观；大雄宝殿雄踞山巅，庄严肃穆。寺周古木参天，绿荫掩映；山外新城连片，高楼矗立。林中鸟语花香，云间高鸟颉颃。往时鱼歌远闻，今朝新曲飞声。节假日，各界人士，登东山，观美景，品素斋，兴致勃勃；会期间，四众弟子，朝名寺，参佛法，悟真谛，其情依依。

“旧说天下山，半在黔中青。又闻天下泉，半落黔中鸣。”山青数栖霞，水碧推南明。恭迎四方客，东山留靓影。

巢凤寺赋 何江

客从万里来，夸其云游之乐，不胜飘然，曰：“余闻东山之巅有巢凤焉，君能述其详而状其貌乎？”曰：善哉。

混沌初开，乾坤甫定；阴阳遇合，始肇人脉。贵州乃遐荒僻远之区，山川奇瑰；清镇当省城蕃蔽之要，路锁滇喉。文光毓秀，人才蔚出。濮族之兴盛，远溯乎周秦之先；夜郎之立国，独存于中土之外。马帮踏雾，汉使来仪，犍为跨延江而治；多同礼汉，世袭王业，牂牁领盘水为基。鬼国旧苑，世多传说。瘴气弥天，诸葛生不毛之叹；蚕虫鸟道，升庵赋咏絮之笔。唐经宋治，率土归一。洪武封疆，威清逮治；奢香负辱，九驿通衢。士子怀乡，不忘传播先进之文化；高人隐市，多以设馆授徒而卒业。于是文治大兴，率民皈乎信善。或藉物以托志，或怪石以焚香。民心多瘾，缘会难征。山成于几时，世无可考；凤因何扑地，信亦无稽。然异化石出，如凤栖于巢；涵脯而藏尾，兀立于山巅；头昂而西向，似有所期冀。冬不覆雪，或传其性温，咸以为灵物而景仰焉。故寺赖石以名而兴，寨因其号而久。自明以降，迭变沧桑；宗传八代，经声浩绵。

郁郁乎东山兮，秀出于平川。径高百丈兮，古木苍然。青峰耸翠兮，迤逦西南。二水交合兮，望北而川。车流如潮兮，横绝东关。览文峰之于怀抱兮，挹碧水以为素衣。眺百花而思雨露兮，听偈鼓以悟禅机。炉岭飞云，若现若隐；渔樵唱晚，或断或续。欣欣然乐逸盛世，飘飘然若赴仙阙。藏经阁凌空欲羽，大雄殿璀璨明灭。天市危楼，依山而踞；红墙粉瓦，傍树而虚。公路盘桓，绕山结寨；宏图巨制，殿阁崔嵬。世易时乖，士庶同钦于庙算；祈福避祸，贼宦咸畏乎神明。数鬼头供佛，叹吴王述愿；仰哲仕登临，慕学宗遗画；想将军夜课，听暮鼓钟鸣。树蕙流风，功开百代。得戒悟法，慧海上人于斯存念；从心发誓，善男信女宜尔怀春。老少同宜，登高远瞩以消烦涤垢；善恶咸庇，燃香侍佛且忏悔明心。香火盛而国运昌，庶民信而庙祝肥。世间至道，得无异乎。君之行游万里，谓有乐胜于斯耶？曰：“未若矣，闻先生之言而神往焉？”

丙戌年腊月二十八日（2007 年 2 月 15 日）

巢凤寺记　田尧

古语有云，君子不事佛，然敬佛事。筑城西，巢凤之名，古来久矣。噫，固原侯之名甚当也，而若解之以护国之寺，益善矣。

尝闻国之重器，在社稷五谷，在岁时生民，在化治宇内，而巢凤寺能之。诸葛武侯星落，然祠堂日兴，此不为生民利国之举乎？况谢登魁据“活佛”之名，修于此寺，其亦近于一也。更见临筑诸生君子、乱臣义首，皆登殿祈福，如此巢凤之名愈显也。百年兴废之间，风雨飘摇来去，若登东山而远目，山川未改，忽然颜色已换，抑或起牛山之叹矣。

料春芳轻绽，流水幽细，而山石犹寒，寺门青苔悄漫，竹林妙籁，正一岁之气派也。只布僧种菜，柔风渐次，晴芽不绝，软泥融雪，临溪赋诗，亦有惜春语在，足见生民之气。而夏荷济雨，宝殿雄声，居士煮茶，松风掠野，净世俗之戾，洗山河之尘；如饮泉谢客，高咏谈经，前席问药，与民同乐，亦人间之盛地矣。然秋川静瑟，木叶还脱，潇潇露雨，梧上三更，此际登临，莫悲春秋易逝，且看长田秋云也。谷粱光色，灿若山山落木齐飞，入寺民徐，多如历下汗雨共挥，养民之道，在祈福语中矣。而冬寒剧烈，万木琼枝，似缀珠玉，此时佛寺肃然，只颂经声，肯予胸怀，共拥炉火，笑谈本岁人世，又是黔中安宁，何乐之极也？

嗟乎！儒释道之事，从来如此。好事者独以退之佛表而罪此，以为病，而未见退之贬潮，常与高僧共语。吾观佛事，质本自然，以修心也；若解以封建，此夫独一世之物而不用也，何哉？天下即芥子，芥子即天下矣，众物之相，是人本相之显相矣。故曰：养一方民，利一方世，此巢凤之明志矣。吾得书而拜，记之。

2021 年 10 月 27 日

二、六盘水市佛教文献

（一）明代

普安州丹霞山　徐弘祖（徐霞客）

五月初一日。余束装寄逆旅主人符心华寓（兰溪人）。乃南抵普安北门外，东向循城行……由桥南西向盘岭，为大水塘之道，由桥东向，溯水而入，其下峡中篝树蒙密，水伏流于下，惟见深绿一道，迤逦谷底。又东半里，内坞复开，中环为田，而水流其间。路循山南转，半里，入竹树间，有一家倚山限结庐，下瞰壑中平畴而栖。余以为非登山道矣。忽一人出，呼余由其前，稍转而东，且导余东南登岭，乃下耕坞中去。及余跻半里，复西入樵径，其人自坞中更高呼“稍东”，遂得正道。其处四山回合，东北皆石山突兀，而余所登西南土山，则松阴寂历，松无挺拔之势，而偃仆盘曲，虽小亦然。遂借松阴，以手掬所携饭，抟而食，觉食淡之味更长也。既而循坡南上者半里，又入峡西上者一里，又南逾坳脊间半里；其坳两旁石峰东西涌起，而坳中则下陷成井，灌木丛翳其间，杳不可窥。已，循东峰之南，又转而东南，盘岭半里，其两旁石峰，又南北涌起，而峡中又下陷成洼。又稍转东北，路成两岐：一由北逾峡；一由东上峰。余不知所从，乃从东向而上者，其两旁石峰，复南北涌起；半里陟其间，渐南转，又半里，南向跻其坳，则两旁石峰又东西涌起。越脊南，始见西南一峰特耸，形如天柱，而有殿宇冠其上。乃西南下洼间。半里，复南上冈脊，回望所越之脊，有小洞一规，其门南向；其西有石峰如展旗，其东冈之上，复起乱峰如涌髻，而南冈则环脊而西，遂矗然起丹霞之柱焉；其中回洼下陷，底平如镜，已展土为田，第无滴水，不堪插莳。由冈西向，跻级登峰，级缘峰西石崖，其上甚峻；已而崖间悬树密荫，无复西日之烁，直跻半里，始及山门。其门西北向，而四周笼罩山顶。时僧方种豆垄坂间，门闭莫入。久之，一徒自下至（号照尘）。启门入，余遂以香积供。既而其师影修至，遂憩余阁中，而饮以茶蔬。影修又不昧之徒也。时不昧募缘安南，影修留余久驻，且言其师在，必不容余去，以余乃其师之同乡也。余谢其意，许为暂留一日。

初二日。甚晴霁。余时徙倚四面，凭窗远眺，与影修相指点。其北近山稍伏，其下为赵官屯，渐远为普安城，极远而一峰危突者，八纳也（相去已百里）。其南稍下，而横脊拥其后，为山岚洞；极远而遥峰隐隔者，乐民所之南，与亦佐县为界者也。其西坠峡而下，为大水塘，坞中自南而北，山岚洞之水，北出南板桥者也；隔溪则巨峰排列，亦自南而北，所谓睡寺山矣；山西即亦资孔大道，而岭障不可见。其东仅为度脊，上堆盘髻之峰；稍远则骈岫丛沓迤逦，东北去为兔场营方顶山之脉者也。山东南为归顺土司（普安龙土司之属，与西土司同名）。越其东南，为新安二所、黄草坝诸处，与泗城接界矣。是日，余草记阁中。影修屡设茶，供以鸡蓤菜、蔃浆花（藤如婆婆针线，断其叶蒂，辄有白浆溢出。花蕊每一二十茎成一丛。茎细如发，长半寸。缀花悬蒂间，花色如淡桃花。连丛采之）、黄连头，皆山蔬之有风味者也。

初三日。饭后辞影修。影修送余以茶酱（粤西无酱，贵州间有之而甚贵。是山始有酱食）。遂下山。十里，北过赵官屯，十里，东北过南板桥，七里，抵普安演武场。由其西横岭西度，一里，望三一溪北来，有崖当其南，知洞在是矣，遂下，则洞门北向迎溪，前有巨石坊，题“碧云洞天”，始知是洞之名“碧云”也（土人以此为水洞，以其上有佛者为干洞）。洞前一巨石界立门中，门分为二，路由东下，水由西入。入洞之中，则扩然无间，水循洞西，路循洞东，分道同趋；南向十余丈，渐昏黑矣，忽转而东，水循洞北，路循洞南，其东遂穹然大辟；遥望其内，光影陆离，波响腾沸，而行处犹暗暗也。盖其洞可入处，已分三层：其外入之门为一层，则明而较低；其内辟之奥为一层，则明而弥峻；当内外转接处，为一层，则暗而中拆，稍东如门，高穹如桥，耸豁不如内层，低垂不如外层，而独界其中，内外回眺，双明炯然。然从暗中仰瞩其顶，又有一圆穴上透，其上亦光明开辟，若楼阁中函，恨无由腾空而上也。东行暗中者五六丈而出，则堂户宏崇，若阿房、未央，四围既拓，而峻发弥甚；水从东南隅下捣奥穴而去，光从西北隅上透空明而入；其内突水之石，皆如踞狮泛凫，附壁之崖，俱作垂旂矗柱。盖内奥之四隅，西南为转入之桥门，西北为上透之明穴，东南为入水之深窍；而独东北回环回邃，深处亦有穴高悬，其前有智窟下坠，黑暗莫窥其底，其上有侧石环之，若井栏然，岂造物者恐人暗中失足耶？由窟左循崖而南，有一石脊，自洞顶附壁直垂而下，痕隆起壁间者仅五六寸，而鳞甲宛然，或巨或细，是为悬龙脊，俨有神物浮动之势。其下西临流侧，石畦每每，是为十八龙田。由窟右循崖而东，有一石痕，亦自洞顶附壁直垂而下，细纹薄影，是为蛇退皮，果若遗蜕粘附之形。其西攀隙而上，则明所悬也。其窗高悬二十丈，峻壁峭立，而多侧痕错锷。缘之上跻，则其门扩然，亦北向而出，纵横各三丈余，外临危坡，上倚峭壁，即在水洞之东，但上下悬绝耳。门内正对矗立之柱；柱之西南，即桥门中透之上层也。余既跻明窗，旋下观悬龙、蛇蜕，仍由砻桥下出，饭于洞门石上。石乃所镌诗碑，游人取以为台，以供饮馔。其诗乃张涣、沈思充者；诗不甚佳，而涣字极遒活可爱。镌碑欲垂久远，而为供饮之具，将磨滮不保矣。亟出纸笔录之。仍入内洞，欲一登砻桥上层，而崖壁悬峭，三上三却。再后，仍登明窗东南，援矗柱之腋，透出柱南，平视砻桥之背，甚坦而近，但悬壁无痕，上下俱绝攀践，咫尺难度。于是复下而出洞。日已下春，因解衣浴洞口溪石间；半截夙垢，以胜流浇灌之，甚快也！既而拂拭登途，忽闻崖上歌笑声，疑洞中何忽有人，回瞩之，乃明窗外东崖峭绝处，似有人影冉冉。余曰："此山灵招我，不可失也。"先是，余闻水洞之上有梵龛，及至，索之无有；从明窗外东眺，层崖危耸，心异之，亦不见有攀缘之迹。及出水洞觅路，旁有小径，隐现伏草间，又似上跻明窗者，以为此间乃断崖绝磴耳，不意闻声发閟，亟回杖上跻。始向明窗之下，旋转而东，拾级数十层，复跻危崖之根，则裂窍成门。其门亦北向，内高二丈余，深亦如之；左有旁穴前透，多裂隙垂棂，僧以石窒之为室；右有峭峡后坼，上颇氤氲盘结，而峻不可登。洞中有金仙三像，一僧栖其间，故游者携樽叠就酌于此；非其声，余将芒芒返城，不复知水洞之外，复有此洞矣。酌者仆从甚都，想必王翰林子弟。余远眺而过之。下山，循溪溯流，二里，有大道，即南门桥……

[附记]选自（明）徐弘祖著《徐霞客游记·黔游日记（一）》，上海：上海古籍出版社，2010，第228–229页。明崇祯十一年（1638）徐霞客考察普安卫丹霞山。徐霞客（1587–1641），原名弘祖，字振之，号霞客，南直隶江阴（今江苏江阴市），明朝末地理学家、探险家、旅行家和文学家。徐霞客游历考察的30多年间，先后四次进行长距离的跋涉，足迹遍及大半个中国。徐霞客的游历，不仅是为了寻奇访胜，更是为了探索大自然的奥秘，他在山脉、水道、地质和地貌等方面的调查和研究都取得了超越前人的成就，并著有代表作《徐霞客游记》等。

碧云洞赋　邵元善

推古今之物理，慨巨灵之神元，奠万汇之位置，配真宰之自然，惟兹洞之奇妙，非此乎其谁先？承滇首、黔面、坤负、乾吞，山川而为一。纳万壑之风烟，翠屏当门以为立，云石历乱而悬垂，郁澒洞而喷出，髡重沓而翔飞。青黛绿玉，焕彩生辉；显敞瞳胧，乍明乍蒙。践莓苔而始入，回然摄蓬莱之仙宫。飞流澎湃，溶溶落落，挂清光于露壑；晨光熠耀，烟霏漠漠，象启明于阊阖[①]。尔其峭壁如肺，厚薄殊形。击之而神钲清越，扣之而珠玉哀鸣。杂流泉其间奏，况闻广乐于洞庭。绿波淡淡，金沙淋漓。当盛夏而凝沍[②]，入隆冬而酝酿。此其洞灵之酝酿，而气候之均齐也！轶凌阴之地室，穿窈冥之洞壑。上峣峥以垒嶉[③]，下崭岩而嵒崿[④]。眇尘世之踪迹，分洲渚其脉络。虽假曜于松膏，乃须臾而有获。足进目朗，豁然阳开。划天梁之高馆，伟造化之鸿裁。纵耳目之观听，骇神识之恢豗[⑤]。仰矫首以高视兮，目冥眴[⑥]而亡见。徒徘徊以惶惶兮，魂渺渺而昏乱。于是敛衿危坐，发盖挥尘；凝神定志，以游以睹。望天窗之洞启，漏阳灵而迸射。

① 阊阖（chāng hé）：1. 传说中的天门；2. 宫门的正门。

② 沍（hù）：同“冱”。冻；闭塞。

③ 嶉（zuì）：山貌。

④ 嵒崿（yán，è）：亦作“岩崿”。山势不齐貌；起伏的山峦。

⑤ 豗（huī）：撞击声。

⑥ 眴（xuàn）：古同“眩”。

中无微而不照，粲明珠之不夜。既泬漻以穬朗[①]，亦鸿纷而糺错[②]。恍天宇之浩荡兮，厥高广而不可虡。度量汤汤，惊波滔滔。骇浪触石，则电激雷奔。安流而渊渟演漾，夏潦既尽，澄潭载石，漏石分沙，坐空明而数游鳞。飞濠梁之逸思，得世外之闲身。沉度潜溢，去无止极。层石清澜，此焉游息。□□珍台，目以流云。越潢溪而超陟，聊肆志以怡神。景炎燎烛，浮烟满宫。祥光灏气，浮游空中。信鸿笔其莫状，何绘事之能容！乃有碧眼番僧，依倚崖阿，仪状突兀，舞袖婆娑。西方佛子，东土大士，或踞石而趺跏，或蟠厓而仰唏。绝壁岩岩，有龙升天。华盖垂珠，鳞甲新鲜。虎豹狮象，大小殊状。斯乃灵液之所凝结，故经岁月而益长。石龙之下，悬水之滨，晶石为田，畎亩匀纭。高低连络，沟塍囷轮。夭草琅玕，罗列缤纷。酌王醴以解渴，茹芝英而颐神。将呼龙而鞭虬，乘云雾而为霖。寻不死之大药，冀古仙之所云。削壁嵌空，鸟道才通。窅然一窍，而莫之其所入。非夫羡门、赤斧其奚从？炼丹遗灶，紫泥旧封。丹器毕具，烟霞丰融。虽灵仙之幻迹，亦谲诡而奇工。天窗之里，浮屠崛起。上柱天极，下维地纪。界天光而两分，盖日月之所蔽弥。乃若层级之状，玲珑之象，大小相连，疏附拱向。青莲倒垂，缁衣辑让。尽鞶绣之居，盖犹未能万一。其模放者也，天宇晶莹，玉雪飞空，回环往复，并包兼容。灵奇恍惚，变现出没。晴岚朝凝，紫烟暮属。容光所遗，兰膏是续。尔乃结裳扶藜，岑岑高跻，猿魋避迹，潜虬登梯。仰通天而直上，俯万山而皆低。坐石床而少憩，复回盼以神迷。但一气之鸿蒙，分仙凡其所在斯。吾亦莫测其神妙之若此，即方壶、蓬岛其谁知？想八骏之皇舆，泛览乎昆仑之墟，遗神州与赤县，即皇帝之仙居。倘荒忽而谬戾，即比况其焉如。远眺川原，平楚寒烟。林麓之饶，弥皋被阡。沟血脉散，沃野坟腴。黍稷油油，芳树离离。涌川汇渎，渺渺悠悠。水当春而澹绿，花夹岸而芳柔。周道临溪而纡曲，姿士女之行游。拟桃园之幽秀，岂金谷之人谋？乱曰：仰止至人甘遁藏，韬名晦迹含佽光。遗世独立还太清，何必瓢举朝玉京。广入空间与世忘，涓栖岩壑与众芳。徐入海岛隔渺茫，大药可就天难升。今者不乐将何营？御风而行徇我情。佩兰纫蕙杂杜蘅。

① 泬漻（xuè liáo）：空旷清朗。穬（kuàng）朗：光明。

② 糺（jiǔ）错：纠缠交错。糺，古同“纠”。

枕石漱流调丝桐，攀石可娱刓洞中，于焉逍遥以徜徉。

[附记]（清）唐树义审例，黎兆勋采诗，莫友芝传证，关贤柱点校：《黔诗纪略》，贵州人民出版社，1993，第 347–348 页。邵元善，字台山，普安州人，邵元吉弟元。嘉靖二十二年（1543）举人，官至四川按察佥事。尤长词赋，工吟咏。《厅志》有传。

（二）清代

重修丹霞山寺序 傅春闱

余来治普之明年，丹霞山僧持疏乞余布施，余笑曰："老夫宦楚十年，囊橐萧瑟，今盘州城斗大，土瘠而民贫，将何以予子耶。"僧曰："否否，苏学士之于大悲阁，所施不必在金，苟得宰官一言以弁其首，则丹霞之玄真观不且与大悲阁同不朽乎。"余启册视，有前直牧刘公、卫守君汪公暨诸荐绅先生为之序，固进山僧责之曰："美玉盈箱，安事碔砆[①]，丹霞胜概诸君子既言之详矣，余又何所置词哉。子归，吾将割俸以助。"僧曰："否！否！三千大千世界，恒河沙数诸佛，虽共证一菩提，未尝不各出一手眼，宰官何其吝珠玉，使老衲锁骨无休也。"俯首伏地不起。余窘于对，乃为之偈曰：

丹霞之苍秀兮，诸君其明；
备山灵之呵护兮，我无容其再誉；
山僧之苦行兮，断臂其何异；
十方之乐助兮，将见珊瑚其阶，琉璃其地。
僧曰："宰官可谓共证一菩提，各出一手眼矣！"请以为序。

[附记]选自光绪《普安厅志（卷 21）·艺文》。傅春闱，四川绵竹人，

① 碔砆（wǔ fū）：像玉的石头。

举人。清康熙中任普安直隶厅知州。

重修东山寺记 张仁政

从来山川之灵，特钟乎人物，而人物之盛，亦应乎山川，此理可必至，亦数有固然也，特不思所以培之，斯无以毓其秀而发其奇耳。

郎岱城东二里许，旧有东山寺，创自乾隆年间，为郡城左辅。登其岭，心旷神怡，飘飘然有凌云之概焉。试一纵目，见夫东有天门、凤凰诸山，出没隐见，若近若远，庶几为人文蔚起之象乎？而其北则领秀山为一郡关键，堪舆家所谓来龙是也。又西有三台、九层，罗列森布，南则宝塔冠诰，挺秀争奇，皆得而备览之。他如落雨西陵，争长西北；双仙石龙，雄峙东南；与夫马鞍、笔架，莫不回环拱卫，毕见于寺。而又有如榜如旗，如冠如笔，如仙马，如狮子，苍萃万态，诡类壮观，谓是不足以助此山之灵，而培我郡文风之盛欤？美哉！此基之矣。然而此都人士，勿论隐居乐道，不求闻达者，固亦有人，即岁科试取十人，暨府庠隽才、国学俊士，不可谓不众矣。其间锐志取进，观韩潮，泛苏海，经经纬史，可以中选者，又岂鲜哉。乃自建城以来，百余年于兹矣，虽有屡掇巍科者，未闻有捷南宫而入词馆，何也？是岂废学之过哉？抑亦山川之少助也？斯山寺之重建固不可不亟欤。

甲午（1774）夏，简堂鹿公祖自郡公旋，时直岁旱，路经山下，即默祈雨泽，次日复竭诚步南礼拜之余，见夫庙宇倾圮，遂有捐廉重修意，即时果甘霖沛然。盖山岳之灵，有求必应矣。吾不知山岳欲因公祖以大其观瞻欤？抑欲有所建修以盛其人物欤？试为考之古，证之今，而知此山寺之不可不建也。我朝粤西己卯（1795）岁，继方伯建景福楼于贡院之南，堪舆家谓楼成当出状元，明岁丙辰（1796），陈横山果三元及第。夫文运之昌，因乎天，尤藉资乎地，庶几勤学者得所凭藉而兴也。而或者曰：东山寺地处旷野，昔人建此原以备骚人韵士选圣登临，子言得毋过娇欤。然窃论之，天地与人列为三才，天于斯世，钟灵一人，即于大地，必钟灵一山。东山寺雄峙城东，为郡城之门户，其右连分二支以入城，今建寺于其上，譬如人身而冠冕之也。山境之盛衰，即人文之盛衰因之。

间尝走通都，过大邑，见夫苍峦耸翠，殿阁飞丹，一种富厚醇茂之气，扑人眉宇，则知其间有名臣宿儒，见夫山势薄削，木落山空，一种萧条颓败之气，令人志沮，则知其间必无杰士伟人。且夫机不蓄则不泄，物不培则不昌。今试置一物于此，其灵秀珍奇固为世所希有，然无人焉，以培植之，其于冥顽何异也。彼东山聚一方之灵秀，非有至灵者以镇乎其间，虽灵犹未神。

今兹之建，仍奉东岳大帝于正殿，因前基址甚狭，辟而新之，所费不可量也。十二殿虽仍旧置，然必移置亦不无所费，他如头二门、书房、僧房、厨房以次而兴，是在乐善君子解囊中之金，成山间之盛。一时鸠工庀材，焕然一新。又有简堂公祖月订课期，多士互相观摩。人既杰矣，地亦称灵，将见灵秀所感，人物间生，向之谓屡掇巍科者，而今可以绵延不绝矣；向之所谓未捷南宫者，而今可以联步词林矣。至若岁有丰凶，时有旱潦，皆得于此藉其灵。人材由是兴，阴阳由是和，则山岳之流泽，不且万年而如新哉！非第以为一方游眺之胜而已。是为记。

[附记]选自（清）咸丰《安顺府志（卷之50）·艺文志（七）·记（四）》。文章记述了郎岱东山寺地理环境和自然风貌以及修复东山寺的意义。

重修岩脚三才屯观音洞阁序　张瞻云

盖闻神有凭依，斯昭灵于感应；功兼美善，乃垂久于来兹。况圣迹堪传，灵山早现普陀之异；而前芳欲继，福地宜增榱栋之观。所以革故贵乎鼎新，图终原于善始；将占大壮，甚赖同人。

当岩镇之冲，有三才之屯。郎山锁钥，乌撒通衢。地接羊场，形开狮口。悬崖峭拔，何殊巫峡参天；古洞清幽，谁识仙源有路。溯自道光五载，节逢新岁元辰。倏瞻彩鹤于山巅，俨坠祥云于空际。翩翩有态，法像分明；冉冉而来，观音酷肖。从峰头而直下，乍见者疑讶其神；至洞口而忽停，近觇焉以穷其异。则有灵风嘘拂，瑞霭和融。石乳悬来，纷纷变幻；岩泉滴久，面面玲珑。当中之宝相天然，斯诚异矣；座下之莲台宛若，不亦神乎！佥谓履端而显化若斯，意必大士之栖灵于此。

维时巡司乃宋朝槃，专诚倡首，大众一心。洞中则因石范金，塑就观音各像;洞外则劖岩拓地,建为杰阁三重。斜从石径以联登,旁设尼庵而供奉。绿杨几树,阁外依依;紫竹林中,洞前隐隐。俯临深涧,居然南海香山;高插苍冥,俨尔西天佛国。

讵料□民肆蠢,回禄司权。经……可怜一炬;似当年之白雀,不剩半椽。虽金身无损乎庄严,而画阁实伤夫圮毁。幸有毕公方伯字曰"祉堂",率果敢之练军,挞披猖之□虏。亲临一祷,祈助以神;愿捐百金,更新斯阁。既而精诚感召,菩萨显灵,大役行而匪党半歼,诸酋屏而四民胥庆。

今者升平久享,安乐无虞。回思兵燹频年,众姓几危而复安者,何莫非大士之阴为呵护乎?屈指烽烟到处,此方完善而无恙者,何莫非大士之默为保全乎?于是合里绅耆,一方领袖,同心约会,建议重修。土木概取其新,规模一仍其旧。第需材孔巨,原非一木能支;而功德贵丰,惟有众擎易举。尚望乡邻信善,贯镪随施;还望远近官商,囊金襄助。捐资蒇事,卜吉鸠工。刻其角而丹其楹,焕其龛而巍其座。高矣美矣,堂哉皇哉!

信兹功德弥宏,定沐神庥无量。将见慈云远荫,输诚者同欣普渡慈航;伫看法雨常飞,览胜者亦喜同瞻法界。人皆好善,应知从善如登;客亦多缘,窃愿随缘作序。

[附记]选自(清)咸丰《安顺府志(卷50)·艺文志》。观音洞阁位于六枝特区岩脚镇三才屯。张瞻云(1838–1919),贵州六枝下营盘人,同治八年(1869)举人。曾任贵州玉屏县教授、云南某州通判。

游丹霞山记　胡寿彭

去厅城三十里,有山曰"丹霞",盖普安之胜也。其峰高出众山之上,峦重嶂复,绀宇珠宫。自都人士女,凡宦游至普者,无不知闻而向往之。然而迫王事,蹙身谋卒,卒无晰夕之闲,则不暇游。而山翁牧竖,日出入于烟霞浩渺之区,习而相忘,则不知有游。游若是难哉。

予少有山水缘,赤石帆海,自谓颇饶谢公之兴,而足迹所至,遇名山大川,卒少游览,蒙心耻焉。今岁重九,余幕游普安。友人有言及丹霞之胜者,遂令俦侣载具,出厅南门,当作登高游会。日薄暮,直抵山下,亟舍鞍,步行循山径盘辟行。路萦纡若蟠蚓，树皆高百余尺，山崇道险，又皆峻阪。拾级以上，高入云际。行半里必四五息喘。汗竟，趾神腭眙不自持。倏忽，黑云如盖白天而下，跳珠溅沫，白雨倾注。急奔入寺，则老僧已瀹茗待。即下榻寺后进。少憩出游，雨渐开霁，青天一角，微露日影，渴虹饮涧，晚霞际天，云烟畸霭，出没无定，阴晴变幻，得未曾有。心凝神释，顾盼自怡。

寺故峙丹霞山顶，规制宏丽，佛殿供祖师相，铜身，高丈余，寺僧传是铜梁所铸，明时自滇飞来。僧踪迹至此，得之二虎环守。僧参拜默祝，虎竞去，因以建寺然哉。寺前石壁，雷击作“天北丹山”四字，大如碗。殿左旁有花台，广十余步，宽二三尺，上倚悬岩，下临绝壁，仰睇出天路，俯瞰人无际。弥望广潒沃霞荡云。城郭村舍，浓烟数点而已。昔司马子长称，生平为文章，大得江山之助。古人寄情邱壑，不惜绳幽凿险，穷追造物者之奇。知奇境在目前，顾澹忘之可乎？然后悔予向之过五岳，经沧海而未能游，有负天壤间名山水不少也。

其明日饭罢，从人敦促，遂下山，仍载具入南门归。是岁光绪十有五年，同游者王公定一、王公少绰。

[附记] 选自光绪《普安厅志（卷22）·艺文》。参见罗再麟主编《六盘水市地方志编纂委员会编·六盘水旧志点校》，贵州人民出版社，2006，第445页。胡寿彭，云南昆明人，举人。

丹霞山赋　刘汤成

普安旧卫，直隶新厅，路出城南，雷开天北。立黔阳而星分鬼柳；殊海上而境是仙山。神犹丹观，岭类金霞。孤峰独耸，觉头上业已顶天；四面皆空，疑脚跟未曾踏地。殿梁自西府飞来，金鸡晓唱；海玉将军锡御任，木鱼雷鸣。绝壁攀猿，履青云而直上；悬藤引蚁，随红日而俱登。爰凿巉岩填坎堑，乃剔苔藓劈蒙茸①。栈陡飞云，拔折羊场之九；枝枯挂月，石

① 蒙茸（méng qì）：覆盖。

生虎啸之三。夷具嵚崟①，定厥址基。五工鸠聚以庀材，百姓鹊呼而负土。汗雨肩来，运石疑于役鬼；不假鞭趋，平风嘘气布金。自有财神，无须铁点。天车旋转，砌成犀齿之垣；地轴倒推，甓倒鱼鳞之瓦。庙翼翼，詹牙牙，落霞绚紫；开山讵，有神丁，飞阁流丹。事先成，推佛子，金丹具，火丹生。霞彩辉煌，山灵显应，年年电扫雷挥；惧迩惊远，脱俗超凡，日日风披雨洗。历大劫而不灭，咏青膏而犹盛。节届三三，四至之馨香缭绕；丹还九九，十分之火候纯青。山下有人家，望朱霞于天半；山中无俗韵，缀绮霞于峰巅。朝霞射苍翠之毛，晚霞裹元黄之骨。午午峰高，人憩挂岩之石；丁丁木响，鸟啄腐树之柯。清净场，未免喧嚣也，要陪官见府；方便门，都成苦恼，常待客支宾。

盖北望盛京，叹远山之蔽目；南瞻武庙，想盛迹于当年。东则上坞、中坞、下坞，坞坞朝拜；西则大冲、小冲、东冲，冲冲环侍。南东其亩，田辨红黄之泥；西北诸峰，山成乌黑之色。山膀子为右臂膊，灰腰坡乃下手山。扬旗屯、顺旗屯、旗开而营称得胜；吴官屯、郭官屯、官道而赫达乐民。前所作诸屯之锁钥，南板实众桥之板门。二寨三寨，半是裸罗屋基；拾家陆家，大称罗汉松树。山岚分里外，右木龙而左茶花；田膀认高低，上打峰而先下粉田。和尚坟前听松风，飘飘出世；荷花塘外看水月，洒洒游仙。普佛寺内有佛经，小山营边排阅练。黑箐口，被沙子关阻塞，有口难言路八岔；白石岩，从大地头闪开，过岩连着沟三道。真武发祥，新城营边多武士；人文蔚起，大水塘畔焕文章。文圣宫门开文运，学庄山馆类聚学生。鸡角岩灵钟符径平，有武进士出身；猪头营节表昆山，后裔以云骑尉袭职。马坡立马，如走马之发灯；龙洞潜龙，泉引分龙之水。礼佛者自扒山岭上来，供租人自核桃园中过。猿猴献果，猴跳石踊跃参禅；骊龙抱珠，龙翻身转回朝祖。以是知碧云洞水穿风口，只见三溪一股；总未若丹霞山薜篆雷书，更胜八纳十倍也。

至于献笑，鸟解呼名；鳞草细，虬树芽生。登斯山也，淑气扇风，则颖花落乱；春膏流响，则小燕竞飞。诚有乐意相关，馨香不断。怡怡然，喜从中来者矣。及其柳染衣绿，鸠妇唤晴，荷铸钱青，龙孙脱壳。丹凤嘴

---

① 嵚崟（qīn yín）：形容山高。

衔似萱花，含苞未吐；青鸾尾展如焦叶，舒翼不齐。雨酿黄梅，日艳红叶。登斯山也，则汗滴成珠，单衣湿透。薰风扇我，则心清于水，遍体身凉。犬吠云中，鸡鸣树梢。升仙岛、涤俗尘；信呼得意而忘言，得言而忘象。绰绰然，自有其乐也矣。若夫金风飒飒，秋雨萧萧，玉雪霏霏，冬云黯淡，山中晚节黄花，世外虚心翠竹。红飞霜叶，铺成四面丹霞；裹裹冰山，倒竖一支粉笔。登斯山也，则有人淡如菊，骨清似梅。满目萧然，同秋兴之老杜；高怀仰止，比乐岭之孤松。霞气轩轩，丹心耿耿，此文正公所以先天下之忧而忧，后天下之乐而乐。噫！唯斯人其谁与归。

[附记] 选自政协贵州省委员会文史资料委员会《贵州旅游文史系列丛书》编委会编：《碧水丹霞》，贵州人民出版社，1999，第 274–277 页。刘汤成，清代举人。

（三）民国时期

重修观音阁记 佚名

记云：岩脚西出里许，北山之麓有洞曰“观音洞”。向南背北，面前垒高之丈七八尺，以石工培修，为阁基址，前临大道。阁高三丈余，阔约三丈。旧之大坡上，移居回龙寺。时安顺府毕公祉堂总办安顺七属军务，偕守备罗孝连率兵来剿。毕公议拆此阁，免匪移驻作负隅势，断我要道。遂誓众猛攻回龙寺，贼因却数十里。

翌年匪平，毕公捐数百金，交夏公炳荣，于光绪初元前倡恢复之议，负责捐助。乃鸠工甫半，而陈工师病殁，遂中止。先师孝廉张公瞻云序其碑，有句云：“……可怜炬；似当年之白雀，不剩半椽”云。此斯阁再建之近因也。

初兹洞在箐中，概属榛莽，不知辟自何代。仅据父老传闻，昔里人遥见白衣女由此披荆入洞，隐闻唪诵声。父老集众，大启筚蓝，有口甚狭，凿而入，见洞中高拥灵根三尺许，天然莲座，花叶缤纷。上有石乳空悬，左右分卷如帐幔。莲座后一岩作掌扇形，与天竺普陀岩形势无异。土人遂塑观音于其上。此洞初辟之远因也。

两旁有耳洞各一。左入不深，右洞窅然，幽深无际，入数武，半岩生石木鱼一，叩之有声。乡人有好事者，约伴秉烛，探幽入内。或宽或狭，或险或夷。有石笋如柱，颇得潜行。下有阴河，莫知所底。行约十余里，烛拔而心惧，恐烛尽不可复，中道折回。据云阴河与老底河潜通，亦理想辞也。此后探险者虽不一而足，卒无有得其颠末者。

于民国己未（1919）夏，有优伶过此。邀同乐工某，欲仿探险遗迹。入底阴河上半岩，石笋崚峥，着衣不可脱。径凸凹，不可行。伶前二丈许，忽闻工颠落下，铿锵有声，最后似已入水，犹作手足拍搏状，顷之寂然。伶回审无睹，踉跄归寓。呼其伙友复入，并醵金雇人，以索缒下，冀得其尸。其人摸索经时，杳如黄鹤，摇绳引上。众为太息者久之。迄今游人至此，涉足洞口，即有戒心焉。

[附记] 选自（民国）《续修安顺府志辑稿（第13卷）·祠祀志·郎岱县》。郎岱观音阁在郎岱西门外，清道光十年（1830）建。同治六年战乱，安顺知府毕大锡惧匪资负隅，拆之。光绪中修复。

游丹霞山　黑子

丹霞山在盘县城南约四十里，为兴义、盘县间必经之路，第三区检阅团此次赴盘，预定在山上住宿一宵，经四日之跋涉，于十五日抵达。

该山高不可测，有石铺大路可行，拾级而上，一气不能登至极峰，由麓至顶，约有数里，常致腿软脚酸。山中青桐树茂盛无比，青葱可爱，寺宇建筑于山巅，勒石十数丈，牢不可拔。途中有半山亭、山王殿等。至本庙时有牌坊一座，上题丹霞山及对联。首进为客房，次进为大雄宝殿及佛堂，庄严肃穆，富有神秘性。殿前有金字对联曰："云山华顶鹤，春日赤城霞。"闻为本省翰林花某所书，气象磅礴，笔势飞舞。第三进为十八罗汉和地藏王殿，两侧屋宇尚多，或为游客居住之所，或为僧寮，惜全部屋宇窗户过少，缺乏光线且多漏雨，污积不堪，僧人懒于洒扫。寺中有石水缸两口，因山高挑水不易，僧人以之盛屋檐水而食，尚属净洁并觉清洌，山上因无水井，天旱即须远至山麓汲取，故庙中规定凡僧人以缸中之水作洗涤之用者，罚挑水十担，以免浪费也。

藏经一部

寺中有藏经一部。据老僧谈，系因该山方丈光一和尚于光绪三十一年（1906）应召赴京诵经[①]，由慈禧太后颁布者，闻云贵两省仅有两部半，一在滇，一在丹霞，其余半部始在贵阳，是以至为宝贵也。慈禧复颁半付鸾驾，至今尚有传令旗、圣旨等。至所有藏经尚未装订完竣，整理成帖者仅及小半，余则散失地上，为鼠咬虫咀，且藏经之处屋宇窄狭漏湿，又多霉烂，殊为可惜。得经迄今，已达三十余年，尚未整理既事，殊属怠惰。

据老僧谈，该寺建于景泰二年（1451），今已四百余年，开山祖师为海玉和尚，或谓系一知府，或谓系一军人，身份不能详考，相传未建其寺时因该山高不可攀，乃于邻山建寺，殊上梁时梁木滚至丹霞山上，乃勉力登山建之。此近神话，殊不可信。

高台日出

寺之第三进有高阁，为看日出之所，盖因楼台过高，有倾倒之虞，今已改作晒台，仍以该处最高。余等拟于十六日清晨观日出，目前均为阴雨天，深以为虑，所幸十五日夜间满天星斗，尚有晴雾希望。翌晨早起，云层甚厚，余等以为不能得观。约五时半后，东方已有朝霞红云，将个天边抹成一道金光。其他各方则为云雾弥漫，白茫茫一片，天地浑为一体，“混沌”两字意味，此时深得领悟。盖极目所见，仅有如棉如絮之雾霭飘游于宇宙间，村庄道路、树木山峰均为云层所掩蔽。远处云雾，则似浪涛泛滥，此伏彼起，蔚为奇观。约至五时三刻，东方天逐渐泛出金色云浪，朝曦亦渐透露，先是峰顶微露一线金光，渐成半圆以致全圆，迨完全升起时，则似一面透明圆镜，闪烁于太空之中，颇有摇摇欲坠之势，此时可以一“嫩”字形容，一如婴儿之呱呱坠地也。须臾之间，已升至山峰之上，其上升行动几可见及，如谓在海上看日出太阳是从海水里出来，则在高山看日出太阳是从峰山中出来，记者想泰山看日出也不过如此而已。

---

① 光绪三十二年（1906）赴京者为圣融。

云中归去

余等在山上吃早点后，于白云深处中归去，后在山麓始知白云已从脚下变为头上，其山之高似可想见矣。

得胜盘阳

丹霞附近有得胜营山，一峰独秀，颇似桂林之独秀峰。山顶有梵宇，相传为诸葛武侯驻师处。民间则传云洪武之役，关公曾在该山显圣，致得奏凯，故称为得胜营也。此外余等在赴城途中，曾游板桥之庆玄庵，该处离城十里，昔称盘阳山，附近广植树木竹林，风景绝佳。其竹木共有一万数千株，蔚成森林。建庵后碑碣甚多，中有钱塘诗一首云："独坐幽篁里，弹琴复长啸。深林人不知，明月来相照。"① 颇符其景。

八纳大山

城北十五里九郎乡，有八纳山，高三十余里，方圆百余里，为盘县境内大山，其上有龙泉九个，汇为大池，其上可远望百数十里，曲靖及水城皆在眼底，年前拟建庙宇，后因故中辍。

余等每至一县，莫不游山玩水，并不惮其详记之，此实非闲情逸致也，乃藉此机会，一亲我中华之锦绣河山，从而知所实爱也。

九·一八纪念日于盘县

[附记] 选自刘磊主编：《抗战期间黔境印象》，贵州人民出版社，2008，第336–338页。原载于1944年9月29日《贵州日报》。

东山记　白槐

东出岱城一里许，有山焉。屹立道左，与左近山不相接，曰"东山"。昔人于山之下大道旁建砖坊一座，表曰："紫气东来"，纪胜也。由坊下

① 此诗为录自唐代诗人王维《竹里馆》。

小石径直上，盘旋即升山顶。山不高，顶下面规其势建殿宇数重，其上屡遭发、土匪诸变，瓦砾无余。四面楞栋，独以木材获寿，与故址俱存。前清光绪初，邑中布商捐资因遗址复修正殿三间，塑东岳大帝其上，东西两厢塑十二阎君。邑侯唐树桐继后复倡捐，建重楼于前，曰“奎阁”，塑魁星其上。每岁三月二十八日祝岳帝诞，邑中人士老少杂沓云集。距城二三十里诸女媪亦奔走偕来，赴是会场烧香念佛。诸少年宴饮作乐，文人学士亦相与歌咏其中，可谓极一时之盛已。古人拟“东山早霞”，品为八景之一，良有以也。

民国二年（1913）槐主席西街初等小学，是日也，即不以地方习惯放假，而学生无一至堂者。槐素性雅，不好游，独处校中神与天游久之。后月余，得睹吾友唐君宜《游东山记》。时有友人相为问难者，曰：“东岳大帝所谓黄飞虎者，非耶？”应之曰：“此小说家戏言、齐东野人之语，非经生家所道。唐君宜已辨晰之，槐何赘言？”然今不能已于言，且长言不已、不嫌琐碎记者：吾人读圣贤书，第一务要识字，称人称物贵有确凿之见，切忌窃似仿佛，变乱黑白，理事失实，以误人见闻。吾岱自前清鄂西陵开滇黔，中道改土归流，雍正八年（1730）始建城设治。城二十五里曰“那邦山”，最高，为全邑冠。其山高之极于天者，即与那邦之半坡塘遥遥对面挺峙，土人因名其山曰“老王山”云。昔人徒以守旧为高理，无新悟，盲于师古。以“王”“郎”音韵相近，又名之曰“老郎山”。夜郎自大，故习依然，泰山拟称，居然武城弦歌，且言“游（犹）牛刀割鸡”之慨。孟子曰：“孔子登东山而小鲁，登泰山而小天下。”东山者，鲁城东高山。泰山在齐北鲁南间，犹屹然孑立，夏商前曰“岱”，周曰“泰”。管子称，封泰山者七十二君。汉司马相如祖述之，厥后封泰山者不一其氏。唐武后封泰山为“天齐王”，礼秩加三公一等。洎时君邀福心甚，赠以“东岳大帝”之号，已属无谓之极。昔季氏旅于泰山，孔子曾谓：“泰山不如林放乎？”何物夜郎以弹丸瓯脱之地，既曰“郎岱”，乃亦仍称“东山”，仍称“泰岱”，穿凿附会，又增东岳大帝之庙云诸？槐暇日闲登其间，览之不觉一笑。宋人林逋诗云“茂林他日求遗稿，犹喜曾无封禅书”。我思古人实获我心，记以待后之识者云。

[附记]选自（民国）《郎岱县访稿·卷七》。

天问和尚诗序 张世泽

我邑天问和尚，姓任名座，河南陈州府商水县人。生明崇祯九年。性喜瞿昙，幼嗜佛学。厌城市之繁盛，好□□幽居，到处云游。至双凤山，遂卓锡焉。厥后，参禅日久，择此地，借火化身。

本属蛮夷盘踞，汉人仅姜、刘、洒、尚等姓。□咸丰□，天问屡彰灵异，始于化身处筑坟垒，粗就。坟前立庙三间，祀之名"仙人寺"。此时文化□开之误也。至□□□间，□于兵火。父老因而重修。始阔大其规模，名称仍旧。余想当日，父老或不深思之过欤，抑以古人成迹不□□□，余不揣固陋，拟为静一寺。知我罪我，在所弗计。兹于唐海轩败麓中，捡得天问诗数首。词浅意深，不同流俗。□□□，□特商之同事，录出，勒之于石，以志不忘，因为序。①

[附记]僧天问，河南陈州人，崇祯间官于湘，明鼎革，弃家室妻子遁迹黔中，不道姓名。桂邸败状闻，遂削发为僧，居郎岱物阜里化处永兴寺。时厅治未建，地属安顺，僧常往来城市中，与士大夫诗酒唱和，高雅绝伦，郡中名流争纳交焉，尤为提督某公所敬重。居恒忧容满面，虽兴高采烈时未尝睹其笑容。年八十，绝迹城市，在寺礼佛诵经外，惟伏案著书，不与他事。及百岁，始下山沿化，家丐一薪负积山侧岭畔。一日，厝火积薪下，持木鱼端坐其上，焰熊熊然犹诵经不绝。逾时火息，竟随薪化……[（民国）《郎岱县访稿·卷七》]

---

① （民国）《续修安顺府志辑稿（卷18）·艺文志·郎岱县》所载与此略有不同。原文为："和尚姓任，名座，河南陈州府商水县人。生明崇祯九年。性喜瞿昙，幼嗜佛学。值李闯乱作，遂由湘入黔，而镇远、安顺，至我处之双凤山寺，遂卓锡焉。斯时也，林深箐密，居民鲜少，仅姜、刘、洒、尚数姓。及借火飞身，屡彰灵异，而人烟渐伙，场市大集。因名之曰化处，以和尚化身之处也。洎咸丰苗变，安顺府毕公带兵驻此。和尚显灵，公慨捐俸银五百，委绅耆重修庙宇，并购置田土，作香火之资。于是庙貌巍峨，信仰日众，至于弗衰。顷因修志，始于乡先生处寻获天问手泽，录之以彰其名，亦吉光片羽之意云耳。"（己酉科拔贡张世泽撰）。所刊诗顺序也不同。

三、遵义市佛教文献

（一）明代

重饰洞内佛像记事　颜师孔

崇祯二年（1629）十二月，余参禅大士像，见其金碧为脱，色相黯然，余心动焉。于是捐金装饰。工竣，记志年月，并赋一律以记之：

巨雪辟岩坚，飞泪补陀山。
玲珑天外落，凿□固中间。
大士庄严相，禅僧定悬关。
登临神气爽，俯瞰白云还。

楚辰颜师孔书

[附记] 摩崖刻于碧江区文笔峰（亦称正人峰）文笔洞左侧，高0.60米，宽0.80米。保存完好。颜师孔，湖广辰州人，选贡，时任铜仁县知县。

重新殿宇碑记　陈盟

辅世而剪凶□害，□幽而奠境义民，是其生为名臣，为卓宦，而声华炳烺于当代也，则宜。其没为上真，为明神，庙貌祠之，血食奉之，而精爽昭于异世也，则尤宜。

昔在汉初，有李公为吾蜀益州守，冰，其讳也。德政并茂。当时水神作祟，川波泛壅，大贻民害，公奋然殪之于江，俾厥安流。其事甚奇，功甚著。灌溉之利，迄今千数百年，蜀民犹食其泽；而公之英灵，亦远与厥功不磨。

迄今千数百年，蜀民所以崇奉尸祝之者，阅唐末至我皇明，犹凛凛如一日。是以三川形胜之地，往往建宇以像公。而夜郎之东，距城二十里，高峰屼嶂，俯瞩万山，台阁岿然，呼吸六虚，有公祠在焉。凡夜郎之民，岁时蒸尝者，趾相错于途，则以公之灵爽，较它处尤著；而荫庇斯土者，非伊朝夕之故也。曩自幺么弄兵遵城，千里烽燧，纵横一时，琳宫梵刹，鲜不罹于燹，而斯祠独存，其殆公之明威有以慑蛇豕之凶焰而悸其胆乎？于时监督宪副环水卢公、蜀镇朝石侯公、遵镇春宇刘公、协镇信吾陈公，剿蔺抚黔，首复遵城。扫天狼而集鸿雁，歌《狸首》而革鹗音。废坠俱举，百度维新。幸公祠之获存，而倾圮未葺，于遵民妥佑之意既弗惬；且规制湫隘，于国家崇报之典又弗光。乃相与捐俸而改创之。堂寝庑室，皆倍于旧；且买田若干亩，供四时焚献之需。用以顺民志而答神庥也。落成之日，予适因展垅，赐假旋里，卢公移书，俾予记之。予于是有感焉。夫有严有赫，好是正直，神何求于世？而世自求之，岂非功德在人，不可忘耶？然则内而卿相师保，外而岳牧连帅，□遵□庇民，丰功茂绩，各循其职，而不求人知，然而人自称颂于身前，且思慕于身后者，又何以异于神耶？嗟乎！鼎冲钧轴，大纛高牙，世岂乏贵显哉？乃生而碌碌，没而沕沕，其于世道无分毫补，以此事神，神其吐之。今四君勘定之勋，伟于兹土；辑怀之泽，洽于群心。《诗》云：恺悌君子，神所劳矣”[①]，则神之保厘凋敝，与四君之膏沐疮痍，其余休均未有艾，吾知其并垂不朽矣！是为记。

皇明崇祯四年辛未岁（1631）秋七月初一己卯之吉

翰林院兼修国史经筵日讲起居注国子监司业雪斋陈盟撰此

[附记]选自（清）道光《遵义府志（卷8）·庙坛》。高岩寺（高崖祖庙）唐贞观八年（634）创建，祀蜀太守李冰及子二郎。历代均有修葺。陈盟，字无盟，号雪滩，鹤滩。四川富顺人，明天启二年（1622）进士。历任检讨、国子监司业。曾因典试南京，出题获罪，罢官后居南京。崇祯十七年（1644），福王在南京立国（南明弘光元），被起用任讲读、吏部有侍郎兼翰林院学士，

① 语出（春秋）左丘明《左传·僖公十二年》：“《诗》曰‘恺悌君子，神所劳矣’”。意为“快乐平易近人之君子，是神灵所保佑的”。

加礼部尚书。清军占领南京后，出家为僧，释名法藏，号雪公。陈盟学识渊博，长于治史兼工书法，名重于时。著作有《三朝纪略》《雪斋诗集》等。《四川通志》有传。

胜龙庵记

天启间，水蔺发难，城垣残破，一切寺宇悉被倾蹂，胜龙亦丘墟焉。佛像沐雨披风，灵莫妥矣。信善欧万贵不惮奔走，张盖以覆，结茅而蔽。仍发心捐资，精加绘塑，集众善重造殿宇，至今落成，勒石以志。崇祯五年（1632）。

[附记] 选自（清）道光《遵义府志（卷12）·金石》。碑为遵义府人、嘉庆三年戊午科举人张自信得之于胜龙山下溪中，遂立于府城北2公里胜龙山上。碑今已不存。

（二）清代

西来庵记　郑之珖

西来庵在湄水之阴，去县南十有一里，原名朝阳庵。甲午春，大中丞钱公开少，不受孙氏命。祝发为僧，号大错和尚，来居此庵。洁其僧寮，莳其花竹。带溪环林，自成幽逸，乃改名西来庵。庵右一溪，水甚清澄，木梁横渡，曲径斜迤，前则篁树丛阴，离离蔚蔚，空翠交合。对面两峰，杰秀争高，陡耸相乱，烟林蒙邈，莫可穷际。羁禽暮兽，寒鸣相和。

前村为处士吴扶灵山庄，处士与错师朝夕过从，风雨之音，动静相引。庵之后，怪树悬崖，老藤修篁，俯临湄河。河之北，为柏杨坝范学士我劬别墅也。望衡对宇①，欢情相接。余尝同皃庵居士②访错师于庵，或便同过

① 望衡对宇：门户相对；可以互相望见。形容彼此住得很近。

② 皃庵居士：名胡钦华，山阴人，明季桂王时任宾州知州，后隐居于湄潭之客溪。

范氏，泛舟褰裳，率尔休畅。维时遐荒天末，寥落寡俦；屯蹇相依，形怀无间，霄暮连床，寤言投契，悲歌慷慨，一往情深。非复末俗之泛交，谅亦世外之良遘也。因为文记之，使后之览者，论世兴怀，亦有以想见兹地之情事云尔。

[**附记**]选自(清)康熙《湄潭县志(卷2)·西来庵记》。郑之珖(？ –1659)，字于斯，号蛾眉道人，四川广安人。明末福、唐、桂朝曾任礼部祠祭司郎中等职，后弃官隐于湄潭，躬耕教授。著有《明书》《[illegible]庵诗文集》等。

《〈秋柳诗〉叙》 钱邦芑（大错和尚）

岁庚寅（1650）读书骥渚之江峰阁，阁宏敞，四望，前有高柳数株，霏微掩映，翠色依人。及乎秋深，风霜欲下，枝叶渐凋，回念春阳，可胜凄恻。嗟乎！时多易变，物感荣枯，春华方盛，芳菲之态堪怜。秋露将零，惨淡之容欲绝。阳关客舍，游子魂销，汉室离宫，佳人肠断。莺声既老，小蛮之娇怯难堪；雁影来过，阿绪之风流顿尽。金殿惟生秋草，蛾眉安得忘情。玉关不度春风，羌笛何能无怨。余也悲年华之冉冉，感弱质之依依。爰写短章，用深哀思。在昔夭桃郁李，咸见采于风谣。以至沅芷湘兰，亦不遗于屈宋。援情比义，触类兴思，俯仰多端，留连有会。况夫宫词闺怨，多托意于佳人；弃友劳臣，每寄情于荡子。辞章无几，或泣、或歌；物理虽微，可歌、可怨。固知兴怀既远，自不同于风云月露之音。叙志有章，或稍当于蟋蟀草虫之什云尔。自序。

[**附记**]选自（清）光绪《黎平府志（卷8）·艺文志·书籍》。钱邦芑（1599–1673），字开少，江苏丹徒（今镇江）人。南明永历帝时以御史巡按四川，1652年任贵州巡抚。清顺治十一年（南明永历八年，1654），祝发为僧，自号大错和尚，改寺名为“大错庵”。著述颇丰。有《鸡足山志》《九嶷志》等。

水源洞记　钱邦艺

湄潭北七里，有山耸起，高五里，土人呼为五里坎。大约川黔多大山，高者或至数十里，危峰插天，层峦阻日，多险峻，艰于跻躡。故土人见山之高仅数里，而可登跻者，率卑视之，谓之曰坡、曰坎，其方言相传如是。而其实以兹山置之吴、越间，则已巍崒陡矗，共尊为峰、为岭，而位之名胜之间矣。

五里坎之半岩有洞，攀援而升，径颇危仄。洞口高丈许，入洞半里，乃转西上。又数十步，更入一层，其中正黑，非火不可行。其洞之广，可容数千人。其顶石乳流注四周，上下凝结，有如人物、花草、器用之类，不可名状。其洞口转入之路甚险，一失足即颠仆，其下尤深，莫测其底。以故每遇兵荒，此洞恒藏数千人。外寇攻取万端，无能施害。中有潭，甚深，其水涌沸，冬夏不息，流出灌田数十倾。曲折成渠，再分再合，八九里乃入湄水。湄水自夜郎大山来，西流由板角关迤逦数百里，乃曲绕县治西南流入于乌江。其水经县南，湾环如蛾眉，宛曲而明秀，故得是名焉。又天下水多东流，而此水独西流，逆龙而行，至县治，萦旋曲转，故兹人秀逸，甲于西南。

余自甲午（1654）祝发，移居眉水之阴，挂锡西来庵，与吴扶灵望衡对宇，动静相闻。时曹子寿字，自夹江解组归来，隐居水源洞之左，受徒自给。冯仲立兄弟隐居宝洞。黄月子亦授徒十里溪。祝子雨苍在客楼屯。龚子上之则结庐马峰山下。皆湄水有道之士。或率妻子躬耕，或教授自晦，与蛾眉道人、皃庵居士，游止略同。春朝秋暮，月夕花时，或诸子命酒过西来庵；或余提琴相访，连床夜话。风雨无愆，慷慨悲歌，逸情殊上。夫荒裔遐陬，当孙氏偏据时，士大夫俯首困辱，以为善类几尽。而我辈犹得山水琴书，啸傲天地。嗟乎！士君子亦在乎自致耳，孰谓时势饶困人哉！

［附记］ 选自（清）康熙《湄潭县志（卷2）·水源洞记》。

与破山明禅师书　吕大器

时无禅机，不孝略有禅心。咫尺崇光，瞻挹心切。便拟单骑，榻前一泻夙心。山深道棘，思滋地方驿骚也。不弃愚忱，惠然一贲，可胜悬企。为祷。

[附记] 选自（清）丈雪通醉辑《锦江禅灯（卷10）·东川吕大器》。

孟溪水月庵[①]新亭落成序　吕大器

永历元年丁亥暮春，予自闽、粤奉二亲家此。时同行为国史检讨方君于宣，相与临流陟峻，选胜挹幽，终日不倦，遂开斯亭之胜。岂曰曲水修禊，亦犹白下新亭之会也。夏五月朔日，亭成，与诸名士落之，用志于壁，以待来者。遂宁吕大器题。

[附记] 选自侯清泉编著《历代名人与贵州》，贵州人民出版社，2004，第188页。吕大器（1598–1650），字俨若，号东川，四川遂宁人，明末著名政治家、军事家、诗人。明崇祯元年（1628）进士，曾任吏部主事、兵部右侍郎、吏部左侍郎，官至永历朝兵部尚书、武英殿大学士。工诗，尤擅五言。吕大器在其五十二岁时，拜破山海明为师。他与莲月印正禅师、敏树如相禅师、铁壁慧机禅师均有交往。

游大觉寺记　郑珍

戊戌（1838）之冬十月几晦[②]，听莺轩[③]朝梦方熟，侍者呼“书至”。

---

① 孟溪水月庵，位于今贵州松桃自治县孟溪镇安山村。永历元年（1647）春，吕大器率军驻此。于庵旁建新亭，并作序镌刻于岩壁。

② 几晦：接近月尾。几，接近。晦：农历每月最后一天。

③ 听莺轩：在遵义府署内，“轩窗听莺”为府署八景之一。

熨眼[①]观之，曰：“昨约游大觉寺，忘耶？外及饭矣。”扳衣出，与诸人会于寓，遂行。出北门，缘龙山麓缓步。霜气初散，旭日入江；不热不寒。

里许，得道左刻余“至正元年闰”五字，不审何记也。旁记万历十九年（1591）卧龙坊高杰妻司氏舍钱修道尺寸，俱因石刻之。里许，得崇祯十三年（1640）修冷水孔道碑。里许，得石鼻泉当道左，穴出，灌可四五百亩，岁不涸。其上有洞，口仅容胸；梯下，有人物像，病乳求嗣者惑焉。昔年曾入，阴凛甚，故不乐再往。

数十步至后川桥，一名普济桥，俗呼高桥也，有店焉。桥，宋杨忠烈建，竹𨺗溪至此人穆家川；溪上石壁平莹，根多明人记涨到，漫不可尽识。白飞霞曾沐此，壁书“水㶕㶕……”十二字。《省志》载：石壁，仙题“山齿齿”云云，误也。旁刻《溪山青》一诗，草款无识者，然似三丰流矣。上为普济庵，明弘治中建，李敬德有《记》，旁三刻皆重修者。

观已，与诸人饮，更沽酒及午食，佣一童携之，折西北行二里许，得螃蟹井。穴有异蟹，能晴日泛水溢田，实清浅一泓也。里许，下度红边桥，桥东一古树，为巨藤缕络垂青，若罘罳[②]，若鳞鬣，峭蒨[③]可玩。复上坡陀，同忆乘驿北去时，舁者遇如此，必阁篢[④]请松肩，楚人谓“代步”也，因相与大笑。汗微出，脱裘衩令童披之，则居然富贵者也。

复行二里许，不悉地名。四山善生蕨，无他材，石炭出其口，郡城火食大半仰此。耳中水轮声渐来。南折，得杉林，栗溪经其下。水自海龙囤流来，下会穆家川。稍憩杉下，度石杠[⑤]，入大觉寺。本旧刹，康熙初资中人闵相诛植庄严，时极伟丽。今存木樨、紫薇之属，盖无几。佛室木联三，明程副使[⑥]书，郡人也，得北海[⑦]意，求志轩遗墨仅见此。

左出小门，缘丛竹，一岩出溪上。其根虚无，其树皆胎石。缘石东出，

---

① 熨（yùn）眼：揉擦眼睛。

② 罘罳（fú sī）：设于屋檐下挡住鸟雀做巢的金属网。

③ 峭蒨（qiào qiàn）：高耸挺立的山。

④ 阁：古同“搁”，停止。篢（bidn）：篢舆。竹制的舆床。即“滑竿”。

⑤ 石杠（gàng）：供人渡涉的踏脚石。杠，小桥。

⑥ 程副使：程云生，字愚古，遵义人。明崇祯间拔贡，授铜仁知县，累官监军副使。有《求志轩集》。

⑦ 北海：李邕，唐代江都人。玄宗时官北海太守。著名书法家。

经仙洞，久无人者。所谓“山腹奇踪，岩悬梵景”，俱无自得。

北折，大穴閜然[①]，石离奇斜下，极于潭，日光罅入渲之，水非金非碧，似井西晴岚，暖翠山头。鱼数群，倏来倏去，坐观鱼台睨之，似游晴窗下玻璃瓨[②]中皿。穴口刻隶书“石穴游鳞”，填其廓，因明白矣。旁刻《栗溪吟》，并闵相书。东不十武，复一小穴，景同，惟俯视异。缘小穴旁北上，得朱萼岩。外折上为映月台，俯潭之深碧。入臀[③]后，石势盖像莲花峰也。缘岩唇西折上，为灵碧峰，至巅，度天桥屈曲下，俱险绝。倚石坐卧，观竹列湖山。大觉寺之胜，尽此一岩矣。余因诵“俯仰之间，已为陈迹”，恐此生不再至。乃独往小穴，复玩久之。小篆“观我生”于石。

至寺后，观闵相墓。荆棘罗生，为之怅惘。复入寺饮酒，下以葵子；饭水饮，肴以肚菌；菌比鸡纵味等，腴嫩过之；其盖不圆。无心中途售者。噫！天下事孰非无心而得者哉！同游者为傅四、黎一、莫五[④]。独傅四骑马，马上如舂锄[⑤]，绝可笑。

[附记] 选自（清）郑珍著：《巢经巢文集校注》，中央民族大学出版社，2013，第 135 页。郑珍（1806–1864），字子尹，晚号柴翁。贵州遵义人。道光十七年（1837）举人，选荔波县训导，咸丰间告归。同治初补江苏知县，未行而卒。著有《仪礼私笺》《说文新附考》《巢经巢集经说》《巢经巢诗》等。

西坪寺记[⑥] 陈起［启］相

嵚崎［崟］崱屴[⑦]，梵宇托焉，在湘不以为奇，不奇飞舞，奇坦旷，盖

---

① 閜（xiǎ）然：裂开。

② 瓨（xiáng）：长颈的瓮坛类容器。

③ 臀（tún）：引申为底部。

④ 傅四：待考。黎一：黎兆勋（黎恂长子）。莫五：莫友芝（莫与俦五子）。

⑤ 舂锄：即白鹭。

⑥ 原注：西坪寺在城南百里，又名虎丘寺。僧大冶道场。

⑦ 嵚崟崱屴（qīn yín zè lì）：高大；险峻。

湘原少而峰多，则以少受选焉，宜尔。有地曰“西坪”，飞舞夹纵，坦旷中铺，不此之奇，是选雷之目矣。坪又以石为筋脊，石自某地，迄于板阁，凡五十里。状若蚊虬，蜿蜒而迤逦，隐隐隆隆，蛛丝马迹，□□笋轴，画势玲珑，受拜南宫，非袍笏不敢见，当坪之腹，始张甚，为象，为狮，为龙，为虎，然不示人以玩，且韬藏之，俟其人卓锡不偶也。

岁乙酉（1645）秋，冶公和尚以蜀乱，率众适至，响锡摇空，笠篷正锐，初非有取乎此。会坪有四众，振师之名，请辍沙滩之祇，为创结茆之憩，师犹不以为缘，唯唯否否，宿宿信信，庸知山灵蕴结，鬼神呵禁，不为化城，不肯。师遂一住十有四年。茆就坏，四众不听师去，乃开土创刹。其时乃有狮若象，若龙虎，奔走腾沓而来，处刹之四隅不散去，众始大骇，异之，乃知师游戏神通，示人不测若此。

[附记] 选自（清）道光《遵义府志（卷8）·庙坛·寺观附·遵义县》。陈启相（1602–1683），字枚庵，号哺谷，四川富顺人。明代进士。南明时，约在永历八年（1654）官河南御史。随即出家为僧，遍走吴楚诸山，更名圣符，号大友。清康熙元年（1662）到贵州遵义，隐县南平水里掌台山寺（位于今遵义市播州区西坪镇），自称“掌台老人”，足不出户三十年。他于寺设书院，并潜心著述。

禹门寺记　梁应奇

稽昔禹师治水，导河积石，至于龙门，华阴砥柱之墟，皆获安澜；怀山襄陵之势，不复如初。万世而下，称禹绩，受禹成者，至今不朽。不谓桑门亦有怀襄，而本来面目载胥沉溺，非有慧解人、具救生心，乌能手援诸溺而登之岸？

稽乐里有寺名沙滩者，绀殿轩昂，堂奥鸿敞，石磴层嶙，林木蓊蔚。溯所创者，肇自策眉。始惜沙滩梵刹，滩则不能遽济，沙又恒河难更。恭请丈雪人天师范为丛林住持，于是易为禹门禅院。遏人心之江河，浚群胸之闭郁，使之洞见本来面目，豁然通，憬然悟，有如禹之随山决排，机忘物我，真利济之人乎！师，蜀之内江人，棒喝交参，印德山《济北家言实传》曹溪正脉说》《语录》凡若干篇。平淡自如，行业兼备，将与禹功并垂不朽。

余因视师三川，便道游览，盘桓啸傲，识师最真。敬作记言，以纪盛心云。

[附记] 选自（清）道光《遵义府志（卷8）·庙坛·寺观附·遵义县》。梁应奇，明末曾任兵部侍郎兼户部侍郎。禹门寺，位于红花岗区新舟镇禹门山乐安江畔，建于明万历末年。

松丘缘起　高奝映

薪尽火传，法灯慧焰，于以续佛是根，惟一大事因缘，无有余二。然则因根起缘，因缘相触，而生妄境。尘利瓦砾，大地河山，无非法身边事。盖逐事则离，根心则会，会极则语，语而不作，圣澄圣解，乃可顿入性海。故说有碍尘，设空着妄，一立语言，皆无是处，以之平等，性得大空，心乃如如自在地耳。一日，余因公来播，结宰官因缘，竟，而后比丘、长者、居士，以至性善男子，皆以因缘结我。有顷，两生禅师亦随缘而至，启门纳客，措之坐，以眼代口倾盖间，不立对待尘不生，知见解水乳之合，其亦石上相逢，得非两生契阔而能然耶？嗣一日，禅师复来晤，出所为论疏以示，相与降澍天花，而针投黍透，抑语默动静，无非为一时因缘事欤？微言之绪，偶及禅师所创松丘禅院，乞余为序其缘起。乃曰：“初，此地名八里水，风景颇异，寺址乃杨氏宅基，因两姓斗讼，僧赖吴大将军得遂支公癖焉。”余曰：“金刚，至坚也，击之以羚羊角，则迎手而碎。禅师无烦恼，能破除人之烦恼，得住清凉界，以大将军为之金汤，理固然矣”。问八里水之名何居，禅师曰：“离寺三里许，有洞焉，水从洞出，流八里入别洞中，是以得名。寺之左壑曰‘牛郎土岛’，右峰曰‘皋陶山’，后十里远近有皋阴灌木则名‘九苍林’，其所由来，莫可状诘。”余曰：“无名，其谓之古始；有名，乃以物母，借问立松几株？牛郎在壑而织女安适？皋士师日刑几人？九苍淇溟，十里何限？”禅师曰：“唯，万象空花，了无是事，松且不有，况于它乎”？余因诵瓦屋山木皮因缘，既，乃徐为禅师释曰：“所谓山河本于清静，固其然也，而其机起于忽生。今日禅师与浴云子舌妙机圆，忽生影事，不可谓之无；是皆虚妄，即禅师建立宝王，亦应与空花免角等，不可谓之有。如是，则织锦水于机上，开剑门于匣中，未为不可也。以心缘法尘，独影境现，余知松丘之岫壑冲深，高霞翼岭，石磴逶迤，幽回九折，而历睇湘川诸山，几为之劣焉。卧游自醉，它日不必赞资粮、更游第二道场矣。持此即作松丘缘起。名山有灵，当永为呵护。庐陵高奣映成文生子游，成游而后知文之非其景也。文托心生，心随文幻，夫虚虚实实，言亦旦暮遇之而已。曾闻之，去此十四国土，有世界名旃穆多香，彼国人以梦为真，以实为妄，其余饮食衣具，皆从一梦，而后饱暖始自得焉；不梦，则不真以为有。余昔也疑，今而乃悟。谓今日之游虚，前日之文实，话因阁上，当与上人话之”。浴云居士高奣映志。

[附记] 选自（清）道光《遵义府志（卷8）·庙坛·寺观附·遵义县》。此文附“西来寺”条下。西来寺在遵义治西三十里八里水。平林蓊郁，一径通幽。康熙初本杨氏宅地，总兵吴之茂以争构劝舍为寺。僧两生遂于此开道场，名“松丘禅院”。手按大乘经字数种柏数十万株。其尾字倒植之，后长枝皆下垂，今犹存。内《释藏》为僧明澄走京师请于当事，康熙五十六年丁酉十四王供施装造，奉旨赍来永镇山门者，共六百七十六函，通六千九百五十卷。后知府赵光荣募制经匮存贮。

高奣（wěng）映（1647–1707），字雪君，号问米居士，云南姚安人，白族。著名学者、诗人。他涉猎广泛，在经学、史学、儒家哲学、佛学、诗辞、声韵等领域均有自己的建树，一生著述多达八十余种。

补修禅院记　罗兆甡代陈瑄撰

学士大夫宦辙所居，必有胜刹通流，与为栖息往来，非第纵逸游，赏方外也；所以涤尘器、发锢覆，其益宏矣。在昔如裴休、陆大夫、苏、黄诸人，固以是为归；而欲烧佛骨之韩子[①]，亦不能不心醉大颠。盖佛骨自可烧，大颠自可参，原不相碍，此所以为退之也，而呆儒且盛气辨之，谓为无有，不大可哂耶？予吏遵三年，遵固陋远，求所为金碧焜煌、壮观一邑者，既

① 韩子：韩愈。

不可得；即疏林卷石，布置略佳，亦绝未见。至城刹缁流，率讽呗取直、香火衣食耳，无可言语者。

禅宿藏天，故两生老人之高足也，驻锡城西松丘禅院，惠然来访，予延见之，渊仪玉馥，英英照人，因乐与周旋。一日，持绿萝高雪君所撰《松丘缘起》相示，予快读一过，恍坐话因阁而左顾神娲、右揖庭坚也。始叹桃花源去武陵数十里耳，刘太守不亲往搜寻，岂复有津可问？若兹丘则距城更近，予且□□至今未前，不令拂云诸叟远笑俗吏难医哉！藏天白曰："高公镌记后，寺中补造者，有大都督郑公及裨帅等合树之坊，有傅、李二太守庄严之佛，有诸善信捐建之天王殿五、斋堂一十有二，落成于今戊辰（1688），滥觞于壬戌（1682）。公不吝如椽，踵高公而记之，为兹寺增一盛事可乎？"予笑曰："雪君先成文而后游，谓文为实，而游为虚，其言甚辨。然既文之矣，何非游者？文实则游亦实，游虚则文亦虚，虚实倘分，真妄互起，不几梦中说梦、觉外寻觉耶？予再蹈斯例，是馋郑人之鹿①，踪臧氏之羊也"②。藏天曰："蔡少霞伏枕书碑，所谓'山元卿'者，当以何人实之？某未敢望颠公，尚幸退之不来，可免五百年后人饶舌耳。"余谢曰："子之善嬲也，予行且至矣。"因书其语为记。其施资诸人，例得备书于后。至本寺始卒，已详雪君记中。雪君记佳，可留与后人也。

[附记] 选自（清）道光《遵义府志（卷8）·庙坛·寺观附·遵义县》。陈瑄，江南省（清初设。康熙六年分为江苏、安徽二省）高邮县人，赐进士出身，康熙二十四年（1685）任遵义县知县。罗兆甡（1641–1702），字鹿游，贵州遵义人，祖籍湖广黄州府黄冈县（今湖北省黄冈市）。清代康熙年间岁贡。善诗文，郑珍《播雅》中录存其诗100首。

福寿桥记　罗兆甡代陈瑄撰

古称三不朽，立功其一。凡利于人者皆功，不较事之崇卑也，况盛衰

① 见"蕉鹿梦"典故。出自（战国）列御寇著《列子·周穆王》。

② 见"臧谷亡羊"典故。出自（战国）庄周及弟子《庄子·外篇》。原文：臧与谷二人相与牧羊，而俱亡其羊。问臧奚事，则挟策读书；问谷奚事，则博塞以游。二人者，事业不同，其亡羊同也。"

有无之数所系重且急哉!

遵城，本穆家川旧地，川带城北而东，有桥直接东门，引外厢之势属续于城，若无桥，则内外判隔，如人绝吭[①]而不可以呼吸也。府庠距凤山，峙桥之左，水漶漫而径行，恃桥以聚其气，若无桥，则庠与水逆，如人侈口而不嗡，气且耗逸无余矣。桥之系于遵也若此。

岁戊申（1668），旧镇易平础而增崇，遂为一郡巨观。阛阓联延，气象万千，武甲文元，累累斯盛。甫十有六年而桥毁，凡与桥俱毁者，其验立睹。而毁且五年，率无有复之者。予乙丑（1685）夏莅遵，登城临流概焉，深念急思更建之；而营营碌碌，且作且置。越丁卯（1687），吴僧照彻至止，毅然以为己任。适太守徐公临郡，察郡兴革，惟桥为巨，乃进僧而属之。僧衣钵尚有余资尽出，以为众劝。一时官绅士庶，嘉僧之志，成踊跃捐襄。饬工庀材，早暮罔辍，不三年而桥成，视旧宏阔稍加，坚致逾倍，夫然后可以不朽矣！僧经理之初，或疑之，或笑之，或忌且谤之。僧一切不顾，强力诚衷，以桥之成为止。盖以身徇桥，以桥为身，专精之至，又何难易巨细之有？使任事者皆如僧，天下岂有可已之事哉！自是井邑增雄，云苞山络，抟扶摇而上者，当再破从周之天荒，为利宁有涯乎？桥既得僧肩荷，复有贤侯主张于上，大帅王公、别驾陈公暨各绅士交助其成；参军邓君，则左右引翼之。是皆天时人事和合而有功也。

予虽竭绵力，其何敢尸[②]！夫成杠成梁，有司事耳。公孙蕞尔图存，日不暇给，偶解一骖，反来责备。今予获藉手以告无罪，不重幸欤？故为记。桥与遵之相系，以明兹功之所以不朽。后之莅遵者，尚无忘焉可也。并为铭曰：

天遣玉龙，跨城之东；飞凤峙左，峨峨頖宫[③]。
凤挟龙翔，山水互雄；五年龙僵，凤盼长空。
龙今复起，怒鬣扬风；凤羽云张，上摩青穹。
霞蒸白田，岭蔚花红；于斯万年，维龙之功。

---

① 绝吭：犹刎颈。

② 尸：承担。

③ 頖（pàn）宫：又作“泮宫”，古代的国家高等学校。

[附记]选自（清）道光《遵义府志（卷9）·关梁》。陈瑄，江南省（清初设。康熙六年分为江苏、安徽二省）高邮县人，赐进士出身，康熙二十四年（1685）任遵义县知县。

重修庙记 苏霖泓

《传》曰："能御大灾则祀之，能捍大患则祀之"。祀神之典，亦綦重矣。考《蜀志》，高岩山川主之神，为隋嘉州太守，多惠政，能入江斩蛟以除水患。唐封"神勇大将军"，又封"赤城王"，立庙灌口。朱张詠治蜀，因乱，祷祠，乃得神助。事平，以闻。封"川主清源妙道真君"。神之福利斯民，彰彰如是。

又闻诸父老：明末，□贼屠戮两川，几无噍类，赖川主之神，于桐梓县娄山关特显灵异以遏其锋，故贼不敢入，遵郡独全。至今士民祀之甚谨。

予自军前给假回郡，办理平籴。时至初夏，久旱无雨，亢阳为厉，农事未举，忧心如炽。谋及士庶，佥云祷高岩山可得雨，必竭诚乃应。于是斋心涤志，率僚属步祷于山，焚牒以告，为斯民陈疾苦甚切。是夕，阴云密布，雷始发声，大雨如注，竟夜乃止。次日，河水横流，四野沾足，农耕于田，工歌于市，米价遂平，民心俱悦。荷神之庥，理当报祀。于是束帛牵牲，制额以谢。近山绅士耆民，成集庙内。予见栋宇倾颓，树木零落，询之士庶，供出庙祝李常清跋扈此山，估据祀田，竟为己业，砍伐树木，卖以罔利，并不焚献，因至废弛。乃饬县尉公同地邻于常清名下查出祀田三处，粮银、界至踏分楚楚。更签司祝敬谨焚修，以其事申诸方伯，勒石以垂不朽。

夫神无常享，享于克诚；民之秉彝，好是懿德。自甘霖沛而农事举，庙田清而祀典具，舆情允洽，民气以和，祈报者踵相接也，修废之心，油然以起。予因捐俸为之首倡，乐输者从便。乃拓其阶墀，使之爽垲；加以丹雘，重其观瞻。匪惟崇德报功，以示儆末俗，俾知巍巍者山，明神在上。鉴我愚诚，介尔景福。凡厥庶民，殷勤于作善降祥之理，孝友姻睦，敦行不倦，出作入息，含哺鼓歌。庶几灾沴全消，雨旸时若，熙熙皞皞，优游太平之世，是则神之赐也，亦即予之志也。

[附记]选自（清）道光《遵义府志（卷8）·庙坛寺观附》。庙始建于唐贞观八年（634），祀蜀太守李冰及子二郎。乾符间（874–879）补修。后多次修葺。清乾隆三年（1738），知府苏霖泓复整祀田，重加增拓。苏霖泓，字雨苍，云南赵州人。康熙丙子（1696）举人，知广西容县，擢贵州大定知州。雍正十年（1732）升遵义知府。在任8年，清正廉洁，重视地方教育和建设。后擢升两淮盐运使。

游石佛洞记　黎安理

距郡东十里有洞焉，曰“石佛”，前未闻也。郡守济南焦公[①]，探奇得斯地，以石似，予佛名。远近人因是渐来观，或时祈祷之，辄如愿，咸醵金庄严奉之。烧香布施者，及好事者，日喧阗。其为胜，遂与桃源埒。今阒[②]如久矣。

忆前此十年，非独此绝游人迹，桃源亦罕问津者。尔来桃源之游宴又盛矣，而石佛寂寂焉遂不振。或佛不耐扰攘，故却士大夫之月盃风铛，清净以全其真乎？抑山之灵，但凭于石，以邀愚夫妇之祷祀，而不肯以其眩幻谲诡，为有识所评笑，致其机变亦有时不灵乎？象山子独游于兹，抚谓佛者而叹曰：两间动者水，静者山；灵者人，蠢者物；至灵者神，而至顽者石。石而佛，顽亦灵矣。闻佛性坚而不动，石之佛其宜欤？抑又闻石有闻法点头者，石而佛欤？佛而石欤？意无或石之顽而灵也，乃即人之灵而顽也欤？书之洞壁，以询踵余至者。

[附记]选自（清）道光《遵义府志（卷43）·艺文（二）》。黎安理（1751–1819），贵州遵义人。清乾隆四十四年（1779）举人。曾任山东省长山县（今邹平县）知县。为官清正，政声甚佳，后因病去职。为黔中文坛佼佼者，开创了遵义沙滩文化。著有《锄经堂诗文集》。

---

① 郡守济南焦公：即焦尔厚，山东省济南府章丘县人，举人，乾隆四十四年（1779）任遵义知府。

② 阒（qù）：寂静。

归宗寺《小引》　赵国銮

粤稽释迦应世，天竺降生，瞿昙为姓，善慧为名。周昭王之时，已传大圣；汉明帝之域，始梦金人。青鸳作合，聿开兰若之功；白马驮经，特建雍门之宇。西方教有由起，中国化所传流。于是鹫岭频开觉路，长松细草，普荫慈云；祇园自续禅灯，翠竹黄花，群沾化雨。如我夜郎古刹，号曰“归宗寺”。其间兴造，不详始自何人。父老传闻，为太和村之灵地，作赵、王、张之香烟：虽无确证，总之，宝路庄严，前人既效黄金之布；法坛清净，后起应扶绀髻之倾。昔年招僧未妥，寺田几作民田。堂堂院宇，不惟鲜补葺之资，并且无度日之费。嗟乎！常超四大之中，孰忍颓乎不振；妙入三魔之地，讵听灭也难堪。予等目击心伤，共商整顿之义。自乾隆己酉春，将常住另佃，取佃家顶首银六十两，以还前僧所拖账目，每岁复议租谷四十二石，除寺僧火食香烟费用外，余谷尽积寺中。第屡年素行旱魃，未获全收；兼之盖饰屋宇，妆绘金身，不无费用；一切支销约计百十余金，俱载原簿，班班可考。自今仆者既起，废者已兴。思参最上之乘，差信拈花微笑；欲证群支之果，谅识面壁以观。因议：俱缝绝纽，当归璧于龙树传衣；并振颓风，宜反赵于马鸣付钵。现僧性林颇见诚实，会我同人，爰将常住全业，并付住持，令其自为管理。更将数年所积银两，还明佃家顶首六十两之数。深冀慎此以往，大阐玄风。八功之水常清，五衍之车不敝。欢喜园成，鹿苑之缁流皆至；上方时到，鱼山之梵呗齐喧。由是九根无碍，夜郎故里群瞻满月成容；十竹同圆，太和全村尽仰青莲作眼。佛堂清净，佛法转轮，又何徒羡给孤独之园内，波斯国之王家也哉！

[附记] 选自（民国）《桐梓县志（卷5）·舆地志（中）·庙坛》。原书注：赵国銮，字金坡，清嘉庆丙子（1816）科举人，以大挑授贵筑县训导。文名噪于一时。惜侨寓省垣未归。文稿无存，其所著作，惟存此碑文及族谱序（赵兴瑶识）。归宗寺又名太白寺、夜郎寺。

觉仙山钟记　李正阳

尝观禅林之钟鼓，所以宣扬佛法而感发人心也。大叩大鸣，二月春雷响殿角；宜缓宜急，半天风雨洒松梢。其声直而闳，其韵悠以远。唤不醒之迷途，而发清夜之天倪者，于是乎有赖焉。今僧会事通庆，募善缘，延大台，集万金，以陶熔铸，悬于宝殿。将见佛号广播，正法宏开。闻之者微论出家在家，生觉悟心，同清净意。其补于僧俗而与仙山并垂不朽矣。是为序。

[附记] 选自（清）光绪《湄潭县志（卷8）·下》。李正阳，撰于嘉庆三年（1798）。

佛仙寺序　祝文震

忠里兰若佛仙寺，称巨刹焉。予肄业授徒，虽尝寓此，而于寺之颠末，实未能详。岁辛卯（1891），寺僧以改修正殿，工竣，欲志其绩，并不没前勋因据断碣，兼本师承口授，详述源流，求予笔记。

予始知寺创自明代，因居士申明祥素重金仙，适与云游僧至耀言谈契合，遂谋创建。明祥施山为基，敛金作费，与僧披荆平原，索绹选木，而建茅庵。故寺之原名本法华庵也。其初常住，未有至耀，惟扃门募费以供香灯而已。传徒绍法，景亦如前。继因申文选性嗜礼佛，始将尽有田业，施入庵中，即以绍法住持。绍法无徒，招沩仰正派之僧佐之。传至正葵，清修灭费，累积余金，始于庵后增修上殿，继又易修下殿，并建两廊，夫然后伽蓝宏骏，佛像庄严，院井阶梯，较前奚翅倍蓰，于是易庵名寺，榜以“佛仙”。此法华庵为佛仙寺也。顾上殿经楼高厂，兼以地势尤崇，飘摇易及，故不能如下殿历久。自明及清，化阅人世，而栋宇多倾。寺僧乃竭力鸠工，卑其故址，易岑楼而为巨厦，规模较阔，而坚固倍之。功成，始求予序。予因思苏眉山有云：“功之成，不成于成之日，盖必有所由始。”今僧等欲求序，已而先求序人，重此意也。顾僧以功继前，必冀以人继己，即予之为僧序，又岂不望有继僧之功者乎？昔王禹偁竹楼初成，而即思嗣葺，意良深矣。后之人体此意焉，庶斯绩之不朽也。大清道光十一年辛卯（1831）二月初六日，壬午（1822）科举人吏部拣选知县祝文震敬撰。

[附记]选自（民国）《续遵义府志（卷4）·庙坛寺观附·遵义县》。祝文震，遵义县（今播州区）人，道光壬午科（1822）举人，授翰林院编修，吏部拣选知县。

重修玉屏寺序　李长欣

盖闻莫为之前，虽美弗彰；莫为之后，虽盛弗传。故造物之生，亦必本其自然矣。如仁怀县西门外，钟鼓山后玉屏寺，始自乾隆初年，众善士创修大雄宝殿，左右廊庑，装满堂神像，招尼僧为住持。境闻晨钟暮鼓之音，佛受灯火香花之供。果然四境清宁，万姓奠安。

岂料盛衰有数，盈虚不时，于同治三年……殃及山寺，烽火之余，片瓦寸木，灰烬无存，尼逃川省。直至五年，城池恢复，始自归来，寻其故址，几不相识。睹蔓草荒烟之下，徒切伤心；栖颓垣碎瓦之间，诚难奉佛。最可怜者，鹤归失巢，燕至亡垒；最可悲者，佛祖荷蓑，大士戴笠，目击神伤，于斯为甚，是以望空拜祷，对圣言誓：重修庙宇，再塑金身。恁一己之微忱，募众姓之慈悲。或助砖瓦，或助木石；或以金帛，或以谷米。集众腋以成裘，纳细流以成海。

谨择吉于己巳年（1869）二月初五日，鸠工庀材，就址重修殿宇，装塑神像。伏愿十万善士，慷慨乐施。降甘露于菩提，功同浩海；舍泉力于福地，价重连城。倘荷源源而济，势必渐渐而成。佛彰感应，雨坠天花，寺再重兴，终蒙善果。谨序。

岁进士李长欣敬撰

[附记]选自仁怀政协学习文卫委编：《仁怀历代文钞》，中国文史出版社，2009，第169页。李长欣，仁怀人，光绪年间岁贡生。

置佛藏记　黎庶昌

距吾居里许，有寺曰“禹门”。国初时蜀僧丈雪暨吾宗、策眉九十翁相继居之，飞楼涌殿，踵事加辟，遂力坛场胜境。旧有北本佛经金藏。同治以还，兵兴寺扰，经卷散轶不完。光绪七年（1881），余奉使日本，遇坊肆间有繙①刻南藏本佛经全帙。遂以千金购制寄储，使与寺藏经楼之名相称。十一年（1885），余奉讳旋里，见寺多阤②挠，楹桍榱桷，风繰雨瀸③，日益朽剥，丹雘失华，乃命工修饬，改易而髹涂④之。四阅月告竣，一木一石，焕然增新矣。余之为此，非欲求佞于佛，实以其他与吾居相近，治此为游观之所，而又念名胜之不可任废灭也。故保而存之，意如是而已。

佛之为教，其初起于祭天金人，事甚微眇。后乃浸滋浸长，以戎夷之法，而与孔孟争衡。自汉初拨嬴秦之乱，典礼政教，不能修复于古，侵寻黄老王霸之间，佛乃乘虚而增其焰。由是因果、祸福、善恶、报应，其说中于人心，胶牢而不可拔。而浮屠、寺塔之建，兰台石室之藏，天子且躬为之驾，以簧鼓一世人民，是岂佛之罪哉？然自唐宋大儒论辟后，佛说之不足为天下患，亦已大明。而后世儒者乃欲援儒入释，课其虚灵不昧，以主静良知立为宗极，便与吾儒心性微旨相乱，不尤过矣哉！君子之持身也，不敢造次涉于虚无之境，居常悬悬，以忠心诚慤为本，以戒欺求歉为功，以存不忍人之心为用，博约乎文礼之途，潜息乎仁义之府，无歧其趋，无堕其仁，明德而新民，开物而成务，由家之国，推己及人，其始无过致，严异端之辨，而其终遂达乎天人之故，仁民爱物之原，充类以极于尽性至命，方日从事圣贤不暇，又何有清静寂灭窈冥诞幻之说，荧视而惑听哉。方今天下，乃有所谓耶稣天主教者，传自泰西，流衍于中国，窃释氏绪余⑤，举君臣父子、夫妇、昆弟、朋友，下逮食息之伦，一切以天为主，平等持视，无

① 繙（fān）：同“翻”。

② 阤（yǐ）：延续。

③ 瀸（jiān）：浸渍。

④ 髹（xiū）涂：漆饰。

⑤ 绪余：抽丝后留在蚕茧上的残丝。借指事物之残余或主体之外所剩余者。

轻重厚薄之分，其说尤浅陋，为释氏所不道。知道者固不虑为彼惑，而愚民时有信从者，亦无人焉为之反经而揭慝①也。余故因置佛藏，并发斯论，使乡人知所敬惧焉。

经凡六千七百七十一卷，总二百八十一函，别匮庋弆②，令僧颛③司之。其唐慧琳《一切经音义》百卷，中土久逸，颇存苍雅故训，为考据之学者，亦将有取乎此也。

光绪十五年（1889）十月

[附记]选自（民国）《续遵义府志（卷4）·庙坛寺观附·禹门寺·附》。黎庶昌（1837-1896），字莼斋，自署黔男子，贵州遵义人。同治初年上书论时政利病，得赏识，以廪贡生授知县，官至四川川东道。光绪二年，郭嵩焘出使英国，调充参赞，历比利时、瑞典、葡萄牙、奥地利诸国，以所闻所见著《西洋杂志》。光绪七年，充出使日本大臣，参与琉球及朝鲜问题交涉。中法战争及中日甲午战争时，皆有论列。重视文化古籍，在日本曾辑刊《古逸丛书》二十六种。

金鼎山新建玉皇殿记④　黎庶昌

尧舜禹汤文武周公之道衰，而老氏兴。老氏者，其源出于黄帝，与世和同，以淡泊为体，以柔退为用，著言《道德》。大抵悯叔世之愚迷，将

---

① 慝（tè）：奸邪，邪恶。

② 匮庋（guì guǐ）：柜架。弆（jǔ）：收藏。

③ 颛（zhuān）：专擅。通“专”。

④ （民国）《续遵义府志》载：九龙山，人皆呼曰金鼎山，在郡城北四十里。前《志》称削立万仞，云雾窈冥，天晴始微，郡城之祖山也。而《通志》不载。兹山磐礴，不知其周，九脉下流，再三成起，楼巘上升，孤峰锐□，矫入天半，环县百里皆见之。每夜有灵光四耀，闪烁空际，或远或近，冉冉辐朝，朔望尤盛。由麓至巅，经二十四峰，一岭一折，乃陟金鼎。领下坦若五亩居，万佛寺置其间。侧有泉水涌出，浩瀚喷流，倾泻成匹，游者无不就浣。上下共为庙九，灵宫佛殿，高低相属，年至盛暑，拜祷麇集，有来自邻省者，不可以万计。郡人黎庶昌以为，青城山杜光庭表称洞天，其高尚不及此，而纵观之阔亦远逊，因益曰三十七洞天，以续称之。是山之含灵负奇，将匹尊岷峨，誉尘区矣。土人称九龙，以金鼎山下小阜当之，犹泰山之梁父也，久假不归，几三字之袭爵矣。

一返诸清静无为已耳。厥后庄周慕其术而悦之，累著十余万言，颇仿依其辞，然而姑射神人之喻，鸿蒙云将之游，率皆寓言无事实，亦未尝为神仙家言，如后世怪迂之变也。

神仙之说，盖盛于七国，时燕齐海上之方士，阿谀苟合，其言益洸洋无涯涘①，造为方丈蓬莱、瀛洲之诞，伯侨毋忌充尚羡门子高之不可即，使世主想望瞑眩，莫不欲得而甘心。而列御寇书遂有清都紫微天帝之居，为道家之所自祖。御寇虽见称于庄子，而书特晚出，去庄子时甚远，剽猎庄、晏、杨、墨以成文。唐柳子厚虽辨之，而不悟其书之伪也。世乃反以庄子取列子，不亦傎欤！秦汉而降。变本益厉，刻木为像，筑宫为祀，道家之言，遂一成而不可止。

今天下各行省，莫不有道教，缁衣黄冠，咸奉老氏为宗主，而又别有所谓玉皇上帝者，体制尤崇于老氏，其徒奉之，必被以冕旒衮笏。一准王者上仪，人亦习见而莫以为异。

吾邑郡城西四十里，有曰“金鼎”，孤峰特起于众山之上，其高十里。初夕之夜，有星火数十百灿见于兹山左右，若远若近，起灭不可究诘，群相与灵之。春夏之际。氓庶朝金鼎者，环数县不绝。山旧有庙，湫隘尘陋，不足壮观。光绪中，蜀僧大方，性颇好奇，来登此山，遂辟地建玉皇殿于其顶，以费绌久不就告，余为集赀赞成之，而令移吾乡禹门寺玉皇像供奉于此，使道释各得其所，无相凌杂②。殿成，楹栋坚致，丹碧焕然，凭高四顾，孤敻寥绝，足以栖真而妥神矣。夫道家之言，其事荒渺，不足致辨。然取其清虚遗世之意，以养人灵府，使超然恒轶于尘壒之外，倘亦君子之所不废乎？

大方书来，欲余志其颠末，因为发凡如此，而于工事则别有书。光绪十五年十月，邑人黎庶昌记。

[附记] 选自黎庶昌著《近代中国史料丛刊·拙尊园丛稿》，中国文史出版社，2007，第110页。载（民国）《续遵义府志（卷5·上）·山川（上）》。

---

① 无涯涘（sì）：无尽头水边。涯涘：边际、界线，引申为尽头。

② 凌杂：错杂凌乱。

黎庶昌在此文中阐述了道教源流。记述了僧人大方“遂辟地建玉皇殿”事。黎庶昌又将禹门寺玉皇像移至金鼎山供奉，“使道释各得其所，无相凌杂”。他并不信仰佛教、道教，这样做的目的在于看到佛道二教可以“以养人灵府，使超然恒轶于尘壒（ài，尘俗）之外”，增进社会的安宁和谐。

重修螺水寺序　喻文杰

盖闻善与人同，用不吝于一丝一粟，而乐善不倦，要不遗乎崇佛崇仙。寺观者，仙佛之所由以显迹，亦即春秋之新赖以报赛者也。建醮祈祷，于是乎在我甲中。寺名“螺水”，别号“永明”。建自前朝，徽于后代。聚鸡山之灵秀，蔚起丁男；抱螺水之潆纡，宏开甲第。巍乎焕矣，诚诸村之名区；懿①乎，铄②哉！果一邑之胜地也。第世遭兵燹之后，人值乱离以还。遗迹安在，空怀子晋之箫③；古刹无存，莫挽地藏之锡。大罗天，霓裳犹谱；舍利国，衣钵尚存。倘得募化，同兴善果，永增我甲之光，重起名山之胜，讵不懿欤?

绥邑原属蜀地，本隶播州。今值兵戈扰攘，仅留川主金身，以昭降格，我甲士民，十存其一，未必非大帝在天之灵所默为护佑者也。余等见其颓败，不胜惨然，原合同人共为募化，重修庙宇。虽未敢匹迹于前人，效丁令狐之美意；亦聊以缔造于末世，存仙佛之遗基也。有愿结善缘者，所资银钱，亦应镌碑勒石，苟存兴复，岂不荫子庇孙。还望乐善君子，慷慨相助，天相吉人，辅翼成功，庶积善余庆，作福降祥，以昭善果于无穷云尔。是为序。

贡士　喻文杰撰

[附记] 选自（民国）《绥阳县志（卷2）·营建（上）·坛庙附寺观》。绥阳县蒲场镇螺水寺（又称三教寺、永明宫），丁文曜、令狐风歧等建。昔寺瓦尚存“万历己卯”等字。同治同迭遭兵燹，院宇零落。光绪初年，

① 懿（yì）：美好。

② 铄（shuò）：明亮，光明。

③ 子晋箫，亦作子晋笙。子晋，名王子乔，神话人物。喜吹笙作凤凰鸣，后在嵩山修炼升仙。

乡人丁世暄、丁世昭等重建。喻文杰，字芝轩，贵州绥阳人。性诚悫，好读书。道光年间岁贡，终未及第。教授生徒为业。善著述，有《忠恕一贯图》。

重修清虚洞记　李廷瑛

黄雪峰到威清卫而云龙洞开，蔡巨源莅清平邑而太极洞显。故名胜之境虽自天生，而修培之功实资人力。

湄邑出南郭里许，有洞焉，谽谺①忽裂，清流莹澈，状态纷罗，乳液融结，鬼斧神斤，不知鸿蒙何年造设也。康熙间，杨公石臣宰斯邑，芟夷榛莽，修砌石桥，颜曰“清虚”。中塑大士像，故人亦呼为观音洞焉。洞口有寺，二百年于兹矣。自咸丰己未（1859）岁，突遭兵燹，雕甍画栋，胥化为灰烬荒墟；断碣残碑，徒付与荒烟落照。祝厘之诚无自伸，游观之乐不复得。嗟嗟！游乏客儿，孰辟石门之径；时无柳子，谁新钴鉧之潭。幸有记名提督黎君辅廷，丁卯（1867）既扫除妖氛，丙子（1876）复捐修大殿。而于洞口欲建立排（牌）坊及钟鼓楼、灵官殿。正恐独力难为，赖我邑侯润之曹公，慨然捐廉，以倡斯举；而汉卿周君，遂为竭力经营。凿石东郊，抡材南野，陶于肆，治于场。经始于丁丑（1877）之冬，落成于戊寅（1878）之夏。金碧相辉，簷②牙高啄，各抱地势，钩心斗角，亭亭苕苕，列列锷锷，凡向之苔藓□而茑萝封者，莫不辉煌而奕铄。瑛思斯举也，昔有杨公开其盛，今得曹公振其衰。非特为观美也。遵帝君创修庙宇之文，体先王神道设教之意。俾往来于斯者，瞻庙貌庄严，益深诚敬；仰慈云溥荫，默忏愆尤。悟来清净之修，空即是色；认得虚灵之体，佛即在心。于以去恶为善，由宝筏以同登；革薄从忠，恐神明之或负。知有裨于人心风俗者，匪浅鲜也。爰为之记。

[附记]选自（清）光绪《湄潭县志（卷8）·下》。李廷瑛（1820–1890），名鼎调，号瑞堂。贵州湄潭宝洞人。清同治丁卯科（1867）举人，选平远

① 谽谺（hān xiā）：山谷空旷貌、山石险峻貌。

② 簷（yán）：同“檐”。

学正等，因故未就。后受聘为湄水书院讲席20余年。著有《自省斋文集》等。

怀阳洞记　王文垓

仁怀县之南，距城二十里许，有洞名曰“怀阳”，邑中八景之一也。是地前带赤水支流，与云螭山脉相峙，层岩峭壁，环绕四周，中间石谷横撑，当川黔孔遭之冲，如虎伏地，洞居岭下，路通其中，高可兼寻，蜿蜒数十丈，南北两端互为出入，行人经其间，遥见岩壁当前。初不知有洞可通也。几疑健足，亦难飞越，途穷之感因之而生矣。及睹洞门隧敞，妙境天开，康庄入胜，又觉别有天地，顿存世外之想，其洞以内，石乳错综，星罗棋布，与诸佛像共在一天，如侍如拱、如卧如踞，如凝思、如仰啸、如会集、如散处、如静坐、如俯伏、如游戏，有整有瑕，亦雅亦仙，凡诸迹象，不一而足，诚足令人心旷神怡，有如置身西天佛地，自觉六根清静，四大皆空者矣。至如楼阁之配置，碑刊之杂陈，与夫骚人墨客留题，虽见仁见智不能强同，然无伤于天造地设之雅，有时亦足以点缀风景，或资后来之考据。吾知若干年后，人事之得，因斯洞而传者，必不少也。

由洞而南，但见茅舍三五，依庇于偏岩之下，犹有仙居余气，不知舍中人亦曾领及之否。北则古木参差，溪流潆洄，与野鸟山花相映成趣。泉石深致，亦自可人，然此足为知者道，难为俗客言也。考斯洞之得名，始于邑宰程公，其后有崔令贞史从而益之。勒石志胜，自是题志日多，名胜渐著，程、崔皆风雅士，允可与斯洞并传，其余大都在可有可无间耳。闻之，西湖之滨有烟霞洞焉，以湖景山光之照耀，又多大雅名人之轶迹，遂称胜景，名溢中外。若斯洞者，远僻边野，名雅罕到，顾自有其可传之真在，不镌因识者之多寡而有所增损也！爰乐而为记。

[附记] 选自（民国）《续遵义府志（卷5）（中）·山川（下）》。

湘山僧尊存五百阿罗汉拓本记[①] 喻克溥

余安砚湘山之七年秋九月，正殿落成。殿中旧有十八罗汉像，经兵火销毁已久，欲复往观而无从摹拟。适有自滇中来者，携五百阿罗汉像石刻拓本，颇精于细致。云得自□□杜文秀[②]处。住持僧法云和尚以重价购得之，即拣十八尊以授工人，使肖之装塑。

按其序，云像刻于常州天宁寺，时维嘉庆三年（1798）。常州为自来名胜之区，当粤匪倡乱，两江蹂躏不堪，凡属寺观庙宇，几何不摧败焚毁，此刻之存亡，今皆不可知也。佛书每言因果缘法，或以为无稽之言，通人不道。然如此本者，不胫而走，不翼而飞，刻于江南，得于云南。卖于遵义，而又恰当湘山重塑罗汉之时，遂栖止于寺。是因果缘法之说，盖未可厚非也。谓之为会逢其适也可，谓为若或使之也亦无不可。计分十册，共若干篇。法云藏之湘山，以为宝。至于各尊者之由来、行习，前人论之详矣，兹不复赘焉。是为记。

光绪二十有六年（1900）庚子岁春三月 映江堂主撰

[附记] 选自（民国）《续遵义府志（卷5）（上）·山川（上）》。赵鸣岐，字梧冈，道光壬午（1822）科举人，制行不苟，力学程朱，尝著《佛道论》，戒子孙勿崇佛道。碑文内容反映了在官府协调下，位于截角丫义渡旁的映江寺僧出资资助了渡口建设等费用。

虎头山培修观音殿序 赵鸣岐

虎头山神祠后殿，原奉有观音一尊，然神像卑而龛座皆朴陋，于释氏庄严之说未合也。岁丁亥（1827），余偶馆于兹，乡耆欲募化而普新之，请序于余。余曰："居其庙者谋其事，若职也；余虽不文，可援笔为劝言。"

---

① 原注：《映江堂稿》。

② 杜文秀（1823–1872），清道光十九年（1839）秀才。咸同年间云南回民起义领袖。

未既，有童子笑于侧曰：‘观音之神，亦世俗所传释氏之支流也。其神也，弃父命而不顾，外人伦以出奇；且持虚无幻化之说，诱男女各六人为座下弟子，于男女不亲授受之义奚当！不计人之善恶为何如，但崇奉者即为之奔救苦难，于正直而一之义，又奚当？是何足祀？”余曰：“童子乌足以知之？凡神圣之崇奉不衰者，皆有至奇之行。虽不轨下正，而亦有难及者焉。观音之神，虽弃父命，外人伦，亦释氏之道。然则其淡于情欲之缘，此举士大夫未近于圣贤之道者，所不能也，则其宜祀者一；其诱男女各六为弟子，此其人皆强横暴恶，而神能化之，且并享祀事，亦足以使凶男悍妇观感而善心生，则其宜祀者二；至于救苦救难之说，乃僧徒托之以为种福田计耳。神果灵也，君子则救之，小人则否；若不计其为君子、小人，仅以崇奉而概救之，是逆天也；逆天，则神无灵，又乌能救？故知神必无此意，不可以此疑其不当祀也。既当祀，则士、农、工、商不当捐资恐后乎？盖自正道不明，而始借神道以设教，不奇不足以动人信。若并此类而废之，则愚俗益无忌惮也。呜呼！当第人之为此者，所以求福也；诚知福自己求之道，大则忠孝友恭，小则日用事为。毋区区恃此而不修常行，且毋谓此遂可以救常行之失，则于求福之道庶几也。童子乌足以知之？”

[附记] 录自（民国）《桐梓县志（卷44）·文征（上集）》。赵鸣岐，字梧冈，道光壬午（1822）科举人，制行不苟，力学程朱，尝著《佛道论》，戒子孙勿崇佛道。序文以笔者与童子对谈的形式，讲述了观音“宜祀”的道理，以劝募修庙资金。

（三）民国时期

宝华山庙序　杨光远

千江有水千江是月，万里无云万里皆天。神灵之于昭于天，无地不灵正于天。无私覆无处非天月，有常明无在非月如在一辙焉。岂区区一庙庭为所楼正哉然？诗曰："奕奕寝庙，君子作之"。[①] 又曰："新庙奕奕，奚斯所作。"[②] 正不独汉明尊崇佛教，寺观始遍于中华也。此古播宝华山者，叠嶂层峦有鹤膝蜂腰之势，山环水抱，具龙吟虎啸之机，灵秀则鼎，尹峰高聚，宝则玉堂境胜，凤飞鱼跃，水月松蜂，真仙境也。

自光绪十四年夏六月，雷祖临乩训建阁，岁晚阁成。赐名善德感人仁与先回龙山。继于戊戌年玉祖临训更赐名曰"宝华山"，另修中殿、下殿，即年告竣，连年雕塑满堂神圣，装新森严。重建阁房伊始，年年传训，时时飞銮，或祈晴祷雨，或救劫免难，或指人迷精（津），或判讯阴案，或提亡升华，或与地方培元气，或为黎庶大生成，廿余年于苍生，造无穷之福也。至庚戌（1910）岁，因白蚁蠹啮上殿，又承仙示重修，玉阁垫隘换为高阔，连年铸造钟鼓，一切功成尽善神观，民乐此间之造福，龙□远也。是时是年岁欠丰，贼匪猖狂，瘟疫四起，龙深仗圣神之维持焉。因承训促以勒石铭功，铸碑□序，于是原始要终 [综] 合前后之经营，兼乾坤之领袖，悉铭碑以志不朽云。特序。

[附记] 杨光远，清代府学生员撰于民国三年（1914）。

新建永平桥序　安子章

白泥区属余里七排十甲，地名永翔寺者，古刹也。后枕大鹏山，前接骑龙之岭；西岫东皋，星罗棋布。南阡北陌，左村右疃，鸡犬相闻，巨室名家，耕读无旷，真胜景也。寺之前，溪涧各一，一从南来，一由东至，汇水于此，接长流而朝宗于海。因狭隘险阻，有累行人，故乡先辈，架木为桥。以济往来。奈历久腐败，稍有不慎，必至濡首灭顶之凶，切欲架虹，腰排雁齿，以求利涉，永享安平之福，往往以其财力之难，畏其难而退缩。民国三年花月[③]底，有查、夏、严、张诸君等，集议禅堂，倡首建修，请功募之，问序于余。予以造

① 语出《诗经·小雅·巧言》。

② 语出《诗经·鲁颂·閟宫》。

③ 花月：农历二月。

桥二三硐，工程既巨，资助必多。沐雨栉风，首士既甘况瘁；倾囊倒箧，众心应乐捐输。是以积公好义者，不殊锱铢；而乐善助施者，何分贫富。于是鸠工砌石，经始于杏放之天；填平补缺，告竣于瓜熟之月①。虽非商贾之孔道，永作乡里之坦途，则无险阻之虞，而成远大之功矣。以人之和与地之利，一劳永逸于万斯年，宋君谓永平，因此以永平名之。凡募化者、监督者、资助者、乐舍者均得镌之贞珉，而与天地同休云。

生员安子章撰

民国甲寅岁（1914）阴历六月初二日立

[附记] 选自湄潭县文化馆编《湄潭文物志》（第 1 辑），1984，第 99 页。安子章，名绍义，号卧云山人。清末秀才。曾任天城民团团总。

复兴寺废兴记 赵恺

平水里之山，自县西之台鼓山逶迤而来，叠伏坋涌，坏 [环] 然以止，于是而众昌之槃停回护者②，多怒石狰狞，若狮，若象，若人立，若僧趺坐，或夭矫俨生龙，或纷披跂鸟翼，轩露弥缝宫绕乎。兹山于是为寺，以收纳之。

寺创自前明正德，曰山“仙凤”，曰寺“复兴”。近代以泥可窑置陶钧侧焉，曰“瓦厂”。乾隆中有僧智仙，能诗趣，飘飘然，不可羁勒，卒以覆六尘而逸，寺遂毁。咸同间栋宇之立者仆，翼者倾，墙者蹊，田者易氏而租，而寺遂几几等社神求子之龛矣。

道有和尚生长里中，幼嗜兵，始□□□入吾境，和尚佐家少篷公，鞭苔枭贼，至平越、黄平等疆，不三年帅死兵溃，贼大奄至，人皆惊逸，屋舍焚毁，县境遂縻烂，贼之仇视赵家军，人尤予以惨酷，而和尚家残于贼，乃疾避难筑垣。泫然③念乡里之不保，室之不存，于祝发轩辕寺。迨大乱敉平，

① 瓜熟之月：指七月。

② 昌（fù）：古同“阜”。槃（pán）：同“盘”。

③ 泫（xuàn）然：流泪。

流亡复反，和尚乃持瓶钵归主兹寺。饰其壕[①]，牮[②]其倾，涂髹[③]其腐墨，瀚而衣，爨而耕[④]，鬻覈而布精[⑤]，昼田而夜屋。不数年，当者复；又数稔，买者赎。于是畦接山连，屡并屡易，而寺遂以自封矣。乃出五百金置学田，岁延师课近村子弟。今移至龙坪国民学校。既又奉百金，祀考妣主于宗祠。而年已八十矣！近数年国鼎倾覆，城镇骚然，无赖者煽富寺名谋以劫，和尚及召勇敢及佃者食于廊，以兵法部勒数十百人御之，匪闻卒止次[⑥]，不敢肆其睥睨然。和尚自离营垒，数十年未尝一及兵事，今寺院及近寺居，竟恃以无惊。今年晋九十而耳目不衰，精力犹足，香花供佛，因令嗣僧圆书，南走会垣，北乱大江，饱图名寺以归。遂汲汲焉崇殿止，选巨材而谋兴寺宇，稡[⑦]工役攻始于庙，日炊米二石，六日一烹豚，以劳工人。而走卒告曰："将以吾佛成道日考其宫若何？"言以旌吾志。曰："吾适俗缠不果往。"遂以纸四帧，说斯寺之废兴，至和尚而始，大将俟诸嗣僧为秘院为丛林，以比于大冶、两生道场永名胜于斯郡。是所心愿也。返卒持此以遍告诸檀越，并以复和尚至修理工程若干，费几万金另有碑纪其事，兹不著。戊午（1918）冬腊八日。

[附记]选自（民国）《续遵义府志（卷4）·庙坛寺观附》。赵恺（1868–1942），字乃康，遵义平水里（今播州区团溪镇人）。民国时期遵义文化杰出的代表人物之一，沙滩文化的传人。为推动遵义教育事业和遵义文化的发展作出了积极贡献。

---

① 壕（sù）：古同"塑"。

② 牮（jiàn）：用木柱支撑倾斜的房屋，使之平正。

③ 髹（xiū）：用漆涂在器物上。

④ 瀚：豁达睿智。爨（cuàn）：烧火煮饭。

⑤ 鬻覈（yù hé）：鬻，卖；覈，查核。此处指寺院经营活动。

⑥ 止次：驻扎。

⑦ 稡（zuì）：聚集。

卧麟村铭并序　王彝玖

且自有史以来，都会郡县，市镇之名，屡加更易，全球万国，莫不皆然。考其命名之义，有因方位者，有因土色者，有因其地人士行为者，有以山川形势及人物名称者，取义不同，立名亦不一。

此地原名黄泥田，是因土色而得名也。现更名卧麟村，是以人所作为而定。粤稽我始祖讳从尧，于明天启崇祯间，以江西太和文庠，游学来黔，创业斯土，迄今已三百余年，历十余世，皆以耕读为本，积善为怀，忍人所不能忍，为人所不克为，并无恃强凌弱，倚众暴寡，横取人财，诈图产业之事。列祖传来，村人多抱仁处义，广种福田等，富贵若浮云，视金钱同瓦砾，仕止取诸自然，顺逆听之天命，行不加，居不损，有三代上之遗风焉。若夫麟仁兽也。不践生草，不伤生虫，俨然有君子长者之度，圣人不作，麟亦卧而不出，其进退出处，与村中逸老相符，吾故藉以名是村，彼世之一经未通，马牛而衿裾者，不知诗书为何物，孝悌为何事，乱常违法，侮长忘亲，视父母同路人，目手足为仇敌，相侵相夺，尚诈尚欺，取非义之财，谋善良之业，媚强虐弱，凌寡欺孤，乡人则鱼肉之，宗亲则蚕食之。刮众姓之脂膏，供一人之挥霍，贪狼成性，饿犬同情，毫无仁心，绝少善念，一旦天夺其魄，拘入鬼门，则昔日所苛取之余钱，及良田华屋，皆成泡影昙花，一无所有。古语云：国法虽幸免，天律总难逃，信然。如斯行为，如斯结局，诚凡兽之不若。对于仁慈之麟，能不愧死人地乎？

窃愿生于斯，长于斯者，咸勉以仁存心，以恕应物，入孝出弟，守法奉公，礼让自持，廉耻实伤，勿以善小而不为，勿以恶小而为之，积德累功，明心见性，处富贵而不骄，处贫贱而无谄，毋相倾轧，毋相暴残，宽以待人，和以处众，逆来则顺受，嗔至则喜当。以不贪为宝，以多文为富，以勤俭谦逊为本根，以圣贤仙佛为目的，穷则著书立说，达则利物济人，争千秋莫争一息，计万世勿计片时，善念善行，垂诸不朽，淑身淑世，推及环球，俾此村之名，得与卧龙岗、卧虎山后先辉映，此则吾之所馨香而祷祝也。爰为之铭曰：

怀阳之南，蜀水之东。秀峰环绕，卧麟在中。前有牟珠高岳，后有营盘峻崧。天池多翠柏，东岳产青枫。四时花茂，千竿竹苋。燕语莺啼皆自得，鸢飞鱼跃乐无穷。时生逸老，有似愚公。人古性古，德洪量洪。耕纸田而耘墨稼，拈池藻而食廪种。抱不贪之大节，树磊落之高风。抛官访道，养性饬躬。参悟金丹妙窍，琢磨显潜灵功。赏心于红色岭上，濯足在青菜河中。怡情山水，不问穷通。道污则从而污，道隆则从而隆。无可无不可，观空观常空。色相俱灭，实体时充。结精气神为三友，住波罗密于寸衷。不羡那多金财虏，不羡那盖世英雄。只喜闭户注见性之经阐明佛法，潜居研修命之学默契玄宗。三五道朋，讲几句偈语；六七儒士，谈几篇学庸。中原常逐鹿，无意去从戎。不管人间事，免惹人击攻。无言责又无官守，少烦恼尤少忧忡。潇潇洒洒，落落融融。赛过那拜将封王之韩信，富甲天下之石崇。一切得失顺逆，富贵功名都不计。成一个天空海阔，包罗万有，避人避世之山翁。

民国十三年甲子（1924）三月　王钟灵彝玖作

[附记] 选自仁怀政协学习文卫委编《仁怀历代文钞》，北京：中国文史出版社，2009，第206–207页。王彝玖（1876–1951），字钟灵，别号符阳遗叟，贵州仁怀人。前清优廪生，贵州法政学校专门学校毕业，授政治科举人。曾任赤水县禁烟兼选举委员，贵阳毓秀女校校长，监狱专门学校校长兼教员，《贵州公报》主笔兼编辑，贵阳检察厅检查官等职，著有《符阳诗文联语全集》等。

（四）当代

回龙寺住持僧佛修　林祖联

习水县回龙区回龙寺住持佛修（1889–1961），俗家姓王名发良，人称王和尚，是习水隆兴区（原赤水县辖）马临乡临丰村大槽人。

王发良出生在马临乡大槽的一个贫苦农民家里，父亲早逝，他兄弟二人年幼无依，常受地方保甲长的欺侮。他为衣食所迫，便到土城永安寺受戒出家，给住持僧段文章当徒弟。

1927年，佛修担任了回龙区（当时属仁怀县辖）回龙寺住持。他管理庙务，能任贤用能，奖励忠勇，培育寺内僧侣，戒律严明。更能督饬内外勤谨，发展生产，把回龙寺治理得井井有条，当时庙产之富，香火之盛，不单在黔北首屈一指，即在全省亦列前茅。

1930年，佛修四十一岁，被选为仁怀县佛教会会长，统管仁（怀）习（水）赤（水）三县佛教会事，当时土城的永安寺、玉皇宫、景佛寺，元厚的石梅寺、永兴的古佛寺等30多座寺院的200多名僧侣，都非常尊崇佛修，照他的指引办事。佛修还朝过峨眉，和峨眉山金顶的一些有名法师关系很密切。从黔北到川南在僧侣的心目中，佛修的疏望都很高。

佛修在回龙寺住持期间，他主张“生生”与“修讽”并重。他认为：要弘扬佛法，首先必须让僧衲有安定的住所，衣暖食饱，才能晨钟幕鼓，钻研佛学，虔诚佛事。因而他强调对物质的生产。农忙季节，他率领僧众从事农业生产劳动；农事结束，他又积极治山治水，在山上大种油桐、乌柏、核桃等经济抹。庙地田边土角也普遍种上油桐，既能保持水上，又增加经济收入。他不断扩大生产，使每年收入的桐籽堆积如山。他还领导僧众开土造田，变小块为大块，到新中国成立时，全寺拥有田土200余亩，加上猪厘、斗息，每年可收入粮食两三万斤，自给有余。佛修除劳动生产外，特别注意利用自然为人民生活服务，在当时民智未开的回龙区，人们生活所需只有付出繁重的体力劳动才能得到解决的情况下，他却能率领寺僧挖沟砌石，修建水碾一座，供本寺和群众打米，这种普利众生的首创精神是难能可贵的。新中国成立后，回龙区人民政府把水碾分给他作为生活来源。

佛修还从外地引进兰草进行栽培，采籽制成兰靛，作为染僧衣的染料；又从土城引进菜种，在寺外开辟园地大种蔬菜；他还种植棉花、纺纱织布，制作僧衣。由于他注意生产，样样自力更生，使回龙寺僧众都居住安定，衣食自给自足。

佛修很重视对人才的培养教育。他为了发扬“临济正宗”和回龙寺的传统，把徒子徒孙送去读书识字，接受禅宗教育，在懂得教义的基础上，一再送到成都等地佛学会深造，使这些人能够继承禅门衣钵，能做大规模的法事。他培养的徒子徒孙，在仁怀、赤水两县很多都担任了佛教会会长、寺内住持等职。新中国即将成立时，僧定方任仁怀县佛教理事会会长；僧定华在茅台功德念佛会任会长；徒弟一清任赤水县佛教会会长、住持景佛寺，并曾在成都一座寺院当过住持；二徒弟一善是回龙寺知客僧，主管寺内财产、劳作。还有一亮、一德，都很有才干。

佛修住持回龙寺，不仅重视寺内僧侣的文化教育，还积极支持地方政府办学，修建回龙联保小学，寺里给予人力、物力资助，并让寺内小沙弥到学校读书。

佛修还不辞劳苦，扩建回龙寺，于1930年10月13日，鸠工庀材，进行建筑，历时两年竣工，使回龙寺面目焕然一新，规模也较过去宏伟，全寺分上、中、下三殿，占回龙全场三分之二的面积。下殿为“三圣殿”，供刘、关、张的神像；中为“大雄宝殿”，供奉释迦牟尼等三尊佛像；上殷是“玉皇殿”供奉玉皇大帝、观音大士、药王真人等神像。他还修了一座中山亭，亭中挂了孙中山先生像，用木板烫金龛孙中山遗嘱。新中国成立后，因修建回龙区供销社和粮管所，寺院才全部拆毁。

佛修还能与附近群众和睦相处，正确处理僧俗间的纠纷。逢年过节或群众的红白喜事，他都亲自前去庆吊，有时还要办素斋招待来的善男信女。街邻如有困难向他求助的，无不满口应承，尽力帮助解决。因此，数十年来，回龙寺僧侣与群众之间相处得很好。

佛修一贯严格遵守佛教的清规戒律，决没有逾矩行为。他一日三餐坚持素食，春夏秋穿水草鞋，冬季穿钉鞋，衣服是老兰布做的。他有一个习惯吃酸菜、豆花或菜豆花。他的徒子法孙均能遵守庙规师训，不敢违犯。他如一旦发现“身迷色戒”者，便在祖师堂内，给予责罚、褫褫缁衣，逐出山门。因此，回龙寺僧众没有仗势作恶、侵害人民的。

[附记] 选自贵州省习水县政协文史研究委员会编：《习水县文史资料选辑》（第8辑），1989，第48–51页。

仁怀县佛教理事会和茅台功德念佛会　莫予勋

仁怀县佛教理事会，设在原中枢西门，紧邻“城皇庙”（现在的城关粮管所），是一尼庵的一部分。当时的理事会长叫僧定芳，是回龙寺王老和尚的大徒孙，曾在合江的法王寺受戒，能主持七天以上水陆三界道场，会施放“焰口”，会讲经说法。其人中等个子，但胆小怕事，和当时县政府的一些官吏也有来往。理事会职掌全县僧尼事务，调解相互间的纠纷，保护他（她）们的合法权益和庙产，必要时还要为他（她）们出面打官司，同时也收纳各寺院少量捐助，作为该会的活动经费。新中国成立前夕，由于国民党的反动宣传，人心惶惶，县城中的一些愚昧落后的人，便清仁怀佛教理事会派人去茅台镇做所谓的消灾免难水陆道场，又叫“功德念佛会”。筹备这次功德念佛会的人，则为基本会友。水陆道场为期六天，参加的人多，是从回龙寺古佛寺来的理事氏僧定芳的师弟。当时前来拈香礼拜，献礼送钱的人相当多，主持人僧定华。此人写得一手好书法，有一定文化，懂得佛教的一些经典，受过戒，也能讲经说法。茅台功德念佛会活动期间，每天早晚都有数百人前来罗拜。一些国民党的官僚和地主豪绅的小姐太太也去参加。有的甚至摆设家宴，款待僧侣和会友。功德会的经费开支，靠会友和善男信女捐助。新中国成立以后，仁怀县佛教理事会和茅台功德念佛会便自动解体了。

[附记]选自贵州省仁怀县政协文史资料征集委员会:《仁怀县文史资料》（第4辑），1987，第59-60页。

四、安顺市佛教文献

（一）明代

圆通寺记

普定卫隶贵州都司，圆通寺创始于洪武十八年（1385），重修于永乐六年（1408），皆镇远侯顾公之也。乃今六十余年，风雨摧圮，不治非一日矣。

天顺四年（1460）冬，镇守贵州中贵郑公，奉上命，统兵征讨西堡□□，驻兵普定。观其故寺久而将废，顾瞻嗟咨，有不能释然于怀者，论于住持者曰："此行用师，全捷凯旋，吾当葺之。"既而，公戒我师旅如雷如霆，进厥贼穴，执讯获丑，地方以平，而功果成矣。班师回日，公即捐己赀以为之倡。普定官属乐为之助，构木连甓，役不计功[工]，用不计直，栋梁翚飞，金碧炫耀，不函不徐，寺已复完而更新矣。公又买田数亩，常为寺僧衣食之用度，一童子以奉本寺香火。或有问于予曰：公之斯役，盖以报往日行师全胜，赖佛氏荫佑之功而作也。予曰：不然。公自幼读书明理，入侍内廷，小心缜密，多放勤劳，出镇贵州，累次征战，大建勋业，昭昭在人耳目，前后四十余年，蒙列圣眷顾之隆，满门贵显，光荣无比。公感恩图报，修寺以为祝延圣寿之宇，此亦天保臣子之意；且公精诚布于上国，仁德著于遐方，何功不立，何夷不化，岂为是乎？若子之言，不几于泯公之忠，何以见天朝仁义之师、三军之勇哉！问者赧然而退。适公请记，故并及之，以解郡惑。

[附记] 选自（明）弘治《贵州图经新志（卷之14）·普定卫军民指挥使司·寺观》。碑原立于普定卫（治今西秀区）卫城南圆通寺（位于今西秀南街办事处塔山社区。碑今已不存）。秦敬，河北涿州人，进士，明成

化五年至八年（1469–1472）任贵州巡抚。“威惠并著，及去，父老攀送，涕泣不舍。”① 圆通寺始建于明洪武年间。此文撰于明成化五年（1469）。

双明洞记　徐樾

樾按：考毕事之日，州守莫子赞、漆子登及守备谢钦以游观请，愿半日留为山洞光。予一笑而往。

抵洞，苍然两山夹道，下有寒泉，注为澄潭，怡然我怀。从者曰：“未也。”白石壁立，半折崖前，下有通径，劈窦圆如满月。奇哉！洞也。从者曰：“未也。”缘门以入，小径夹崖，前峰岏嵂苍碧，潭流穿石。折而西回，又一方渚，磷磷有声，云气覆面。静观山色山影，沉澄如镜，东西风日，相射南北，缭绕石盘如盖。衍土一区，可坐可憩。

往百步余，而兴入风泉云壑之外矣。顾崖间石笋数尺，形类妆点佛座，虚可容背，傍婉曲，侍童环立者可数人。俯皆平石。樾欣然据笋而坐其巅，莫子、漆子左，谢子右，席平石也。小子者数人，负歌而前，命之歌，予盼流泉而莫测其往。小子再歌，予再和之。莫子歌《伐木》，节以磬，水石泠然，交奏好音。徐子颓然发浩歌。童冠者八士抠衣而进立，斯须间歌《湛露》。

前溪横小梁，渡涉者，莫子起以请曰：“未也，渡此则双明洞矣。”徐子临水却顾，步小桥微吟，半听流泉之漱。穿石洞，援步而登，六七步间，恍然光敞。堂壁四周，洞开一面，以吐日月。上圆下方，奇伟一室，环壁灵异，莫穷变态。徐子中坐而四顾焉，转而忘其美。隔水鼓吹，声稀奏雅，而歌者继作。二三子列席酌旨酒，俎杂山肴。有事于奔走数十人，环崖而侍者翼如也。

山水之奇，足以洗心如是，夫谁谓其娱于观听之美而已哉！歌酒话言，方极怀抱，葛衣轻飘，山色半黯，红光入水。起视邮人，秉燎束楚，以继夜游。揖二三子起，赓再歌，凛乎！其不可留矣！

---

① （明）弘治《贵州图经新志（卷之三）·贵州宣慰使司（下）·名宦》。

[附记] 选自（清）咸丰《安顺府志（卷之47）·艺文志（四）·记》。

游天台山记 彭而述

天台之山，庚子（1660）岁，予自楚入黔往滇曾一览焉。甲辰（1664）闰六月二十八日，予复以滇藩过此，欲重游焉，适平坝守备卢公大济[①]驰肴榼来，因相与往观。

至三十里外，则见孤山壁立，竖削遥空，因为下车，策马从田中行。得小阜，有石门，路在山麓，地稍平，不数武，则于岩隙铺石磴，凡数十折乃入山之城门。城门内有厦屋数层，历落参差，悬崖大树数十围，半枯半生，高插云霄。山四旁鸡犬牛马之声，闻于四野。土多居人，妇子杂沓，苗仲四之所盘桓。束身而进，只见仓庚，豆釜堆满房栊。群房连亘，高高下下，若城居然。及至山寺，庙宇庄严，开窗视之，则万山皆在腰脐间。未审此山由来，询之老僧，曰：某某为何山，某某为何地。僧但指方所曰某蜀、某滇、某粤分界而已，亦不能详举，大约皆黔也。

黔在汉武始开，夜郎君长见于《汉书》，其实荒土尚多。此山寺之立，自万历十八年（1590）僧白云始开山卓锡于此，今日为滇黔所必经之路，名传于世。时时与中国相见，皆僧之力也。山北四十里有一水名思腊河，水西安氏居之，相传为济火之后，雄长一方。自天启时乃割为二卫，种类繁多，幅员千里，与此山仅衣带耳。时相抄盗，为番汉之界。今平西亲率三军，平其地，殄戎首，开辟蚕丛，蛮夷向化。仁见群寇削平，壁垒烽燧尽撤，此山可以无事防守。又问僧自三十年兵来孙、王割据，民受荼毒不堪命，此寺何以无恙？则此中屯聚藏蓄，有以生息。此方之性命，非偶然矣。宜其不为游观之地，而为封殖之场也。又颇怪大变以来，都邑、郡县、城郭瓦解，此寨常存，其可以其小而忽之哉！

山高百余丈，纯石无寸土。西北二面皆削壁。天生石楠诸树，交相掩映。

周围凿石砌之，高与山等。山宽平处可驻千人。井在山足，若大盗攻

---

① 卢大济，湖广沔阳（今属湖北）人，顺治十七年（1660）任安平卫守备，勤政爱民，民众称颂。康熙初年创修《安平县志》。

之久则苦渴，是亦山民之急宜防守者也。因援笔而为之记。

［附记］选自（清）咸丰《安顺府志（卷之47）·艺文志（四）·记》。彭而述（1605–1665），字子籛（jian），号禹峰，河南彭桥人（河南邓州彭桥），明崇祯十三年（1640）中进士，授阳曲县令。曾任贵州按察使等职。著有《读史亭集》《滇黔集》《读史新志》等。

永福寺记

平坝卫城西南百步许，有山巍峨，林木蓊郁。洪武中，卫率有好佛者，相度其地，堪为栖佛之所，乃剪薙榛芜，平伐木石，建庵堂三间，塑佛像于中，名曰“永福寺”。居民遇有疾苦，诚祷立应。由是信礼者日众。

正统己巳，有僧清聪自滇南来，驻锡其间，借境之清幽。慨堂宇之倾圮，因常住之财，再加劝募，而江右义士萧完会、洪霄、杨秀初者，各捐赀鼎建，作大佛三尊。居民好善者，亦各为罗汉像绘彩涂金，既完且美。外立山门，周以墉垣。傍建方丈数椽，以容挂搭。历兹十余稔，风雨震凌，渐就倾仆。好事欲为者，顾力弗逮，有力可为者又吝不为。

景泰丙子，贵州滇临巨臣，以斯卫百尔政事隳废且久，乃举大宁卫指挥使何公瑛以当之。事闻，可其荐。公自下车以来，廉勤自持，恩威并立。不数年，城池、廨宇、庙学、街衢皆一新。又以永福寺乃习仪祝厘之所，义不可后，遂自捐俸赀倡于上，复命住持僧清聪、居士张福瑞等，劝募檀越。合卫僚属，遐迩军民，莫不欢忻鼓舞，起其好善乐施之心。委财既繁，乃择匠卜日，斩木伐石，大其营造。而同寅诸公专董其工，又择属职分领其事。而何公劳心戮力，区画财用，以继于后。于是捐金施谷者接迹而来，趋事赴工者不召而集。肇始于庚辰季春初吉，落成于孟夏庚午。筑台二尺，建佛殿五间，巍然深广。其他扶倾补敝，斩然若新。更为僧宅、山门凡十余间，展辟左右地几数亩，崇垣周立，邃宇中启。比之旧观加百倍矣。都阃王公、金公暨诸指挥使，以予得亲耳目，属记其事以垂不朽。夫是寺，创始于洪武壬申，于兹八十余稔，莫有为之改作者，何公一旦肇举斯役，不劳民，不伤财，不逾月而公告成，可谓能为人所不能为者矣。非大智有余，忠勤不怠者，畴克尔哉！将见自今以往，朝钟暮鼓，朔望香烛，以祝延圣寿而祈保民福，则公之用心，其亦为国为民之大事也。古者大事书于册，志其美也。诸公于何公何爱焉！予于何公非阿也，后之览者，尚当有征于斯文。

[附记]选自（明）弘治《贵州图经新志（卷之14）·平坝卫指挥使司·寺观》。永福寺创建于洪武壬申（1392）。撰者卫兰，平坝卫人。明景泰元年庚午科举人（第三名）。官至通判。

记镇宁双明洞　徐弘祖（徐霞客）

二十二日五鼓，大雨达旦，余少憩逆旅。下午霁，独南遵大路，一里，逾岭，由岐东下半里，入双明洞。此处山皆回环成洼，水皆下透穴地。将抵洞，忽坞中下裂成坑，阔三尺，长三丈，深丈余，水从其东底溢出，即从其下北去。溢穴之处，其上皆环塍为田，水盈而不渗，亦一奇也。从此西转，则北山遂南削为崖，西山亦削崖北属之，崖环西北二面，如城半规。先抵北崖下，崖根忽下嵌成洞，其中贮水一塘，渊碧深泓，即外自裂坑中潜透而汇之者。从崖外稍西，即有一石自崖顶南跨而下。其顶与崖并起而下辟为门，高阔约俱丈五，是为东门。透门而西，其内北崖愈穹，西崖之环驾而属者，亦愈合。西山之南，复分土山一支，掉臂而前，与东门外崖夹坑而峙。昔有结高垣，垒石址，架阁于上，北与东门崖对，以补东向之隙，而今废矣。由东门又数十步，抵西崖下。其崖自南山北属于北崖，上皆削壁危合，下则中辟而西通，高阔俱三倍于东门，是为西门。此洞外之“双明”也。一门而中透已奇，两门而交映尤异。其西门之外山，复四环成洼，高若列城，水自东门外崖北渊泓间，又透石根溢出西门之东，其声淙淙，从西门北崖又透穴西出。门之东西，皆有小石梁跨之，以入北洞；水由桥下西行环洼中，又透西山之下而去。西门之下，东映重门，北环坠壑，南倚南山，石壁氤氲，结为龛牖，置观音大士像焉。由其后透穴南入，石窍玲珑，小而不扩，深可十余丈而止。此门下南壁之奇也。北接北崖，石屏中峙，与南壁夹而为门屏。后则北山，中空盘壑，极其宏峻。屏之左右，皆有小石梁以分达之；屏下水环石壑，盘旋如带。此门下北壁之奇也。北壁一屏，南界为门。北界为洞，洞门南临。此中若树塞，遂东西亦分两门。南向，水自东门下溢穴而出，漱屏根而入，则循屏东而架为东桥，而东门临之；又溢穴出西门下，循屏西而架为西桥，而西门临之。此又洞内之“双明”也。先从西门度桥入，洞顶高十余丈，四旁平覆如幄，而当门独旋顶一规，圆盘而起，俨若宝盖中穹。其下有石台，中高而承之。上有两圆洼，大如铜鼓，以石击之，分清浊声，土人诧为一钟一鼓云。洞西北盘，亘亦多垂柱裂隙，俱回环不深。东南裂隙下，高回亦如西门，而掩映弥深。水流其前，潆回作态；崆峒清冷，各极其趣。遂逾东桥，仍出西门下，由其前南向而上，直跻崖根。复有洞，东向，高阔俱三丈，而深十丈。洞后北转，遂上穹而黑，然不甚深矣。洞中干朗，有僧栖之，而中置金仙像。乃叩僧索笔携炬同下，穷西门大士后小穴，并录壁间诗。返寓已暮。

[附记] 选自（明）徐弘祖著：《徐霞客游记·黔游日记（一）》，上海古籍出版社，2010，第 220–221 页。

（二）清代

明辨录　陈法

论象山认心为理之非

朱子之辟释氏曰：“吾以心与理为一，彼以心与理为二，亦非故欲如此，乃是见处不同。”彼见得“心空”而“无理”，此见得“心虽空”而“万理咸备”也。

又：曰“近世一种学问，虽说‘心与理一’，而不察乎‘气禀物欲’之私，故其发亦不合理，却与释氏同病，不可不察”。此为象山发也。

整庵以心性辩儒、释，亦本朱子之言，最为精当，故亦以此辩朱、陆之异同。自谓“研磨体认，积数十年，用心甚苦；年垂六十，始了然有以见乎心性之真，而确乎有以自信朱、陆之学，仅能辩之”。又谓：“尝遍阅象山之书，大抵皆‘明心’之说，则其立论，断非苟然者”。

张子曰："合性与知觉，有心之名，理原不在外，如太极之不离乎阴阳，而亦不杂乎阴阳也。诚有以'灼见吾心'之理，虽处处言心，皆理也；苟其'认心为理'，虽处处言理，皆心也。"释氏何尝不心性双举？究之，有见于心，无见于性。今观《象山集》，每曰："此心本灵，此理本明。"又曰："安详沉静，心神自应，日灵心灵，则事事有长进。"又曰："人心至灵，惟受蔽者失其灵。"又曰："此心之灵，苟无壅蔽昧没，则痛痒无不知者。"凡此者，不一而足；其见之语录者，尤不可枚举。是整庵所谓"皆明心"之说者，不为无据。是以讥其执灵觉为至道，而斥之为禅。

夫心一也，而有道心、有人心。道心者，性也；凡此知觉之灵，禅家所谓"圆明妙觉"者，皆人心也，即大《易》所谓"神"。朱子曰："神乃气之精英。"又曰："心乃气之精爽。"又曰："神亦'形而下'者。"又曰："释氏去道心，却取人心之危者而作用之。"盖道心至危而难见，惟此知觉之灵，非有以昏蔽之，亦不至昧没。

论象山之学合乎禅宗

自古圣贤之教人，不过使之循乎子、臣、弟、友之常，谨乎视、听、言、动之则，求之遗《经》，以致其知；反之身心，以践其实；去乎外诱之私，充其本然之善，如是而已。故曰夫"道若大路"；然无他元妙之可言也。自达摩入，而后直指人心，见性成佛。自宗杲教人"静坐""体究"，而后有改头换面之伎俩。于是，好高欲速者慕其高妙而希冀其捷获，绝圣弃智，定虑澄心，以求之虚无旷渺之中，其恍惚之间，偶有所见，遂矜为独得，以为至道之妙不外乎此。乃举吾儒所谓"一贯"，所谓"仁"，所谓"天理"者，皆以释氏之本来面目当之，盖弥近理而大乱真矣。

曩，余伯父拙夫先生，少年读书攻苦，屡试皆冠。其侪偶一叹曰："是岂圣人之学乎？"遂弃其青衿，慨然有求道之志。因往深山中静坐月余，忽见此心光明洞彻，与天地万物为一体。一矜持，便了不可见，以为此一段活泼泼地何以实有诸已？

法时不晓所谓，窃怪圣门中何故有此一段奇特景象？六经、四子之书，何故未尝一言及之？后以忧归里，于山寺中取《楞严》《圆觉》《法华》《金刚》等经观之，其言极相符合，因疑佛说所谓"形而上者"与圣人同。

及读《朱子文集》，见廖子晦亦尝极力寻究于“日用”事上，见所谓广大、虚静者，以为大本。又闲居默坐，见所谓“充周”而“洞达”者，万物在其中，各各呈露，而朱子以为用心太过，思虑泯绝，恍惚之间，瞥见心性之影像，与圣贤“真实知见”“端的践履”“彻上彻下”“一以贯之”之学，不可同日而语。又引横渠先生所谓“若谓‘万象为太虚中所见’，则物与虚不相资，形自形、性自性者”以晓之。乃知子晦为灵明之空见，所持与禅宗静智、妙圆、光明、寂照者无异，而圣人之说无是也。

其后读《象山文集》，于杨慈湖，则有“双明阁”之悟；于詹子南，则有“下楼”之悟；于徐仲诚则有“槐堂镜中观花”之见。他如慈湖之在太学循理斋，夜臆先训，默自反观，已觉天地万物通为一体；王阳明之在龙场，日夜端居默坐，澄心静虑以求诸静一之中，一夕大悟，汗出，踊跃若狂；陈白沙之静坐久之，见此心之体隐然呈露；钱绪山之静坐僧房，凝神静虑，倏见此心真体；蒋道林之寺中静坐半年，一旦忽觉此心洞然，宇宙浑属一身；罗念卷之坐石莲洞中有悟，恍惚大汗，洒然自得；罗近溪一日忽悟，心甚痛快，直趋父塌前陈之，其父亦起舞——凡其学之堕落禅室者，无不有此顿悟之机，与子晦所见无二。顾乃衿为“独得”，惊为“妙悟”，而不知拾前贤之唾余，堕空门之妄见，终身迷惑而不知返。而于天理、民彝、大本、达道之实，然而不可易者，概乎其未有闻也。是何异宝燕石而遗美玉，怀鱼目而弃明珠，不亦可哀也哉！

夫子晦得朱子而就正之，乃恍然悟其所见之非，而曰：“非夫子之教几殆。”乃象山之于慈湖，举“四端”以发明“本心”，慈湖当下忽觉此心澄然清明，亟问曰：“止如斯耶？”象山曰：“更何有也！”于徐仲诚令其思《孟子》“万物皆备于我，反身而成，乐莫大焉”。仲诚处槐堂一月，问之，云：“如镜中观花。”象山谓“其善自述”，因与说云：“此事不在他求，只在自己身上。”仲诚因问：“《中庸》以何为要语？”答曰：“我与尔说内，尔只管说外，看其机锋迎击。”真是一棒一喝手段。其于慈湖，则叹其一日千里。又曰：“杨敬仲不可说他是禅。”于詹子南之安坐联目，半月操存，一日下楼，忽觉此心澄莹中立者，则目逆而视之曰：“此理已显，且证其为智、仁、勇，证其为万善皆是物。”

呜呼！孟子之言“四端”，在察诚而扩充之，由火然泉达之机，以至于保四海，而象山借之以识取其灵觉之心。孟子之所谓“反身而诚”者，朱子谓“乃穷理、力行工夫，成就之效，贯通纯熟，与理为一处”。则是，非岁月之功所能至，而直欲于一月之间识取，是其所谓“反身”者，不过“反观内照”；所谓“万物皆备”者，不过“镜中影象”而已。

至智、仁、勇之“达德”所以行“达道”，惟圣人不思不勉；下此，皆不能无学问、思辨、力行之功。今乃瞑目安坐，操存半月，而遂可以全“三德”而备“万善”，虽颜、闵亦不能几此。所谓“直指人心，见性成佛”者耶，是则师弟之间，传授心法，无非瞿昙之故，知桑门之衣钵，虽善辨者亦不能为之解也。

或谓象山亦云“本心”之善，非有动静语默之间。又云“定之于动静，非有二”。是亦非专求之于静也。曰：“禅宗亦非专求之静。”敀谓“行住坐卧，都不放空，运水搬柴，无非是道”。主人翁欲常惺惺，宗杲教人静坐体究，而又作《正邪论》以辟“静坐”之非。象山之动静皆定，亦犹是也。曰：“动亦定，静亦定，非程子之说乎？”曰：“固也。程子不云乎‘释氏有个觉之理’，可以敬以直内矣。”然无义。以“方外”其“直内”者要之，其本不是朱子论象山只“践履他”之说。又曰：“释氏只是恍惚之间见得此心性影子，却不曾仔细见得真实心性，所以都不见里面许多道理，正使有存养之功，亦只存养得他所见的影子。”是其动静之间所见不同，所养亦异，不然，释氏何以弃人伦而遗物理？象山何以诋格致而外见闻？

胡文敬又谓：“象山身在此，能知民间事，又预知死期，为异学无疑。”按：《程子遗书》有云：“方外之士有先知者，有诸？”曰：“有之。向见嵩山董五经能如此。”问“何以能尔？”曰：“只是心静，静而后能照。”又问：“圣人肯为否？”曰：“何必圣贤！使释氏稍近道理者，便不肯为。”释子犹不肯为，况圣人乎？以释氏所不为者，象山乃以示其神奇，是又得禅之浅焉者矣。

论象山辟佛之非

象山以公、私、义、利辩儒、释，虽程、朱亦有是言。然程子又曰：“吾儒本‘天’，释氏本‘心’。”朱子亦曰：“吾儒万理皆实，释氏万理皆空。”此探本之论也。象山《与王顺伯书》以“儒者立教主于经世，释氏主于出世，其言曰：‘天有天道，地有地道，人有人道；人而不尽人道，不足与天地并。’”夫儒者之道，自天命之性，以至于修道之教，皆其性之不容已，事之当然而无可诿焉耳。非欲与天地并而始尽其道也。盖以徒为肤廓之大言，而不知儒、道之实际矣。且“成己”自能成物。若立教主于经世，是欲新民而始明德，因尽人物之性，而始自尽其性，其为功利之私也大矣，岂圣人立教之旨乎？善夫张子之言曰：“性者，万物之一源，非有我之得私，惟大人为能尽道。”故立必俱立，知必周知，善必兼善，成不独成。彼自蔽塞而不知顺吾理者，则亦莫如之何矣，释氏所谓“蔽塞而不知顺吾理”者耳。

象山昧于乾父、坤母之大义，又安知万物之一源乎？且顺伯之言曰：“若谓众圣所以经世者，不由自心建立，方可言经世异于出世而别有妙道也。”此正顺伯“认心为性”之误。故谓“经世、出世，只由一心，混儒、释而一之”。象山若果见于所以不同之故，则必曰“释氏见得心空，而万理皆虚，故出世；吾儒见得心空，而万理皆实，故经世”。众圣所以经世者，顺乎吾心天理之自然而不容已。释氏所以出世者，寂守其心而天理灭矣。此其所以异也。如是，岂不足以判儒、释而晓顺伯乎？乃象山亦“认心为理”者，欲以为不由自心建立，则象山所以倚为主宰作用者，实与释氏见地无二。欲谓“由于自心建立，则是‘经世’‘出世’别无妙道”。屈于顺伯之辩，于是支吾其词”。曰“吾儒之道，乃天下之常道，岂是别有‘妙道’？谓之‘典常’，谓之‘彝伦’，天下之所共由，斯民之所日用”。是顺伯所辩者，所以‘经世’之故，而象山不能别白言之也。”

若曰“典常”“彝伦”，即是妙道。夫此固天下所共由，斯民所日用，众圣经世之具而非其所以经世者。是以，众人终身由之而不知。而行达道，必由于“三德”；经纶，天下之大经，必归之至诚。此岂释氏所能窥其万一？然则，众圣所以经世者，盖亦可知矣。象山于秩序、命讨之源，天理、民彝之实，毫无所见，而只恃一“心”以为主宰，所谓“当恻隐自恻隐，当羞恶自羞恶”者，与释氏“心生万法”何异？虽曰在典常、彝伦之中，而人伦之未察，庶物之未明，亦无由知明而处。当其本源之地，事实之乐，与出世者何异？如是而辟禅，是窃出世之伎俩为经世之作用，究之体用，衡决本末，皆失，正呵佛骂祖，改头换面之尤者，斥之为禅，又岂冤哉？

又程子尝谓：释氏之谓“且于‘迹’上考之，固难；为取其心，不取其迹”。夫以是论释之于儒，断其不与圣人合，可也；若夫儒之于释，盖有“迹是”而“心非”者。夫世之左袒陆、王者，皆以释氏为“外人伦”，“遗物理”。而陆、王无是也。吾以为，陆、王虽不“外人伦”，而实“遗物理”。物外无道，道外无物，所谓“物理”，即人伦之物理耳。既遗物理，则亦不明人伦。“儒其迹”而“释其心”，人见其日在人伦之中，而不知其在家头陀也。噫！蔽也久矣。

（禅，显悖乎儒者也；陆，隐悖乎儒者也。陆氏辟禅，以禅辟也；先生辟陆，以儒辟也。日朗天开，淘一快事！）

论象山《轮对五劄》

象山《轮对五劄》无一语及禅，而朱子有葱岭之戏，何也？盖是时，孝宗溺于释、老之学。朱子《任午封事》即云：“比年以来，圣心独诣，欲求大道之要，又颇留意于释、老之书，垂拱奏劄则曰：‘陛下求所以进乎此者，又不过取之老子、释氏之书’。”《戊申封事》则曰：“陛下深于老、佛之学，而得其识心见性之妙，则孝宗之溺于禅可知。”是以朱子进说于君，深斥虚无寂灭之非，颠倒运用之失，而于天理、人欲、邪正、消长之际，反复开陈，深切至到。呜呼！如朱子者，可谓责难于君，欲“格”其非“心”者矣。象山之未轮对也，朱子贻书云“不知轮对对班在何时，果得一见明主，就紧要处下得”数句为佳，其余屑屑不足言也。后象山轮对，孝宗果问禅，而象山不能别白，但曰：“生聚教训处，便是道。”夫朱子之贻书，盖于象山有厚望。孝宗未尝问禅于朱子，而朱子言之惟恐不尽；乃问禅于象山，而象山未尝一语斥禅之非，此朱子所以有“向上一路未曾拨转”之恨也。

或曰：“事外无道，以生聚教训为道，即所以辟禅。”夫孝宗方以禅为问，是以禅为道也。必深斥禅学之非，如朱子《戊申封事》精析于“虚实”“真妄”之间，然后人主之心始知虚无、寂灭，非所以贯“本末”而立“大中”，今但云尔，是尚能万分一有以感动其君乎？其《五劄》所言，不过用人行政之大概，其于人主之性情、心术，所以立大本而行达道者，概乎其未有以及之也。朱子“向上一路未曾拨转”之云又岂诬乎？

至于朱子《与刘子澄书》谓“不免禅之意”云者，正以其《五割》之中，吞吐闪烁，实际处只一二语逗漏，并不明白敷陈，只此便是禅家机锋作用。是看破象山之禅于语言文字之外，故曰“禅之意”。夫象山虽无状，亦何至直以禅之说陈于君父之前？不过阴享其实，阴祖其说，而袭其妙用耳。若谓“无一语及禅”，亦似朱子未见奏篇者。

或谓“未尝言禅而斥之为禅，不亦深文乎？”曰：“若其既已言禅，则又何必斥？惟其不言禅，而阴用其机，阴祖其术，故不得不推见至隐，所谓实是如此，讳不得也。”朱子又尝曰：“子静杂禅，又有术数，或说或不说。”今观象山《文集》《语录》，无非机锋作用，非朱子亦孰能识之？

（观朱子本领经济，益知陆、王之学空疏无当矣。）

致良知辨（节选）

且佛氏于“不思善、不思恶”时认本来面目，阳明以佛氏本来面目为良知，又以“随物而格”是致知之功，即佛氏之“常惺惺亦是存他本来面目”，又欲人将“货色名利”等心一切消灭，只留“心”之本体，便是寂然不动，所谓“不思恶”也。又谓“心体上着不得一念留滞，不但私意，便好念头亦著不得些子”，所谓“不思善”也。是则随物而格即去人欲、存天理；而去人欲、存天理，不过存养本来面目，其本体工夫则在于不思善、不思恶，与圣人所谓去人欲、存天理者，燕越异向矣。

[附记] 选自政协平坝县委员会编；谢发忠主编：《陈法诗文集续（点校本）》，贵州人民出版社，2011，第133–134页、第139–142页、第145–147页、第151页。陈法（1692–1766），字世垂，一字圣泉，晚号定斋，贵州安平(今平坝区)人。清代乾隆年间著名学者、治水专家。康熙癸巳(1713)进士，改庶吉士，授检讨。曾任顺德知府等职。有《易笺》《明辩录》等。

紫竹庵记　黄暟

城西紫竹庵，故侯韩公葵垣所建也。公讳宪忠，葵垣乃其号也。公性淡静，俭德可风，以世职官兹邑，握篆十余年，莅治尚简，以安恬不喜事为本。

是时，时和年丰，民生殷富，虽神灵在宥使然，而公无一事扰民，民多德之。晚年信佛愈笃，乃买地建庵，舍庄接众，与其恭人黄氏栖心息静，久而益力，净行聿彰，许之者，盖端睨庞公之室云。

予曩记少时读书永福寺，有僧了空，自滇范佛，欲浮南海住静，会道阻，淹城数月，以龛佛寄寺中。公一日来寺，叩僧曰："必欲游南海乎？"曰："然。""必欲奉佛海上住静乎？"曰："然。"公曰"今流氛塞野，长江大河，血腥翻浪，间关万里，师从何而飞渡耶？吾闻佛性慈悲，随方现刹。苟有是心，则草树皆是香林，又何必执海上为磨羯耶？师能于此垂有象之因缘，布无生之筏喻，宏开入正，普度群迷，不犹愈于空山栖息，作自了汉哉！"僧闻言首肯。

公乃捐金扩地，庀材鸠工。前临山嘴，后枕城垣，襟带东溪，环罗翠巘。俯视城郭，烟火桑麻，不啻炉烟掌杲，真一城之奇观也。计前后共三层。中堂供白衣大士，前殿塑接引佛，背立韦驮向内；右庑设连榻，以安十方贤圣；左庑则厨库在焉。由中堂右廊循入后，甃石为楯，另为方阁，以奉文佛。两厢架小楼，以为方丈。复以旧置萧冈寨租暨前一石桥田一分，永为常住。开接待堂，四方游化者，不劳托钵，公之惠也。比年兵燹通城，民舍荡作烟尘，古寺楼台，尽为瓦砾。此庵殿阁无恙，只两庑厢楼为烬，殿阁门壁虽毁，而旧像巍然。瞻仰之士，犹得睹金容满月，拂杨柳春风。于是，公之子讳剡者，不忍两先人之一念，随劫火以销沉[①]，复捐金葺废，延僧住持。

岁丁未（1727），有眉慈大师来自九龙，行律精严，持躬圭璧，将往黔西说法。过庵假客舍安单，剡偕子晋卿同众檀居士，睹远公之杖，穆然起敬，遂挽而留之，坚意以山门讬，眉公谅其诚，亦遂许可。明年春，法事毕，乃迎而居焉。复整规模，重开堂舍，诛茅构庑，虽无丹垩而往来寄榻者，井井有条。乃于十二月初八日，为道元等僧俗多人说沙弥戒。威仪济楚，四众讽扬，四方观会者，莫不大悦。

嗟乎！自兵荒以来，饥馑仳离[②]，呻吟侘傺[③]之下，不闻先王之遗音者，

① 销沉：谓衰退没落。

② 仳离（pǐ lí）：离别。

③ 侘傺（chà chì）：失意的样子。

几十年矣。一旦睹兹盛轨，览其举止端详，采齐叶律，声容节奏，截然中礼，骎骎乎有三代礼乐之遗意焉，亦足以昭太平之象也。众檀等将有意而重新之，嘱予为记，予因历序其创始者而并书之。

按，兹记虽无关于大典，而韩公之德政，非此则无有能识之者。故存之。

[附记] 选自（清）道光《安平县志（卷10）·记（补）》。紫竹庵创修者韩宪忠，号葵垣，官平坝卫指挥。孙可望之变，与乡绅陈一爵等率众保山屯，屯破与众死。① 眉慈大师，名圆智，字眉慈，四川人。应韩宪忠之子韩炎刂（亦作炎或琰）邀请住紫竹庵，时与士大夫唱和，但脱稿及焚，传世诗作不多。

安顺城隍庙

府城隍庙在城内西南。创自元朝，明万历二年（1574）重修，后毁于兵。十四年（1586），僧宗泉募化安顺州，知州马伯瞻建造牌坊屏壁，置买常住田地，安顺军民府王捐廉同修。四十五年（1617），僧如泉、海应、海慧、海明募化安顺军民府，知府李时茂、朱万年、威清兵巡道刘文征、普定卫守备黄士美等重修。明末复遭兵燹。康熙二十六年（1687），贵州提督李芳述、安顺府知府王国宝、原任安顺府山西河东盐运司颜光猷、普定县知县汪世联建立戏楼，重修殿宇，制造石狮。乾隆十七年（1752），本庙在京显应，封护国威灵侯。七月二十四日奉到敕封，提督彭廷栋、安顺府知府程国玺、安顺府开州知州冯克巩、普定县知县萧若钦廉捐廉，命住持僧会元文修建，五十九年（1794）告竣，题后楼曰“浴云楼”。嘉庆十三年（1808），僧会元文复修。道光十三年（1833），僧定尚重修二十四殿、大殿、戏楼。今住持定秀又重修二门浴云楼。

[附记] 选自（清）咸丰《安顺府志（卷之18）·营建志》。

---

① （民国）《平坝县志·杂稽志·补遗》。

开元寺重修佛殿引　金以盛

韩昌黎《谏迎佛骨》一疏[①]，千古重之，盖惧圣域榛芜而为之树其防也。以余观之：瞿昙之教，厥理最微，故自毗蓝降生以迄双林示寂，其间宣扬妙谛，真无上菩萨不可思议旨哉！未曾有也。吾儒独以其沦于虚寂往往少之，不知尧舜勋华不过浮云半点。程子曰："内外两忘。"[②]周濂溪曰："千休千处得。"[③]此岂凝滞境相者，可能闯圣人之奥深阳哉！登岸舍筏，在在中庸，然在在皆鸢飞鱼跃，吾于禅也喻之矣。

安顺州，余属邑也，亦土邑也。有僧明心杖体游黔，寄于州之开元寺，亦尝究心于禅学者。一日以梵殿倾颓，锐然有葺补志，疏以乞余。余曰："尔宗以虚元无著为至，尔舍灵岩洞庭之胜，栖止于痒雨峦烟，已大异于出乔者，犹拘拘以佛事请何居？"僧嗫嚅曰："实相无相，吴此佛，黔亦此佛，吴黔皆此佛事也。最波罗密，惟檀越慈悲。"余闻之，瞿然曰："有是哉！实相无相，吾尝读梵天《决凝经》之三卷矣。昔梵天至灵山，以对色波罗花献佛，舍身为末座，请佛说法，世尊登座，拈花示众。时人天百万，悉皆罔措，独尊者迦叶破颜微笑。世尊曰：'吾有正法眼藏、涅槃妙心、实相无相，付嘱摩诃迦叶。'有是哉！吴黔均此佛事也，吾不能不为之拈花矣！"

拈花者何？以无上菩提，人人有之。世尊所拈之花，即人天百万之花也。

花在当前，领悟者自尔破颜微笑。余拈是花而作是说，说亦花也。大人缙绅能拈此花以为布施，大人缙绅皆花也。善士信男能拈此花以随缘布施，而随缘布施之人均之无非花也。实相无相，明心颇见一斑，即明心亦时时拈花也。破颜者不独于迦叶，而领悟之其鸢飞鱼跃，在在中庸，即花即佛，即佛即花，无上菩提一拈，即以塞满，愿诸君毋靳一拈。是为《拈花引》。

---

① 唐元和十四年（819），唐宪宗要迎佛骨入宫内供养三日。韩愈得知写下《谏迎佛骨》上奏宪宗，列举历朝佞佛的皇帝"运祚不长"，"事佛求福，乃更得祸"。力图阻止此事。结果非但未果，还因此被贬谪。

② 语出（北宋）程颢《定性书》："与其非外而是内，不若内外之两忘也。"

③ 语出（唐）吕洞宾《太乙金华宗旨》第10章："何谓无念？千休千处得。"北宋周濂溪（周敦颐）引用此语。

[附记] 选自（清）咸丰《安顺府志（卷之47）·艺文志（九）·引》。

石佛寺记[①] 张仲怡

阿若塘右有古寺曰“石佛”，后枕山，左辅形，上有小阁。佳木葱茏，四围苍翠，平畴环绕。中有庙，三进：上殿五楹，祀释迦文佛；前五楹，祀关武夫子；外山门止三间，临大田，即常住沙弥。自耕自种，仅给衣食。柱兼木石，上殿地势高雄，天井宽阔，钟鼓旁设。壁上所挂者耒耜、钱鏄[②]铸之属，豚栅、鸡栖、牛栏、马厩，俨若村庄人家。入其中，令人作归田想。

上殿后一偏洞，不多深，足蔽风雨。下有石罗汉十余，云自六诏[③]飞来，其一至卧佛山半岩驻锡，侧卧，上覆方石。出头堡五里，是其地也。距寺尚十余里，佛疲于奔命，至此不能飞，遂卧焉。其飞至洞中者，皆坐禅，闭目垂帘，作内视状，若东坡之调息[④]，四大皆空。惟中一罗汉，敞胸露腹，披架装趺坐，笑容可掬。他皆入定，而此若出定者。然兹虽未离果之諟[⑤]，不免轮回再修十世，可证佛果如来。

歌曰：

石兮石兮大荒山，幻作人兮到人间。
忽然化若石燕飞，自滇至黔几山川。
趺坐偏岩观自在，俨然不屑米颠拜。
七十二窍石清虚，面目皆非仍可怪。
惟此石佛浑然成，通身绝少斧凿痕。
五官百骸俱是石，石心一个竟通灵。

---

① 原注：寺在治东。石佛寺，又名石佛庵，俗称大寺院。位于于今西秀区七眼桥镇时家屯村。建于洪武十五年（1382）。清《黔诗纪略》载：“有石佛在洞中，相传元时飞来，居民设寺祀之。”

② 鏄（tuán）：铁块。

③ 六诏（zhào）：唐代位于今云南及四川西南的乌蛮六个部落的总称，即蒙雟诏、越析诏、浪穹诏、邆睒诏、施浪诏、蒙舍诏。“诏”义为王或首领。其帅有六，因号“六诏”。

④ 苏东坡长期坚持调息静坐，颇有体验。并有《胎息法》《养生论》等著作。

⑤ 諟（dì）：古同“谛”。

莫笑顽石会点头，晒经石上好参求。
我身本石不可转，我心匪石道同谋。
石鼓曾读退之歌，石钟有记见东坡。
石人石马石翁仲，无非一拳石之多。
留此罗汉几片石，石肝石胆坚如铁。
天倾西北赖娲皇，将来用尔补其缺。

[附记] 选自（民国）续修安顺府志辑稿（第18卷）·艺文志·安顺县·散篇》。张仲怡，贵州安顺人。生活于清代末期。

安顺观音山寺

观音山又名石霞山，在城南十里五官屯东侧。于平畴千顷一湾绿水间，危峰突起，高数十丈，如刀切齐；寺据其巅，林木蓊蔚，四山环拱。若欲登眺，须渡云梯，险峻幽深，难以名状。半山一洞，岩现石龙，大数丈，长十余丈；首昂四五尺，头角毕肖，尾亦笔立，各节弯环，与传说龙形相类。洞前一河，水流下跌，白浪生花，遥望似牡丹；汲而烹尝，香留舌底。东数十丈为过山岩，矗立如笋。西半里为罗汉山，形似螺髻，分列左右，如双童侍立。登山麓石径，层迭如梯，计一百五十余级。每年正月十八日，有香火灯彩至观音山寺庆贺菩萨，仕女如云，往来不绝。其中来此祷祝者固多，而游观者亦复不少。一昼一夜，商贩云集，欢笑之声，遍于郊野。山上林木畅茂，奇花异草甚多，景物清幽。行旅至此，几至忘归。而虎啸猿啼，山鸣谷应，明星在天，晚景尤佳。入山门，上数十级为灵官殿。左折为山寺正门，颜曰“石霞禅林”，又一石颜曰“直透青霄”。再进数十级，则为寺之正院，左为客厅，右为寺僧祖堂，颜曰“栖霞轩”，清道光戊戌仲冬寺僧持衡立。正向则佛堂也，佛龛上端题额曰“拈花一笑”，有联曰：“洞外只烟云，悟得花香即是佛；山中无甲子，听来落叶乃知秋。”寺建于明末永历时，开山僧名自然，第二代即厂石。殿宇虽不宏大而庄严精雅，山径虽非高远而弯环曲折。

[附记] 选自（民国）《续修安顺府志辑稿（第十三卷）·祠祀志》。

广东和尚　佚名

和尚，不知其姓名，亦不悉其法号，以其操广音，故人以“广东和尚”呼之。同治八年（1869），由粤入黔，卓锡于大水桥之关帝庙。性沉默，寡交游，惟与石板房扶风寺住持觉成善。和尚因善经营，庙中饶有蓄积，大为群盗垂涎。同治九年十月，有贼三十余人破门而入，将和尚捆绑，问以藏金所在。和尚略一使力，则缚绳寸断，夺贼手中刃奋击，群贼披靡。死二人，伤十余人，余俱奔逃四散，不敢返顾。人由是始知和尚有异能，相与往还者日众。十年（1871）春，乡人王廷扬、廷松、廷标、廷瑞与中所李寅森、张钦文等十余人，愿受业于和尚之门，习拳术，和尚悉心教导无倦容。其最精熟者，为单头棍、八面刀三门。年余，和尚谓廷扬等曰：“尔等寻将毕业去矣，曷先与我比较，复互相比较，以瞻技术之优劣乎？”遂以瓦缸一，盛水使满，置院中，使学徒十五人持器械环缸而立，和尚左手握铜条，右手持面巾，足跨缸口上，凝神静气，不动声色。大呼曰：“来！”众学徒刀剑并举，纷纷向和尚头上劈来，和尚惟将铜条左右挥舞作大环形。数分钟后，只见白光一股如匹练盘旋空际；不见有和尚，并不见有缸与水。众学徒屏气慑息，如木鸡，如寒蝉，约一小时之久，其所执各种器械，已纷纷落于院中。和尚复大呼曰：“止”！众学徒审视，缸水点滴不溢。其演习单头棍时，众学徒以水四面泼之，亦点滴不能沾身。自此众口宣传，名扬妇孺。街有谈，谈和尚；巷有议，议和尚。即夸武艺、称内功者，亦无不啧啧夸和尚，称和尚。然皆未尽知和尚之能。和尚有师弟，住旧州东门之关帝庙。每日辰、戌二时，和尚必亲往拈香。一出庙门，则足履地如御风而行，以相距三十余里之途程，而往还不过数分钟，和尚其别有异术欤！至同治十二年（1873），和尚谓众学徒曰：“国家当多难之际，凡有一技一能者，靡不破格录用，尔等努力前进，不患无出头时。我将结茅深山，面壁十年，以避尘嚣也。其各勉之，勿以我为念！”次日视之，已杳如黄鹤，不知所往。

[附记] 选自（民国）《续修安顺府志辑稿（第20卷）·杂志》。

梵　碑

碑在城东隅大箭道内，系梵文等，于篆非篆，隶非隶。儒家者流，不辨其文。清试弓箭时，以是碑竖驻马处，一般武人咸呼为“止马碑”。殊非。箭道近参府署，有某参府幕僚，素娴佛学，散步于此，见之，始解其为梵文，系得胜和尚所刊，其文大致示人以善云云。迩来省令变卖营地，箭道售与市人筑室。记者昔有所闻，兹往访，竟不知其所之，殆与砖块瓦𠂆同为物料欤？惜哉！

[附记] 选自（民国）《续修安顺府志辑稿（第19卷）·金石志》。

高峰序（附八景七言律诗）　佚名

重峦叠嶂，上耸高峰；幽谷卷阿，中藏古寺。面朝山于随北，笏列屏张；冠乔岳于黔南，天造地设。雕梁画栋，四十椽岛革翚飞；莲座香龛，百八摐晨钟暮鼓。让水之源泉汩汩，静澜漪涟；禅房之花木深深，颇饶滋味。八仙风景，胜览无穷；五圣云严，速观有耀。越盘盘之息鸟道，梯接青霄；步坦坦之虹橘，槎凌碧汉。建文皇帝，南游而小憩玄门；□华正宗，东度而大开法界。散菩提于鹫岭，瑞拥昙花；说秘偈于鸡圜，经翻贝叶。鸦啼鹊噪，侧耳成声；萝月松烟，迎眸作色。布洒佛云仙露，兀蒲园者合一皈依；趣驰圣域贤关，炊藜火者反三悱愤。鳣堂马帐，不少老师宿儒；雪案云窗，殊多誉髦俊彦。到此地晦风明雨，采芹折桂年年；赖诸天毓秀毓锺，题雁乘赘济济。念陶也频年面壁，屡岁登楼；煨芋有缘，餐芝无恙。茶烹石鼎，饮七梳而诗清；果评琼宫，诵五车而学富。黄庭快写，贴换群鹅；绿绮轻弹，琴招翔鹄。宝塔峥嵘之峙，规摹峻峭文章；瑶池激澈之波，净涤晶莹思虑。葱笼住气，领略于心；榛狉生棱，指挥如意。振襟麾几，六闢六通；秉笔鸿篇，一珠一字。竭虫雕于数载，摘藻扬芬；膺鹗荐于三场，吹笙鼓瑟。悟出上乘妙谛，何非丹转九成；编入中式贤书，已是青推万选。备历空山寒暑，洵称百练功名；虽曰大水孝廉，幸属千金身价。殿既曾参岛佛，龙钟永矢弗□；阁不专坐五皇，鸳绣曷云能縠。……萧萧兮断井颓垣；想从前白鹿交游，栩栩然兰亭芍院。荷薪传于梵刹，不详记载，未免怀惭；著芳躅于丛林，以雅推敲，斯征得力。廿联草创，八律枯吟。尤冀佛国重兴，普庇吾乡百福。

（以下八首诗，略）

[附记] 选自张新民等整理：《贵阳高峰了尘和尚事迹》，巴蜀书社，2000，第786页。

募修高峰山疏　空月

敬启者：距省九十里，高峰山在焉。乃黔省名胜之区，即南七省干龙之少祖也。前明建文逊国，栖禅于此。古迹犹存，与白云、玉京二山辉增竹壤，四百年于今矣。嗣则敕修殿宇，以供诸佛，而附建文之像于西龛。不意咸同之岁，迭遭兵燹，栋宇无存。往岁经了尘上人驻锡于此，出囊中齿积经赀，创修佛殿、僧寮二十余间。自光绪三十年至今，传戒六度，而规模粗备。兹衲承接此山，而岁修无出，其前经了尘上人创修者，历年已久，倒塌堪虞，不能不急思补救，以为永久之方。窃念此山既为黔省之名腾，菁华所萃，人文盛焉。宜将风水培修，以助一十三郡之灵秀。矧崇祀褚佛，功德所感，福报咸臻。特此邀恳乐善诸君，量力捐助。庶集腋可以成裘，俾得重加藻饰，而增佛门之光，具慈祥之昭应，堪期永世不朽矣。此启。

空月合十谨募

清宣统二年（1910）蒲月望日启

[附记] 选自张新民等整理：《贵阳高峰了尘和尚事迹》，巴蜀书社，2000，第794页。高峰山位于贵安新区马场镇。寺院建于明代。

（三）民国时期

游双凤山永兴寺记 张世泽

丙辰（1916）之夏五月，与客游于双凤山之上。林深箐密，清风徐来，尘心尽涤，万念俱清。呼童烹茶，与客危坐，而言曰："余乡双凤山永兴寺，相传为前明任公参禅处。虽仙佛之说事近于诬，而造此地者已飘乎欲仙矣。"

客曰："白云为友，绿树为邻，诚修真之乐地；继长增高，规模壮阔，实此地之胜景。惜乎满目蓬蒿，遗址空留，仅存两厢头殿，聊蔽风雨。曾日月之几何，而华亭楼阁已变为丘墟矣！又门前白果二株，参天蔽日，几六十围，雌雄并峙，盖数百年物也。子盍提倡再修，复前人之旧规，庶足为此山生色，亦可借显神灵也？"

余应之曰："盈虚消长，天道无常；富贵荣枯，人事之变。且时势不同，识之者称为俊杰。自其不变者言之，则继承固足为善；自其变者言之，改革亦未可为非。子亦思今之时何时乎？学校兴，而农业兴矣，工艺各业又兴矣。余乡仅有小学校一所，筹款如斯之难。今岁之危而复存者，赖有诸君维持之力，他皆逊谢不遑。设乡而富庶，巨款可筹，余必筹之父老，劝导同人，将此地改修学校，以植人材；而旧规之存不存，无暇计之。夫人杰者地自灵，抱道者身必贵，而因果之说不必沉迷也，风鉴之占不必过信也。余孑然一身，渺如一粟，有何能力以如是愿，聊姑妄言之耳。"

客曰："子诚识其大者远者。然则吾与子今日之游，非徒游目骋怀也，非徒游玩山水也。兰亭集序，共慕羲之；石墩留名，人怀谢傅。前哲堪钦，风徽可溯。子盍留纪念乎？"

余故书而记之。

[附记] 选自（民国）《续修安顺府志辑稿（第十三卷）·祠祀志·普定县》。张世泽，贵州普定人。光绪己酉（1909）科拔贡。永兴寺位于普定县化处镇双凤山。

铁矿乡普度寺观音盛会 佚名

本年六月十九日观音盛会，朝山上香者来往二三千人，络绎不绝。于是日也，客有携菩提之酒，捧如蟠之桃，折堤畔之柳，歌新韵之谣，且行且止，以咏以遨。偕童冠而相和，抚音乐以琴调。一字一步，再瞻再翘。时有士商工贾，耕牧渔樵，游人散客，羁旅贤僚，村夫野叟，缙绅英豪，共祝观音盛会，散淡逍遥。

正午表之当进，齐联班以拜朝。倏闻歌声贯耳，仙乐杳冥，恍似霓裳之曲，有如韶乐之琴。跄跄兮惊讶，济济兮盈庭。善男兮列如春笋，善女兮围似麻林。见童冠兮且歌且舞，相咏相吟，正添游人之兴，光寺院之荣。既而歌声忽止，步履稍停。首士则欣然满面，脱帽欢迎，呼童取普陀之水，烹雀舌之茗，敬宾主之礼，序酬酢之情。叩其姓字，曰校长也、教员也、学生也。山僧曰：先生下降寒山，毋乃进香乎？曰：否！否！曰：寻乐乎？曰：然！然！久闻名山胜景，不乏逸士高人。今日适逢盛会，实为有幸三生。无以为献，略表寸心，特作乐歌一首，如野人之献芹，聊为纪念，借以赏心。庙众同声曰：先生盍一歌乎？于是偕童冠排班序立，手舞足蹈，乃歌曰。歌毕，众皆曰：先生之歌至矣，美矣，但系音乐之谱，非字义之词，请将所作之歌，一字一韵，载赓载讴，俾得闻词语之奥理，详字义之因由。于是再歌曰：

云峰拥，火伞张，兰芳槐绿夏天长。稚笋成竿摇翠影，圆荷浮叶吐青芳。班扇飘逸，虞琴铿锵，薰风阵阵送奇香。适逢普度开盛会，约我同学往观光。香烟堆云雾，男女列成行，看罢折柳归来后，荷锄持畚插操场。祝尔依依冲霄汉，愿与民国寿无疆；祝尔依依冲霄汉，愿与民国寿无疆。

歌毕，众皆曰：妙极，妙极。若能以半数人歌词，半数人以乐谱同音相和，可乎？曰：可！可！复歌曰。歌毕，众皆击掌称善，曰：妙极，乐极！何其雅韵铿锵，抑扬绝妙若斯也？ 正是：朝山之乐乐如何？瑶琴一曲来薰风。时照临采访适逢，真乃堪添兴趣。姑志其颠末。以作一小补云尔。

[附记] 选自（民国）《续修安顺府志辑稿（第18卷）·艺文志·清镇县》。

了尘大师传略 聂树楷

师名圆洲，字了尘，贵阳张氏子，少孤，入里塾，颖悟异常童，经史略通大义，尤好佛家言。年十五，母将为议婚，师曰："非吾志也。"遂投碧峰长老披剃。旋入蜀合江法王寺，参果山法师，受具足戒，承临济正宗，遍阅大藏，深有契入，归主安平高峰山万华寺，崇宏殿宇，称中兴焉。在贵阳则驻锡九华宫，应机阐化，缁白皈依者甚众。

光绪庚子、辛丑（1900 年、1901）间，贵阳大饥，绅商醵资设粥厂以救饥者，推师主其事，师经理有方，多所全活。宣统辛亥（1911），政府通令禁烟，安顺扁担山夷民抗令，大吏拟临以兵。师曰："夷民愚，何可不教而诛？"乃请于大吏暂缓兵，只身入夷巢，陈说利害，夷民感悟，立遵令，兵祸以解。

宏法救世，有古大德风。民国纪元（1912），省内外各地借兴办教育、实业为名，倡提寺产，师时为贵州佛教总会正会长，力排众议，据理争执，多赖保全。

甲寅（1914）夏，示寂九华宫，世寿六十有四，僧腊四十有九。毗荼后，其弟子等奉灵骨塔于高峰山之阳。平生著述颇富，已刊行者，《了尘语录》十卷。①

[附记] 选自许先德、龙尚学主编，贵阳市志编纂委员会办公室编：《贵阳人物》，贵州教育出版社，1995，第 277 页。聂树楷（1864-1942），字尊吾，晚号聱园居士。贵州务川县人。仡佬族。光绪甲午科（1894）举人。次年进京会试，参与康有为、梁启超"公车上书"签名。辛亥革命后委为兴义县知事。民国五年（1916）任省署秘书长。后参与续修省志，撰《兴义县志》。有《聱园诗剩》等。

---

① 原注：载《聱园文剩》。

论了尘和尚（节录）　徐泽庶

了尘对佛教禅宗的教义有相当研究，他所著的《了尘和尚事迹》中，涉及佛理的诗文、偈言很多。在文学方面，散文比较少，诗词却有相当造诣，和当时的知名人士如陈夔龙、李经羲、邢端等时有唱和，他对诗的形式的运用和发展都有所创新。在文学方面，最有价值的是用贵州主要是贵阳的俗话，写成一卷《俗语对韵》（未刊行），书中搜集了许多地方俗语，可以作地方语言学术研究的资料。他把这些词汇按上平下平声韵排列，有如《声律启蒙》《笠翁韵对》方式，好记好诵。现选录数章，可见一斑：《一东》："偷嘴狗，磕头虫，装月母，吃雷公，穿架架，睡笼笼。难逢冬至雪，肯发人来风。处处让他坐上，回回等你当东。弯扁担两头滑塌，真光棍八面玲珑。和尚敲铛铛，上当，上当，更上当；道人打鼓鼓，不通，不通，又不通。"《二冬》："雄纠纠，气冲冲，拜天地，哄祖宗。骑花花马，耍草草龙。等瓢瓜害癞，护茄子成脓。遇到回通大海，撞着个麦门冬。做天父母还天债，在日和尚撞日钟。盖盖揭开莫盖盖，封封尝尽要封封。两个双生，弟相貌同兄相貌；一张独碓，我家舂了你家舂。"《十二文》："占官地，上野坟；装子本，学斯文。赶刷把场，驾簸箕云。钱须留几个，福只享三分。身自摇，心自动；眼亲见，耳亲闻。隔山吊水三千里，带女拖儿一大群。时运来时，千金易得；运逢倒运，一火而焚。我们人老实贫穷，上身下身皆无块好片片；他老板当真富贵，桌子椅子都穿条好裙裙。"《十三元》："催命鼓，引魂幡。钻狗洞，跳龙门。生包头锈，害裹脚瘟。腰间无半个，笔下有千言。昨夜极能忍气，今朝好不耐烦。起了一千面草稿，打开十二道花园。舍得钱跟他当崽崽，应了口帮你做孙孙。清的沉下去，浑的涌上来。重开天地，男人坐家庭；女人外务，颠转了乾坤。"

了尘的著作，有《了尘和尚事迹》行世，共十册（文通书局刊印），缺第一册。据云，原稿送与某人查阅，收回时即缺第一册，内容不详。

[附记] 选自许先德、龙尚学主编，贵阳市志编纂委员会办公室编：《贵阳人物》，贵州教育出版社，1995，第278–280页。徐泽庶（1906–1987），

贵州贵阳人。毕业于省立贵州大学文法系。民国时期任贵阳市政府主任秘书等职。新中国成立前夕，将市政府的文书档案妥善保存，完好地交给人民政府。1980 年，被聘为贵州省文史研究馆资料员、馆员。

（四）当代

我所知道的昌明和尚　倪如锡

昌明和尚，原籍江苏省涟水县，俗姓孙，名书香，生于 1900 年。其家庭开熬糖煮酒作坊。有嫡母、庶母。嫡母仅生昌明，庶母生有四男。两弟参加国民党，两弟参加共产党。

昌明幼年极聪颖，十二岁即通读《四书》《五经》。后考入官学，初、高中均为优才生。毕业后，考入法政大学，在校期间，思想进步，时有不满当局言论。当局者，常遣特务跟随。一次，与同学聚会于郊外，即有特务追捕。与会同学惧而逃亡，昌明遂止步，趁敌不备之际，夺取手枪，连毙敌 4 人。

昌明后因染吐血重病，中西医治疗无效，遂到当地风景清幽的地藏寺内疗养。疗养中，钻习中医学，边学边治。寺内藏有大量佛经，尽情浏览。当时，正值蒋介石背叛革命，大量屠杀共产党人及进步人士。这时昌明方年正 30，因伤时事之遭厄运，顾病体之孱弱，生愤激逃世之想，遂于地藏寺出家。法名昌明，属临济正宗。居数月后，征得主僧同意，由寺支持数千元费用，往南京宝华山受戒。戒期满后，转镇江金山，苦读藏经 3 年，佛学更大有成就，主讲于毗卢寺，声名大著。

1935 年，贵阳华之鸿之长女妙仙（已出家）往毗卢寺听经，深感昌明佛学高深，谈锋绝伦，乃向昌明顶礼，邀请来贵州讲学。昌明慨然应允。来时不暇治装，惟带佛经多卷，于 1936 年到华家谈经阁大觉精舍挂单。参拜天台宗高僧天虚曦和尚，天虚为之起名超寂。时天曦年事已高，见昌明佛学深湛，仪表非凡，欲传法。请昌明在黔明寺主讲《四教律》，演讲清晰，立意新深，听众欢跃，天曦喜出望外，决传衣钵。但昌明拒不接受。曦老见无法交授，以出游老家湖北为由，邮寄衣钵于昌明，并专条起名念一。昌明不得已遥拜接法。

1937 年，昌明受安顺各界邀请来圆通寺主讲《心经客观谈》《极乐界方便谈》（此两书系昌明著作，曾由贵阳文通书局出版），深受地方知识界敬重。讲经之余，广交各界人士，颇受爱戴。

回贵阳后，值华问渠夫人去世，华要求昌明做道场、放焰口。昌明拒绝说："我是度人不度鬼，只知讲学，不知做法事。"为华问渠不满，又遇当时国民党贵州省党部特务陈惕庐（陈原是共产党员，大革命失败后叛投国民党）时往大觉精舍纠缠，更使华问渠疑忌。昌明亦不愿在华家居驻。时刘荣（贵阳大家）请昌明移驻贵阳永乐堡尖山坝办"五众学院"，主讲佛学及文学，师生约 30 人，学期 3 年，费用由刘供给。期满后，1943 年安顺各界人士又请昌明来二铺清凉洞继办"五众学院"，又住持华严洞，前后 6 年。

1949 年古历四月十二日晨十时许，昌明偕同圆通寺住持敏觉步出西门外，国民党特务竟于光天化日之下在西门外马场上（即今赵一曼旅社门口）向他们开枪，将其杀害。特务开枪后，扬长而去。此种无官方出面、无罪状、不明正典刑之黑杀事件，是安顺数十年所未有过的。昌明、敏觉遭杀害之后，全城人心惶惶。互相探听，非县政府所为。后通过保安司令部探悉，知为特务刘伯龙所使，百姓敢怒而不敢言。尽管白色恐怖如此猖狂，但仍有正义之人士几百人移骸于华严洞举行追悼活动。我当时曾撰一联追悼。词中多有愤恨当世及希望光明之句，幸未为特务所识。联云：

五浊恶世出现比丘色相，舍皮囊幻影释去诸疑随缘善；
三界内中再示清净法身，忌冤亲平等携束妙理解孽情。

[附记]选自政协贵州省委员会文史资料委员会编:《文史资料存稿选编》（第 3 卷），贵州人民出版社，2006，第 389 页。

安顺佛教徒的今昔　释定庵

新中国成立前的安顺佛教徒，在清末和民国时代，是备受压迫的。现在回忆那些借故生端的种种残酷事件，令我永恨难忘。

新中国成立前的悲惨遭遇

我们历代的先人，用自己的智慧和血汗，辛勤地创造遗留下来的名胜古迹，罕有的工艺建筑，虽说是清净佛地，实际是有权有势的人游乐散心的地方。这些人到庙上来，和尚成为他们的佣人，必须听从呼唤。寺院财产，由他们宰割。兹回忆以往我们佛教团体被催残和僧人遭惨杀的种种事件，虽不能全部把他详述下来，略写几点出来已经够人痛心了！

一、前清一代封建统治者利用僧徒以助其作威作福，从乾隆时起即开始废除度牒，改建僧官制，安顺的府僧官“僧纲师 [司]”，设在东林寺，县的僧官“僧正师 [司]”设在圆通寺，均设有公堂，置刑具，俨然沐猴而冠。僧众偶有小错，或遭拷打，或受残酷压榨，简直失掉了自由。

二、辛亥革命后，寄禅和尚鉴于清朝设施僧官，对僧众专制，要改建佛教总会于北京，而袁世凯再三不准，当时寄禅和尚为此忧愤，吐血而死。其后经寄禅之徒谛贤和尚、道皆和尚等，奋斗周旋，才在北京成立中国佛教总会，各省相继先后成立佛教会。

三、1939 年，贵州省临时参议会议员胡寿良（名仁，胡寿山弟）根据当时七省教育会议，在贵阳成立“办党兴学委员会”，安顺县长朱大昌借此为名，也要办党兴学，打算搞佛门庙产。1941 年白崇禧来到安顺，曾在北教场向群众作了一次演说，其中谈到广西的菩萨坐洋船，送往湖南洞庭湖，背菩萨丢河，没收庙产，办党兴学。安顺县长朱大昌拣得封皮当圣旨，立即筹组成立一个“清理庙产兴学委员会”，一面佯为拟具办法呈报省政府，一面突然来一个“封仓押僧”的命令,弄得全县僧众大惊失色,不知祸之由来。若有和尚要问个明白，即以抗拒论罪，马上执行逮捕，关押在黑暗的监狱里。僧众们向各方奔走呼呼，置若罔闻，县佛教理监事遂召开紧急会议，推举定庵、文奇为代表，分别到贵阳、重庆呈报，一面通电全国佛教会呼吁。政府迫于众怒之下，才因循下来，莫可奈何地无形中平息下来。

四、1942 年安顺县党部书记长杨国昌派敖伯章到佛教会来组织区分部，以敖伯章为书记。当时敖伯章向教徒们说，佛教会的职员，一定要入党的人才能担任。所以那时有些僧人都加入了国民党，后来城隍庙的常敏当了书记，文奇担任佛教会理事长，昌法担任宣传员，月照、隆超、体静都是党员。

五、1943 年安顺县政府实行田赋征收实物及军粮征购实物，区乡长不按“随赋带征”的办法，从中舞弊，任意把军粮加重到寺院负担。一般寺院，年收稻谷不到十石，但摊派县长翟文正，因公粮不敷八百余石（老斗，一斗四十斤）饬令由全县寺院来分摊，并实行勒缴。那时正值青黄不济，僧众自己尚难裹腹，自然没有这项巨大粮食去缴，平坝县就拘押僧众 13 人之多，并携去寺内财物。平坝僧众计无所出，只好联合安顺佛教会负责人召开临时会议，设法援救。遂推选代表定庵、持进、慧海三人到贵阳，适遇皈依佛教居士平刚，当时任省参议会议长，并任省佛教会理事长，代为说词，才释放关押僧众。财物虽未清还，也算草草了事。

六、1949 年 4 月的一天，我佛教会昌明和尚与圆通寺的住持敏觉在西关韩云波处访友回来，于西门外途中突遭杀害。在光天化日之下，人烟稠密的交通地方，竟有人敢于持枪杀人，不知是什么一回事！当时法院既不来验尸，又不过问，这样一件人命关天的大事，竟弄得无法无天。我们从各方探问，终无结果，只好忍气吞声，收尸掩埋。后来社会上传说，是国民党贵阳特务化装来暗杀的。认为昌明是共产党员，在贵州搞地下工作。其实昌明是否共产党员，他们始终没有一点确切的证据，真是极端野蛮毒辣！

七、在这段期间前后，我曾闻安顺县政府和县党部谣传说：“要杀几个和尚的头！”并指名其中有定庵。我想到我曾经反对清理庙产办学，反对平坝县长无理摊派寺院军粮，一定使他们羞恼成怒。结合昌明被黑杀事件，使佛教会很多的负责人，尤其是我，吓得夜晚不敢过街。每天更深夜静，听到狗吠声，便提心吊胆，整夜不能入睡，得不到一天安宁日子。

新中国成立后的新生

全国解放以后，共产党有正确的宗教政策。我参加农协会和土地改革后，52 年被选为县人民代表，送我到北京参加成立“中国佛教协会”，又被选为二届理事，三届亦被联选。回来后，53 年又被选为县政协委员。这样使得我更进一步学习政治，提高认识。并且对我的生活，长期给予照顾，这些是我七十多岁的人从前所梦想不到的。

[附记] 选自政协贵州省安顺市委员会：《安顺文史资料选辑》（第2辑），内部刊印，1984，第84–87页。编者原注：本件是安顺清泰庵老僧定庵1963年所写，写稿时年已70余岁。已圆寂21年，现将遗稿重新刊出，在字句上有增删，稿中史实，按原稿不变，以供参考。

五、毕节市佛教文献

（一）元代

西天提纳薄陀尊者浮图铭并序　李穑

迦叶百八传。提纳薄陀尊者禅贤，号指空。师自言……吾之行化于中国也。遇北印度摩诃班特达于西蕃，偕至燕京。居未久西游安西王府……又去伽单。咒师欲杀吾。吾乃去虾城。主见吾大喜。外道妒之。打折吾一齿。及将去，欲要于路必杀之。其主护送至蜀。礼普贤巨像。坐禅三年。大毒河遇盗。又赤立而走罗罗斯地界。有僧施一禅被，有女施一小衣。乃应檀家供。同斋僧得放生鹅。欲烹而食之。吾击其妇。妇哭。僧怒见逐。吾闻土官塑吾像，水旱疾疫祷必应。金沙河关吏见吾妇人衣，发又长，怪而问奚自。吾言语不通。书西天字，又非所知也。于是留之。晚限石隙而卧。不觉少间至彼岸。渡子异吾礼拜。云南城西有寺，上门楼入定。居僧请入城。至祖变寺……坐夏龙泉寺。书梵字般若经。众聚乏水。吾命龙引泉济众。大理国吾却众味，但食胡桃九枚度日。金齿、乌撒、乌蒙一部落也，礼吾为师。塑像庙之。吾闻无赖子以吾像、禅棒掷之地，而不能举。悔谢。取安如故。安宁州僧问："昔三藏入唐，伏地知音"。时吾会云南语。应曰："古今不同，圣凡异路。"请说戒经。燃顶焚臂。官民皆然。中庆路诸山请演法，凡五会，太子礼吾为师。罗罗人素不知佛僧。吾至，皆发心。飞鸟亦念佛名。贵州亢（元）帅府官皆受戒，苗蛮、瑶、僮、青红（江）花竹、打牙仡佬诸洞蛮，俱以异菜来请受戒。镇远府有马王神庙，舟过者必肉祭，不然舟损。吾一喝放舟行。常德路礼镜刚白鹿二祖师。观音自塑之像。洞庭湖灵异颇多，

能作风雨，吾行适风作浪涌。为说三归五戒……[1]

[附记] 指空（？ –1363），印度僧人。元泰定年间（1324–1327）来华，历元文宗、宁宗、惠宗（顺帝）三朝，至正二十三年（1363）去世。元至治年间（1321–1323），曾在滇东北和黔西北之乌撒乌蒙地区传播佛教。曾为“贵州元帅、府官”及一些少数民族群众授戒，说明佛教在当地已有很深的基础。

（二）明代

建造高庙宇贡赋（节录）

……在乌蒙高原一带，山头建庙宇，皇宫在大山间，建君主庙宇，堂琅山顶上，建臣王庙宇。隶属侯王国庙宇，布侯王国庙威高，建于妥朴欧山，默侯王国庙荣大，建于则帕赫戛，恒侯王国庙宇高，建于谷谷洪戛，武侯王国庙宇大，建于省舍麻禄，乍侯王国庙威高，建于宝主沟格，糯恒王国建庙早，建于杜吐俄费。国威在于建庙教化，尚建高庙的工艺者，拟取乾阳规仪而造作，所塑的偶像，拟取信仰的星辰形象，有兵有佣。夭折女神不进堂。建庙福寿来，建庙禄位生，拜庙供佛，祈求福禄平安，成了习俗。

老和尚有形象

禄主禄卧国的布笃布举，求教走师家。去到西部古堵禄姆邑的呗耄家，一清早起来，就见到汉家的庙子很华丽，民众如流去往，年轻和尚见人来到，以笑相迎，绫罗绸缎衣着，男不男，女不女，一身同般盛装，手持黑漆角，口含金银花，看着佛像，想一一画下来。布笃布举他，照葫芦画像，留给后人看，画得不太像。年轻和尚说，我来画你看，活灵活现的，你所见到

① 日本《大正新修大藏经》卷五十一《史传部》三“游方记抄”。

的。……古克国氏裔，阿糯鲁歹曾一度盛世，立过教化制度，父子互助传后世，到汉朝时代，就以昨日情况，他们就是这地方的佛庙文化创造者。布笃布举他，是这样说的，历史无可断，是用言语传，后人思古而传授。小和尚们呀，我给你们讲，古克国王的后裔，阿糯鲁歹他，如神又如仙，曾一度盛世哟。①

[**附记**] 选自赫章县民族古籍办公室、赫章县珠市彝族乡政府、赫章县雉街彝族苗族乡政府编《夜郎史籍译稿》，贵州民族出版社，2007，《恒也阿默尼》，第 441 页。《能数恒索》，第 600–601 页。

点措雅卧修行的和尚

点措白之下，有座点措城，笃益直为君，冬洪甫为臣，吞满局为师。这批强能者，产生于天宫，降临于凡尘，在点措修行，投靠武古笃。武古笃住地，有一尊金佛，其后有一回，佛像生了病。师主吞满局，设斋又悬灯，焚香千万炷，香烟绕萦萦。先用汉法治，疗效不显明。又用彝法医，求福又还愿，神像病愈重，终于命归阴。佛像死亡后。超度非寻常，殓衣着九层，佛死佛超度。和尚穿白衣，像一群白鹤，金铙与银钹，震响如雷鸣，杀牲作祭品，诵经如雁鸣……修庙仿天上，天体是九重，庙宇立九重；塑佛仿地上，地体是八层，佛像立八尊；庙门十二道，和尚十二个，每人管一门。大殿与中殿，二位和尚管，一人管一殿。每逢开经日，身披白衣裳，八庙八和尚，恭立如龙样……

[**附记**] 选自贵州省民族研究所、毕节地区彝文翻译组《西南彝志选》，贵州人民出版社，1982，第 446–448 页。

---

① 赫章县民族古籍办公室、赫章县珠市彝族乡政府、赫章县雉街彝族苗族乡政府编：《夜郎史籍译稿·能数恒索》，贵州民族出版社，2007，第 600–601 页。

惠泉记 孙隐

东去城三里，巨山之麓，有宅一区，乃武略将军王君侯憩息之所。宅后有山窦，水常涌出，因甃引为日食之用。侯见其清冷甘美，源源而来，仰天告曰：果有源，委当远引，与一乡人同受恩赐。遂鸠工挖之，愈出不已，冬夏不涸，竟为通沟以滋溉田亩。侯乃置亭于侧，遇退食之暇，具酒馔，拉僚友、文士游歌于上。祈余名之。余曰："是匪人为殆天泽也。"宜名曰："惠泉"。复属记之。余惟。兹泉之泄，彼苍恩侯也。侯不敢私，而与众同其赐，是分恩也。惠必分赐，而不私为己有，视隔墙垣而彼我者，霄壤悬绝矣！夫侯以世禄之家，俸之不竭，犹泉之不竭也；侯之分惠，犹侯之恩众也。殆天之昭示乎。侯者乌可轻而视之耶。

余且喜且愕。遂书此以复用表亭之所自云。

[附记]选自（清）乾隆《毕节县志（卷8）·艺文·记》。撰于明正统十四年(1449)。惠泉寺供奉观音大士，故又名观音庙或观音阁。撰者孙隐，浙江永嘉人。明正统年间官毕节卫教授，以敦品树诸生之范，人咸贤之。受军民爱戴。后迁江苏邳州学正。

月 溪

月溪，江安人。宣德(1426–1435)初，以罪戍赤水，役于陈百户，栖厩中，夜辄有光，陈异而遣之。遇禅宗，得正法眼藏，至兰州印山，见其林麓洞壑，别有天地，结庵曰"永洪"，居二载，宪宗召天下名僧十三人诣阙，月溪与焉。抵京将召入，上密令中使置经于地，复以锦，诸僧皆履而入，月溪独伏不前，上促之，对曰："非敢以方外自高，惧籍经为罪，非上所以召臣意。"上异焉。久之，遣还，至留都，遂示寂。后人广其故居以为寺。

[附记]选自冯楠总编：（民国）《贵州通志·人物志（七）·方外（明）》，贵州人民出版社，2001，第1298页。

（三）清代

游惠泉记　罗英

往余读邑乘，有所谓惠泉者，馨其名，莫审其地，自感浮生寄形宇内，不能遍岳渎而搜奇，广吾浩然之气，发为文章，征为事业，耻矣！乃维桑一勺水，弗克讨，耻孰甚。

岁己巳（1689）初秋，王子锡邕以郭外田供馆谷，乃父元调扯余正经界，酌酒为余寿，苦无胜地。或曰："东去三百步，有惠泉可赏也。"余曰："此余素所愿见，不可得者。"速撤樽往。至其地，一石穴高三尺，广半之，颜曰"惠泉"。旁勒"三槐拙叟仲让书"，下为急就章镌"武略将军"，泉左高台一梨棘，杂藤芒绕覆之，隐隐断石残碑也。泉右石刻二：右上石刻，横可二尺，纵一尺，薄视之，仅留嵌石龛；右下石刻，横尺有八，纵一尺，年深石沥绣蔽碑也，而没字矣。往寻，左之断碣右上之石刻皆无在。余徘徊，上下二石安归乎？必沉泉底，假人力可得也。薄暮莫遑。

明之日，率诸子操畚锸，执斧斤，复至其地，初命诸子芟丛莽，割去藤芒，残碑出焉。读之，获叙说三句，曰："予旬宣之暇，偶得一睹，赋二律归。"获诗三句，曰"石中涌出泉应远"，曰"稻谷六月不妨晴"，曰"城市山林三亩宅"。复获数字，曰"有丹青"，曰"有池草"，曰"石层"，曰"庠生孙"。余皆漫灭。其右下石沥绣蔽之石刻，命诸子作力铲之，磨之，洗之，历三时，光莹滑泽，没字碑云汉为章矣。读之，乃《惠泉亭记》。正统己巳二月，学博孙隐先生之所撰，墨庄道人林晟之所书，三槐希玄子仲让之所建，而金陵刘禛之所勒也。复命诸子贾余勇，讨泉左高台之断碣与右上剥落之之石刻，除乱石，荡泉淤，直穷到底，力最苦，竟不可得，悼叹久之。诸子乃濯足振缨，环泉而坐，观泉之清，石之洁，起而言曰："'无平不陂，无往不复。'信哉！当正统至天启二百数十年，亭高而爽，泉清而洌，石燥而明，忽来安氏变，亭毁泉塞，是平之入于陂也。自天启壬戌距今六十八年，泉通石显，是'无往不复'也。而四先达之名因获传于世，是又吾子发潜德之幽光也，且此石已已立，今已巳开，似阴有牖其衷者。第明而晦，晦而明，明而复晦。此理势之必然，继吾子而使晦复明，伊何人乎？”余曰：“发潜德之幽光，吾则岂敢？余尝欲遍岳渎而搜奇，发为文章，著为事业，今已矣。乃获睹维桑之一勺水，耻稍释焉。若夫往过来续，有如斯泉，何忧后起之无人也。”

已而，夕阳在山，牛羊下来，诸子咏断碣之诗，杂樵歌牧唱而归。

[附记] 选自（清）同治《毕节县志稿（卷之16）·艺文志（上）》。罗英（1632–1692），字奏五，贵州毕节人，康熙初年岁贡，官清平县训导，博学多闻，著述颇多。曾参与编纂康熙《毕节县志》。

创修回龙塔小引　袁汝相

泽国毓秀，大善特生；山城发祥，上哲崛起。禀乾坤清淑之气，钟岳渎荟萃之文。龙穴绵亘，总属天工；风水栽培，端赖人力。

余初下车，久羡新邑。冠名九里，甲秀一方。通南滇之坦途，达西蜀之要道。烟火万家，鸡犬俱升于四境；桑麻百顷，钱谷恒足于一廛。缙绅谨凛于四维，士庶尚好乎六行。临境观风，形似群鸿之排翼；登高视里，势如万马之奔腾。沙水曲流而常护，嵯岩挺拔而不停。方吉向正，每尽善于西南；林缺山低，却泄漏于东北。具禀有补夫教化，给示以奖乎人心。先诚开挖，比以富顺之文阁；既勤修补，喻以豫章之沟壑。祠作书院，范文正之阴德当思；心为良甜，朱夫子之地理可读。德之可崇，自才之蔚；人之能杰，由地之灵。尔乃：一峦耸萃，急建回龙之浮图；两峡高标，谁树插天之文笔。青草寻芳于行人，奇峰览胜于游客。田畔写黄云之赋，蓬门起白雪之歌。行见，水流太极，食货先饶乎八政；天呈石印，丁男余庆于三多。金山暗藏内库，预兆金马名才；玉屏悬拱生方，定应玉堂人物。天马策足，贵人上步于青云；石狮点头，北辰下照于圣地。驾万里之虹桥，早合相如之志；玩三秋之月井，尽伐吴刚之枝。倾囊助善者，科甲联登；赞被同心者，禄嗣绵远。百工优裕夫技力，行旅积捐乎货财。爰为之序，以志不朽云！

诗曰：

亭亭岳立冠黔中，撑起日边保障同。
一笔参天云雾拨，万山春满杏桃红。

特授贵州兴义府安南县知县改署大定府黔西州知州事
加六级记录九次正堂袁汝相沐手敬书
时在道光癸未（1823）年仲秋月下旬谷旦

[附记] 选自政协贵州省金沙县委员会文史资料研究委员会：《金沙文史资料选》（第4辑），1989，第127页。民国二十年（1931）正月，杨锦江先生游览立于金沙县玉屏乡的回龙塔，在乱石、荆棘丛中发现建塔石碑一块，照抄其镌文保存。袁汝相，四川珙县人，拔贡，嘉庆二十年（1819），任兴义府安南县知县，道光三年（1823）任大定府黔西州知州。

游龙蟠山赋[①] 刘潮

繄[②]蟠谷之一山，论胜境而必属。傍鸟道以前登，望羊肠而托足。探幽拾级，叠叠层层；攀麓跻巅，盘盘曲曲。行来佛地，识宇宙之皆宽；引入名区，知高厚之不局。则见弱草绿堤，山花迷径；细雨长石，砌之苔清，风敲龙龛之磬。供我游览，孤云与众鸟皆闲；唤彼愚蒙，暮鼓与晨钟相应。偶尔登临，顿开情兴。尔其波光滟潋，山色空蒙。低望人烟，错杂尘寰之内；遥观城郭，参差晓树之中。一水曲流，频环玉带；双桥深锁，竞驾长虹。来人语于天半，挂文星于碧空。云林画意不隔，庐山之面目可通。尔乃结人境之卢阜，获闹市之清幽。松满山巅，王子应乘辽海之鹤；桃开谷口，渔郎欲泛武陵之舟。青螺众山，浑疑巫峡；灵峰双笔，恍若瀛洲。虽非宇宙之名胜，已快一日之嬉游。更觉梁台锁烟，玉屏向曙。西耸之灵山万丈，地拟蓬莱；北流之飞瀑千寻，堆翻滟灏。一轮明月，镜落江潭；万户宵灯，

① 原注：以“曲径通幽处，禅房花木深”为韵。

② 繄（yī）：文言助词。

萤辉朴栌。霜摧枫木，僧归红叶村间；雪压松枝，寺在白云深处。其或阁成仙斧，台拥金莲。活火昏晨，老僧煮石；空山风雨，衲子参禅。鹿蕉绕廊，有文可当贝叶；金衣啭树，无语不是谈天。讲经几于石点，说法应有龙眠。到此是山中之相①，行来即陆地之仙。于是逢僧话于竹院，论道德于禅房。佳客临门，蝶梦尚稳；楞伽好静，蜂舞不狂。未扫落花，知是非之不管；推出明月，识宠辱之皆忘。锄灵药兮带剑，对古松兮焚香。可爱雅人，只知衣荷而吸露；堪笑尘市，何事利锁而名缰。彼夫洞名金果，洲号百花。钱塘之柱孤擎，雷声轰掣；衡岳之峰矗立，雁阵横斜。枫寺鸣钟，频催霜夜；姑苏梵呗，直到船家。孰若隔紫陌于红尘，市喧车马；栖寒鸦于古木，不近喧哗者乎？斯诚凡境仙都，上林西竺。无无有有，巨细风涛；浅浅深深，纵横林木。晚带山岚，朝披雾縠②。倘逢杜甫，应吟诗句千章，纵得徐熙③，惟绘烟云一幅。斯时临风把酒，俯唱遥吟。随意而望莓苔，天机自远；解衣而挂萝薜，逸兴正深。纳竹亭之爽气，披杉树之凉阴。双塔凌云，忽动我以题名曲江之想④；层楼拔地，恍触吾以分光藜阁⑤之心。

[附记] 选自中共毕节市七星关区委史研究室编：《毕节县志（乾隆·同治·光绪校注本）》，方志出版社，2017，第399页。

（四）民国时期

东山寺钟记　王宝珩

东山寺废置既久，得梅荣先、欧佩九、陈以欣、王问樵四君经理，乃

① 山中之相：指南朝梁著名道士陶弘景。曾在朝廷做官，辞官后，朝廷仍常向他咨询“吉凶征讨大事”，故称为“山中宰相”。

② 雾縠（hú）：薄雾般的轻纱。

③ 徐熙：五代南唐杰出画家。

④ 题名曲江：唐代凡新科进士及第，先要在曲江、杏园游宴，然后登临慈恩寺大雁塔题名塔壁留念。

⑤ 藜阁：又名“禄阁”，借指汉代刘向，他曾校书于天禄阁（汉宫中藏书的阁名）。此代指刘姓宗族。

漶漫一新。今更谋铸钟，以备器物。将铸之前十日，属余记数言于上。余考之刘熙《释名》“钟空也，内空受气多，故声大（也）”[①]，以谓万物于天地间，皆气为之通，而声为之应。其在人也，气聚于胸，发而为声。扩而充之，足以成天下之事业。盖一吞吐间，而变化常若无穷。故山川人民之气，混合坱然于城郭间，而不能无所寄，恒思假物焉，以寄之。自寺观、浮屠以至树一木，立一石，而钟则其最著者，举无非寄之之具也。且凡物之有窍者皆能鸣，而声之大小清浊，往往一成而不变，由其所为吞吐者有以限之也。钟之内空无所有，而气则流动充满，故叩之以大，则大鸣，叩之以小，则小鸣。其为吞吐，不尤令人深省也乎。钟之成，计身高若干尺，口圜径若干尺，重若干斤，费所自出县长以下捐各有差。

民国七年岁次戊午（1918）秋九月

县人王宝珩记

[附记]选自（民国）《大定县志（卷18）·古迹志·古物》[②]。东山寺，又名东岳庙。清乾隆间镇总兵李超捐建，民国六年（1917）重建。王宝珩，字楚珍，贵州大定人，清宣统己酉（1909）科拔贡。

斗姥阁钟记　饶家琳

钟之为器，击以报时者也。自齐武帝以宫内不闻鼓漏，置钟于景阳楼以应五鼓，后世寺观中多用之。斗姥阁定之名胜地也，旧有铁钟一口。兵燹后，追蠡无存。今得谢君克昌经理，复谋铸钟，以全庙器。县长以下捐各有差，阅月而铸成。有叩斯鸣，匪特可以警一寺之众，抑亦可以警一世之人也。兹记数言于上，亦欲此钟永垂不朽。五夜[③]闻之，莫不鼓舞向善云尔。时民国戊午年孟冬月，饶家琳记。

---

① （东汉）刘熙撰：《释名（卷7）·释乐器第二十二》。

② （民国）《大定县志（卷18）·古迹志·古物》原注：“钟之最古者，有江西会馆铜钟、马王庙铜钟……铸捐资人姓名及年月。惟斗姥阁种、东山寺钟，并以记代铭。”

③ 五夜：即五更。

[附记]选自（民国）《大定县志（卷18）·古迹志·古物》。斗姥阁清宣统三年（1911）大定知府陈庆慈建。包括包括老君殿、庆云楼、斗姥阁、大雄宝殿、回龙阁等。饶家琳，字本初，大定县增生。

六、铜仁市佛教文献

（一）明代

公安①祠记　程爋

释家有所谓四天王，此曰公安者，毓秀于公安也。铜郡西隅旧有四天王庙，卑隘弗称，其建置莫考。嘉靖庚戌（1550），郡守近江邹公廓而大之，饰以丹雘，为垣、为门、为厢房、为后轩，规制大备。又明年癸丑（1553），公解组东归，爋以公务至，信宿浚轩，因言曰："庙新而神安，房立而焚修安，轩成而往来宾旅安，非近江公，何以至是？虽然，神安则人可知，庙新则庶政可知，宾旅来则六司之民可知，倥偬于卼臲②之地，焦劳于七年之久，能有是也，公亦心安无愧矣，可记。"

[附记]选自（明）万士英修纂《万历铜仁府志》，岳麓书社，2014，第118页。程爋，建昌人，举人。明嘉靖二十八年（1549）任镇远知府。

天堂渡　郭子章

思州郡东十里许有天堂渡，当雄溪沅陵孔道。水澎湃，不可方舟，徒杠舆梁，冲涛荡激。父老议建石梁，兵戈甫戢，执难举赢。今观察马君千

① 公安祠，位于铜仁府志（治今碧江区）西。成化间土官李椿建，嘉靖间知府邹廷泽重修。

② 卼臲（wù niè）：动摇不安貌。

官守郡日，娄为请赈谷，訾石工谷亦亡几。予乃捐公费百金倡之，郡守伴合士庶醵金佐之。观察迁驻铜人（仁），李官华君三祝署篆，委土官何烈督匠。始事于万历三十一年春三月，明年夏四月已事。二君来请名乞言。予曰：渡名天堂，即以字桥。考天堂出内典，对地狱言，此于桥了不干涉，而以字桥，不已诞乎？夫地狱有八寒八热，至于无间，觙矣[①]。江水叵测，暑涉餐瘴，寒涉湿胫，脱不戒葬鱼腹，此与无间何异？桥设则拯沉沦，登春台，拔苦海，跻彼岸，此与天堂何异？予闻天堂有六欲，有四禅，有五不还，有四空，而释氏犹以为违圆觉、背涅槃也。此桥之设，施几何，济几何？而援天堂为字，其违且背，不已多乎？夫不忍一牛之衅而充之足王，不忍群蚁之溺而达之可相。杀机一萌，妖星厉鬼；生机一芽，景星庆云。又恶知此桥非天堂也。释氏语诸天，极之至于非非想处，而后为精。孔子论天，载极于无声无嗅，而后为至。此则吾径寸中自有天堂，弗砻弗斫弗粪除，即躬之，不渡而能渡人。二君瞿然曰：此范躬济世之筏，不独为桥语也，敬勒之石，用觉群生。

[附记]选自（明）郭子章《黔记（卷10）·山水志（下）·思州府诸桥》。

铜仁府圣像记 **阴子淑**

铜仁府前，二江汇流间，有巨石焉，屹然其中。前代好事者作铜人像，夫子及老、佛为三教，立其上，庙祀以化夷民，其是非虽未辩，而意则善矣。因呼此岩为“铜崖”。其地铜仁，设长官司治之，为铜仁大小两江等处军民长官司。入皇明洪武初，改铜仁长官司时，长官李渊迁铜人于铜江左岸，更其庙曰：“铜佛寺”，是以三教皆佛矣。既，施溪人有疑铜人为金者，乃舟载夫子像以逃，适天将曙，沉于江，求之弗得。意者夫子在天之灵，虽不鄙厌夷方，宁不恶其是非久混，害吾人心故尔耶？永乐十一年，革思南宣慰司，分其地为铜仁府。正统末，长官李仪再塑夫子像。天顺七年，

---

① 觙（jí）：足相踦。行走不便。

李温乃易以铜。成化初，李椿继之重建殿宇，匾以旧名。而铜人则咸饰以金，辉煌耀目。相沿之陋，至于此，无足怪者。子淑常巡历之铜，询其故而恨未之改。今弘治壬戌（1502）九月再巡至此，以念日首诣朝寺，谒夫子像，睹其首虽幅巾而失其制，衣履则若朝服然，而立老、佛之左。即日命椿鸠工庀材，于大成殿后建燕居所，廿贰日奉迁夫子像于其中。既告以文，命工稍复润色，为坐像，而幅巾、深衣，俨然申申夭夭之气象，而如在其上焉。一时官吏及庸人孺子，奔走竟观者，填市塞巷。耀然以喜曰："今日才是也"。然而，人知其是非久矣，第无敢改为耳。呜呼！夫子天纵之圣，大与天同，非绘画所能像也，非丈尺所能窥也。自今观之，凡学其学者，虽地有华夷，人有贤否，罔不因其所得之浅深，而见于日用之间，于父子也相亲，弟兄也相宜，朋友也相和、相信，率皆循其规矩而不逾；其出而仕，必忠上爱下，趣事赴工以图称；厥任简有轻富贵、重节义，视死如归者，历历可数。何哉？盖由夫子之教，亦惟知其必如是而后是焉。若老佛之指："空寂为宗，以是为非"，恶能致是，而亦恶能仿佛其万一耶？乃以之并于夫子，不亦谬哉！时与改迁之谋，长官椿也。椿不惟不以疑诅，而且亟力成之，可谓贤矣。

[附记]选自贵州省铜仁地区地方志编纂委员会编：《铜仁地区志·城乡建设环境保护志》，贵州人民出版社，2001，第420–421页。阴子淑（1437–1535），明代四川内江人，成化八年（1472）进士。明弘治十年（1497）任贵州按察使副使。

（二）清代

复无相和尚书　万任

不佞榆景颓龄，杜门谢客，兀坐竟日。虽安念不生，而旧时习气，终未尽除。每念未到莲池晤上人，一叩无生宗旨，自是欠事。然向阅《开建募文》，胜概宛然在目，可当卧游。又得读《龙山集》，不啻陪法座而领元谛矣。惟时置案头，以作俗尘针砭，裨益宏多。碑记未书原衔，初意以过时陈人，宜自韬晦故耳。今如命附上。佳品见饷，过损伊蒲之供。此谢。

[**附记**] 选自（清）道光《铜仁府志（卷 18）·艺文·书》，贵州民族出版社，1992，第 364 页。万任，贵州铜仁府人。崇祯甲戌科（1634）进士。授苏州嘉定令，多惠政。去后民思之。后官御史，廉明镇静，吏治肃清。

募修水月庵引　郑逢元

平溪之堡，旧有水月庵。虽非古刹，亦号名蓝。倚山临水，形家谓山如舟，而水绕之。得动静之体，宜俗宜僧。当面清泓可鉴，稍下有滩，贸闻潺湲。建庵者谓清静，身广长舌，两者俱足。而禅心相映，故水月名焉。门近通衡，往来官长停骖，商贾住足，拈香上幡，瞻礼祈福，靡不灵应。本地士夫，为之置田，以供僧众及香火伊蒲费。每日博山之气，袭游人衣裾间。沸星与鬼宿交光，可谓盛矣。

今乃作昆明劫灰[①]，见者伤之。常情以为佛道神通，不能敌一荧惑。所以青史些有台城之讯，昌黎佛骨之议也。不知佛之教人修心也，免轮回也，生人天也，脱苦海也，登彼岸也。不杀不淫，不贪不妄，皆所以修身也。至命之天寿，物之成败，一定之气数，何足论焉。

孔子曰：德之不修，是吾忧也。《大学》曰：壹是皆以修身为本。儒释参观，可同年而语矣。不修而优入圣域，是思饭者蒸砂，求镜者磨砖。昧此一端，都无是处。余则以修之一道，先破悭吝心，悭吝化而人相我相不立，便是走灵山，一条大路，无挂无碍。任尔坦行。故施为六度之一，而众善之门也。

亦曰：修心者不在于施，天下修心之人，见地超朗，知三千大于所有，皆于本来无与，故宅可舍而宝可沉。无始劫来，带水拖泥，葛藤不斩，虽有多端，则此根先障，万钟何加。孟子参亦言之矣。况舍非弃也，如布种地中，钱寄外府，虽曰舍之，实是取之。老子云，惟其无私，所以成其私，此亦断断不爽者。

---

① 昆明劫灰：指吴三桂于清康熙十二年（1573）举兵反清，祸及云贵。

然修有不同，食报亦异。世俗之家，有贫有富。子息不众，有贤有愚。髡缁之俗，有凡有圣。宰官之品，有大有小。菩萨之位，有初地，有十地。佛至尊矣，有最上乘，有中下乘。山以仞高，水以科盈。各有分量，不能徼幸于其间也。即不能徼幸，则知寻向上去，自有践履工夫。譬人起念，欲上须弥山顶，如以为易，八万四千由旬，穷一生之力不能达。然有精进而无退转，则登岸造极，未可期也。若以为难，废然而返，则安于卑下，屡劫沉沦矣。

夫人之性之相悬也，岂若跛鳖之与六骥足哉？然而，跛鳖致之，六骥不致，是无他故焉，或为之或不为之耳。如是知修之不可以已也。至于寺废而复修，随处结缘，无往不修，无时不修。修不独在寺也，见寺之废亦修之矣。修寺者即修佛，修佛者即修心，心与佛，是一是二。取与舍，是分是合。知者可不饶舌曾矣。

今崇拙和尚，既修天安寺，又欲修水月庵，两处疲于奔走。余以古诗笑之曰：汝既出家还扰扰，何人更得死前休。拙和尚曰，贪者僧家所忌，若功果之事，不妨多也。倘得如众施主之愿，成就金身丈六，庙貌庄严，仍如往昔之盛，顶踵且不惜疲苦云乎哉！夫立心若此，我知浮屠之合尖矣。敢不毅然搦管，以或厥志。

[附记] 选自（清）乾隆《玉屏县志（卷10）·艺文志（上）·疏引》。郑逢元（1613–1689），字天虞，又字天瑜，法名天问，平溪卫（治今贵州玉屏）人。幼聪颖，明崇祯六年（1633）举人。官至南明永历礼部尚书，仍兼兵部，参与机务，永历亡后，祝发于滇之宝台山为僧。主纂《平溪卫志》，所著诗文多散失，仅见《黔诗纪略》录其诗十八首。

鲇鱼堡募修祖师殿小引　郑逢元

洪僧住茂龙塘[①]之庵，七年矣。丙午（1666）季夏，云鲇鱼堡孔道有佛祖殿旧址，居人以素有灵应，福庇一方，欲捐资重建。约洪僧董其事，

① 茂龙塘：位于岑巩县大有乡。

僧欣然赴之。

或曰：舍西寺而修东观，海翁易虑，可乎？余曰：此僧道念镸笃，修造庵观，其本心也。夫欲为住持，不为云游，欲为接众；不为面壁，咸执着矣。执为障碍之根，功亦圆通之本。既已为僧，十方皆佛。孤云野鹤，同天不可飞。况玉虚师相，开天气母，妙转金轮，得道丹王，功成铁杵。火符交坎离之象，道在中黄。德镇壬癸之乡，位尊北极。是诚赫赫有灵，魏巍无上者矣！

武当之顶，僧道香火之隆，甲于天下。此外，城邑聚落无境，不然，若分别佛道观，则诸天帝释，无一非佛。佛在吾心，不在境也。但欲其信道之笃，不生退转耳。

洪僧可喜者，遁迹罗刹之乡，矢心毗卢之岸，是广额一流也。今之欲迁，又孝心所使。洪母嫁于斯，死葬于斯。怀终身庐墓之念，礼足空王。稽首丘垅，伊贝叶。木槵军持[①]，忏悔超度。使比丘尼获此。因缘大事自在天，岂生前奉养之微乎！谓出家可忘父母，此不知道理之言。吾之冀洪僧者，诚在于此，然亦两年前之言也。

兹云草创略成，欲庄严而涂髹之，必募叩他境，安得不另乞言乎？余窃以为今之为缘簿者，利益福田，满篇腐套，不能动人。第持此以往，靡不如愿，未有见信。实之，信诚孝之子，而不发欢喜心者。兴言及此，韦驮尊者，亦为首背，又阿必余言之赘哉！是为疏。

[附记] 选自（清）乾隆《玉屏县志（卷10）·艺文志（上）·疏引》。

龙塘[②]募建回龙寺中庵疏　田毓龙

吾卫由羊坪南去，一牛鸣地曰“龙塘”。旧有上庵、下庵。而下庵为胜心上人由楚麻阳来主斯庵，凡三十余年，香火之盛，甲于他庵。而上人尤苦行焚修，不自利供养。里之众善信等，辄冀启建中庵，上人亦遂发愿劝募。庀材鸠工，创建大殿五楹，两厢各三盈。庖厨湢室，以及前殿山门，

① 军持：一种瓶装盛水器，又名军墀、君迟、净瓶等。军持约在隋唐时期传入我国，唐代最盛。

② 龙塘：位于玉屏县城西，今属镇远县羊坪镇。回龙寺今已不存。

次第经营，一如下庵之制，而加拓大焉。

第经始有日，未易落成。今上人不惮拮据；复有万人缘之募。余谓老头陀但须把茅盖头，烧品字柴，支折脚铛足矣。奚用是前后殿辉宏壮丽者为？既而知上人悲悯切而愿力坚也。

夫人生居五浊，业因深重，所在皆有。惟赖诸佛菩萨，随地涌现。斯天龙神鬼，逐时拥护。可以水旱而消灾，回血涂而捞毒海。是庵既建，将见一里之中，庵居其三。刹竿法幢，上下相望，梵呗交宣，钟鱼迭响。有不发人猛省，回心向善者耶？与人勖之哉！悲悯深切，愿力坚固，时节因缘，必相凑合。吾知随有众善信士，施净净财，以成合尖之举者。毗卢楼阁，弹指门开，岂不旦暮遇之哉！

至募而云结万人缘者，何也？吾闻之，佛氏无众寡相第，三禅遍净天，六十人共坐针头。由是言之，上人募结善缘，人结善缘，种善田，收善果。虽万人犹一人矣！又多乎哉？

[附记]选自（清）乾隆《玉屏县志（卷10）·艺文志（上）·疏引》。田毓龙，平溪卫（治今贵州玉屏）人。明末举人，官黎平府教授。

东山记　徐闾

宇宙之景，无穷也，而无穷人之一心。人心之乐，无穷也；而每穷于心所累。心有所累，则虽岱、华、恒、庐峙其前，而不见其高也；沧溟渤澥临其侧，而不见其大也。即历武夷、九华、天台、雁宕而不见其妙也。心无所累，则虽一丘也，必崎驱以经之；一壑也，必窈窕以寻之。即至一花一草，毕足以动其游观之乐已。

铜江东山，峙于府治之中，峭削嶙峋。俯江壁立，周列千锋，远吞二水。下视则城郭之蜿蜒，之迤逦，锦张绣，宛若画图。且也，遥村近墅，绿野青畴，林麓烟霞，江干花柳，悉足供其挹取。其中古木参天，峣崖拔地，有清泉之澄澈，极曲役之盘旋。纤尘不到，称胜地焉。自遭兵燹，所谓绀殿琳宫，徒为灰烬，是可慨也！岁辛巳（1701），闻膺胡公以佐政来铜，喜其地静民淳，刑清政简。公余之暇，时或仗履登山，爱此四无所倚，特然中立。

于焉除瓦砾以搜其石之佳，剪翳蓊以漱其泉之澍，斩荆棘藤罗以显修竹之萧疏，茂树之苍翠。顾而笑曰：如此奇山，曾不著其名，或者位置设施道，不得其人以致之欤？

一日邀诸同人，携樽酒坐于白石之上，复慨然叹曰：山奇矣！使好奇者，更有以点缀之，不愈见其奇耶？维时在坐者，起而指曰：山之巅，蓬蒿满目者，昔日之大观楼址也；山之东，石壁如屏，下临深潭者，昔日之双峰阁基也；山之南，怪石巑岏，高下其势者，昔日之静室方丈所由备也。若今之文昌阁、真武殿，不过从灰烬之余，聊存规模，奚足以壮游人之观，而尽斯山之胜哉？公乃輾然曰："谁其为山灵弥此憾也？苟是山之奇平者台焉，高者阁焉，望远者楼焉，小憩者亭焉。雕梁画栋相与上下者，幕雨朝云焉。有此奇山，徼而更有此奇景以点缀之。四方好奇之士来，由是而游泳焉，咏歌焉。鸿章巨制，以共是山争奇者，更不知凡几矣？今乃隐没于荒烟蔓草中，使其名不著，无怪乎好奇之士，鲜有知者。闻公斯言，余觉会心不远，恍惚予神游于岱、华、恒、庐之高也，恍惚望洋于沧溟渤海之大也，恍惚于游武夷、临九华、履天台、登雁宕，而目击其空中贝关、海上蜃楼之妙也，岂但一邱、一壑、一花、一草之足以尽其胜哉？脱后有好奇者，能就此山而如公位置，如公设施，此山即求隐其名，以免好奇人之游览，亦有所不可得也。然则东山主人，舍公其谁与归欤？噫！公之心，真无纤毫之累，视富贵往来，直如浮云之过太虚。而此心然之乐，无所往而不遇。彼世之心有所累者，不能随地以穷山水之奇，动曰灵严异谷之境，恒穷于边陲荒徼也。呜呼！景岂真穷于地哉？亦人之穷之尔。若胡公者，乃可以不穷。是为记。

[附记] 选自（清）道光《铜仁府志（卷 17）·艺文·引》，贵州民族出版社，1992，第 348 页。徐訚，字澹园，号西樵山人，贵州铜仁人，康熙间贡生。屡试不遇，寄情山水，所至皆有游记。与郡文人墨士、方外释子游，踪所历，歌咏间作，逸情胜具，溢于毫楮。所著有《澹园集》《香雪斋稿》。

莲池洞募修后殿卷棚引　徐訚

铜江莲池之胜，奇险天成，不由人巧，非特秀甲黔南，直可与中州嵩、华名岳并垂天壤。山之名著人间者六十余年，远近朝遏闻之者、景慕游览者接踵。余亦无俟赞言矣。独忆莲池名胜，产鸿濛、开自昭代[1]，创于无相禅师，多历年所，重修于大模上人，鼎新殿阁，嗣为洞口石厂瘿岩坠落，震裂方丈半间，赖补松上人主山，募彼都善众，捐金修葺，撤虚灵之障碍，建台榭之宏规，石门险峻，既固且坚以永；山路欹斜狭者使宽，险者使平。连山复岭，补松约万余株，垂荫数里，苍翠参天，入耳松涛，清人诗思，岂惟创前人所未有，抑且助造化所不及。邑侯椒王公字上人，以补松之所自来也。以故每一登览，题咏既多，濒行时复赠匾额、堂联，生辉灵境。虽地险幅隘，难以增修，然千仞层岩，回峰邃谷，沍[2]寒凝结，积雾成阴，致使殿宇瓦裂椽朽，岩乳浸蚀，后檐卷棚卑暗，柱脚圮倾，及时不修，后将焉继？适余以季夏避暑来兹，补松因举其事商之，遂环顾前后砖瓦桁椽，华柱匠工之费，非十余金可成，势不得不广募善众，共襄盛举。余亦乐是役之媲美前□，厥功不浅，乃援笔数言，以为好善乐施者劝。故引之。

[附记] 选自（清）道光《铜仁府志（卷18）·艺文·引》，贵州民族出版社，1992，第362页。

天台山莲华庵记　徐闻

郡之东下二十里，关名黄蜡。地与思州接壤，截江负险，设防以守，为黔楚西蜀水陆通要之津。其水自城南双江汇流，千回百折而注于岩；其山则从六龙山顶起伏顿跌，突耸奇峰，中挺怪石，百丈嶙峋，横亘江湄。真天造吾铜水口一大关键也。江之对岸，溪桥竹径间为否友唐子邃庵梅村别业。余尝过邃庵，问山何以名？唐子指示山之形，复嶂重列，如花之有辫有穗，俨若芙蓉一朵，簇拥水面，中起一峰，状似莲萼，鳞鳞巉巉，葱蔚夺目，上参台宿。故前人袭天台之名以名，颜其庵曰“莲华庵”。徘徊久之，恨尘冗归忙，不及登览，几遗笑山灵矣。

---

① 昭代：政治清明的时代。常用以称颂本朝或当今时代。

② 沍（hù）：指寒气凝结。

嗣是戊辰（1748）岁，刺史□庵卞公[①]来守吾铜，刑清政简，岁登人和，暇日或省耕问稼、或览胜寻幽，壶浆啸咏，草木皆春。公偶披《郡志》。见天台佳名，乃乘秋风荐爽，偕邑侯慎庵王公，招我同人，八月望六日放舟船以往，余得从游焉。辰半口泊舟岩下，策杖步行。苍涧横流，危岸屹立。循谷口上，崱屴砰磕[②]，彳亍里许，气微喘，倚石稍憩，曲折良久，始至山脚。少顷，朝旭渐开，山光掩映，宿露湿人衣履，再从山隙蜗绕蚁盘而登，盘折数级，乃至山顶。顶有阁，阁前广不数武，山肤纯石无寸土。松、楠诸古木，搓枒偃盖，若迎客状。公招诸游人憩阁息喘；以领受其胜。啜[③]茗解尘，小步阁前石坪，云盘诸胜。度石峡赑屃而上，始造岩口石台。台可丈许，四面峭绝。游人上凭凌虚之高，下俯不测之壑，心生怖恐，惝怳震摇。公与客坚坐少定，见万峰罗列，水光山色，空阔无际。远眺城郭，烟树微茫，文笔、天乙诸峰，若隐若现，时出没于浮烟晻霭[④]中，岚空翠中。下视广畴细亩，野水平桥，竹树村墟，皆成画本。且也，榜人守于船，行旅休于道，山僧周旋于寒烟孤磬之间，椎唱渔父，响答于山巅水涯之际。公浩然曰："此山水一大观也，其即刘阮采药之桃花洞耶？奈余以匏縠之身，安得作十日留，使我尘羁脱尽，何必曰黔中山遂谓不当窃此天台哉？"是日余与同游，诸君竭目力足力而无所匿，主宾欢畅山水涵辉，把酒赋诗，各抒雅[illegible]。公乘酒酣，濡毫题其阁曰"莲石山仙宫"。更欲于岩间建吞涛阁以收江出之胜。又曰："惜余将有谢志而为之，解事，不妨存此议以待后之君子，庶几有继余志而为之。呜乎！不可！"公游兴未穷，日已就晡。遂乘月返棹，荡漾空明，四顾寥寂，惟风泉递响，树影涛声周旋，清梦而已。

越四年，公以循卓闻（循卓：谓吏治清明，政绩卓著），擢大名副使衔。命之任志不果，迨戊寅（1758）冬，邑令青浦学庵王公，以当代名儒巨眼看山，亦当爱吾铜东山、双峰、文笔、曲水天台诸名胜，虽人事之修培不足，而化工生成之奇巧，原不易得。公暇登览，在在皆有题咏，亦惜其鞅掌六年，

---

① 卞公：汉里正白旗人，官学生，康熙二十七年任铜仁府知府。

② 崱屴（zè lì）：高大挺拔。砰磕（pēng kē）：亦作"砰礚"。象声词。

③ 啜（chuò）：喝。

④ 晻霭（ǎn ǎi）：昏暗的云气。

行取在即，虽难修葺，有志不能如愿。然山之见之于二公，与二公之欣赏此山，异地同心，殆亦地以人传相得益彰者欤！第思高其崇台，新其轮奂，将来继起者，自有其人。而一时名公巨卿骚人词客雅集登临，良悟非偶，不可以无记，遂援笔记之。以贻后之游人而续之，入名山志者。

抵郡已近初更，卞王二公各旋官斋，而余之一枕清梦，则犹往来于天台间也。是不可以无记，遂记之。

[附记] 选自（清）道光《铜仁府志（卷17）·艺文·记》，贵州民族出版社，1992，第352页。

梵净山记　徐闾

铜郡上游省溪司，距城百里。司治西偏六十里，有梵净山，高千余仞，危岩屹立，孤峭崇巇。远视如玉笋插天，近则复如玉屏。自顶至麓，劈分两歧，双峰崛起，石肤若铁色。峡中宽丈许，后人设梯登之。旧传二佛以金刀劈分道场，事虽无据，而形势宛然。山四面十余里，孤绝无匹，左右稍远，始突耸高峰，蜿蜒数十里，亦纯石无土，与外山特异。溯山孕奇于鸿濛太初，显名于万历间。登谒者从山麓上，至峡处名“金刀峡”，高数百丈。仰面陟梯，如蹈空而行，连度三桥，乃跻其巅。每梯皆攀铁絙上之，始有凭依。双峰绝顶，仍桥以接。一切桥石殿瓦，皆朝山善众，背负登顶，非可易得。双峰各构一殿。至此则身立万仞，举目旷观，空阔无际，心神惝恍，鲜有不魄惊骨慄者。神定入殿，左礼瞿昙，右谒慈氏。两殿孤峙重霄，罡风陡峭，不可覆以常瓦，皆冶铁覆之。殿后各有天生石屏倚障，名“说法台”。两殿前有焚香化钱石穴，右火穴，左风穴，皆于焚化时验之。供香用檀。每朝山旦暮，香风飘渺，散满下界里许。殿前深壑，石峰林立。巍然秀拔者为“太子岩”，磊落串珠者为“供养岩”“献果岩”；顶平展布者为“拜佛台”；层叠若琅函绣轴者为“藏经岩”；有似钟笋石鼓者，有似猛兽狮象者，或如鹦鹉净瓶者，各高千余丈，皆从绝壑中拔地矗空，无所依附。种种灵奇谲怪，应接不暇，似经匠心所设施者。人迹罕到，诚天造佛地也。尤有异者，上峡，至三天桥下，石壁小坎，有“定心池”，水容一勺，只供朝山人依次一喝，旋啜旋生，莫测所出，饮讫，升梯登桥，畏心始定。此天之效灵于佛，而佛因得著其灵应，以待远迩皈依者欤也。但风高气肃，岁寒最早，自仲秋历冬，经春至次年夏，方除寒布暖，陟者必五、六、七三月，始可登山进香。山面铜仁而背思、石。三郡朝谒者，岁如蚁聚，即邻省西蜀、湖南，亦络绎不绝。礼佛出殿，千里风烟，一览而尽。瞩望须臾，即下梯出峡，不可久停，一畏风起难避，一惧秽唾污山。心诚身洁者，甫下山，仰见山顶空际，佛光发现，五彩光中，佛影端坐，彼众心生钦仰，跪拜嵩呼，以验诚应，如响也。假有一身心不洁者，下山时，风雨骤至，谓之“洗山雨”，盖以示儆也。且峡中升梯拽缆，上下往来，梯板腐烂，绝不致有失足。佥曰：“佛力主持”，得非明验乎！环视四围辽阔，群峰延袤，崒嵂起伏绣错，觉群峰卑如蚁垤。仅山左之月镜山，山右之凤凰岭为辅佐，相去十余里，亦如五岳之在寰中。然二山层叠而下，绵亘数百里，或结为佛地，结为司治。远且大者，结为郡邑，特结者为铜郡祖龙，发源两水俱自梵净山分水岭。一支出大江、省溪司、江口达于城；一支出小江、平头司、瓮济洞达于城。两江汇于城南铜岩下，合流而东注之。

溯自有明迄今，三百年来朝谒者趾错踵接，前呼后应，靡有止息。境土宁谧，近已居民，一遇凶岁，叩求雨泽，立沛甘霖，虫蝗消阻，疫疠莫侵，何莫非佛之感昭不爽欤？无论远近遐迩，每当天清日朗，升高而望，独梵净孤秀插空，爽人眉宇，低回延伫，依依不舍，亦名岳画图也。

余年盛时，屡欲登峰觅胜，缘以尘缨未断，竟不果行，遥谢山灵，时呼负负。兹以制府观风试士，令赋斯山，动余夙怀，因恩山突兀云表，巍然伯仲于南衡东岱，其他五台、九华、罗浮、雁宕，直将视若仆从。乃知造化生物不测，亦犹生不遇，显晦有时，不为地限，大抵然也。是不可无记，故记之。

[附记] 选自（清）道光《铜仁府志（卷 17）·艺文·记》，贵州民族出版社，1992，第 350 页。本文载于（清）道光《松桃厅志》和（清）光绪《铜仁府志》，两书所载内容略有差异。个别字句互相订正录入。

修莲池洞日振海观音大士金像序补遗　徐闿

余尝考稽释典，知佛生于殷末，道成于周初。太宰嚭问孔子：“孰为圣人？”子曰：“西方有圣人，不治而不乱，不言而不信，不化而不行，荡荡乎民无能名焉。”自周千余年，至汉明帝梦金人丈二飞空，而下殿延问之群臣，传毅奏对：闻天竺有圣人，号曰佛。轻举能化，身有日光。所梦得无是乎？帝乃遣蔡愔等十八人，诣天竺求其道。得其书，图其形，及沙门摩腾，至京师。由是化流中夏，数千年人心皈向，坚不可移，亦已久矣。虽其道与吾儒二帝三王①之授受有异，然虞舜以大孝而极尊富享保之荣；牟尼以至孝而登大乘无上之果，地藏以孝而救母拔苦海，而恩推扬颂；大士以孝而救父度慈航，而德遍群生。其即吾儒由亲亲而仁民，仁民而爱物之由本及末欤？至于舍己利人，博施清众，破人悭，诱人为善，皆佛愿力所宏，欲使大千世界无一失所，不亦与二帝三王养欲给求，视同仁之道，异派而同源也哉。况夫若观音大士者，慈悲悯世，恒思超化万劫，普度众生，故心□见闻，身化万亿，凡诸有情，有求必应，险者能使之平，危者即予以安，不惜千手千眼以援救之，其奈万劫之险厄日滋，大士之慈悲难遍，遂百古千秋，以菩萨身说法，而未有纪极也。如铜之莲池硐峭壁千寻，奇峰百叠。肇于鸿蒙太始，辟自鬼斧神工。一勺灵泉不垢不竭，久为神龙渊薮。向在往代，未开此山，间当雪雨骤至，溪涛汹涌，居人莫测其由。

逮康熙丁酉（1717）岁，无相上人探岩壑之幽深，爱灵泉之奇异，因开此山，建阁石厂，修静年余。一日有神物出游池中，红冠秃尾，长可丈许，上人拈香礼之，视以同修证道，勿损名山。因窥池峡邃深，杳不可测度，后或破壁飞去，恐不免陵谷变迁也。爰于石厂前楼，奉牟尼像以镇斯山，塑南海观音大士像于洞口，以防其患。嗣于壬寅（1722）夏夜，上人复梦神物化身，揖而请辞。觉后果阴黑竟日，及晚风雨大作，池涨泛溢，上人焚香祝语，阴为物色，见神物缩小如蚓，随宽水蜿蜒流出。甫至岩口，顷刻迅雷疾电，波卷涛翻，兴云作雨而去。山楼殿阁毫无崩坠。里人争传其事，

① 二帝：唐尧、虞舜；三王：夏禹、商汤、周武王。

以闻于郡太守及诸当事，咸啧啧异之。使非牟尼奠安此山，大士捍卫洞口，乌知不有沧桑之□欤？迫后无相逝而大模继起，大模往而琴州以癸巳（1773）驻锡此山。明年甲午（1774）四月八日之夜，雷电交作如前，第觉四壁岩壑呼吸震动，令人骇绝。及四更时，复有物随竟笕水而出，较壬寅年威势尤烈。平明始息，视崖厂殿阁屹立尤昔。此四十余年再见之异也。不知此中神物，是不是两？奇幻莫可思议。厥后竟香然矣。岂蛟龙之族，固窟藏于斯耶？不然，何灵迹之多也？而要非佛力之呵护维持，不至此。惟旧制以大七像安置洞口，匪独灵境暗蔽，台基逼狭，抑且岩乳湿侵，法身剥蚀，久将脆落不堪，纵佛性长存，佛慈永覆，而金刚体坏，色相失真，其何以肃人心而崇瞻视。住持已于上年募结众缘修建卷棚于洞前，安叁大士金容，上不掩蔽池光，下可崇高法座，甚盛举也。第大厦非一木能支，美裘乃群腋所集，因持簿乞予言以告善众。余思前序廖为诸檀越许可，何敢再以不文之言，饶舌渎听。然幸我铜郡数年丰稔，人乐布施，必不鄙余言之纰缪，而襄兹盛举，有更甚于从前者。是为序。

[附记] 选自中共贵州省铜仁地委档案室，贵州省铜仁地区政治志编辑室整理：（清）光绪《铜仁府志（卷16）·艺文·序》，贵州民族出版社，1992，第328页。

莲池图诗志序　徐闇

灵运山水之兴，向平婚嫁之思。有志未逮，自昔叹之。余以芒屩[①]竹杖，放情丘壑鱼鸟之间者四十余年。因思天壤间，名山不朽，往往境以人传，人以诗显。虽攘攘尘途，作缘山水，领略清幽之景者，代不数人，人不数时。是安得卧游图以惺之，以当清夜之钟哉？客有嘲余者曰："先生老死不出乡，足不能遍名山，徒欲对舆图而切景慕，是犹按图索骥耳，谓山水何？"余曰：不然。裹粮缮屐，不如览尺幅山川；探途问津，不如读经游数语。况夫峰峦形胜收于指顾，烟云万状，羲驭奇观，不啻登眺而悉其胜也乎。如

① 屩（jue）：草鞋。

吾铜东偏二十里，万壑千岩，丹台翠巘[①]，为六龙山，峭壁危峰，中劈一洞，池形如莲，泉香味冽，为莲池洞。其地向属三苗负固，明万历间讨平三苗，地始归郡。山犹壅塞未开，人迹罕到而山川不著。明季川楚苗乱，居民避难于洞。迨及我朝定鼎，鸿雁安集。无相上人以兹山清幽胜地，卓锡于此。

莲池生于鸿濛，开自昭代，旧志未修，佳名不列，殆显晦有时也。无相住山十余年，于洞前石厂构楼三楹，以奉牟尼，因高就下而结僧寮焉。兹山大开生面矣。会癸丑（1673）冬，吴逆窃叛，乡城士民挈数百家复避于山，俱恃险以无恐，是莲池之灵，匪惟侈游观，实踞形胜全生灵以福国庇民，不几与五岳四渎之功并垂终古耶？

予登山览胜，自己未（1679）始。由官舟溪沿溪里许至山麓，循夹道松径盘旋而上，峭壁数折，游人赑屃员以登，如旋蜗绣壁。及登顶，则又坦然而宽，日月光华俘于眉睫，俯视群峦，白云生脚下，昔人所云“荡我心胸也”。故于矗云华表、双塔天柱，见高且广焉；于松坡、梅坞、石屋、龙湫，见幽且深焉。莲池之观备矣！他如云壑烟峦，风泉雪瀑，耳不绝潺湲，目不穷苍翠，外涧截流，画溪绣谷，吾侪藏修其间，固亦鸣琴乐道之所也。何肯以千顷白云独让之方外乎？余与山之邻村龙桥唐子邃庵订交白首，复得孝廉黄子石林、岁贡袁子金庵，自壮及老，每登览偕游，辄多题咏，或避暑莲池，集我同人；或孤行至山，与补松上人盘桓月余，即景唱酬，啸歌乐志。一日，补松与余坐啸台煮山茗，听风蝉奏响，论及开山无相老人颇工诗，与昔之前辈缙绅往来赠答，仅存什一。即中叶之大模禅师，虽能增辉殿阁，广置佛田，而恨不能诗。今明原主山于后，获与先生游，勉学吟咏。益念此山之前后见知于刺史彝庵卞公，邑令青浦学庵王公、襄阳岘椒王公，每税驾登临，宾客云集，皆与先生临风把酒，分韵赋诗，迨今十有余年。文人墨士惠然乐游不倦，佳什盈笥，倘无志以纪之，终致漫漶，不几令后之慨今亦犹今之慨昔乎？予嘉其志而欣然首肯。补松出所藏墨耕山人绘《莲池图》示予，实获我心。因坐池上，援笔弁数言，令侍者汇集成帙，披图诵诗，效宗生卧游，藉以陶情，可以当清夜之钟。客乃恰然而

① 巘（yǎn）：大山上的小山。

叹曰："先生之言，良不诬矣！"后有作者，将以鼓吹盛美而扬扢[1]休明，成郡之奇观，垂名山之大业，事非浅鲜，安可以无志。故序之。

[附记]选自贵州省文史研究馆编：《续黔南丛书（第8辑）·下·黄彭年诗文集》，贵州人民出版社，2014，第737–738页。

东山记　王沆之

铜之城，面面皆山也。其穿山而绕城者，一江也。江上有石，由若长堤，雉堞临焉。左右与雉堞接而突兀奇峭者，则东山也。东山一面居水，自麓及巅，壁立千仞。石罅中惟野花乱放，飞鸟时栖，人迹未曾有。而渔舟孤火明灭深宵，则傍宿其下者也。

由城门入而右，小径横斜，乱石盈处。长竹短竹，新叶败叶，绵绵参差。曲曲而上，而且虬松老槐，盘结径侧。树石间取道而前，有僧元公之静室在焉，方圆斜曲，位置玲珑，则观音堂依于岩畔也。栏外补石为墩，墩下有精舍，棱楼散散，洒洒落落，则元公戏笔弄墨笑傲乎其间者也。

循蹬登陟，见夫瘦石罗列，有逸如僧者，有勇如虎者，有跃然飞者，有拳曲如老人者，有藤枝穿其隙者，有竹根蟠其足者，而元公作亭于其间，风至此而剪，月至此而筛，云至此而堕。依亭而坐，则双江之舟，或往或来，若吞吐于烟波之际，而阁亭相接也。由亭折出，路若绝而复通，石将颓而更起，有翼然凌空者，双峰阁也。绝壁刻"云彩江声"四大字，秀出天然，非人间笔意。然则兹山也，其可为渊明北窗之卧乎？抑可为东坡海外之游乎？其或且为羡门乘鹿之乡欤，巢壶傲游之域乎？王子曰：不可得而测也，遂援笔记之。

[附记]选自中共贵州省铜仁地委档案室，贵州省铜仁地区政治志编辑室整理：（光绪）《铜仁府志（卷18）·艺文·记》，贵州民族出版社，1992，第350页。

---

① 扢（jié）：颂扬。

修谢家桥真武殿引　王仕仪

水之为功大矣哉！或舟之，或桥之也。视其水之所宜焉。人必曰：流者舟之而止者桥之也。然第曰，流者舟之，而止者桥之，夫又何难？兹有难乎？难者，以为止也，而漫衍不啻如流；以为桥也，而迁徙不啻如舟。舟之固甚难，而桥之亦不易也。

吾郡谢家桥，其水宜桥而不宜舟，故以谢家桥名。桥头真武殿，不知几阅年所，今日已倾颓，里之人欲起而新之。余曰：不。桥之修而殿之建，缓所先务，知者不为。里人曰：苟无庙，何有僧？苟无僧，何有桥？吾侪之修庙也，爱僧也；吾侪之招僧也，为桥也。荷庙成而僧停，僧停而桥固矣。余闻之，作而曰：不亦善乎，尔之语也，是醉翁之意夫，是修栈之术也。夫古之守令，风流将军，权术盖尝用之矣。尔之语也，不亦善乎？第桥难而庙尤难，修桥，人利之则喜心生；修庙，人澹之则厌心生。里人曰：真武者，北方之神也，是司乎水。苟庙貌威严，俨乎如在，纵至龙蛇为害。吾知尊神有灵，必敕而示之曰：为我谓河伯兮不仁，泛滥不止兮愁吾人。河伯必且拱手帖然而听命，不桥之先而殿之急，岂梦梦哉？庙成斯有僧，僧来斯守桥之有人，他日沟浍盈焉。桑出茂焉，行旅安焉，庙貌赫焉，莫不曰，水之为功大，而真武之明德远也。

[附记] 选自（清）道光《铜仁府志（卷 18）·艺文·引》，贵州民族出版社，1992，第 362–363 页。王仕仪（生卒不详。活动于康熙年间），铜仁府人。

莲池洞募修韦驮尊者引　周乐山

余村东沿溪九曲，行不数武，由松阴斜上，直步，层峦间有莲池洞，开创迄今已历八十余年矣。其石厂天成，泉从中出，灵境名盛，伊昔所称奇矣。盖自开创始于无相禅师，规模小就。无相逝，而大模继之。重修于大模上人。鼎新楼阁，庄严佛像，安牟尼于正殿，奉大士于洞口，次第捐置，并美名山。

大模往而主山乏人。嗣为洞口瘿石坠落，震裂方丈半间。及癸巳（1773）补松老人入山主席，募众捐金，修葺添补，撤障碍而为灵明，建台榭以广瞻眺，辟两山之狭径，种绝岩岭之松杉，且不独创前人所未有，而亦大后人之宏规于无穷矣。时属癸卯（1783），上人目击后檐之卷棚卑暗，岩孔浸蚀柱脚，亦以倾圮。越明年甲辰（1784），募众重修，鼎建后楼三楹，既上不蔽池光，下复崇高法坐，奉安大士捍卫洞口，维明家严，结诸同志，庄严文帝金容安之于右。复将地藏法身置之于左殿。阁为之一新，斯真可以肃人心，而崇瞻视，非盛举乎！则世之以像作佛者相生而心生像，不灭而心始不灭矣。无如补松老人摘芦西逝，其法裔不遵师训，云散四方。独法孙云岩师祖俭投袂而起，愿力宏深，上承祖德，于庚戌（1790）岁复此山，异日或大张宗风，是未可知也。

今岁秋，师念兹山毓一郡之奇观，岂容一有或略，故一一指屈，其法相殿阁俱皆美丽，独韦驮尊者旧像朝卑小，亦且虫蚀朽坏，于时不修，将来至于法体无存，则倍难修振，不又为斯山一欠事乎。韦驮尊神为三州护法，十劫真童，僧众之所以藉以长安，山门之所凭为保障，其有功于洞天福地，岂浅鲜哉？此庄严之所以不容已也。今云岩欲庄严法像，而见物力艰辛，势不得不广寡众缘，方能有济，余自秋闱[①]失意归，云岩期诸有济。即以缘疏相嘱。余未领会，应酬而又辞之不得。乃告之曰：余寒士也，无丝粟尺寸之捐，而张大其说，欲使人破悭除吝，喜舍乐施，此何为者？云岩不以为然，谓：“但得君縻墨数行，便可抵赞佛无量功德。”予勉强应之，妄题数言，以告四方。惟冀善众兴怀利济，各发菩提之心，随愿布施，共襄盛事。幸勿惜五家之请，同种三生之福，庶尊者之金容重辉，而众檀之善果自永垂于奕禩[②]云尔。是为引。

[附记]选自（清）道光《铜仁府志（卷18）·艺文·引》，贵州民族出版社，1992，第363页。周乐山（生卒不详。活动于康熙年间），铜仁府人。

---

① 秋闱：即乡试。因考期在子、卯、午、酉年的秋季举行，故称。

② 奕禩（sì）：世代。

双峰阁记 释真率

铜城中，有山在府治东，名曰“东山”。循麓而登，石磴折若干步，乃极巅。巅上苔藓满地，林木蓊然。昔之大观楼址也。楼前有崇仙宫、文昌阁，画栋朱楹，与城中烟火相接，互为吐吞，临风南眺玉屏、西眺百丈、晒袍、双凤之山，罗列如置，双江远焉。江淮于铜崖经绝壁，下搏渔梁有声，是则东山之胜概矣。若夫岗飞朝暮，恍结蜃楼；气变四时，宛成海市。昔则展齿纷纷，今惟苍烟漠模。非其时有变更欤？已亥（1659）春，率至铜，登山而俯江，以筇指曰：“今日之游乐矣战！”徜徉竟日，流连不忍去。越明年，率又自武陵来，值郡守梁使君[①]相邀至山，重览形胜，得佳处，缘藤而下，忽见峭岩古壁，围约十笏，而光怪可人。使君指石曰：“伊能为石友乎？”率曰：“石可友人，恐人友石，反俗石也。”使君遂构亭于岩傍，造堂于亭侧，辟险为径，至者咸惊为异。由是蓄竹种树，绿阴渐成。静引江光，浮于几席。遥望双流如带，客帆往来，笑彼奔波者，何如此小住为佳也。对岸有双峰，一天乙，一太乙，若左右峙者。使君高于率曰：“是不可无阁以临之。”工成，颜之曰“双峰阁”。率因得日盘桓其间，看春云，待夜月，焚香煮茗，琴心寞寞，棋响丁丁，晴雾咸宜，风雨皆妙。此又率之居堂静会，而难为诸君子始也。因记之。

[附记] 选自中共贵州省铜仁地委档案室，贵州省铜仁地区政治志编辑室整理：（光绪）《铜仁府志（卷17）·艺文·记》，贵州民族出版社，1992，第350页。

纪事（节选） 徐如澍

水星阁僧愿一，四十八溪人，身高七尺。曾左手持百觔[②]重钟，右手

① 梁使君：梁懋宸，陕西延安人，武生，顺治十八年任铜仁知府。使君，对州郡长官的尊称。

② 觔（jīn）：同“斤”。

以锤敲之。又举舞百觔重关刀作砍四门状以为戏。只身住水星阁。有盗九人夜劫其庙。愿一御之。九人俱被重伤。伏地叩首乃释之去。一日，归省其母。虎扑之，愿一甫申拳，虎坠深坑中。

一时以力称无如愿一也。有勇健如龚世模、袁玉等，皆不敢与之。

[附记] 选自（清）道光《铜仁府志（卷10）·艺文·纪事》。

梵净山　张澍

黔之郡凡十三，而山接蚕丛，江通云梦，扼百蛮之要害者，以铜仁为最。铜仁之山凡数十，而岩谷幽异，峰峦峭别，壮三江（也江、宙罗江、铜仁江）之形势者以梵净山为尤。玉屏与铜密迩，余恨局于墨绶，不得往一问辟支佛之遗踪。然数数辄闻其奇，默想其景，仿佛其境界不啻目击之也。闻绝巅有寺，风厉不可瓦，冶以铁，疑蜚廉为之吹炭，屏翳为之鼓炉也。寺侧有崇台三：曰“拜佛”，曰“说法”，曰“炼丹”，疑鸿衣羽裳练精饵食之夫所宅也。有井曰“定心”，水寒沁肌骨，清鉴毛发，疑饮之者可洗躁进之怀也。山后有池曰“九龙池”，皎焉冲照，净无斥草，疑有翠鸟衔其沦箨也。登之者先由金刀峡而上，峡之高千仞，中如斧划，隔五六尺许有飞桥相接，疑巨灵之所开凿也。左右皆立梵宇，广阔可容数十人，陟者攀絚上下[①]，若蹈空而行，疑上落雁峰千尺之嶂也。至其椒，千里风烟，可一览而尽，疑登岱宗日观可小天下也。然周围仅四丈，突兀陡绝，疑猿徒丧其捷巧，鼯族谢其轻功也。又有香炉峰、绵絮岩、藏经岩，罗列竞秀。下有九十九溪，纡折环绕，匡庐、武夷之胜，天台、雁荡之奇亡以逾也。余于黔之锦岩、珠壑、秘洞、灵渊亦几遍踏矣，疑此山不独铜仁之壮观，且为全黔之胜概也。何必泛螺舟而渡海，乘毛车以翔风，登孽摇頵羝于大荒，深揄次钱来于泰远[②]，然后诧语殊灵、刊标怪秀以为异乎。

---

① 絚（gēng）：大绳索。

② 孽摇頵（jūn）羝、揄（yú）次：均为《山海经》中记载的山名。

[附记] 选自（清）张澍：《续黔书》，载顾久主编《黔南丛书（点校本）》（第10辑），贵州人民出版社，2010，第158–159页。作者未到过梵净山，依所闻而记，个别地方不准确，如金刀峡又名舍身崖，并不在金鼎，而在距新山、老山5公里处。张澍（1781–1847），字介侯，甘肃武威人。嘉庆己未（1799）科进士。曾任贵州玉屏知县、广顺知州等职。好游历，博览经史。有《五凉旧闻》《续黔书》《蜀典》《姓氏五书》等。

游东山记 张澍

出玉屏东门，循山麓而行。石磴盘曲，路才容轨，牛叩马搏，视此郁夷方里许，延缘于田畔。时新雨初霁，畦水涨汛，秧苗抽针，平绿如罽[①]，谷犬乱吠，殊足喜人。再进则一径云深，层松攒柏，列若夹道。松柯隐景，交荫修篁，清籁鸣条，山謦答响，雅可游目，凭衿悟衷散赏。山之右为寺，正殿倚岩结构，虽未宏丽而真容巨壮，亦称雄刹。两厢有楼可眺远，下则游人憩息之所。旁穿小径，莳艺杂花，有洋绣球二株，烂如云锦。薄午郁蒸，予倦甚，沉睡多时，起呼靧[②]，则颓阳已栖岫矣。出山门，振袖延风，神志为豁。牛下远村，炊烟在树，归飞之鸟，千翼竞来。俯瞰大江，回萦如带，视往来征帆，不啻凫雁也。

[附记] 选自（清）张澍《续黔书》，载顾久主编《黔南丛书（点校本）》（第10辑），贵州人民出版社，2010，第155–156页。

印江观音阁赋 任隆盛

窃维瞿昙，肇自西方，教化传于震旦；青鸳舍作，白马西来。鹫岭之觉路频开，鸡园之禅灯竟续。化人城内，岂有娇魔；选佛场中，非无地狱。挥智慧之剑，永除尘世干戈；破烦恼之城，尽作西方佛子。可误解昏

---

① 罽（jì）：毛制品类似毡子。

② 靧（huì）：洗脸。

衢，非无智烛；亦知苦海，必有慈航。只知称雨而代晴，安解歌风而破雪。弹琴时乐，欲酬元亮之心；射鸭观鹅，未遂孟郊之意。乃因秧徒草切，遂至蠢尔风闻。未能丧代以雍容，敢望风云而叱咤。伏韬咯血，武侯抱疾以行；弃马争舟，庆忌短衣而往；庞德之榇先随，多因死别；班超之表未上，恐不生还。讵知军孤转先，旗折更进。轮殷俗客，张侯免以魏桴；结草壮回，魏颗因而入梦。如开兰若，实对金人；珠火为收，青莲作眼。胸垂屯字，何知组练三千；手作兜罗，俨似蛇茅丈。谓我公之在此，汝戒其伤；挥群魂以他行，我如有复。醒而成汇，梦不皆魔；刁斗尚闻，骠骑俱靖。方欲□谋于元老，实期卜吉于犬人。倏有家书，竟言同梦。谓自窦滔之远戍，未成苏惠之回文。大佛龛前，几翻拜月；乩仙坛里，数次盟誓。愿封发以待夫，遂诚心而感佛。忽竭波斯匿之主，得游给孤独之兰。宝塔庄严，□□檀香□气；甘露之门，俨若黄金之地，依然珠见牟尼，□□灯传日月。花拈笑我，喷酒援君；信香一炷，果到辽东。守成三年，尚腾冀北。因思慈悲不爽，鉴察维周。八功之水常青，五行之车不爽。翠竹黄花，扰雨沾法雨；长松细柳，亦荫慈云。果归夫满足之遵，又何虑夫十方之众。誓愿妖氛横扫，廉洁珠还。观音寺里，各殿齐修；罗汉龛前，诸祀并饬。虽养廉之不继，实答肌之无容。然而善与人同，事难独立。愿四方君子，同鉴夫妇微忱；合异地仁人，不借橐囊小利。庶几云垂西极，杜板东林。水有庆碑，山常飞锡。如天生竺，不隔二万八千里之程；共享百年，岂无三万六千日之乐也哉？

[附记]选自肖忠民编注：《印江前史拾遗》，中国炎黄文化出版社，2012，第190–191页。任隆盛，清道光举人，贵州印江板溪人。

新建瑞雪禅林序　田起虬

大凡理有可解有不可解，虽曰“孔明”，观其大略，元亮[①]不求甚解。然亦有可解而不可解者，达者信之，庸人疑焉。斯亦不可不解也。

① 元亮：陶渊明（约365–427），字元亮，晚年更名为陶潜。

平城之西，有紫气山，雄溪一胜刹也。匾其额曰“瑞雪禅林”其义何居？山原有古刹，名曰“祖师殿”。遭明末戊子（1648）、己丑（1649）频年兵燹，荒落不堪，仅存前殿，后殿卑陋。一椽湫溢，佛不可以顶礼，僧不可以说法，有心者屡欲新之，而力莫之逮也。

康熙癸卯（1663），惺念和尚云游来平，见此山林水丛茂，萧然入境，遂驻锡焉。扫除荒秽，苦志修行，于辛未（1691）年坐化。弟子云石上人接受衣钵，殚厥心力，创建后殿五间，左右六间。不辞劳苦，不畏寒暑，开辟荒山，铲平基址，扩地九丈，募化檀越，助襄善事二于庚辰（1700）九月起工，辛巳（1701）年落成。十月十一日，竖柱上梁。上人登坐说法。足日也，天色霁朗，忽而凝冻，六花①缤纷，雪深一尺。比丘弟子，檀越绅士，交几称庆，以为瑞雪应在斯山。上人欣然，爰表之曰：“瑞雪禅林”。是雪也，岂西王母进嵰山红雪者乎？亦岂仙家上药玄霜者乎？亦岂群比丘如慧可事达摩和尚，开甘露门，广济群品以立雪者乎？何其应候而呈，随机而现也。瑞耶？否耶？然其义骤不可解。

云石上人恐后人疑其妄也，丐余一言为解。余不能文，聊为叙其本末如此，俾后之百尔君子造斯山也，则见火山势山崷崒②，春盎益浓。气之既隆，数亦随盛。亦登斯堂也，见夫梁楹壮丽，榱桷肮脏，瓦甓硈硈③，规圆矩方，程度曲中，尺长寸短，广狭协宜。望之嵸巃④，其谋也若家，其就也若神，知云石大师殚厥心力而瑞雪应之也。且俾后之比丘继斯山者，加意修培，树以松竹，郁为丛林，宗风之丕振，此又云石功德之远及者也。是为序。

[附记] 选自（清）乾隆《玉屏县志（卷10）·艺文志（上）·疏引》。瑞雪禅林（紫气山），位于玉屏自治县城西隅玉屏民族中学处。寺院始建于明代成化二年（1466）。田起虬，号角灵。玉屏县人。清康熙七年（1668）

① 六花：雪花。雪花结晶六瓣，故名。

② 崷崒（qiú suì）：山高而幽深。

③ 瓦甓（pì）：泛称砖瓦。硈硈（qià jié）：坚硬。

④ 嵸巃（zǒng lóng）：群峰高耸起伏。

贡生。历任偏桥卫教授，湖广桂阳、贵州湄潭、安平（今平坝）三县训导。

重建文昌阁记　马士芳

印江旧有文昌阁。前己巳（1629）为邑侯江南人史公谏所建。越明年庚午（1630）乡试得隽者，有人蝉联不绝。以兵燹频，仍荒烟蔓草，仅存二础矣。五十年来，人文衰歇，百度废弛。思谋重建，置诸梦寐者两年。嗟嗟！库无羡，丁无役，立意抚绥休息，而又欲兴工劳人，以博不可知之效，其可乎！

戊辰（1688）秋，淮海府宪刘公星临，德水、化溢、黔南三庠生徒鼓午振作，无不谓文翁开西蜀之盛，昌黎起八代之衰，再见于兹。傕邑民以私伐山木，质成于公。公仍付讯于余，而木均非两造所应得。余曰："梓潼凭依，将在是矣。"以覆公，公曰："可卜期鸠工。"恰又己巳（1689）岁杪，事以时起，人从天合，梁柱甫立。庚午（1690）秋报捷。在昔秉铎都梁，亦缘科名久沉。用青乌家[①]言，建经阁，立石坊，移泮壁。次年辛未（1691），遂中式，名次亦与今周子等，虽曰时数偶然，类而推之，补偏救弊，正如病者资医，未可尽诿于不可知而姑听之也。

印江僻在荒裔，考古《舆图志》属武陵郡，人文风土，不异中州。病在田亩狭而民鲜储蓄，书籍乏而士寡取资。前己巳医之得效，今己巳医之又得效。继予而医者，不知为谁？大抵辟荒芜，广树植、治葛、养蚕、点茶、种荚，以及购经史子集，以博其词章。阐周、程、张、朱，以昌明其理学，皆印邑当急，为自医与余欲为印邑医而未逮者，总以俟夫后之君子操华、扁善技，补泻而调剂之，以俾而寿、而康。至于斯阁风雨罅漏，护持修葺，又不过甘黄片力留地气，厚风水一端云尔。若谓获验而开其先也，则亦史公创也，余何庸。工始于己巳（1689）冬，迄辛未（1691）夏。而阁成，高以尺计可七十，层而上者四觚而面者八。阁后筑堂三间，围垣六十二丈。招僧宗印住持，以奉香火。赡田二十四亩，为某某施。董工者某某，捐资有等。以襄其事者某某，咸悉于石。

---

① 青乌家：古代堪舆者的称谓。

[附记]选自（清）道光《思南府续志（卷之9）·艺文门·记》。马士芳，江南江宁人（今江苏省南京市），字衡原，拔贡。康熙二十五年（1686）任印江县知县，在任期间善待百姓，惩治奸顽，重视地方文化教育。康熙三十年（1691）经推荐保举调入京城任礼科给事中，累迁至大理寺卿。文昌阁本为道观，但“招僧宗印住持，以奉香火”，实际上又具有佛教寺院功能。这种道观与佛寺交融现象，贵州在清代和民国时期较为常见。

募修观音阁疏[①] 洪湜

邑隔江正平山观音阁，前卫关中吴公所倡建也。其地介于江滨，最擅形势。吴公建阁其上、规模宏敞，结构幽邃。万卷之岩，叠峙其前，下则文水之洲，环其侧焉。东则天马山，若腾骧，迤而北，则石莲数瓣，相耸峙也。每当积雨晚收，浮烟朝霁，偶一登临，而树影山光，与水碧沙明，相为掩映。征帆上下，渔歌欸乃。眺听清美，有令人乐而忘归者。此吴公千秋之流韵，而吾邑一方之胜概也。

阁建于康熙己丑（1709），工甫垂成，会吴公迁去，丹雘之饰，砖瓦之需，尚有缺然者。模庵上人，乃谋合尖之举。予因述此阁之颠末，庶几吾邑人士，有起而襄其事者，若夫福田善果之说，则吾邑人士所稔闻，予故略之不敢多道。

[附记]选自（清）乾隆《玉屏县志（卷10）·艺文志（上）·疏引》。洪湜：平溪卫（治今贵州玉屏）人，字若澜，号静谷。清康熙丁酉（1717）科举人。任广东盐吏。

募修飞凤山[②]庵疏 贺士弘

城西飞凤山，其山于众山相攒簇中，耸起三峰，高出云表，如凤翥翼令。

① 观音阁：在玉屏县城北㵲阳河北岸正平山上。

② 飞凤山：位于玉屏县城西郊，又名众香山，下临野鸡河，风景秀美，为玉屏八景之一（今寺已废）。

而野鸡河水，远流其下，青乌家所称玉带水也。又山多兰，四时幽香喷馥，故一名“众香山”。小庵数椽，梯岩架壑，车马罕至，尘氛隔绝。乡先达读书其上，辄多得俊。盖地灵则萃于人杰，而山秀则兆于科名，往往然矣。

第庵建自前明，越今多历年所。上雨旁风，梁移栋渺。断瓦颓垣，几委灌莽。于是紫气山大师天祐，偕本山住持宗圣，愁然忧之。风雪当门，单撑孤立。誓告众佛，以修葺为己任。踵门乞言，以为倡导。

余观佛法，不违时节因缘。今日乾清坤彝，时和年丰。人多植大善果，种大福田，琳宫绀殿，所在兴修。何况兹山，尤擅一邑名胜，人才科目，皆由此出。灵秀所钟，青铜白镪，其何吝惜。师持此说以往，吾知时节适逢，机缘辐辏。凡我善信，必有如须达多长者，布祇陀之金，师其藉手以告成功。如兜率天宫，下移人世，在一弹指间矣！是为疏。

[附记] 选自（清）乾隆《玉屏县志（卷10）·艺文志（上）·疏引》。贺士弘，清雍正五年（1727）例贡生。官大定府（治今贵州大方）训导。

飞凤山[①]游记　贺廷楠

壬申（1752）仲秋，予偶幞被信宿于野鸡坪小别业中。距飞凤山二里许，层峦叠嶂中，耸一峰，屹然高出，旁有两峰夹拱，如凤舒翼。闻前明时邑人士读书其上，干青云而直上者，踵相接，予窃心焉慕之。

秋既杪，风霜高洁，天气清朗。正怅望间，适郑子子安、洪子缉熙、田子东阳、郑子元功，及家舍弟辈枉驾相顾，茶话毕，辄勃勃然动游山之兴，诸君皆欢然乐往。

遂相与步田间，过垅畔，渐近于山。山之下，野鸡河[②]也。水流如带，清可见底，上架木为桥，过之，影倒水中，因忆飞卿[③]诗“人过桥边倒影来”

---

① 飞凤山，位于玉屏县城西郊，又名众香山，群山攒簇中耸一峰，秀插云表，旁舒两翼，状若飞凤。

② 野鸡河：位于玉屏县城西。

③ 飞卿：温庭筠，唐朝诗人，字飞卿。此出自温庭筠《河中陪帅游亭》：“鸟飞天外斜阳尽，人过桥心倒影来。”

之句，流连久之。越里许，历数百级，至山腰，有小祠，略憩。喘甫定，鼓勇前往，更历数百级，为佛殿。殿创自前明，上有匾曰“众香国”三大字。山多兰苣，四时幽香馥馥，昔有高僧挂锡于此，因题以颜其额，故又名“众香山”。殿内左右壁多名人诗，惜多漫漶不可卒读。去殿右十余武，丹崖翠壁，妙若画图。中有石罅，瀑布如练。下有泉曰“瀑布泉”，数折而后入于河。一井泓然，在瀑布厘东。

东攀萝援木，过石壁，历栈道，乃登绝顶。下视群山累累，如蚁垤，俯睇孤城，烟火参差，悉在衣带间。少顷，僧人烹茶至。茶罢，循石磴达于山左，上多古木，如龙如虬，不可名状。水声澎湃，起于足下。

时众皆倦甚。日晡，乃下山。小饮村庄，皆曰：“胜游不忘也。”予辄援笔而为之记。

[附记] 选自（清）乾隆《玉屏县志（卷10）·艺文志（上）·记》。贺廷楠（生卒不详），贵州玉屏人，乾隆十八年（1753）拔贡，曾任广东会同县知县。

重修玉屏山募化小引　敖述谦

圣墩为印邑名区，玉屏乃兹山别号，峨峰东峙，白水南拖，鹫岭岧峣，一望浑如珠聚；丛林森卫，四围俨若簪排。自有明杨公含兹净域，闲作祇园，太和一览诸胜，固已建不贰之宏规，为十方之香火也。则有山颠古刹，茶殿宫花，跖石顶以为基，傍云根而起宇。百余年来，星霜递更，风雨飘摇，瞻玉座而蝙蝠相争栖，入禅房而蟏蛸并罥。袈裟零落，旋知佛亦无灵，栋桷摧颓，讵信诚能有感，众等睹兹废坠，曷胜惊心。然欲倡鸠工之役，尤需布掷地之金。自愧手本空空，一木殊难支厦；惟期心同印印，众志乃可成城。爰作嚆矢用丐仁人，咸生赞助之心；大发慈悲之愿。倾细流而作海，源源而来；积撮土以为山，多多益善。庶几剥帐无虞，观感有自，以见如来十丈，永垂不坏之身。宝笈三千，大启无遮之会。焚五香而清五浊，人人普渡慈航；扫八垢为著八功，在在咸登觉岸。折杨枝而漱齿，敢竭鄙忱；研甘露以挥毫，恭疏短引。尚冀同心，齐襄胜果。

[附记] 选自肖忠民编注：《印江前史拾遗》，中国炎黄文化出版社，2012，第697页。敖述谦，印江县城北凯塘人，清道光间贡生。

毛寨龙兴寺序 佚名

伏维南朝四百八十寺，率好参禅；西竺八万四千门，无非佞佛。以故陶容刺绣，皆欲存其面目之真；因而泥塑木雕，咸得现其须眉之活。乃我毛寨龙兴寺，向属栖神之所，祀典咸修；今登选佛之场，香烟不绝。

盖自青牛东渡，五千言道教洪开；白马西来，八十部佛经留播。察九屼之善状，天君岂耀武于金鞭；超元道之游魂，地杖实垂恩于锡杖。祖师既披发而不理；龙神亦张口而无言。遂使往罔阿弥，妄想西方接引；徒观自在，佥云南海观音。无米何以能炊，敢负婆心一片；有子当思谁送，宁忘乳母二年。每来鹫岭朝参，问神圣如何襤褛？闲向鸡园礼拜，想天君不侈铅华。愿以日月迁流，生而复灭；风霜剥蚀，色即是空。恍望狮子座前，尘封野马；仰看蜂王台上，网挂蜘蛛。溯定于二十四年，徒读书之曰奏；问金声于一丈六尺，空留傅毅之言。甚至迦叶龛蓝，形同槁木；伽蓝土地，座拥残灰。人且不堪，神何由妥？兹有住持僧明寿寄身兰若，适志蒲团，播残贝叶之经，禅灯自续；拜罢莲花之座，觉路修行。四壁烟尘，全凭料理；一龛香火，允赖撑持。

现起修缮之诚心，多方告丐，望四方之善士，广种福田，解尔青蚨，共襄资助。是为序。

[附记] 选自肖忠民编注：《印江前史拾遗》，中国炎黄文化出版社，2012，第700页。序作于清道光二十四年（1844）元月。

梵净山祝文 廖凌霄

祝曰：粤稽梵净，夙受花封。荷北阙之殊恩，为南黔之胜迹。享明禋者二百余年，有求皆应；昭果报于三千大界，无祷不灵。何期“小丑”跳梁，编氓就毙。宝刹同归一炬，金罡莫压群邪。前后四百年间，枕骸遍野；纵横数百里外，旧鬼含冤。本是良民，无辜荼毒；谁非性命，何忍草菅。披郑使流民之图①，致我辈潸然陨涕；读孔明出师之表，问何人尽瘁鞠躬。

某等十载从戎，三军司命，分符摄镇，棒檄来黔，同袍皆经战之员，揽辔多记名之将。体上宪忧民之念，岂容腹负将军；察下民被难之情，只顾身先士卒。因念金钱卜吉，狄枢密②夜夺昆仑；试看羽扇挥军，武乡侯③明修栈道。联营挽粟，依然色变风云；捣穴擒渠，旋见踪消冰雪。欲铺山而作阵，将括地以兴兵；爰率众以虔诚，特为民而请命。

伏愿神威显赫，佛法慈悲，甘露全施，扫尽“蛮烟”瘴雾；慈云遍布，荡除血雨腥风，群黎共享升平，万姓重新祀典。灵爽当诚求之际，凯旋在指顾之间。凡未形言，全叨默佑。

[附记] 选自肖忠民编注：《印江前史拾遗》，中国炎黄文化出版社，2012，第707页。廖凌霄（？ –1884），名云鹏，字凌霄，号花山主人。曾任任新副左营练军管带。有《花山投戈集》。

天庆寺典当土地契约

立出当水田文契人僧香真、性德、常风，今因常住被符姓八人诈害，具控在府，无钱使用，是以凭中将三坵田：水田一份、大田二蚯，出当与唐师友名下承主管理，比日议定捡当价九九市用铜钱二十二千文正，当日僧处亲领无欠，自当之后，恁从唐姓上庄见井，僧处无有异言，其田日后赎取，不俱年月远近，钱到田回，丙（并）无阻滞。今恐无凭，立当字一纸为据。

同治十二年冬月初八日立　当水田文契人：僧香真、性德、常风

---

① 郑使流民图：宋朝郑侠，字介夫。因天旱，绘《流民图》，神宗遂下令罢方田、保甲、青苗等旧法。

② 狄枢密：狄青，字汉臣，皇祐四年（1052）夜袭昆仑关之战著名。以功升枢密副使。

③ 武乡侯：诸葛亮的在世时的爵位。蜀建兴元年（223），刘备白帝城托孤诸葛亮。刘禅封诸葛亮为武乡侯，领益州牧。

凭中：唐斯美、张国佑、杨正贵、陆永顺
僧性坤笔

[附记]选自政协铜仁地区工作委员会编著：《中国梵净山佛教文化文物研究》，贵州人民出版社，2011，第131页。

天庆寺典当土地契约

立出永硕水田文契人天庆寺僧性禅，今将先年师祖遗留之业，坐落地名三更田水田二坵，周围还（横）顺准及买主开垦修补，其水仍照古沟开放，凭中出顶与魏金虞、金榜兄弟二人名下承主，面议捡价时用铜钱五十六千文整，顶日亲手领明无欠分文，自顶之后，恁从魏姓上庄子孙耕食管理，寺中僧众永无异言，恐口无凭，立出永顶字存据。万代富贵。

光绪三十二年正月十八日
立出永顶水田文契人：僧性禅忠
凭中依口代笔：田应林

[附记]选自政协铜仁地区工作委员会编著：《中国梵净山佛教文化文物研究》，贵州人民出版社，2011，第133页。

（三）民国时期

梵净山　崔成章

梵净山在贵州的东北，位于江口、松桃、印江三县之间，山高约一千余公尺，半山之上，气候寒冷，交通不便，无人居住。

平时无人登山，每年旧历六月（由初一至三十）为梵净山朝拜朔（进香期），凡黔东各县，均登山朝拜，此时，向无人烟之荒山，就变而为朝拜者的“圣地”了

何以远在千里的人，都来朝拜梵净山了？据传：明朝万历年间，有李

国舅者，不贪功名，辞官不做，逃往梵净山立志修行，其妹得宠于帝，立为皇后，李国舅之退居求佛，为帝所知，深为嘉许，赐宝剑一柄可斩乱臣贼子，金印一颗可上奏皇帝，铜碑一座载李国舅之往事，更赐良田二千亩，以为众僧给养，李某得到圣上的赏赐，求佛之心，更为坚决，乃辟梵净山为佛地，定每年六月为朝拜期，更于山麓四方建寺四处，靠西方者为填梅寺，南方者为护国寺，东方者为僧佗寺，北方者为水源寺。

爬上一个山坡，看见一座古刹，那就是填（坝）梅寺。填（坝）梅寺的建筑并不伟大，门上没有匾，也没有填（坝）梅寺的招牌，进门可以看到一所四合的房子，除了正殿，前面及左右是上下两层的楼房。

由填（坝）梅寺上行三十里为狮子岩，临近中林寺。

上山的路有几处最危险，一处是儿子岩，一处是金刀峡。金刀峡上行中林寺十里，距金顶约有二十里。两座独立的高峰，中间相距不过一尺五寸，两峰相距虽近，小路并不在两峰相连之处，而是在左面山峰的半腰，只一面靠山，那一面呢？是万丈悬崖，倘有云雾遮蔽视线，行走尚不致两腿发抖。

经过金刀峡，是一条二十里的小路，宽处约三尺，狭处仅及一尺，无论宽狭，左右都是深远的山谷，俯首视之，有片片上升的白云，有潺潺下流的小溪，老鹰无论怎样盘旋，永在人们视线之下，那古老的森林不知已生长了几千年。

棉絮岭是一条有名的危险路，因为长二十里，费时约两个钟点，每步每分钟都有被狂风吹下山岭的可能，行岭约十里进入森林，枝叶密布，杂草丛生。

穿过森林，绕过山峰，到达承恩寺，此外尚有洗心泉、老金顶、新金顶、皇舅洞等处名胜。

皇舅洞据说是李国舅候选成佛之处，骨骸仍存洞内。洞旁有石槽两个，一大一小，据说为李国舅盛水洗面的用具，后人称为“金碗银盆”，朝拜者无不来此一观。

老金顶与金顶遥遥相对，距离约二百米，形势颇美观，系层层叠叠，渐渐积成高峰，是以老金顶有“万卷书”之称。登顶的路在峰的狭缝里，凿石阶若干级，挂铁链若干条，坡度虽然很大，两面皆山不见下空，爬山的人，并不感觉危险。顶之半有平台一处，用石板建一小庙，门口之上雕有“果然佛国”四字，再上爬数分钟达老金顶，顶上建有玉皇庙，附近有树若干株，登山朝拜者至此即为大功告成，准备下山。

老金顶之旁有围墙一处，房屋两间，因年长日久，风雨侵蚀，致柱头腐朽，门窗脱落，塑的泥像已分成几段，送香的仍在叩头跪拜。房屋左边有石洞一个，洞口虽小，内部宽大，此即皇舅洞。

[附记] 选自刘磊主编：《抗战期间黔境印象》，贵州人民出版社，2008，第519–520页。原载1940年9月8日贵阳《中央日报》。

（四）当代

给赵朴初的信　慧松

尊敬的赵朴初主席：

我是贵州省印江县建厂乡太平寺女尼，法名慧松，在此，敬祝您老人家身体健康，合家欢乐，吉祥如意！

此次来信无别，事关落实宗教政策问题。即：太平寺原有正殿一栋7间，厢房两栋16间，透壁装修，完好无损，居印江48脚庵之首。我寺历来香火旺盛，香客盈门，经久不衰。惜1972年冬，在木黄区革委负责人王××的指使下，来一群人把建筑物全部折走。从此，僧尼无住宿，香客无容处，菩萨无位置。久久以来，我虽多次向上反映，至今无人过问，实乃毁庙容易，解决问题极难。为了复修该寺，振兴佛门，以迎香客，接待游人，体现党的宗教政策，特来此信，切望您老人家给予支持为盼。

此致

敬礼

1985年7月4日

[附记] 选自章海荣：《梵净山神》，贵州人民出版社，1997，第201页。慧松，女，印江自治县太平寺住持，1994年11月，当选贵州省佛教协会副会长。

七、黔西南自治州佛教文献

(一)明代

玉皇阁铸像记　郭子章

予尝往来行役,至安南之境。出城南门外,望见一山岿然特起,树林参差,秀耸可爱,诚一奇观也。讯之舆卒,皆曰"此南峰寺之后山也"。寺在山前,为习仪之所,山顶旧有毗卢阁,岁久倾圮,而遗址尚存,今已鞠为茂草矣。

万历初,居人陆道清、梁世芳、穆世恩及寺僧戒通等,共发菩提心,集金鸠工,建阁三重,上以奉玉皇,中下三层以奉三官灵官,今咸铸像;惟玉皇金像工费不赀,竟未能造。近乡宦云南弥勒州守泰宇杨君垓,以母王太宜人命,造玉皇金像一尊,捐金造成送阁,又捐金置供炉诸物及佛殿、城隍庙大炉;又铸南观之观音、真武、文昌三教圣像,并炉、瓶诸物,购观田。又铸涌泉庵之圆觉圣像,并置炉瓶,购庵田。此皆功德之在安南者,不可不记,使人感发而兴起,永垂于不没。

虽然,有大于此者,杨君之捐赀修置,所以祝圣寿于无疆,敬君之忱也,非忠乎?顺亲心于无斁[①],养母之志也,非孝乎?一举而忠孝咸备,子臣之道,孰大于是?视世之流连光景,假修建为游观计者,大不侔[②]矣。予辱杨君爱最深且久,与君莫逆,屡欲为君缀一言,以君固辞而止。兹因耆民、寺僧之请也,漫书此付之,不识杨君以为何如?

---

① 无斁(yì):不厌倦。

② 不侔(móu):不等同。

[附记] 选自（清）咸丰《兴义府志（卷33）·祠祀志·寺观》。

（二）清代

募修兴福寺引 傅春闱

余昔读书峨山小刹，客有叩禅者曰："众生皆有佛性，然欤否欤？"禅者曰："一切众生，俱是现世阿罗汉，俱可得闻阿耨多罗三藐三菩提。"客曰："善哉斯言也。则我与汝皆菩萨，世界尽乐土矣。云何有欢喜、烦恼？或为菩萨身，或为罗汉身，或为比丘身，或为宰官身，或为舆隶身，又或乞丐身。嗣者、绝者、寿者、夭者，种种不一，岂佛性亦有殊耶？"禅者曰："善哉，一切因缘，俱从福田中来，不见耕者之所获乎？上农夫食九人，上次食八人，中食七人，中次食六人，下食五人。以是求之，则为菩萨、为罗汉、为比丘、为宰官、为舆隶、为乞丐、为嗣者、绝者、寿者、夭者，岂不晓然易见，而谓佛性有殊欤。"客曰："敬闻命矣。福田云何？"禅者曰："余何敢犯饶舌戒，但贪、嗔、痴、爱，福田之荆棘也，乐善好修，福田之美种也。子归而求之，当身便是阿罗汉；所得便是阿耨多罗三藐三菩提。"余闻斯言历今二十有三年，求所以副客与禅者之说而未有得。壬子之春，有僧持册丐余为疏，盖将重建兴福寺也。其亦犹福田之义乎？辞绝再三，不去。爰述昔闻客与禅者之论，以弁诸首。

[附记] 选自（清）光绪《普安厅志（卷21）·艺文》。参见罗再麟主编，六盘水市地方志编纂委员会编《六盘水旧志点校》，贵州人民出版社，2006，第421页。傅春闱，四川绵竹人，举人。清康熙中任普安直隶厅知州。

修玉皇阁记[①] 周正己

尝仰焉而望清虚一大，杳杳冥冥，不可得而名，乃日月丽乎天，星斗悬其像，雷电合而成章，风雨合而岁稔。逮至寒暑灾祥，昼夜阴阳之不愆，默默中是必有所以宰之者，而寰中万象，斯仰而戴之也。维彼苍穆之表，玉皇为尊，元帝为辅，遍天下尸而祝之者。立庙造像，有自来矣。

郡自有明正统间，于东门之阜，去城里许，有庙貌在焉。二氏之徒，去住无常。自道人高道洪、沈常智、史守真，僧人极乘，竭力修补，厥后兴废不一。此山虽属阖城香火，而正己先人自南京从戎有功，升授此地指挥世袭，以汗马功，施有庄租一区，载在碑志文券中，可考而知也。无何，而物换星移，一座绝好道场，几为狐兔窟穴。乾隆九年（1744），阖城善士欲鼎而新之，规制轩敞，周之以楼，焕然一新。奈人力不足，几废前功。至二十二年（1757），释家弟子祖新自江西来，实心募化，辟草莱，密棘栏，莳花植果，种树灌园，庙中渐有起色。适永丰州牧李公化来署府篆，既恭人刘氏助七十金，创造戟门并左右围墙、月台及坡路，更得阖城远近士商集腋成裘，又募北［化］斋米，数年始告成焉。

今临其巅，见迁客骚人遥吟俯唱，樵夫牧竖行歌互答，而空山逸韵，足以唤醒一切，不徒为郡城一游览之地也。后之览者，有感于斯，更踵事增华，亦付之于神灵呵护焉已矣。

乾隆四十一年（1776）冬周正己撰

［附记］选自（清）咸丰《兴义府志（卷33）·祠祀志·寺观》。周正己，贵州南笼（今安龙县）人。乾隆年间任天柱县训导。碑文记载，玉皇阁，创建于明正统年间，时而住道士，时而住僧人。后经道士高道洪、沈常智、史守真及僧人极乘等竭力修补。厥后数度修葺。

---

① 玉皇阁，位于县城东迎春岭，明正统年间建。阁前有戟门，四周有围墙。山间岭林木葱茏，有石砌山道盘旋而上。清乾隆年间维修，郡人周正己有记勒石。

重修木贾武庙序　蒋金奎

盖闻神威赫弈，千秋萧瑟之瞻；庙貌巍峨，百世仰宏纲之重。忠扶末运，不徒存鼎足之乾坤；义植倾危，岂仅辟蚕业之日月。是故，丹心炳青简以常新，浩气贯长虹而不灭也。

原木贾武庙之作，创自嘉庆初年，增于道光晚季。林丽葱茏，地尽西城之盛；山驿迢遥，关司北锁之雄。自来领袖西乡，颇称蕃庶；在昔云分花县，夙号名区。朝拥晴岚，窗吞铜鼓之秀；夕凝晚翠，帘卷紫金之霞。看玉带之潆洄，泉流漱马；喜青屏之叠嶂，村峙盘龙。天马行空，壮崔嵬于北极；苍龙堕地，任天矫乎南城。数百家蝉联烟火，绣壤青畴十余里。螺髻参差，红尘紫陌，诚县治之膏腴，禅林之胜地也。乃以虎狼之变，蹂躏苑林，继因虎鼠之雄，锁残梓里。清幽佛地顿成禾黍秋风，花木禅房空恒夕阳衰草。痛疮痍之未起，欲振何能幸。耕凿之粗安定复有，自乃于丁亥（1887）秋月，萃比同人感观，既济积铢累寸敢嫌黍垒之投，集腋成裘不厌涓流之聚。蝇赀乐助，鸠匠经营，于是秦灰顿扫，飞虬栋而舞，盘螭画宇，重新架虹而曳文杏，敢谓丹楹刻桷朱幡，临太乙之坛；亦飞画栋珠帘翠伏，拥中台之位。然而风霜可蔽，申俎豆之仪；苔藓无侵，借展椒末之献。从此阴浓树下，时闻赤兔嘶风，应知清洁流头，定有白猿叫月。但愿地杰神灵，共享康乐之盛，民安物阜，同登人寿之天，则曲榭回廊喜此日规，朴粗具云蒸霞蔚，卜他年金碧重辉。是为序。

[附记] 选自（民国）《兴义县志·第十三章·艺文·文录》。蒋金奎（1840–1917），字小坪，号满公，贵州兴义木贾人。性聪敏，清同治入文庠，旋补明经。设私塾于乡中。工诗文，善书法，著述颇丰（多散佚）。

八、黔东南自治州佛教文献

（一）明代

游千佛钟鼓洞记　姚履常

千佛钟鼓洞在天柱治西。出郭傍山岩行，涧泉流荡，石块磊落。约五里而近，旧为苗寨。自朱令创县，览而嘉之。导其泉流，开其壁垒，豁然闳然，而奇状始显于世。初入，度石梁，固以重扃，翼以茅店，结亭曰“环翠”焉。泉水由石砌喷入池内。再入为三元宫。宫前池水清漪，中峙奇石。绕而后，为泉之发源，有亭题曰“枕流漱石”。洞在三元宫之左，石门，西向，阔四五十步，高三丈许。左右垂二石，击之有声如钟鼓然。壁间特出者，为瞿昙、萨埵之貌①，不可枚举。偏北稍高，缘琢为级，以为肆筵之处。石形上如幛幕，檐边璎珞下垂。环视礫礫者，有石钟乳，所注如玉笋，尤滑腻。酒数行，流览洞之奇观，奥窅郁深，约百步许。回视偏南近岩，有穴如竦，则鹦鹉洞也。再东行，或逾磬石，或高或下，折而纡回，水道横斜，列炬涉而益东，湫隘伏身始入。水深如壑，不能穷其委矣。酒且阑，由故道上崖窥其高洞。洞口一石，宛然鹦鹉之飞鸣者。石象蹲其下，俯瞰危险，令设朱栏翼之，俾可凭。复入席，数举觥罚酒。时八月四日也。次日，为观音岩之游。

[附记] 选自张成德等主编：《中国游记散文大系·湖北卷·贵州卷》，太原：书海出版社，2003，第352–253页。原载《古今图书集成》。

---

① 瞿昙（qú tán）：释迦牟尼的姓。一译乔答摩。亦作佛的代称。萨埵：即菩提萨埵。梵文音译，略称“菩萨”，意译“觉有情”“道众生”“道心众生”。

（二）清代

游白云山记　张澍

广顺州东四十里有白云山，层峦叠嶂，如渴骥奔泉，至此而止。白云庵峰顶，阴晴皆见，为建文帝荒遯[①]之所。上有罗永庵，庵前古杉三株，长数丈，其一经帝手摩，至梢无附枝。又有跪井，旧无水，龙神为之涌波，恒雨不溢，恒阳不涸，时有双鲤出没其间，取水者必跪汲乃可得云。余于癸亥之二月，摄篆斯州，暇日命驾往游，欲向寒烟蔓草问卓锡之遗踪。至则鹿苑颓墙，滥泉息脉，林鸦空噪，岩磐无声，惟岭上白云尚依依似旧也。道旁卧一石碣，镌帝诗三首，系州牧韩之屏所刻。其中《牢落西南》一诗，作于滇南，后二诗作于罗永者，汇刻于此，则韩君之疏也。余既剔藓读之，遂策马归。归途少转，有苍岭横亘，挟云欲飞，悬岩青石如妇人回首顾盼，簪髻宛肖。相传有神姬，每夜至帝所服役，后被人睹欻[②]化为石。又有沉潭，瀜[③]淳渊淡，涵碧无波。相传帝昔经此，忽一灵犀跃出，蹬伏道左，若听驱策者。噫！乌翼庚辰，虎体鹓斑；金狄洒泪，泥马腾波。蛇卫颛顼之墓，燕填临江之圹，神献管涔之剑，龙舂寄奴之药。推详往迹，则影彻经史，考验真怪，则叶符图籍，虽词趣涉诞，而音旨非诬矣。既作此记，复系之以诗：

何年脂帝构，曾驻玉皇踪。
铁匣归天数，金川避贼锋。
惊心黄屋杳，满目白云封。
草木挺旌节，袈裳换衮龙。
虬供石洞米，鹿聆阁黎钟。

① 遯（dùn）：是遁的异体字，意思通“遁”。

② 欻（xū）：忽然。

③ 瀜（róng）：水深而广。

受诏犀分水，服劳妪化峰。
经途无白鸟[①]，直干有青松。
江海团瓢寄，关山程济从。
鹍啼篁竹裂，鹤唳瘴烟浓。
我至寻遗迹，悲填万古胸。

[附记] 选自（清）张澍：《续黔书》，载顾久主编：《黔南丛书（点校本）》（第10辑），贵州人民出版社，2010，第157–158页。张澍（1781–1847），字介侯，甘肃武威人。嘉庆己未（1799）科进士。曾任贵州玉屏知县、广顺知州等职。好游历，博览经史。有《续黔书》《蜀典》等。

游紫气山记　张澍

昔柳柳州[②]之记游也，曰奥，曰旷，窃谓此两言者，不独锲山之景，兼得山之理焉。黔固山国也，而玉屏之西境逾黎平，与粤为邻，连峰复岭，弥望不绝，然或则魁父无丈之材，或则单椒无曲之峦，求所谓奥如旷如者，不可多得。今夏伏日埃郁，衙斋潮漯，赫曦逼人。王尉露谓城西隅紫气山雅宜游暑，遂触热往。未半里见陂陀回互，冈峦起伏，杂花丛于层石，古柏荫于叠崖。凉飔[③]徐来，烦衿顿涤，实仙灵之馆也。尔其清溪环鸣，瑟鸡叶韵，荇藻漾洁，游甲浮空。树入床前，横藤碍路；山来镜里，鸣鸟依人。予亦不自知其何以目不周玩，情不给赏也。嗟夫！玄圃铜柱，君山玉台，姑射寻仙，空桐访道，诚栖霞之逸志，或齿展之寓言。孰若此山境邻城市，不染嚣氛，楹不待递，日自隐曜。田锄芝而鸟褥，泉挂鹤而堙霏哉！假令子厚来此，必悔其以嘉名锡[④]彼秽区也。

---

① 作者原注：一宿河至今无蚊，帝曾宿此。

② 柳柳州：指柳宗元（773–819），字子厚，河东（今山西芮城、运城一带）人，唐宋八大家之一，因官终柳州刺史，又称“柳柳州”。其山水游记多处以“旷如”与“奥如”。张澍认为如果柳宗元见到贵州美丽山水，就不会以优美的词句描绘其他地方的景色了。

③ 飔（sī）：凉。

④ 锡：赐给。

附：

紫气山诗

淙淙流水隔桥闻，静坐苍苔郁翠雯。
阳雀夜啼千嶂月，□劳闲锁一溪云。
曾传白雪飞初地[①]，讵有青牛立夕曛。
幽境独怜临驿路，驰烟谁勒草堂文。

[附记] 选自（清）张澍：《续黔书》，载顾久主编：《黔南丛书（点校本）》（第10辑），贵州人民出版社，2010，第154–155页。紫气山，亦名瑞雪禅林。位于玉屏自治县城西隅玉屏民族中学处。寺院始建于明代成化二年（1466）。

重游东山记 张澍

今夏三月杪，余曾策杖来游，兹以巡稼之隙复问途焉。时金风初扇，而余暑犹勺药。乃于林际趺坐，散发跣足。松涛竹响，清若竽笙。举头一笑，宛暍都消。俄王尉闻予游亦来，相与踞盘陀玩，靃靡[②]听鸣禽之上下。俯视远水空明，皓同积雪，仰瞻白云翘然，天外容裔如如，而莲峰北耸，叠椒重崿，刻露清秀，恍觉旧游无几，而风景顿殊。犹然尘鞅，俨山灵腾笑我也。乃朗吟曰："青林倦鸟语绵蛮，似说白云返故山。日月几何风景换，镜中疑我尚朱颜。"盖予是时有退志矣。遂循莎径至寺后，见硕木森□，围绕沉池，澄淳镜澈，浮萍含绿，微飙乍拂，漪涟生文。蓄金鱼二三百尾，曦景斜注，则相聚响风萍为戏，又或冲藻径去，游闲远放若避世士然。低徊者久之，乃与王尉联骑归，回视嵾嵾如攒图之托霄上矣。

[附记] 选自（清）张澍：《续黔书》，载顾久主编：《黔南丛书（点校本）》（第10辑），贵州人民出版社，2010，第155–156页。

---

① 作者原注：有寺名"瑞雪禅林"。

② 靃（huò）靡：草木茂密貌。

飞凤山　张澍

昔向长欲男女婚嫁毕，裹粮游五岳，是其胜赏神乡，秀情超拔矣。余畴昔亦心栖白云，邈想霞踪，今远宦来黔，始入界，所遇岩峦殊无慰羁望者。旧说“天下山，半在黔中青”①。疑昔人讹词也。洎抵任，视事稍暇，凡境内山川，亦每触岫延赏，倾洞怀烟，而人士多啧啧飞凤山之奇。其言曰：“山之高，森峰限日，峭壁争霞，俯瞰城郭，犹匹帛之绕丛花。险逾悬度，累梯乃升。下则野鸡河清流见底，游鳞可数，沙如霜雪，石似摴蒲②。架木为略约彴③通之，兰茝被径，送馥怀芬。榜曰‘众香国’，高僧某卓锡时之所颜也。玉皇阁倚云结构，渺如仙居，梵响凌虚，远山相答。转侧十余武，丹崖翠嶂，点黛飞琼，石罅中瀑布激素洒，清如委幅练，数折入河，声犹雷转。循崖东而左，仄径难登，猿亦须翼，攀萝寻葛，乃跻绝巅。其上真花不落，古树恒春，岫挂松钗，岑交竹影，流风叩阿，宛若弹丝。自下望之，澹冶如笑，苍翠如滴，明净如妆，惨淡如睡。四时之景，豁目颐怀。又风胎雨鷇④，戏弄羽毛，飞猶栖狸，乘烟歌吟，信可以韬铁笙簧，跨蹑管龠。”予耳之神思飞越，觉天台、匡庐，恍遇目前，急欲往游，以荡吾胸。会差至不果，辄形梦寐。后勘地丙溪，途次野鸡坪，去山里许，见层峦叠嶂，中一峰高耸，旁有两山夹拱，如凤舒翼，憬此山之得名不诬也。尔时船云彭鼻，陵雨渍流，路淖而滒⑤，又不得往游以探胜，恍如海上神山，可望而不可即。然予有济胜具，俟秋高腠凉，余歊⑥稍退，终当凌最高峰，造幽峻，看博芙蓉之石，调鹤柜格之松，聆风泉之虚韵，玩岩桂之清香，不使子平独精物隐也。聊记此言以为券。

---

① 语出（唐）孟郊《赠黔府王中丞楚》：“旧说天下山，半在黔中青。又闻天下泉，半落黔中鸣。”

② 摴蒲（shū pú）：亦作“摴蒱”。古代博戏名。肇始于汉代，晋时尤盛。以掷骰决胜负，得采有卢、雉、犊、白等称，视掷出的骰色而定。其术久废。后为掷骰的泛称。

③ 彴（zhuó）：独木桥。

④ 鷇（kòu）：须母鸟哺食的雏鸟。

⑤ 滒（gē）：多汁；黏稠。

⑥ 歊（xiāo）：炎热。

[附记] 选自（清）张澍：《续黔书》，载顾久主编：《黔南丛书（点校本）》（第10辑），贵州人民出版社，2010，第156–157页。

游飞云岩记 张澍

天官家言：周云如轮，鲁云如马，卫云如犬，秦云如行人，齐（一作郑）云如绛衣，宋云如车，赵云如牛，楚云如日，韩云如布，魏云如鼠，越云如龙，蜀云如车，而不闻黔之云为何状。余来黔，见毒箐灌莽，岚湿之所，蒸郁为蛮云，类符阳之怪气，无所谓花葩紞缦，锦绣缥缈，悬华曜藻，庆裔铟缊者。乃至黄平，游月潭寺，顾瞻岩石，则爽然失，愕然惊，且宪宪然目不周览也。则见奇势□诡，不可名状。或赑屃而彭薄，或轮囷而压鬖，或辽巢而蓊郁，或逆竖而倒悬，或龙蟺而虎涙，或鹏奋而凤轩，或蛟腾而鹄逸，或狮厉而象狂，或纛引而旗异，或缨缀而带翩，或乳垂而烟结，或浪涌而涛旋。而且高者碍日，下者回岚，巨者包谷，空者隐潭，皱者肤蹙，漏者窍含，瘦者骨削，薄者縠彡，坠者星落，簇者毛毵，立者如睐，欹者如嬉，蹲者如怒，断者亏。窃叹曰：此岩之石何其谲也，何其似云之欲飞去也。虽然，造化之工之奇，能以黔之荒僻而辟此灵岩，复能使磊磊之石，变态而不可究诘，卒不能使云之东西络绎、南北油裔者如此岩石。殆此岩已罄造化之巧，彼苍无复余情以付丰隆，故此岩遂得独擅飞云之奇也夫！

附：

飞云洞诗

几年仗剑寻龙子，孰意飞来石洞潜。
嘘气成云作霖雨，窜身僻陋亦何嫌①。
华不雁荡医巫闾，似此灵岩总不如。
齿冷客儿夸木屐，那知天外步云车。

① 作者原注：相传洞内有神龙，大雨时间出。

[附记] 选自（清）张澍：《续黔书》，载顾久主编：《黔南丛书（点校本）》（第10辑），贵州人民出版社，2010，第160–161页。

飞云岩　陈鼎

飞云岩，玲珑奇绝。岩下有溪，石梁亘之。度桥历级而登，仰窥云际，覆如华盖，乃飞云岩也。蛟龙狮象，碧乳滴成，上垂下伏，鳞甲宛然。岩外三峰壁立，高与槛齐，有亭翼然临于峰上，飞泉潺湲，冬夏不绝。或曰：岩性好洁，昔有秽者信宿于此，则瀑水突至，弥漫浣濯，再秽复浣。岩下有洞，深不可测，或云：达镇远。后山西即月池，上有月潭寺，松杉绕屋，苍翠参天，内有王阳明先生碑记，言“天下之山，萃于云贵，连亘万里，极天无际，往来之人，日攀援于重岩绝壑之间，虽素有泉石之癖者，一陟云、贵之途，皆踣困烦厌，非复夙好，至此，即傭俦俗侣，素不知有山水之观者，亦徘徊顾盼，相与延恋而不忍去”。可谓善写此岩者矣。

[附记] 选自（清）陈鼎：《黔游记》，载张新民点校：《黔南丛书（点校本）第9辑·黔志》，贵州人民出版社，2010，第191页。陈鼎（1650–？），原名太夏，字鬲鼎，号铁肩道人，江苏江阴人。长期客游滇黔。有《竹谱》《滇黔纪游》《黔游记》、等。

语峰语录序　胡奉衡

自禅门有不立语言文字之说，盲师邪种得以饰其昏愚固陋，一切扫除，孰知佛祖之阐教也，以文字说法，慈氏之演《瑜伽》，龙树之释《般若》，其最初者。及大道东流，道远濬①发于南，什肇弘演于北，隋唐以来，天台、清凉、永明之文，如日丽天，如水行地。有宋之世，教广而文字愈繁，

① 濬（jùn）发：从深处发出。

不能悉数，其最著者三家，镡津[①]以孤亢崇教，其文裁而辨；石门[②]以通敏扶宗，其文奥而丽；径山[③]以弘广应机，其文明而肆。是皆所谓语言文字者也。然则不立语言文字之说非乎？曰唯唯否否。嘅[④]自剩窃之恶习流行，庸妄狂禅剿袭数十则公案，开堂颂古，棒喝交驰，铺张于眉目唇吻之间，号善知识，此鸠摩罗什所谓“嚼饭与人，非徒失味，又令呕哕也”。如是而语言文字之不足立，固其宜矣。语峰负颖慧之质，幼从空门受付嘱，有感于盲师固陋之习，遍参尊宿，归而读书赋诗，沉潜探索，如是者十余年，人士钦崇，俾主南泉法席。余曾阅其前后所刻诸什，皆幽闲恬淡，气畅笔老，久矣企慕其人。今年春，其徒为求序其《语录》以授剞劂[⑤]。余于师之诗而知其深于禅也。余闻之禅以妙悟为主，须从最上乘具正法眼，悟第一义，无取乎辟支、声闻小果。诗家亦贵妙悟，昔人举大历以后作者比诸曹洞一宗，如是而禅与诗岂有二耶？唐之禅人以诗名者皎然、灵澈，其所长尽于诗，贯休、齐己，其所长不尽于诗，尽于诗者以诗传，不尽于诗者则道德与诗并传。语师以贯休、齐己之修持而兼皎然、灵澈之吟咏，《语录》与诗均堪不朽矣。近代高僧如憨山、紫柏、雪浪、山翁之文，一言半偶，称性流出，如水银撒地，颗颗皆圆。语言文字之所关系岂细故哉？他日语公之刻出，吾知剑峰鞭影退露于咳唾中者，当令阅者心性交融，决不等于馊饭陈羹，如鸠摩罗什所云也。

[附记] 选自贵州省文史研究馆编：《续黔南丛书（第8辑）·下·黄

① 镡津：指《镡津文集》（19卷），宋代契嵩（1007–1072）著。收于《大正藏》第五十二册。为明教大师契嵩之文集。镡津（广西藤县）为契嵩之生地，故本书名为《镡津文集》。契嵩属于禅宗云门宗，博通儒佛，对于当时儒家之排佛论力加反驳，而倡儒佛一致论。

② 石门：指《石门文字禅》（30卷），系辑录江西筠溪石门寺德洪觉范（1071–1128）之诗、文、词、疏及记、铭等而成。盖本书系以不学之学、不立文字之文字而发挥禅旨。

③ 径山：指《大慧普觉禅师住径山能仁禅院语录》（30卷），宋代临济宗禅僧大慧宗杲（1089–1163）弟子雪峰蕴闻辑录。南宋孝宗乾道八年（1172）奉旨刊行并入藏。现收入《大正藏》第四十七册、《嘉兴藏》（新文丰版）第一册。宗杲，是圆悟克勤的法嗣，他推崇公案禅（看话禅），与提倡默照禅的宏智正觉并称。为宋代看话禅的代表人物。

④ 嘅（kǎi）：古同“慨”，叹息。

⑤ 剞劂（jī jué）：雕版；刻书。

彭年诗文集》，贵州人民出版社，2014，第 1572–1573 页。胡奉衡，贵州黎平府（治今黎平县城）人，康熙二十三年（1684）举人，历任贵州石阡教授，湖北黄州教授，博学多才。著有《藏拙窝诗文集》等。语峰，居贵州黎平府南泉山寺。有《语峰语录》《竹窗集》。

飞云岩① 檀萃

东坡之东为飞云岩。山高数百仞，古木重阴，青攒碧聚，层排上下，次第参差，绕以白云，如玉宇琼阿鳞次天表。岩距山半，其面向明，窕窈内深，崖厂上覆石乳凝液，变化万端，秦马赵牛不可名状；龙孥虎卧、狮奋象奔，恍惚离奇；收敛涣散、挟势飞动，妙相难摹，如巧工雕刻；众形倒悬藻井，如仙子驾驭灵兽游戏层霄。阳明谓："天下山水之奇聚于黔中，黔中山水之奇聚于此岩。"信不诬矣。不知造物费如许巧思，将何所为也？自古游人不轻染墨，全此混沌一片鸿濛之气，眉宇安恬。乃俗物败人，磨其旁侧径盈一尺，其纵三之大书三字，剪破云衣补以短褐，为斯岩之玷矣！

岩左有洞，清泉流出，汇为小溪，亘以石虹，水声潺潺。右则古杉翠竹，暗度钟声，则月潭寺在焉。大复山人诗云："龙出洞门当作雨，鹤巢松树不知年。"又云："近水云霞晴亦雨，傍岩楼阁昼常寒。"皆实境也。

[附记] 选自（清）檀萃：《黔囊》。檀萃，字岂田，号默斋，安徽望江（安庆）人。乾隆辛巳（1761）科进士，选贵州清溪县知县。后任云南禄劝知县。后因运解滇铜赴京途中翻船等事被革职查办，流放云南。著有《黔囊》《滇海虞衡志》等。

飞云岩 王昶

[乾隆三十三年（1768）十二月]初七日。行 26 里抵黄平州黎峨里，游飞云岩。岩在月潭寺旁，入门为养云阁，岩在阁后，高 30 余丈，其穹如屋，

① 标题为选编者所加。

深可六七丈，广倍于深，四石皆倒垂，如龙如兽，如璎珞，如有云气舒卷其间，岩下龛以供大士。其前三峰，中一峰盖小亭，塑善财童子像于中，相去仅寻丈，然不可越，别有径螺旋而上，颇侧峭。又前一峰亦有亭，□阳明先生诗碣，惜未登览也。循岩而左，地渐洼，有洞去地二尺许，深不可测。僧人云，夏秋泉水怒涨，以洞为尾间，其往不可知也。今岩上水亦深积于此。折而东北，复有洞深三四丈，高八九丈，石色黝白相间，石钟乳下垂，游人伛偻而入。又从岩右折，缘石梯上数丈，石皆呀然如张吻。其中一石，扣之作钟音。岩前竹树翁蒨，松杉数十本离立，悉数百年物。古梅方作花，冰雪缀其间，延伫久之。下岩入寺，伽蓝颇荒落，岩与寺中诗刻，率无足观者。

[附记] 选自（清）王昶：《滇行日录》，载贵州省文史研究馆编：《续黔南丛书（第5辑）·下·黔南与地风土丛钞》，贵州人民出版社，2014，第847页。王昶（1725–1807），字德甫，号兰泉。江苏青浦人。乾隆十九年（1754）进士。曾任云南布政使。有诗名。有《春龙堂诗文集》等。

重建飞云岩圣果桥记　安嘉相

游人入黔者，必侈谈飞云岩之胜，悬瀑千仞，奔溪蓦涧，湍流所汇，有桥以通往来之道。盖岩壑之美，峰峦之奇，此穹然者，实与之蔽亏[①]掩映，而不惟藉资利济已也。

岁乙卯（1795），淫雨为灾，水涨齧石桥圮，行人病之，乃架木以代石桥。阅时。未几倾欹立见。守镇远郡、今守贵阳郡阳川程公发大愿力，毅然起而修之。因以其事上白，大宪咸乐捐金。倡始适嘉相奉檄代牧黄平，公以其事属之。是役也，材取其大，而裕工责其坚而精。始于己未（1799）之冬，阅七月而工成，计费千有余金，出于当事及守土之捐措者十之三，出于绅民乐输者十之七，其鸠工庀材，郭少府仙舟实董其事，而都人士周君卜年、刘君琬西、李君绳武等咸仆仆，工所无间，晨夕出入有节，省试有程劳来，

① 蔽亏（bì kuī）：谓因遮蔽而半隐半现。

有经故人不少怠，而工无或旷得计日而观厥成也。

桥故无名，因寺名“月潭”，土人以“月潭”呼之。窃谓山水奥区，必经明贤搜剔地以人重，“月潭”之名虽曾见于旧志，历有记述，顾于暇日摩娑石碣，见圣果亭偈字奇词古跋，称“冷泉大云寺圣果亭，髯龙子书偈于壁，龙阳子请登之石”，则知阳明先生谪宦来游此，手书真迹。髯龙子无考。味其跋语，似当事之贤而邃于内典者。与姚江宗旨契合，针芥此偈，此亭独有千古。兹桥成，当必求其可以千古者，则因“月潭”之名，又何必不因“圣果”而名之乎。且果之为义至大云。圣学云禅理“明心见性”“广种佛田”，皆是物也。而斯桥之普济众擎，亦有取焉。

至冷泉，当即今之云根泉，“大云”“月潭”是二是一，虽凭意揣，以语阳明之迹，则贞珉具在，光怪旁溢，毋宁舍彼而取此，愿告山灵且以示都人士修辑志乘者。

[附记] 选自（清）嘉庆《黄平州志（卷9）·艺文志·记》。碑立于黄平县新州镇东坡村圣果桥。安嘉相，号桂甫，湖北江夏人，举人。嘉庆三年（1798）任贵阳府广顺州知州。嘉庆十九年（1814）任黔西知州。治事严整，宽猛并济。工书，好吟诗。圣果桥，位于黄平飞云崖。

新葺飞云洞殿阁记　福康安

飞云洞在黄平道左，数黔中胜概者必首屈一指焉。乾隆庚寅（1770）间，余力才逾舞勺[①]，三奉恩命省先公子征缅军营，取道黔疆，得数数过之，览山水之嵚敧磊落，诡谲万状，未尝不叹息徘徊不忍去。而身荷心驰帷辔未敢稍为流连，每一经过，辄忽忽如有所失，迨边境敉宁[②]，搀枪[③]净扫，先公振旅还朝，余日侍御前，兢兢奉职，初不意复于烟霞紫翠间览佳赏也。

庚子（1780）春，余钦奉恩擢自盛京将军，移制滇黔。五月既望，复

① 舞勺：指男孩子十三－十五岁期间学习勺舞。

② 敉（mǐ）宁：抚定；安定。

③ 搀枪：彗星名。即天搀，天抢。古人以搀抢为妖星，主兵祸。

过黄平，畅览纵观，得未曾有，维时澍雨初晴，林峦鲜美，凡兹洞奇伟之状，灵幻之形，莫不回巧献技，毕效于余前，若喜余之复来者。嗟乎！余与兹山其果遇乎？山麓有古寺，其中为三世佛殿，殿左建养云阁，阁之前楹悬先公题额曰“岩壑大观”，阁前有池，广亩许，人之至是阁者，必纡道池旁，宜复以桥便行人之往来，洞中有大士像，洞上有接引佛阁，皆因山石之自然如藻绘焉。夫浮屠之说，清净无为，而世所称洞天福地，大都处于荒远奥僻桑麻不树之区，故宜佛焉。今兹洞僻在遐壤，而灵秀奇杰，不可思议，是诚祇园鹿苑也。且佛者好生而恶杀，其说主于教人为善。黔，古牂舸地，夷倮之所居，性多佞佛，宜乎因其势而利导之，亦古所谓“神道设教”之意也。

爰捐廉俸举殿阁佛像葺而新之，并构桥于池上，金碧庄严，辉映苍翠。因识余与兹山相遇之颠末，若即若离。而今乃得尽览兹山之奇以惬余志。洵乎余与兹山，其相遇殆非偶然也，故缕笔而为之记。

[附记] 选自（清）嘉庆《黄平州志（卷9）·艺文志·记》。福康安（1754–1796），满洲镶黄旗人，曾任云贵、四川、闽浙、两广总督，官至武英殿大学士兼军机大臣。清乾隆四十五年（1780）五月，福康安了却游览黄平飞云洞夙愿。捐廉俸修葺殿阁佛像葺，构桥于池上。因撰文纪之。

飞云洞记　许元仲

山水之胜，曰雄、曰奇、曰秀、曰丽，黄平之飞云洞咸备焉。将至数里，见千寻挺立，前后左右古杉参天，无所谓洞也。

寻之在绝厂之下[①]，翳荟交蔽[②]，水帘一桁[③]，无路可通。由其侧螺旋而入，已倏在水帘内矣[④]。盖沸泉据山顶，奔腾而下，至半山，石忽横裂一罅，瀑布千仞，自天而下，冬夏不绝，似仙灵珍秘，不容人窥。洞中石如朵朵

① 厂（hàn）：山边岩石突出覆盖处，人可居住的地方。

② 翳荟（yì huì）：草木茂盛。

③ 桁（héng）：檩：桁条。桁架。

④ 倏（shū）：极快地；忽然。

碧云，乘风欲至。最高处立大士一身，庄严妙相，善财、龙女、丹鹦、绿柳皆具[①]，据云天生，不假雕凿也。佛相藻绘，或少可著色，若云之为云，断非人间世矣。玉泚[②]潺湲芳草芬缛，四时皆春，亦仙亦佛。

内一碑，镌王阳明记，略云：人即有山水癖，至黔而倦，盖登陟剧劳，危险可怖；且佳胜颇多，心目均餍。独至此，则傭夫贩竖不解幽寻者，亦如淮南鸡犬，一晌升天[③]，飘飘乎羽化登仙也。回读此不啻以洞云持赠矣。

[附记] 选自贵州省文史研究馆编：《续黔南丛书（第5辑）·下·黔南与地风土丛钞》，贵州人民出版社，2014，第929–930页。许仲元（1775–？），字小欧，清松江（今属上海）人。游幕四方。

贵州道中记　谢阶树

余既至镇远，休于旅次，羁禽脱笼，志在云岫。问郡中名胜，土人乃以中元洞告。于是缘江介得桥，乱石砌作冰纹，滑净无尘，水从足下响琤琤然。过桥则高峰障日，殊无所见。随崖而左，乃得洞门于兹山之阴。洞甚黑，入之黝黝然，少进，深广如屋，其方而敞者为堂，狭而修者为弄，上锐而下迤者为龛，上下平而四角阛者为瓮室，复而通者为夹巷，其不通者为曲房。土人度其向背，塑神佛像。白昼灯其中，洞领奇石林林然下垂，为鸟兽花木之形，奇态诡状，魑魒魅刻，每阴风自洞口回汏而来，灯光炫晃，黳[④]乎欲灭，若神灵骑异鸟怪兽，翕习奔会，花木扶疏，若颠若坠，颬颬[⑤]而嘘，飒飒而寒，心冥目眩，愈疑愈真。余不敢久留，至后门，藤萝垂阴，覆蔽洞口。俯视则断崖绝涧，深不知其所底。有瀑布两道挂山巅，如两白蛟斗于峡中。洞口无路，仍自前门出。转而右行，则山耸如屏，其缺处皆

① 丹鹦：红羽毛的鹦鹉。在古印度有不少鹦鹉与佛教的传说。绿柳：观音大士净水瓶中的柳枝。

② 玉泚（cǐ）：碧水。泚，水清澈。

③ 淮南鸡犬，一晌升天：道家传说，汉朝淮南王刘安修炼成仙后，剩下的丹药散在庭院里，鸡和狗吃了也都升了天。

④ 黳（yī）：黑。

⑤ 颬（xiā）：风声。

以楼台补之，危若累棋，余欲登临，以日昳[①]乃止。

……

过文德关之明日，日可中，舆夫休于途旁，山屏列，土人屋其址，松杉丛篁，左右映带，瓦鳞烟浮，壁衣苔缋，分红合青，贮阴储凉。屋尽洞出，呀而大开无门，其高十余丈，深广半之，不类他洞，故又曰“岩”。其下为溪，石巉然，柴池[②]不齐，有泉自岩顶四围投之，声铿然，跨以石彴[③]，度之不三五步。仰视岩际，如屋有荣，其顶圆如盖，石皆嵌空凸起，作流云形，氤氲纠结，日华钞晃耀，五色璀璨，骈罗而布，蕤绥[④]而垂，霍然而腾，翕尔而坠，中或为蛟龙曲蟠之形，鳞张角奋，乍现乍隐。岩外三峰削立，差若雁行，有亭翼然[⑤]临于其巅。忽风动竹尾，流云自东来，弥山漫回谷，觉洞中洞外，是石非石，是云非云，叆叇旋飞，欻[⑥]不得住。四壁蛟龙，抉云穿石，蠕蠕欲舞。余于是心摇摇而无定，身腾腾而欲上，不知此时之在云中在洞中也。土人云：岩性好洁，古有宿此而秽其中者，水辄至为之浣濯，再秽亦如之。下有别洞，深不可测，或云达镇远。王阳明先生言，游人至此，虽庸俦俗侣，不知有山水之观者，亦徘徊顾盼，相与延恋而不忍去。信然。

余既览飞云洞奇胜，心贪婪而未足，乃预戒舆从，前途有如此洞者，必以告。其明日已休旅舍矣，从者白曰：“过此西行里许，有大风洞，亦奇丽观也。”余喜甚，晒（素）履而往[⑦]。路多小石，荦确不平，前山开裂如弄，其尽处则洞门出焉。洞空如堂皇，其形圆，口小而腹宽，即道书所称“峙苍洞天”也，又名云溪洞。高十余丈，围二百余步。怪石俄而人立，参差俨雅，跪立殊状，白日匿岫，黮[⑧]□不明。中有小洞如旁门，睆

---

① 昳（dié）：日过午偏斜。

② 柴池：参差不齐。

③ 彴（zhuó）：山间溪流中用以渡人的踏脚石。

④ 蕤绥（ruí suí）：盘曲升腾貌。

⑤ 翼然：像鸟张开翅膀一样。

⑥ 欻（xū）：忽然；迅速。

⑦ 素履而往：穿着简单的草鞋也要前往。

⑧ 黮（dàn）：不明貌。

之，中黳黑不知其所，风玒①然自小洞出，回匝洞中，团沙如球，随四壁旋旋然倒转。瞪视石人，似冘②然而行，又阏然而住，夔魖獝狂③，在前在后，心□□不敢久留。出洞则霞光映壁，两目忽明，疑心幻想，涣然冰释。仰睎山顶平如台，有屋压洞门。自旁径螌缘而登，老僧候于门，庞眉皱面，与之言洞中之事，僧曰："小洞深可二三十里，中有石龙、石虎、石钟、石鼓，神工鬼斧，巧夺般尔。"欲爇炬偕往，余恐中藏蛇虺，且日晚不能返舍也。故不从其言，然心疑之。

又二日行四十里，日方晲，中途得亭憩焉。旁有佛舍，甚修洁，寺僧茶以待客。余方与友人甲乙诸胜，僧曰："犹未知牟珠洞之奇特也。"于是舍舆而步，绕舍后出入岬岫，石路幽通，草如蒴，有丛篁翳荫嵁岩④可亩许，差若鸾尾，戛若龙吟，萦纡深行，身乃与竹同色，山额凹凸，加以修筱，日光不到，时有阴气。竹尽山转，忽闻有声砰磅訇磕⑤，硥聒两耳。穿竹而察之，乃闯然见洞门。洞深十里而不甚广，或曰"凭虚洞"，或曰"母猪洞"，盖音讹也。中亦无所见，但闻雷霆声震足下，则山前一溪之水，全注洞中，如银河倾泻，撞石吼鸣，复从山后旁洞溢出为溪，冲涛旋濑，滚雪翻云，坌涌数尺，如水沸于鼎。余□然心惊，眴⑥然目摇，步而出，出而行，行而坐故处，犹恍乎若有不能自持者，然后知黔江之水，终莫能原其出入者，有如此洞也欤！

牟珠洞之外为古福洞，其洞差广，或曰深四十里，余未得而极云。洞形圆长如瓮，上有穴如瓮口，初入倏如夜行，至其腹忽爌⑦朗，有穴透天光如圆月。其高数十丈，周回百余步，余仰而笑曰："天欲醯⑧鸡我耶！谁发吾覆也！"四壁滑溜，扪之，水涔涔然。中有石塔，兀然挺树，自石

---

① 玒（hóng）：飞的声音。

② 冘（yóu）：多人行进。

③ 夔魖（kuí xū）：神话传说中的山怪；獝狂（yù kuáng）：恶鬼名。

④ 嵁（kān）岩：凸凹不平的山岩。

⑤ 砰磅（pēng bàng）：象声词。形容水流激荡等声。訇磕（hōng kē）：形容大声。

⑥ 眴（xuàn）：同"眩"。

⑦ 爌（kuàng）：光明。

⑧ 醯（xī）：本意指醋，也指酒。

根拄洞口，长与洞齐，高十六级，级皆三丈余，四面皆有瞿昙[①]像，凡香炉台几之类，皆石为之，天施地设，无所用人力。又有石钟石鼓，击之声噌吰镗鞳，百谷皆鸣。旁有小洞，土人从余游者神之曰：昔有游者，持炬入，见有白龙蟠其阴而睡，鼻出声如雷，乃怖而返云。

[附记] 选自贵州省文史研究馆编：《续黔南丛书（第5辑）·下·黔南与地风土丛钞》，贵州人民出版社，2014，第936–939页。许仲元（1775–？），字小欧，清松江（今属上海）人。游幕四方。谢阶树，字子玉，号向亭，江西宜黄人。嘉庆戊辰（1808）科进士。授翰林院编修，历充会试同考官，提督湖南学政，累官至侍读学士。有《守约堂文集》。《清史列传》有传。

牟珠洞 林则徐

[嘉庆二十四年（1819）七月]初八日戊辰。晴，卯刻行，15里经牟珠洞，俗名母猪洞，明太史邱禾实易名“凭虚”，国朝镇远守陈受涟易今名，山门额曰“天然古洞”。初入尚有容光，谓之"天窗"，中间矗立自然石柱高10余丈，层级分明，僧人奉佛于此。再进则须然炬，见石乳垂垂如箸，异状百出，曰“童子拜观音”、曰“七层宝塔”、曰“莲花”座、曰“钟”、曰“木鱼”，叩之音各相类，曰“石象”“石尊”，曰“千人座”、曰“十八罗汉”，无不宛肖。地下白石如梅，曰“落地梅花瓣”。过此路益仄而滑，难以更进矣。闻洞之西复有两洞，皆相通，未及观……

[附记] 选自（清）林则徐：《滇轺纪程》，载贵州省文史研究馆编：《续黔南丛书（第5辑）·下·黔南与地风土丛钞》，贵州人民出版社，2014，第865–866页。林则徐（1785–1850），字元抚，又字少穆，晚号俟村老人等，福建省侯官（今福州市区）人，清代政治家、思想家、诗人。官至一品，曾任云贵总督等职。《滇轺纪程》是嘉庆二十四年（1819）林则徐奉旨充云南正考官，前往云南，记述途中见闻。

---

① 瞿昙（qú tán）：释迦牟尼的姓。一译乔答摩（Gautama）。亦作佛的代称。

重修南泉山寺观叙 胡秉均

郡治在万山之中，峰峦环拱，而山水之最佳者惟南泉，其来自石井山，蜿蜒数十里，至于郡城之南，矗然特出。邑乘谓其“疏岚翠嶂，蔚为人文”，良不诬也。前明开置之初，郡人士请于守土，建庙栖神，共为三所，门堂殿阁、廊庑亭栏及禅房厨肆之属，无不具备。嗣后李参戎增夕佳阁，杨太守建天香书院，渐次修培，而林泉丘壑之幽美，较前而益胜。当夫风日晴和，缘径而上，遐瞻迩瞩，乾端坤倪，轩豁呈露，故远近之寻幽选胜与夫祈神赛福者，自春徂秋，往来不绝。而官斯土者，亦尝于人和政理之暇时一登临，览山川而查民物，着谢公之屐，放苏公之鹤，廑希文之忧，为永叔之醉，洵韵事也。近年以来，阴霾薄蚀，风雨飘摇，渐以梁桷赤白陊剥[1]，不治图像之威，□昧就灭。寺僧等念其为郡城重地，不忍坐视颓圮，乃请于当事大人，乐善君子，谋所以修之。而乞余为叙。

夫佞佛者，君子所讥。彼夫汉魏六朝之衰，崇奉释教，捐资宅如脱屣，倾盖藏、奉招提而无稍裨，于民生固属大惑矣。至若以有用之财而歌台舞榭，□费多金；踵事增华徒□费多金，踵事增华徒为观美者，亦复何益。而斯役也，非欲为亭台池馆之点缀，层楼飞阁之宏巨，不过以集腋成裘之举，为有基勿坏之谋，培山川之秀迓神之和，其事固有大相径庭者。诚能举郡国关要之处。昔人所培成者，时葺而修之，则不特与名都山水角胜争奇，而川岳之效灵者，终古不竭。彼青田刘氏谓此地山环水聚，龙凤呈祥，当有伟人出其间者，余将拭目望之，岂徒壮形胜之观，备玩游之所在也哉。是为叙。

[附记] 选自光绪《黎平府志（卷2·下）·地理志（下）·坛庙》。胡秉均，黎平府人，嘉庆三年（1798）举人。南泉山寺，建于明初，旋毁于兵燹。万历三十四年（1606），黎靖参将李思忠倡捐重建。清嘉庆元年（1796）重修大佛殿、夕佳阁、灵官殿、天香阁、翠微亭和宝顶庵正殿。撰于清嘉庆元年（1796）。

---

① 陊（duò）剥：破败剥蚀。

宝珠寺记 陈善述

宝珠寺乐源古刹也。明季蓝二、张先壁相继披猖，遂成灰烬。所存者惟常住数亩田耳。僧调御从师腾初，诛茅结庵，越数年甫建前殿。而腾没，其实调御亦衰迈难支，得徒融通相与竭蹙从事，而两廊后殿始完备焉。调御示寂后，融通历尽艰险独立撑持，数十载如一日，自镂接引大佛一尊、韦驮一尊，增置常住。又将前殿三间，扩而为五，是皆生平辛勤苦积，口甘淡泊，身受饥寒，不敢于一丝一粟自私自利而建此功德，诚哉！苦行头陀也。

兹欲将新旧常住勒石，以志不朽，乞予言以记之。予非不知山门之兴废，由于常住之有无，向非有旧常住数亩，则此山不能复兴，也不自今日矣。乃故诘之曰：山门田土辄称常住，有说乎？融曰：在俗房业更沓授受，罕有至十世百世者，一入山门则仗佛力，无敢侵夺，如山之艮止而莫能移易，此常住之所由名也。予曰：恐未必然，昔苏子瞻有云：世岂无无佛而灭鬼者乎！乌能禁其侵夺也。融曰：犹有说，夫人之舍此业也，非为本身图福禄，即为子孙祈锦远，彼不舍而反思侵夺，其人之存心与张、蓝无异。不但本身堕落，而欲冀子孙之绵远也难矣！即如贫僧舍身浮屠，辛勤所购，仅以付诸空门，谁则不愿宗祧之相承不堕而夺之也。予曰：信如此言则常住可保无虞也。又安用勒石为哉？融曰：此言其常住僧老矣，能保后之焚献此山者皆如我哉；又况如山以外者，能保其后之所遇，悉如前之人哉，万一不然，虽有簿约或委草莽，或投水火，将亩数无稽，坵段迷失，官册之钱粮如故，僧家之田不敷，赔累既多，住持难任，甚且置庄严之法像，弃崔巍之禅林，而成冷庙荒烟，皆不可知也。而欲再为振兴也难。予曰：然。勒石诚不可已也。是为记。

[附记] 选自（清）嘉庆《黄平州志（卷9）·艺文志·记》。宝珠寺，又名岑卡寺。相传始建于唐代。陈善述，乾隆年间黄平州岁贡，任儒学教授。

香炉岩赋并序　蔡世㥿

岩何以以香炉名也？犹鹫岭之为鹫岭，喳岈之为喳岈，以其形而名之耳。素烟晚带，白露晨萦，㵲阳胜景，此实居一焉。岁戊申（1788），家大人来守是郡，余时留应京兆试，尚阻趋庭。辛亥（1791）南来，乃获斯岩而登之。因景抒怀，自忘固陋，援笔为赋，幸山灵其勿笑我也。赋曰：

炉名博山，良工已往；香炷沉水，异域徒闻。悼兰烟之毁黑，漫矜铜盘吐雾；缅麝火之埋朱，谁怜瓷鼎含芬。纵使奇态玲珑，骚人载咏；难教环姿岩崿，亘古长爋。故异纪篇章，融冰亦传夫七宝；奇搜耳目，散馥莫睹乎三云。乃若形钟造化，质毓坤乾，匪产禺氏，匪采于阗，匪锟铁之裁铲，匪玉人之雕镌。石色嵚岈，如添雀脑；岚光缥缈，似喷龙涎。何须高益九层，爇香屑以伴月；便欲轻移四角，杂花气而成烟。尔其为状也，下削上丰，中坚外洁，既璀璨而璘彬，亦窈窕而瑰璃。铸凭谁手，疑经鬼斧神劚；置自何年，居然天造地设。名香可贮，应被染而衣薰；大宝常贞，难左提而右挈。一望孤峰插汉，紫雾遥飞；还疑一气凝云，青烟晚结。况夫背绮谷回清流，佳因夕入，爽为朝浮。映万丈之光芒，遍因日近；笼无边之灿烂，更爱云稠。星点寒江，逗红光而乱绕；柳垂沙碛，引翠焰以齐抽。问谁领得清芬，旃檀斯在；设有取于活火，榆柳堪求。且其古刹遥连，禅房近辟。峰凝瑞霭，度梵呗之悠悠；隙透红香，晃佛光而奕奕。瀑飞云，松俯壁，绿藓阶，步苔石。形模点缀，俨同岣嵝之文；款识依稀，怪遗钟鼎之册。犹忆览岳阳之胜概，翠嶂依然；问香炉之名山，丹台宛在。含烟罩雾，岫壑冲深；绕素萦青，峰峦巉嵬。惟此岩之神奇，并流芳于千载。鱼天泗漾，灿满目之烟光；雉蝶迴回，锁无方之霞彩。在当年登高作赋，应有藻漾潘江；彼今日对景抒怀，系谁才翻陆海？仆纵眼乾坤，放怀宇宙，香未惹乎御炉，舞敢侈夫长袖。深情往处，聊陈下里之音；信笔图来，漫拟钧天之奏。惟草木亦有臭味，鼻观常通；斯心脾别饶馨香，云津可漱。所以山碧于油，波绿似沉，雾含峰而异彩交腾，烟冲涧而寒光欲饮。遥烘浅绿，野田之早稻垂云；陪衬殷红，村径之花光篆锦。诗人搁笔，咸费评量；墨家挥毫，尽入题品。不同化自朽腐，信阴阳别有炉锤，何妨率我情狂，更天地借为衾枕。

[附记] 选自（清）乾隆《镇远府志（卷22）· 艺文》。作者蔡世憷，蔡兴槐之子。蔡兴槐，湖北人，进士，清乾隆五十二年（1787）任镇远知府。

《飞云岩志》①序　朱定元

六合之内，不乏名胜。然或山奇矣，而水不秀；即或山水已臻其盛，但以供游迹之赏玩，古今山客之搜罗，倘无益于地方，鲜利于人民，士君子亦未边远诹遐访于其间也。黄平之东二十里，有岩曰“飞云”，忽现奇观，适当冲道，卓哉！黔国之咽喉，筑东之门户也。此地得，则仕商络绎于途，农工讴歌于野。失则施秉、清平不通，余庆、瓮安难保，其所系甚非浅鲜。稽之古人，饬令土司分段保路，立石寺前，俾传永久，盖有深意存焉。且岩巅之水，奔流飞瀑，自高而下，虽大旱不涸，远近灌田数百亩。其近溪村庄以及行旅渴乏之辈，朝夕得而饮食，甘芳清润，取之不禁[尽]，用之不竭，盈千累万。况冠盖往还，旌旗环绕，途人聚集以观，莫不交羡。我朝车书兵甲之隆，典章文物之盛，用夏变夷之道，即于潜乎默化，其有益于地方，普利于人民，不甚彰明较著哉。自明迄今，迭被□患妖氛，所值罔不灰烬。月潭古寺，独巍然于兵戈扰攘之余，岂非山之灵，地之杰，而天有以佑之乎？余生长龙渊，密迩灵岩，深悉其裨益于地方人民，非一日矣。矧当黔中人文，云蒸露蔚，日新月盛，又安知非灵岩先为之发其秀也耶！至于梃翠标奇，幻如大章五色，因风欲飞，名贤学士，或存治化于记序之中，或寓振兴于诗歌之内，敷华掞藻，俱裨于世道人心，盖不仅风云月露，绘划山川，妆点太平而已也。且所谓志也者，识也！史也！以永鉴观文献所属也。余不惴固陋，编辑以志之，裨后之君子，有所考究云尔。

[附记] 选自（清）嘉庆《黄平州志（卷10）· 艺文 · 序》。朱定元（1686–1758），字象乾，号奎山，兴隆卫（今黄平县）人，清康熙五十二年（1713）

① 《飞云岩志》（八卷），（清）李少牧纂。今存清嘉庆刻本。

举人。雍正、乾隆年间于江、浙、豫、鲁等地历任州判、同知、道员、布政使、巡抚等职，至内阁学士领礼部右侍郎、都察院户部御使。著述甚多。

杜和尚武勇绝伦 佚名

靖州，天柱县边苗地也。有一径方四十里，可达黔中，明代邮递甚便，而丛箐荆杞弥亘山谷，诸□穴之，以肆剽掠。有行杜和尚者，能诗歌，语天下事，如抵掌。大抵明末高人为僧者也，武勇绝伦，熟游其地。欲辟其地，募集多赀，具锄斧，雇健夫百余人，力肆斩伐，月余成坦道十余里。诸□群阻之，杜持铁杖，大可五六斤独战，毙□三酋，余皆披靡散。凡三月竟成康庄，当事者拟旌之，笑却去。遂结庵中途独居，以护送来往数年矣。一日晌后，有异僧负装褂木缄大刀入庵，释任呼杜具汤沐，声甚厉。杜讶之，方事水火侥首灶前，僧人其厨，睨地有火叉，一足躧之，一足踏杜颈。杜一手起僧迸掷墙上，头破。僧起夺火叉，拔木函刀来砍。杜急拾木片，方八寸许，左右格避，应削且尽。因夺门出，僧急追走二三里。时黄昏，杜望山走，渡小木桥，因猿挂桥下，僧过桥追之，杜从下曳其足，僧坠沮洳[①]中，杜下夺其刀，问来故不应。杜欲杀之，亦不应，固诘之乃曰："知尔武勇，欲降尔相干一事，今不谐杀耳，复何问？"杜叹曰："吾老矣，天下大事，亦久灰心，况当勾当耶。然尔敢忤我，亦有胆识者。"携手归庵，具汤沐饮食，诘朝别去。杜后语人："吾黄冈人，先邱墓在黄。来天柱已久，今年暮思归正首邱。"言之辄叹息，泣下。后不知所终。

[附记] 选自镇远县政协文史资料研究室编《镇远府志》（第四册），贵州人民出版社，2014，第803页。原载《湖北通志》。

---

① 沮洳（jù rù）：低湿之地。

（三）当代

黎平县九龙村佛教[①] 刘锋 龙耀宏

佛教传入南部侗族地区始于宋、元时期，盛行于清代中叶。据《黎平府志》记载，明初府属境内已建有南泉山寺、太平山寺等寺院。到了清代中叶，仅黎平县境内就有寺、庙、庵、堂达百余座，居庙和尚48人，尼姑72人。

由于佛教中的一些思想观念与侗族原始宗教中的某些思想观念相接近，当佛教传入侗族地区，较容易为侗民们所接受，故发展速度比其他任何外来宗教都快，成为外来宗教中唯一普遍接受的一种宗教。主要表现在其轮回观念、因果报应、修阴积德等广为人们信奉；信仰菩萨、土地公者众，虽归入佛门为僧为尼者极少，但亦有在家中吃长斋者，或初一、十五吃花斋的人。在南部侗族地区各村寨，凡大桥、小桥几乎均设有简易的“桥头土地公”，绝大部分村寨寨门或入口处，几乎都建有规模不一、小型的土地庙或关帝庙。在侗族社会中有这么一句广为流传的谚语：“头人不好事入村，土地不好虎进寨”，意为村中的寨老不公、不得力，村中很容易产生各种矛盾、纷争和事端；村口、桥头土地公不得力，不严加保守，老虎、妖魔鬼怪就容易进入村寨，使村寨不得安宁。可见土地公在侗族社会中的作用和地位。

尽管九龙寨建有庙宇，某些私塾老师也在灌输一些佛学知识，至新中国建立前夕，村中原住侗民仍无一人进入佛门为僧为尼，只有后来住户刘氏（来自潘老寨的上门郎）家中的一名女子，因反对父母包办婚姬受挫，加之在私塾中接触到一些佛教知识，十八岁时出家到潘老寨入庙为尼姑。除她之外，前无他人，后无来者。

新中国成立后，庙田入社，“破四旧、立四新”时庙宇被拆，庙瓦指定挑到黎平县城修建国有饭店，佛像及大钟就地被砸，许多经书、佛具被焚，

① 标题为选录者加。

惟有原庙赐给的《古本桃园真经》《关帝警世宝诰》《关帝君灵签》合订成一书被吴春隆视为宝。

[附记] 选自刘锋、龙耀宏主编：《侗族——贵州黎平县九龙村调查》，云南大学出版社，2004，第579页。

九、黔南自治州佛教文献

（一）明代

阳宝前山重修殿宇疏　丘禾实

黔故在万山中，峰峦高下，在在相等。其最高而为一方之岳者，无如吾新之阳宝山。山势自西北来，不知几百里，而结峙于新之北。由北而南而东而西，诸峰崒立，然皆环向于阳宝一山。其远者如溯如赴，近者如俯如揖，左右者如侍如卫。余尝登此山，及半，已俯诸峰如在几席。及顶，而培蝼视之。乃诸峰外，层岚叠嶂，远水遥岑，无一不在指顾。因念太华诗所谓“罗列似儿孙”，何其肖也。

山故有祠，前祀真武，后祀佛，黔之人往往朝于是，是为阳宝之前山。万历七八年中，有高僧白云挂锡其上。因步山后，得宝地，再创丛林。且入滇，范丈六金身祀焉，而僧化去。自是复有后山之名，然朝者益众矣。朝者之言曰：吾某年病，几危，因念往朝，得活；或曰：吾向者以信心为亲祈寿，寿；或曰：吾素有商瞿之忧①，以兹山之灵而有丈夫子也。每岁自元旦迨浴佛日，朝者接踵，呼佛声相应。泥涂起拜，感动路人。山中，夜不时有光，起自殿中，遍诸色界。若流星布地，若长虹亘天，若朝霞绚彩。噫！山之灵著矣，何惑乎？朝之益众，而祈之必应也。虽然，山之灵，固人心之所为灵也。审如朝者言，一念初坚，不必登山，而感应立至。则此山之灵，何地不存，何息不在。

---

① 商瞿：即“商瞿庆迟”。典出《孔子家语》（卷10）：商瞿曰：“昔吾年三十八无子，吾母为吾更取室。夫子使吾之齐，母欲请留吾。夫子曰：‘无忧也，瞿过四十，当有五丈夫。’今果然。”后遂以“商瞿庆迟”为晚年得子的典实。

即吐焰流光，要亦神明以此为示现之地，不可谓世尊故在灵山也。

余往自癸巳，及今春再登此山，十年矣。山中老衲如所称白云者，大半物故。第白云慈心不朽，宝刹已成。惟是前山，处此山之尊，当绝顶之上。烈风碎瓦，宿雾苔椽，祠不时圮。今复圮矣。乡人及十方善士构材鸠工，将议鼎建，且议覆以铁瓦。而请疏于余。余因举前语语之。请者曰："如居士言，则示现之地，固不可莫为之计也。"余重语之曰："如诸君言，则人心之灵，固不必余疏也。彼向者一念触发，旋获善果。不但数千里蹩躠[①]而来，其忍以一椽一瓦之费为诸君忧乎？抑余有言，听于神，不若听于心。是役也，麾金无吝，恒沙可量，然不可恃也。积金有成，浮图可俟，然不可家也。恃且家焉，神之灵将不在此山矣。往敬尔事，无勤余疏。"请者曰："即此可疏矣。"遂书之。

[附记] 选自（明）郭子章《黔记（卷8）·山水志（中）·龙里卫诸山》。原注：城北十里有阳宝山，高峻薄天。有前山，有后山。上有玄帝行宫，黔人祷祀祈子者络绎于祠，有常住田共十分，年收米七十石。

白云僧

白云僧，大理人。戒行精严，杖锡几遍天下。万历庚辰（1580），至麦新阳宝山。探幽采胜，直穷数泽。山故多虎，主僧止之弗听，裹粮坐泽中凡八日。时方大雪，僧所止有鹿卧其地，雪亦弗及，僧异焉。誓去来必建丛林。去十年，果来建千佛阁。取材于山。凡百工之技，若匠若陶，僧皆自为之，绝精巧。阁将成，僧遣其徒化缘于滇，范丈六金身来，功费甚巨。僧往逆之途，抵平坝卒。卒之时谓其弟子曰："吾志愿未毕，会当复来，乃今来则不可知矣。"僧入山数年，人未尝见其卧。山故多虎，僧至乃绝。间有工课，人亦不及知也。

[附记] 选自（明）郭子章《黔记（卷54）·方外列传一·唐宋大明》

---

① 蹩躠（bié sǎ）：尽心用力。

广顺白云山　徐霞客

（四月）十五日……转而西行，又半里，得一村，在北山下，曰马铃寨。路由寨前西向行，忽见路南涧已成大溪，随之西半里，又有大溪自西峡来，二溪相遇，遂合而东南注壑去。此水经定番州，与青崖之水合而下都泥者也。于是溯西来大溪之北岸，又西向行二里，为水车坝。坝北有土司卢姓者，倚庐北峰下。坝南有场在阜间，川人结茅场侧，为居停焉。坝乃自然石滩横截，涧水飞突其上，而上流又有巨木桥架溪南北。其溪乃西自广顺来（广顺即金筑安扶司，乃万历二十五年改为州，添设流官）。由溪北岸溯流入，为广顺州道。由溪南岸逾岭上，为白云山道。随溪东南下，为定番州道。乃饭于川人旅肆，送火钱，辞不受。

遂西南一里，逾岭。又行岭夹中，一里半。乃循山南转，半里。又东转入峡，半里。峡穷，乃东南攀隘上。其隘萝木蒙密，石骨逼仄。半里，逾其上，又东南下，截壑而过，半里。复东南上，其岭峻石密，丛更甚焉。半里，又逾岭南下，随坞南行，一里，是为八垒。其中东西皆山，南北成壑，亦有深坎，坠成眢井，而南北皆高，水不旁泄者也。直抵壑南，则有峰横截壑口，西骈隘如阈，东联脊成岭。乃东向陟岭上，一里。逾其脊，是为永丰庄北岭，即白云山西南度脊也。乃南向下山，又成东西坞。有村在南山下，与北岭对，是为永丰庄。从坞中东向行二里，得石磴北崖上。遂北向而登，半里。转而西，半里。又折而北，皆密树深丛，石级迤逦。有巨杉二株，夹立磴旁，大合三人抱，西一株为火伤其顶，乃建文君所手植也。

再折而西半里，为白云寺，则建文君所开山也。前后架阁两重。有泉一坎，在后阁前楹下，是为跪勺泉。下北通阁下石窍，不盈不涸，取者必伏而勺，故名曰“跪”。乃神龙所供建文君者。中通龙潭，时有双金鲤出没云。由阁西再北上半里，为“流米洞”。洞悬山顶危崖间，其门南向，深仅丈余，后有石龛，可旁为榻。其右有小穴，为米所从出，流以供帝者，而今无矣。左有峡高进，而上透明窗，中架横板。犹云建文帝所遗者。皆神其迹者所托也。洞前凭陵诸峰，翠浪千层，环拥回伏，远近皆出足下。洞左构阁，祀建文帝遗像（阁名“潜龙胜迹”，像昔在佛阁，今移置此）。

乃巡方使胡平运所建。前瞰遥山，右翼米洞，而不掩洞门。其后即山之绝顶。逾而北，开坪甚敞，皆层篁耸木，亏蔽日月，列径分区，结静庐数处。而南京井当其中，石脊平伏岭头，中裂一隙，南北横不及三尺，东西阔约五尺，深尺许，南北通窍不可测。停水其间，清冽异常，而不灭不溢，静室僧置瓢勺之。余初至，见有巨鱼戏水面，见人掉入窍去，波涌纹激，半晌乃定。穴小鱼大，水停峰顶，亦一异也。以其侧有南京僧结庐住静，故以“南京”名，今易老僧，乃北京者，而泉名仍其旧也。是日下午，抵白云庵。主僧自然供餐后，即导余登潜龙阁，憩流米洞。命阁中僧导余北逾脊，观南京井。北京老僧迎客坐。庐前艺地种蔬，有蓬蒿菜，黄花满畦，罂粟花殷红千叶，簇朵甚巨而密，丰艳不灭丹药也。四望乔木环翳，如在深壑，不知为众山之顶。幽旷交擅，亦山中一绝胜处也。对谈久之，薄暮乃返。自然已候于庵西，复具餐啜茗，移坐庵后石壁下。是日自晨至暮，清朗映彻，无片翳之滓，至晚阴云四合，不能于群玉峰头逢瑶池夜月，为之怅然。

十六日，夜闻风雨声，抵晓则夙雨霏霏，余为之迟起。饭后坐小窗待霁，欲往探龙潭，零雨不休，再饭乃行。仍从潜龙阁北逾岭，至南京井，从岐东北入深箐中，耸木重崖，上下窈渺，穿峥透碧，非复人世，共五里。则西崖自峰顶下嵌，深坠成峡，中洼停水，渊然深碧，陷石脚而入，不缩不盈，真万古潜渊，千峰閟壑也。其峡南北约五丈，东西约丈五，东崖低陷空下者约三丈，西崖耸陷空下者十数丈，水中深不可测。而南透穴弥深，盖穿山透腹，一峰中涵，直西南透为南京井，东南透为跪勺泉者也。崖上乔干密枝，漫空笼翠。又东北攀崖，东南度壑，皆窈渺之极。壑东有遗茅一龛，度木桥而入，为两年前匡庐僧住静处，今茅空人去。将度木披之，而山雨大作，循旧径返。深霭间落翠纷纷，衣履沾透。再过南京井，入北僧龛，僧钥扉往白云。惟雨中罂粟脉脉对人，空山娇艳，宛然桃花洞口逢也。还逾潜龙阁，自然已来候阁旁。遂下庵，沦茗炙衣。晚餐后，雨少霁，复令徒导，由庵东登岭角。循之而北，一里，出其东隅，近山皆伏其下，遥山则青崖以来，自龙里南下之支也。稍北，下深木中，度石隙而上，得一静室，其室三楹，东向寥廓，室前就石为台，缀以野花，室中编竹缭户，明洁可爱。其处高悬万木之上，下瞰箐篁丛叠，如韭畦沓沓，隔以悬崖，间以坑堑，可望而不可陟。故取道必迂从白云，盖与潜龙阁后北坪诸静室取道皆然，更无他登之捷径也。此室旷而不杂，幽而不閟，峻而不逼，呼吸通帝座，寤寐绝人寰，洵栖真之胜处也。静主号启本，滇人，与一徒同栖。而北坪则独一老僧也。白云之后，共十静庐，因安氏之乱，各出山去，惟此两庐有栖者十二。庐旁各有坎泉供勺，因知此山之顶，皆中空酝水，停而不流，又一奇也。晚返白云，暮雨复至，自然供茗炉旁，篝灯夜话，半晌乃卧。

十七日。晨起，已霁，而寒悄颇甚。先是重夹犹寒，余以为阴风所致，有日当解，至是则日色皎然，而寒气如故，始知此中夏不废炉，良有以耳。

白云山初名螺拥山，以建文君望白云而登，为开山之祖，遂以“白云”名之。《一统志》有“螺拥”之名，谓山形如螺拥，而不载建文遗迹，时犹讳言之也。土人讹其名为罗勇。今山下有罗勇寨，土人居罗勇而不知其为“螺拥”，土人知白云山而不知即螺拥山。僻地无征，沧桑转盼如此。

白云山为永丰庄北岭，即余来所逾岭也。东则自滇僧静室而下，即东隤颓然①，下对青崖，皆为绝壑。前则与南山夹而成坞，即余来北上登级处也。后则从山顶穷极窈渺，北抵龙潭，下为后坞，即余来时所经岭南之八垒者也，此其近址也。其远者：东抵青崖四十五里，西抵广顺三十里，东南由翁贵抵定番州三十里，北抵水车坝十五里。白云山中有玄色白色诸猿，每六六成行，轮朝寺下（据僧言如此，余早晚止闻其声）。又有菌甚美，大者出龙潭后深箐仆木间，玉质花腴，盘朵径尺，即天花菜也（又有小者名八担柴，土人呼为茅枣，云南甚多）。

……

十八日，辞自然师下山……

［附记］选自（明）徐弘祖著：《徐霞客游记·黔游日记（一）》，上海古籍出版社，2010，第215–217页。

---

① 隤（tuí）：垮塌、崩颓、坠下。

（二）清代

白云山说　田雯

贵阳城南七十里，建文遁迹之所。上有罗永庵，庵前有井，名“跪井”，汲者必跪乃可得，俗传以为溪龙所献以饮帝者。又有流米洞，帝居庵时，洞中流米供帝，及帝去，则不复流。又有大杉数株，谓帝手植，枝叶皆南向。尝题三诗于壁，人传诵之。

论曰：吾于红箧一记，疑之者旧矣。半月之言，明祖早知其不终，则何不举国以授燕王，如唐文皇故事。必待金川事起而后为行遁之谋，俾其流离琐尾，少延旦夕乎？既入滇以依西平，何不乘仁宗既殂，高煦告变[①]之时，而说沐氏[②]以伸大义，乃自甘流落每至以泪洗面？岂说之而沐不肯从，抑帝本无意于光复旧物耶？既已决意东归，不从程济之言，何不直诣京师，而又久憩此山耶？且是时杨叶虽亡，程济尚在，何至烦饮食于鳞虫神鬼耶？盖荒唐之甚者。后帝诗为同寓僧窃去，自称建文，诣岑瑛言状，瑛闻之藩司，因系僧并及帝，飞章以闻，诏械入京廷鞫之。僧实杨应祥，钧州人。应祥论死，从行十二人戍边。帝有南归之思，乃白其实，迎入西内，称“老佛”，以寿终。既云称佛寿终，则程济之蓄得兑之归妹，又何以云“大凶，金火之相尅”耶？事之有无，俱不可知矣。又曰：逊国之事，自神乐观启行，由松陵而入滇南。西游重庆，东到天台，转入祥符，侨居西粤，结庵于白云，题诗于罗永，两入荆楚之乡，三幸史彬之第，去来踪迹，四十余年，何啻

---

① 高煦告变：朱高煦（1380-？），明成祖朱棣次子。随父亲起兵靖难，累立战功。封为汉王，藩国云南。他却一直留居南京，不肯就藩，多次谋取太子之位，纵使私兵劫掠，僭用乘舆器物。永乐十五年（1417），被强令就藩乐安州，但仍不悔改。宣德元年（1426），明宣宗继位，朱高煦起兵造反，在宣宗亲征后投降，被废为庶人，囚禁在西安门内。后与诸子相继被杀。

② 沐氏：指沐英后裔。沐英（1345-1392），洪武九年（1376）因军功被封西平侯。洪武十四年（1381），与傅友德、蓝玉率兵30万征云南。云南平定后，沐英留滇镇守。此后，沐氏子孙世代镇守云南。

凿也！况乎湖濙访仙[1]，岑瑛械送，吴亮伏地，岂尽道路之口传闻异词乎？然而大可疑者。据成祖之《实录》，谓建文之自焚，国君死社稷，可云义之正矣！如必执行遁之说以为可信，殊不知瓦解土崩，仓皇变作，君行地道，臣出水关，痛哭者五十余人，从亡者二十二士，谁从旁而纪泣之若是之详耶？东南西北，恣意遨游，为岑瑛者岂遂无其人，直待正统改元之岁，已易四朝，而后发露乎？兑之归妹，既曰凶矣，东归而称老，遼鹤而葬西山，不又与程济之占大相径庭哉？西内寿终，斯亦已耳，而吴亮之退而自经，抑何故也？观红箧之陈迹，实千秋之疑案矣。或者六月四日不肯直书于贞观，烛影斧声只可依违于兴国。且欲加建文以泰伯之让，褒程济如子家之忠，此史氏之曲笔，后人之深意如是耳。至于牢落西南，长篇短句，谓出于好事者附会之词可也。

丁炜曰："建文行遁之迹凿凿，其在滇黔者最久，所传牢落西南之什，实题于滇之武定狮山龙隐庵，庵故帝久驻锡处也。在黔罗永之诗，或出于好事传写。至若跪而汲泉，流而献米，此与释氏虎跑、木毬之说何异？其为不经附会，无足深辨。所可疑者，明祖之不为唐高，西平之不为敬业耳。夫立嫡以长，开创之君必不忍首乱家法，而建文之优柔寡断，久已无意光复，西平亦岂敢以南徼偏师犯文皇英锐之锷哉？唯归称老佛，既与程济之占刺谬，而吴亮自缢，或与寿终之说牴牾。先生从此窥出疑窦，直作一篇翻案文字，谓史氏欲加建文以泰伯之让而讳成祖革除之非，论奇而理实轨于正。呜呼！安得起丛亡十数君子，与之论当日情事哉！"

[附记] 选自（清）田雯：《黔书》（上卷）。田雯（1635–1704），字紫纶，一字子纶，号漪亭，晚号蒙斋。山东德州人，康熙三年（1664）进士。官至江苏巡抚。诗与王士禛、施闰章同具盛名。著有《山姜诗选》《黔书》等。

① 湖濙访仙：胡濙，字源洁，武进人。建文二年（1400）进士。永乐元年迁户科都给事中。永乐五年遣濙颁御制诸书，并访仙人张邋遢，遍行天下州郡乡邑，隐察建文帝安在。

施姜茶碑记　朱定元

寒渴之累人甚矣哉！人生一日不饮，则渴；片刻无衣则寒。平居大抵然也。况吾黔每多崇山峻壑，险陉[1]危桥，又当酷日炎风，煎沙灼石，并披霜带雪，冻结冰坚之会。斯时，或山高日烈，口欲生烟；或路远衣单，心窝并冷。其为渴与寒也尤甚。非得茶水解渴、姜汤救寒，势必至内外受伤，渐染成疾，其所系盖非浅鲜焉者也。

城南二十里，地名榔木哨，羊肠盘岭，鸟道穿云，行旅艰辛，跋涉愁苦，曲躬担负，状类登天，喘气呵嘘，情同涸辙。

吾友胡君学瑗，黄君元章，捐缸置水，俨然甘露琼浆；絜众修亭，宛矣棠阴槐荫。予美其意之甚善。而思其事之有恒，爰捐余俸廿金，购枫香树田一坋（份），交观音阁住持，以为夏施茶水、冬烧姜汤之用。从此，折柳亭旁，无异庐仙七碗；寻梅道上，胜于草圣千杯。勺沼烹茶，不待西江之远；饮心润肺，暂同綀纩之温。己溺己饥之心，亦庶体立人达人之念云而。[2]

[附记] 选自（清）嘉庆《黄平州志（卷9）·艺文志·记》。朱定元（1691–1758），字奎山，贵州麻哈（今麻江）人。康熙癸巳（1713）科举人，曾任山东巡抚、内阁学士兼礼部侍郎、都察院右副都御史等职。清正廉洁，乐善好施。著述颇丰。

白云山　檀萃

白云山在贵阳城南七十里，明建文帝遁迹之所。上有罗永庵，金珻《懿文记》云：帝之遁踪无定，未有宁居，至中间之结间，则以滇之鹤庆浪穹始，

---

① 陉（xíng）：山脉中断的地方；山口。

② “己溺己饥”，语出《孟子·离娄下（第二十九章）》：“禹思天下有溺者，由己溺之也；稷思天下有饥者，由己饥之也，是以如是其急也。”“立人达人”，语出（春秋战国）孔子弟子编撰《论语·雍也》：“夫仁者，己欲立而立人，己欲达而达人。能近取譬，可谓仁之方也已！”

以黔之金筑终。其初入黔也，瘴雨蛮烟，深林密箐，帝惟望白云而行。先登唐帽山，觉撼动不能载；次则列生天台，亦不堪卓锡。遥见白云起于东南，迹之至罗永寨，其白云笼罩处一山巍然，方广百亩，俯瞰万山拱若禁卫，帝喜曰："此吾托足处也。"结茆名"白云山"。食尽，忽米、油自洞出，清泉自地涌，二三伴侣箫然于中，虎豹不侵，苗僚不近，时听梵音，闲闻吟咏，忽来忽去，莫定踪迹。其《阅罢楞严》四律及《锡杖》一绝，皆题于此庵者。

后金筑安抚司金镛为建庙，蠲田招僧，肖像而祀焉。庙之遗迹：檐下有井，深不二尺，阔不三尺，四季澄清，传自龙宫涌来，跪取始得出，因名"跪井"；寺旁有石罅，米、油从此流出，人少不见余，多不见不足，帝去遂止；庙门双杉对峙，大三十围，传帝亲植，因枝叶碍道，帝出入以手分拂，至今惟南北分披，中间两面独虚。山中蚊蚋不生，蛇虎绝迹；盛暑不热，隆冬少寒；鸟语花香，松青竹茂。余如望天洞，帝每登此以望神享。棋盘山以会仙侣。白骡死此，坟冢依然。昔人云："天子有灵呵护。"信不诬也。

[附记] 选自（清）檀萃：《黔囊》。檀萃，字岂田，号默斋，安徽望江（安庆）人。乾隆辛巳（1761）科进士，选贵州清溪县知县。后任云南禄劝知县。后因运解滇铜赴京途中翻船等事被革职查办，流放云南。著有《黔囊》《滇海虞衡志》等。

游牟珠洞记　张澍

牟珠洞，在贵定县西十余里。洞内有罗汉、大士石像，皆天生自然，妙丽庄严。石笋一株，竦削鲜润，青如瑶篸。余壬戌（1802）至黔，往来且兰，数过其处。乃呼道士燃炬深入，则见石乳结撰，嵌空玲珑，訶閜庨豁①，天开别境，云谲波诡，莫可名状。有若象者，堪足而躨跜②；有若龙者，攫爪而□蝬；有若虎者，磨牙而趫耀；有若豹者，睒③舌而稠搬。跪者若羊，

① 閜（kě）：裂开。庨（xiāo）豁：高峻深邃。

② 躨跜（kuí ní）：盘曲蠕动貌。

③ 睒（tàn）：意为见。

眠者若牛，逸者若马藉草，而伏者若禺猱负崖，而奔者若麋鹿。又有十丈莲花亭，亭扶疏，翠色欲滴，如仙掌之金茎也。藕船类屋，横亘天汉。波涛奫[①]淼，如博望之星查也。石梁耸峙，如彩虹跨卧，上有仙官，鹤氅羽衣，童子持幢前导也。又有楼观宫阙，结构窅窱[②]，如入建章之宫而千门万户也；如造阆风之巅而铜柱瑶栋也；如游蓬莱方壶，圆峤三山，而羽人出没其间也。有石钟焉，蒲牢生动，蠡文啮缺，叩之如木，胜周景王之无射也。有石鼓焉，击之则轩乎鼞[③]乎，如奏钧天广乐，其声动心，无需蜀郡之桐鱼也。道士拨火指地上曰：此梅花也。视之，瓣蕊鲜妍，皎莹如玉，疑天女之所散，释迦之所拈也。忽有声自中来，泠泠然似琴，戛戛然似筝，琮琮然似敲玉，袅袅然似书弹丝，复杳杳然似湘灵之鼓瑟，嬴女之吹箫也。顷之，砰然如震霆轰山，划然如巨灵劈岳，然如康回触不周，其澎湃振荡，如天风海涛然。其凌厉呼号，轩天踸[④]地，如昆阳之战，猛兽助怒，屋瓦皆飞然。余方愕眙惊诧，莫知其所以然。道士曳余裾出洞，指涧间曰："向之声不一声者，水哉！水哉！"余曰："然。"乃记之。

附：

牟珠洞诗

洞内盛仙佛，瑶幢璎珞垂华拂。

洞外森树木，频伽婆罗翔紫竹。

落花满地证般若，流水空山悟真如。

来游兮，钟钟鼓鼓，仙佛颔手纷告予：

繄我方外之人兮宜岩居，何事人间金碧精吾庐。

[附记] 选自（清）张澍：《续黔书》，载顾久主编：《黔南丛书（点校本）》（第10辑），贵州人民出版社，2010，第163–164页。

---

① 奫（yūn）：水深广。

② 窅窱（jiào tiǎo）：深邃，深远。

③ 鼞（chāng）：指鼓声。

④ 踸（chěn）：迅速滋长；奔跃。

牟珠洞记　黄安涛

游飞云岩后五日，复得牟珠洞。洞去贵州之新安塘十五里而近。飞云之胜以奇，牟珠之胜以幻，灵不独阏，异不相袭，睥睨争雄，若伯若仲。

洞滨通衢，蹄交轮错，隔以绀宇，窅然而深。盖知林徒之护云泉，而惧尘踪之溷岩壑。已历阶数仞，绕殿十笏，披榛拨莽，忽睹石门。重扉启烟，九云立宇。始焉若堕眢井[①]，若履窟室，一线呀豁，天光冏然。珠缨花幢，雨无壤色，掬水供养，憩息移时。衲子导行，起复扪壁，阴同肘绝，跬步辄迷。暗溜出罅，滑不可驻，爇[②]秉秆以代松明，扶童肩而当筇竹。石棱窈窕，侧出倒垂，攲冠伛偻。屏息谛审，则有魑[③]颜蹙额，深目高颧，赤足披发，骈肩接踵，云驱涛驾，烟霏雾结，翩然如群真之下九霄而烁神光也；蛟龙蜿蜒，狮象蹲伏，牙须怒张，鳞甲飞动，若搏若斗，若舞若吼，杂然如偃师之陈百戏而荡心魄也。泠泠者磬，铿铿者钟，不假桐木，扣之辄鸣，非复凡响，殆天籁也。

僧言洞之远近，莫知所底，往往云客负奇，及半裹足，岂金庭之天，见诃左神；仇池之穴，仅通幽梦邪！然即耳目所及，异形殊声，如珠累累，数逾百八，洞之得名，其以是邪！亦云幻矣。独念物之虚者善幻，若水若镜；动者善幻，若云若蜃。彼颓然而凝，寂然而峙，巧匪匠斫，神匪天铲，厥幻若是其可测邪！

而不见夫苍苍圆穹，茫茫厚地，虱其中者，居仁由义，行焉而察，习焉而著，而固漆园之蘧庐，老聃之刍狗也。独非幻耶！夫扪烛以取热，烛灺[④]则焰销，镂脂以求工，脂熔则形释。智有所滞，神有所役，由幻得幻，有终穷邪！若夫非水非镜，非云非蜃，混沌不死，变化罔极，用神于虚，而非其体；机妙于动，而非其性。其善幻邪！游斯洞者，作如是观。

---

① 眢井（yuān jǐng）：干枯的井。

② 爇（ruò）：烧。

③ 魑（chī）：神兽。

④ 灺（xiè）：灯烛。

[附记]选自贵州省文史研究馆编：《续黔南丛书（第5辑）·下·黔南与地风土丛钞》，贵州人民出版社，2014，第924–925页。黄安涛（1777–1847），字凝舆，号霁青、葵衣老人，浙江嘉善人。嘉庆己巳（1809）科进士，改翰林院庶吉士，散馆授编修。出为潮州知府，有惠政。告归后，以教授及著述为事。有《诗娱室诗》《息耕草堂诗》《真有益斋文编》等。

白云山序　周钟瑄

山以白云名，因景志地，以标异于众，而遂以传其传者何？以明建文帝遁迹之所事，创闻耳目新，故传也。考帝出亡时，足迹遍天下，然他省咸泯没无闻，而兹山独以帝显，帝亦因山以著者，以金筑安抚司金镛建庙于山，肖象以祀，施六庄以为藩卫，租丰深免，以故缁衣者流，栖止有所，焚献有资，衣钵相传，绵绵不已，以至于今者，盖三百四十年于兹矣。故宫禾黍，徒付空言；庙貌常新，千秋不坠，安抚之贤，较行役大夫有足多者。噫，异矣！古今治乱，格不一律，有尧舜之揖让，遂基汗雄传禅之端；有汤武之征诛，爰起草窃篡逆之渐。臣弑君，子弑父，推刃同仇，祸及宗亲，层见迭出，异事局同，不为异也。惟有明一代，其事迹之变异，有非人意计之昕及也。太祖托足空门，出身皇觉，提三尺剑，不阶尺土，十余载而成大业，是以僧而为帝电。不再传而衅起家庭，以叔篡侄，金川失守，鬼门出亡，披制度牒之神奇，道士衅舟之诡秘，神药观之，师弟即大明殿之君臣，是祖以僧而为帝者，孙以帝而为僧。潜踪于蛮烟瘴雨之乡，侣木石而友鹿豕，与二三从亡吟风弄月，思长乐之云气，忆朝元之雨声，凄楚情怀，徒形篇什，良足悲矣！噫，异哉！破宇宙未有之天荒，留青史不刊之佳话，迹异事奇，非古今治乱之变局哉！惟是斯庙之设，所以安妥帝神，非若他处之招提兰若，分祀我佛、菩萨也。

余于戊寅（1698）之夏曾至兹山，今又五十年矣，再过之。因序其事，并系以诗云：

脱身皇觉靖烽烟，瓶钵袈裟又再传。

两世空门同泡影，一堂猜忌动戈鋋。
星驰铁马乾坤碎，帝入遐荒日月偏。
回首榆关真蝶梦[1]，老僧犹戴白云还。

一门相向极兵威，十族魂飞王气微。
孺子出亡愁北去，元公破斧竟南归。
空怀补衮无长策，剩有蛮烟卧衲衣。
欲遡当年谈往事，白云深处是邦畿。

［附记］选自（清）道光《广顺州志（卷12）·艺文志·记》。周钟瑄（1671–1763），字宣子，清朝贵州贵筑（今贵阳市）人。清康熙三十五年（1696）举人，历任福建邵武、台湾诸罗（今嘉定）县知县，山东高唐知州，员外郎管台湾事、荆州知府等。为官数十年，政绩颇多。著有《读史摘要》《松亭诗集》等。

补修广嗣庵记　李春荣

广嗣庵在城北哨顶南，创自明天启时，顺治八年残碣尚可考也。客岁五月，淫雨兼旬，岩崩损庵左楹及址三丈有奇，此山峻嶒峭壁，不易工作。

旋思余未患足疾时，读书庵中，从游者半出自远方。左楹楼前与诸子讲学处也。后以藏书，供诸子弟参考。室也，现圮处植各种花木，与诸子寻生意地也。且正楹上兼可远眺东山晓日、南楼夜月、西峰道院、北岭七星，寓于目，畅于怀，无已潭声鼓角，野渡渔歌及机杼声、书声相上下，洵[2]活泼，地忽毁于灾，乃约里中刘君应□等□捐修葺事，□诸君谓此次鸠工庀材，规复旧式，重修石砌，用利行人，且于岩顷隙中添置禅房、斋舍。共用去银二百五十两零，子其记之。□诸君知余爱读书，乐育英才，并期余足有愈一日，不知□□待余兴，余命如何耳！要之诸君同心保存古迹，乡子弟

① 原注：成祖征西，崩于榆川。

② 洵（xún）：形容水声。

能读书讲学者或有焉。余纵不文，乐为记。至于捐资芳名，另载不赘。

[附记] 选自（民国）《都匀县志稿（卷12）·祠庙寺观》。撰者李春荣，贵州都匀人，生平事迹无考。广嗣庵，建于明天启年间。清乾隆十七年（1752）重建。咸丰年间毁于火。光绪八年（1882）邑人李岐山、刘子华等募资修复正殿三楹，北花厅二楹、南花厅三楹，学人爱其幽静，常于此读书。碑文撰于清乾隆十七年（1752）。

游翠微寺记 段兆鳌

光绪癸巳（1893）冬，予将入都应试，至岳家踵辞。值日色晴明，偕内兄森甫熊君往游翠微寺。

自山麓至巅，约半里许，蹑登而上，经石门数重，至中层佛殿，见远山环卫，绣壤平铺，广廓数十里，略无扞格，胸臆为之豁然。所谓周顾惬心目者，其殆是欢！绕山径出殿后，得一阁，其下层所见无异，第二层供观音、文昌、达摩像。倚窗而望，万叠云山，悠扬不尽。熊君谓予曰："欲穷千里目，盍更上一层楼乎？"至上层，则巍然座上者，端冕凝流之玉皇像也。前有匾一方，书"惟德动天"四字，为吾乡前辈邓石庵孝廉所献。石庵公因避乱，侨居课读于此，以是年领乡荐。其梁上字迹隐隐可辨，则为乾隆四十三年所建，备书龙邑之县令、学博、营泛官官衔，暨五堡八寨首领姓名。夫，以区区之阁而所书若此，或前者遭苗匪之乱，各官弁择地聚守于此故有是与，则亦斯阁一时之盛矣！

试与熊君凭窗而望：其北则有青龙山，梵宇崇隆，林木深秀，若琅琊之胜境也；其南则有香炉山，屏山列障，蜿蜒数十里，若武夷在目，令人接应不暇也；其东则有文昌阁，挺立平原，朱碧璀璨，上接乙垣之秀气也；其西则为羊场，人家连接，墟里烟明，竹柏松杉，星落棋布，森然而蔚然，如睹世外之仙源也。其远山之若拱若揖，绵亘于天际；其远水之若襟若带，萦洄于地中者，则自然之图也。

观未既，熊君告予曰："此寺老僧字仁山，颇高致，曷往访之。"乃至禅房访仁山禅师。仁山年六十余，骨瘦而清，神怡而静，见客至，辗然而笑曰："读书人亦乐此乎。"答曰："正惟喜读书，乃耽山水之乐而不疲。"继询仁山之平生，仁山乃言曰："予以幼龄祝发，暮鼓晨钟，行所无事。既壮，值潘逆之乱，远近戒严，乡人以斯山之屹立而敌不能乘也，乃借梵王居为驻防地，各村寨资以保卫，聚烟火至千余家，君所见之后墙，乃即昔日之壁垒也；所见之石宝，即昔日之碉楼也，五更鼓角，四野烽烟，盖十余年始洗甲兵而见天日。虽地险无恙、贼屡攻而败者，可称人寰福地，亦天之爱惜生灵，特生斯山以保障一方耳。"予因仁山之言而有感矣！且夫，观世不由乱而治，无以知耕凿之安，大异于兵燹之危也；处世不由难而易，无以知饱暖之适，大异于饥馑之迫也。今者，羔羊介寿，民庆丰亨，麟凤炳文，士欣腾达，其服光畴而食旧德者，不将安而忘危，欢然果能弭患于未然，其上灭赋其平徭，其民慕礼而好义，浇风悉化，默契天心，永敦婣睦之俗，隐杜争夺之渐，无使斯寺为锋镝之区也，岂不幸甚！

既与仁山言，走笔以志斯境之盛，兼以见天生斯山也，大有关于斯民斯地。

[附记] 选自政协龙里县委员会文史资料委员会编：《龙里文史资料选辑》（第1辑），1986，第250–251页。段兆鳌（1858–1929），字甲楼，号桂山，贵定县城关人。清光绪乙酉科（1885）拔贡。是年冬和1894年（甲午）两游京都。1887年（丁亥）任遵义练军稽查文案。后到云南省任职十多年，先后在云南省财政局任利员，在竹园厘金局任总办，在宁州任知州等职。民国初年，由滇返黔，主纂《贵定县志稿》，1919年8月，与任可澄、陈衡山、李祖峰、王敬彝、杨恩元、聂树楷、柳元翘诸先生共同编纂《贵州通志》。著述甚丰，有《畅园诗草》《征余吟草》《甲乙吟草》等，有《山蚕浅要录》等科学普及读物。又有《农林蚕工矿说略》等文章。

募修闻江寺、西华洞两庙合一序　徐子猷

定邑西北去城六七里，有所谓闻江寺、西华洞者，得闻父老传言，其先无所谓闻江寺也。寺后有山，隔离稍远，高而且大。以其当定城之西，因窃其名曰"西华山"。其山有古庙一所，不知创始何年。前殿后殿，左

右两厢，以及山门厨灶，规制井然，屹立于是山之巅，迄今基址犹存，历历可考。

前明天启间，因乱尽毁于火。有佛像一尊，从空飞入山左洞中。去庙地约八九里，山势陡峻，路道险恶。其洞巍然倒挂于悬岩峭壁之间，上摩青天，下临无地。纵好奇寻幽之士，攀藤附葛，以一人徒步而上，犹无不惴惴焉，迫于死者数也矣。兼之佛身浩大，数十人莫能动，后者不知何以飘然而来此洞也。岂非仙乎！佛乎！列子所谓御风而行，亚夫所称从天而至，又岂人力所得而拟议者乎！

厥从士人每托为神异，思往瞻拜，奈艰子步履，莫可如何。迨同朝康熙初，建今铜堡闻江寺，供奉东岳大帝。有好事人，欲合两庙为一。于寺后左厢，另构殿宇一层，思仿洞中佛像，再塑于此，以便民祷祝，且颜其额曰“两华洞”。乃庙甫成，而像未塑。时来一异僧，莫测踪迹，亦莫识底蕴。声言：“尔众人只要诚心敬神，何必呶呶[①]再塑，待择吉上座之期，我自与尔众人往洞中背来就是。”斯时人众以为，游方僧道假异说以惊人，大都如此。故且信而且疑焉。

迟至上座之日，众人早起往验，无不骇然惊喜，见座上已端坐一佛神矣。相貌宛然不差，身躯丝毫莫坏。随遣人往洞中侦观，洞中之佛与说话之僧，均杳不知其所之矣。噫嘻，此非仙乎！佛乎！列子所谓御风而行，亚夫所称从天而至，又岂人力所得而拟议者乎！

当神在洞中之际，□专有添人添米、益米益薪之说，其事近怪，不可复赘。惟即夫因毁庙而入洞，又由洞而来上座。只此二事观之，以是知天壤之间，无时无地而莫非神明所布双；亦无人无事而不当敬畏，乎神明也。彼世之逞奸逞诈，敢作敢为，谓果报为不足凭，谓圣神不足畏者，其亦可以憬然悟矣。

他如寺之得名“闻江”，亦同夫阅江之楼、□月之塘，因所在而言耳。是寺也，结束于西山之麓，周围里许，殿宇巍峨，楼阙宏敞。每当春夏之交，天气清明，都人士女游玩者，不一其人焉。丰草绿褥，佳木葱茏。争妍献媚，观不尽翠柏苍松；露瑞呈祥，辨许多奇花异果。风弄竹声，飒飒㕶来金锁碎；

---

① 呶呶（náo náo）：意思是多言；喋喋不休。

月移梅影，萤萤认处玉玲珑。有时登楼远眺，倚槛遥临，则见夫群峰高耸，数水环流。层峦迭嶂趋奔者，何殊蜿蜒以来迎；派别交分萦回者，奚啻朝宗而入贡。群鸦飞去画图中，云山掩映；单舸撑来明镜里，天水澄清。嗒响时聆，不是猿鸥即鹤唳；行歌互答，知非樵子定渔人。气象万千，讵谓览观而辄尽；景物幽雅，难言笔墨所渲。此岂天造地设，将以显莫大之神功，钟灵毓秀，将以壮全邑之奥区也哉！独惜夫地处边隅，人多质鲁，无舟车往来之便，缺水陆珍异之供，以故乏明公臣卿、高人韵士而留题其间，为可憾耳！是以为序。

[附记] 选自政协贵定县委员会文史资料研究委员会：《贵定文史资料选辑》（第 4 辑），1987，第 196–197 页。徐子猷，生卒事迹不详。

心　宗

心宗（？ – 约 1789），四川省人，清康熙末年云游到平州（今平湖镇）。平州城外约 4 公里处山谷中有一石洞，名龙洞，其水清冽，常年汩汩流出，沿沟壑流入河里。心宗以为洞水应大有用处，便多次往返勘察，知水源可引到上梭、满先两坝上，使农田获得灌溉。遂亲扶拐杖，披荆斩棘，测定线路，决心开沟引水。心宗动员地方绅民，但不为所认识。于是自率老农数人，沿山腰劈石掘土，经数载终将洞水引到坝上。地方绅民折服，再将渠道扩展延伸，使两坝千余亩田土尽受灌溉之利。心宗又动员地方人士修筑往来道路，教民众于平州（舟）河上搭桥，造船驾渡。晚年，心宗将所化募银钱修建三元宫寺院。心宗病逝后，葬于三元宫侧。其留平州凡 60 余年。

[附记] 选自贵州省平塘县史志编纂委员会编：《平塘县志》，贵州人民出版社，1992，第 702 页。

（三）当代

忆新中国成立前都匀佛教会 刘荣之

……过去都匀著名的尼姑有刘三公、刘四公、余五公、饶四公等。刘三、刘四两公是姊妹俩，由于年较轻，力较壮，又有胆量，曾到云南、四川等省化缘，得了资金，回来修建“广寺庵”。在旧社会像“广寺庵”这样的建筑很少，加上地势较高，自下而上要踏一百多级石阶才到，相当壮观。在过去都匀没有公园、没有电影院的情况下，每到夏天，人们为了散心、避暑、消遣，多半都到广寺庵玩：因为一进山门就有和尚殷勤接待，献上香茗，颇为舒适。小憩则登楼远眺，俯瞰全城风光，龙山剑水，尽收眼底，真有“放眼空千里，群山极目中”之感！记得过去我们常于星期日，约二三知己到该庙游玩，在心旷神怡的时候，不觉引吭高歌：“青山峨峨，高峙如屏，绿水悠悠，荡漾是镜……”至于余五、饶四两家，庙宇虽不壮观而陈旧，但庙宇内外打扫得极其干净，青灯古佛，颇有超凡入圣之感，吸引力甚强。

记得是1931年左右，因观庙多，尼僧广，旧政府要他们成立佛教会，于是刘三、余五、饶四等，为了相互竞选，曾不遗余力地奔走绅士之门，余五奔走的是汪文澜老先生家，请求汪老先生为她拟会章、写文稿，读孙中山先生遗嘱。因开会时，主席要恭读总理遗嘱，全体循声朗诵之后，才报告开会意义。后来她居然当选（至于任期多久记不清了）。改选后，第二次竞选到的则是饶四公。饶当选后，即邀邻县尼僧，大排筵席，以宴来宾。之后，刘三因竞选失败，怀恨在心，又伙同余五清算饶四的会员费（每个入会的会员要交几元生洋），饶因无法交出而自缢身亡。此外无其它组织，只是会长召之即来而已……

[附记] 选自政协贵州省都匀市委员会:《都匀文史资料选辑》(第5辑)，1986，第155–156页。

宝 华

宝华（？ –1942），俗名刘世昌，湖南大庸县人。读过《四书》《五经》，聪明勤奋，兼通医理。清光绪二十八年（1902）来瓮安，拜城隍庙住持和尚为师，法名宝华。住持圆寂，代管寺院事务。后任住持。民国甲子、乙丑年（13–14），县境遭受特大旱灾，民众饥病交加。宝华用庙产在庙内开设诊所、药房，聘请医生 1 人，药工 2 人，并亲自参与诊病，免费对穷人施医，施药。对富户治病，收费也公平合理，博得民众好评。民国十九年（1930），中国佛教会瓮安县分会成立，会址设在城隍庙，宝华被选为会长。二十二年（1933），以庙产开办民生工厂，自任厂长。下设织布、织袜、木器、油漆等组。引进织宽布、织袜子、印染、漂白等设备。所产宽布、袜子畅销瓮安、余庆、平越（福泉）、黄平等县。对革新传统木机织窄布也起了很大作用。工厂极盛时期有工人 40 余人，工资、伙食全由厂里开支，经济效益颇佳。民国二十八年（1939），宝华倡仪以佛教会名誉开办学校，用全县寺院常年提成费的 40% 购置桌、凳、教材，聘请教师，得到理事会成员的一致赞同。是年，在武圣宫（今县粮食局宿舍处）办私立尚公初级小学。开设课程与国立学校相同，学生入学一律免费，共有学生 200 余人，先后毕业两届。

[附记] 选自贵州省瓮安县地方志编纂委员会编：《瓮安县志》，贵州人民出版社，1995，第 712 页。

佛教胜地九龙山　饶林昭

九龙山寺院依山顺势而建，谷地中央的小峰上筑玉皇阁，为全寺最高层，登阁眺望可俯览全寺，寓意天阙至高无上；玉皇阁下东西山腰建观音殿。殿前置铁鼎，鼎座是用方礅条石从 2 米高的崖坎下砌成。再下为二进院落，正殿为“大雄宝殿”，钟楼、鼓楼翼其左右；前殿为“天王殿”“灵官殿”。每殿左右均有配殿，设藏经楼、禅房、客斋等，殿与殿之间有廊道、花圃；

另外在殿旁左右建有僧舍、寺厨、仓库等。山门建在谷口最窄处，石墙拱门。左右有照壁。大门两边的门柱上，悬挂着一副木制阴刻的对联，黑底金字，上联为“黔南钟灵无双地”。下联是“昆仑发出第一山”。整个九龙山寺建筑布局合理，做工精巧，古朴大方，翘角飞檐，雕龙画凤，壮丽辉煌，为黔南各寺之冠。九龙山寺建成以后，使九龙山一时热闹非凡，方圆百里的游人香客、善男信女云集九龙山，朝山拜佛，观光揽胜，络绎不绝。寺内烛光闪闪，香烟缭绕，寺钟响彻山谷。此山此景，引来多少文人墨客吟唱抒怀。举人顾民任曾有诗赞曰：“淡淡岚光翠色浮，让来烟雨占林丘；晨钟响处知僧殿，一朵红云捧玉楼。”薛载德亦有诗赞九龙山：“山川千古闼，今日五丁开；群岫儿孙侍，中峰天地胎；云深容袖里，树老任僧猜；耽寂忘归骑，无如明月催。”1935年农历三月初三日下午，九龙山寺不幸遭一场大火，除小峰顶上的玉皇阁外均被火焚。1950年又遭一次火灾。玉皇阁俱毁无存。现在，寺之旧基已兴建了九龙山小学校舍。

[附记] 政协贵州省委员会文史资料委员会《贵州旅游文史系列丛书》编委会编：《涟江神韵》，贵州人民出版社，1999，第71页。

十、其他佛教文献

（一）唐代

牛　腾

牛腾，字思远，唐朝散大夫，郏城令，弃官从好，精心释教，从其志者终身。常慕陶潜五柳先生之号，故自称布衣公子。即侍中、中书令河东侯炎之甥也。

侯姓裴氏，未弱冠，明经擢第，再选右卫骑曹参军。公子沉静寡言，少挺异操，河东侯器其贤，朝廷政事皆访之。公子清俭自守，德业过人，故王勃等四人，皆出其门下。年壮而河东侯遇害，公子谪为牂牁建安[①]丞。将行，时中丞崔察用事，贬官皆辞之，素有嫌者或留之，诛亟甚众。时天后[②]方任酷吏，而崔察先与河东侯不协，陷之。公子将见崔察，惧不知所为。忽衢中遇一人，形甚瑰伟，黄衣盛服，乃问公子："欲过中丞，得无惧死乎？"公子惊曰："然。"又曰："公有犀角刀子乎？"曰："有。"异人曰："公有刀子甚善，授公以神咒。见中丞时，但俯伏掐诀，而密诵咒七遍，当有所见，可以无患矣。"咒曰："吉中吉，迦戌律，提中有律，陁阿婆迦呵。"公子俯而诵之。既得仰视，异人亡矣。大异之。即见察，同过三十余人，公子名当二十。前十九人，各呼名过，素有却，察则留处绞斩者，且半焉。次至公子，如其言诵咒，察久不言，仰视之，见一神人，长丈余，仪质非常，

① 牂州建安县，治所在今瓮安县草塘镇下司街村。

② 天后：武则天。唐太宗的才人，唐高宗时初为昭仪，后为皇后，尊号为天后。武则天于载初元年（690）九月改国号为周，成为中国历史上唯一的正统女皇帝。直到神龙元年（705）病逝。

出自西阶，直至察前，右拉其肩，左捩其首，面正当背，而诸人但见崔察低头不言，手注“定”字而已。公子遂得脱。比至屏回顾，见神人释察而亡矣。

公子至牂牁，素秉诚信，笃敬佛道，虽以婚宦，如戒僧焉，口不妄谈，目不妄视，言无伪，行无颇，以是夷僚渐渍其化，遂大布释教于牂牁中。常摄郡长吏，置道场数处。居三年而庄州獠反，转入牂牁，郡人皆杀长吏以应之。建安大豪起兵相应，乃劫公子，坐于树下，将加戮焉。忽有夷人，持刀斩守者头，乃詈[①]曰：“县丞至惠，汝何忍害若人！”因置公子于笼中，令力者负而走，于是兼以孥免。事解后，郡以状闻，诏书还公事，许其还归。后宰数邑，皆计日受俸，其清无以加，亦天性也。后弃宫，精内教，甚有感焉。

[附记] 选自（宋）李昉等编《太平广记》卷一百十二“报应十一（崇经像）”，引唐牛肃《记闻》。

通　慧

通慧，天宝（742–756）[②]时僧，在黄道司鳌山麓建般若招提。因上患病难瘥，有道士奏宁彝郡鳌山寺有僧能治。奉召，不终朝[③]诣阙，上果愈。赐金帛不受，赐乘马回山，亦不终朝而至，后不知所之。

[附记] 选自冯楠总编：（民国）《贵州通志·人物志（七）·方外（唐至元）》，贵州人民出版社，2001，第1291页。

嘉州凌云寺大佛像记　韦皋

惟圣立教，惟贤启圣，用大而利博，功成而化神。即于空，开尘劫之

① 詈（lì）：骂，责骂。

② 天宝，742–756年，唐玄宗李隆基年号，共计15年。

③ 不终朝：不到一个早晨。

迷；垂其像，济天下之险。嘉州凌云寺古佛石像，可以观其旨也。神用潜运，风涛密移，肸蚃[①]幽晦，孰原其故。在昔岷江，没日漂山，东至犍为，与凉山斗[②]。突怒哮吼，雷霆百里。萦缴触崖，荡为㾾[③]空。舟随波去，人亦不存。惟蜀雄都，控引吴楚。痛兹沦溺，日月继及。

开元（713–741）初，有沙门海通者，哀此习险，厥惟天艰，克其能仁，回彼造物。以此山淙流激湍，峭壁万仞，谓石可改而下，江可积而平，若广开慈容，大廓轮相，善因可作，众力可集。由是崇未来因，作古佛像，俾前劫后劫，修之无穷。于是，规广长，图坚久，顶围百尺，目广二丈，其余相好，一以称之。民惟子来，财则檀施。江湖淮海，珍货毕至。债师金工，亦罔不臻。于是，人夫竞力，千锤齐奋。大石雷坠，伏螭潜骇。巨谷将盈，水怪易空。时积日竟，月将岁就。不数载而圣容俨然。箬箬葶葶，岌嶷青冥，如现大身，满虚空界。惊流怒涛，险自砥平。萧萧空山，寂照烟月。由内及外，观心类境，则八风澄而爱河静也。

余以为人之生也，违道好径，故哲圣因其听欲，示之以进修，其行满于此而福应在彼，理甚昭矣。至夺天险以慈力，易暴浪为安流，何哉？详彼万缘，本生于妄，知妄本寂，万缘皆空。空有尚无，险夷焉在？至圣寂照，非空非有，随感则应，唯识浅深，化于无源，奚有不变？非天下之至神，其孰能平斯险也。彼海上人发诚之至，救物之弘。

时有郡吏，将求贿于禅师，师曰："自目可剜，佛财难得。"吏发怒曰："尝试将来！"师乃自抉其目，捧盘致之。吏因大惊，奔走祈悔。夫专诚一意，至忘其身，虽回山转日可也。况弘我圣道，励兹群心，安彼暴流，俾其宁息，其应速宜矣。而功巨因广，其费亿万金，全身未毕，禅师去世。于戏，力善归仁，为可继也。其后有连帅章仇兼琼者，持俸钱二十万以济其经费。开元中，诏赐麻盐之税，实资修营。事感天人，克遵前志。谅禅师经始之谋大，虑终之智朗。苟利物以便人，期亿劫以同济。

贞元（785–805）初，圣天子命我守兹坤隅，乃谋匠石，筹厥庸，从莲

---

① 肸蚃（xī mán）：犹缥缈，隐约。

② 斗（dòu）：凑集。

③ 㾾（qiān）：山崖边的洞穴。

花座上，乃至于膝，功未就者，几乎百尺。贞元五年（789），有诏郡国伽蓝，修旧起废。遂命工徒，以俸钱五十万佐其费。或丹采以章之，或金宝以严之。至今十九年，而趺足成形，莲花出水，如自天降，如从地涌。像设备矣，相好具矣。爰纪本末，用昭厥功。

贞元十九年（803）十一月五日

剑南西川节度观察处置统押近界诸蛮及西山八国南安巡抚等使

光禄大夫检校司徒兼中书令成都尹 上柱国南康郡王 韦皋记

随带知表记登仕郎守雋州苏祁县令赏绯鱼袋张绰书并篆额

节度衙前逐要许□督刊

[附记]选自周文华主编：《乐山历代文集》，1990，第15-16页。参见龙显昭主编：《巴蜀佛教碑文集成》，巴蜀书社，2004，第45页。韦皋（745-805），字城武。唐代京兆万年（今陕西西安）人。德宗时，官至检校司徒兼中书令。贞元元年（785）代张延赏为剑南西川节度使，驻节成都，在蜀21年。封南康郡王。

（二）明清时期

《黔僧语录》文选

敏树如相禅师文选

答相国吕东川居士①

敬羡乡尊，位居极品。家传后裔，不以声名自拘，焉得燔柴所缚。虽然致君泽民，海内无不称善，如风清月朗，天下莫不仰观。以为不愧王师，此真七朝元老大中正柱国也！致贺！致贺！然则夙有愿力，示现宰官，以此深信法门，知有向上一着子事，所以本师破山老人相，见用其棒喝交驰，

① 吕东川：吕大器（1598-1650），字俨若，号东川，四川遂宁人，明末著名政治家、军事家、诗人。明崇祯元年（1628）进士，曾任吏部主事、兵部右侍郎、吏部左侍郎，官至永历朝兵部尚书、武英殿大学士。

必要居士顶门具眼，脑后见腮。始知步步踏着实地。时时得见本来面目，与三世诸佛同此一道，历代圣贤具此一机。第不识近日果有壁上高僧，一呼便应；瓶中鹅子，一唤便出者么？若有，是裴休、陆亘、张相国、无尽居士再来[①]，复吐一番辞气耶？故乡情久欲亲来问候，奈忠路覃宣慰念，其山林险阻，路道崎岖。特具拙句二律，尺牍一封，遣门人赍上居士乔梓笑览。第不知可有旧日握手之兴否？若果然者，咫尺天山如面，则风月情怀，不隔于丝毫也。敢渎清轩，烦里不悉。此复。

复风卫侯牟章甫居士

昨贵将官持书至山，开读再四，见居士夙具上乘般若灵根，深信宗风于法门也。然则法门不为不具最上乘者说之，岂是小根小智所能担荷。而于三家村里作痴呆模样，以为千了百当，所以我先佛世尊在日，种种诃叱，以为如稻麻竹苇，充满十方刹，此是一番教诲也。而今时人不具择法眼目，以木偶人者为绝世忘情，殊不知打在沉潭死水无事甲里矣。那是学道人，实为生死不明，关头不破，疑情不决，而又不肯亲近大善知识，打彻膏肓之病。经中六祖有云："离道别觅道，终身不见道。波波度一生，到头还自懊。"正是点出学人之病痛也。

然而真参实悟，真履实践，贵在深下疑情。此大疑中，必有大悟。若不深下疑情，必不有悟门也。然今时人，多是以册子上文字讨个分晓，须是得便宜处失便宜也。所谓览本似悟，过后还迷，盖谓入门一著，不曾谛当也。故此本地风光不清楚处，脚跟不稳当处，鼻孔不辽天处，盖是工夫不到不方圆也。而贫道苦口所说者，正欲居士顶门具眼，勿受邪见，则不忘灵山会上，先佛世尊付嘱国王大臣一段大事在今日也。然虽居士不忘正因，欲贫道住此国，兴禅林，打这番鼓笛，不推己欲利而利人，己欲达而达人，此是居士一片圣贤心肠也。贫道目下非为不赴来命，俟秋当合如愿。倘有

① 裴休（791–864），字公美。河内济源（今河南济源）人。唐朝中晚期名相、书法家。对佛教信仰相当虔诚，与禅宗有深厚因缘。陆亘（764–834），字景山，吴郡吴县（今江苏苏州）人。佛教居士。曾任户部郎中、太常少卿等追赠礼部尚书。无尽居士：张商英（1043–1121），四川蜀州新津人。字天觉，号无尽居士。宋徽宗崇宁（1102–1106）官至左丞。靖康（1126）赠太保。中年倾心佛学，具有较深禅学修养。

见地，不妨再商是复。

寄相国文铁庵[1]居士

思唐重晤，又是一番奇特因缘也。贫道每无事时，想这段因缘，自从上名儒家，如裴休丞相及张无尽丞相居士等辈，以此事为实念，放下高官爵位、声名担子，向此门留心，参见一个半个善知识，痛为生死关头，急欲求向上钳锤，一击击碎，免得金枷玉锁系着于身，便做不得撒手撒脚快活人矣。所以遍参诸方，历究此事，打彻这个无始劫来习气黑漆桶子，幸尔彻底掀翻，去尽现业，流识如人，万里还家，便见元本故物及亲生父母，始知自己主人公，有安身立命去处，终不做伶俜途路中人辛苦状也。

几欲想到此间，不觉偶遇知己，谈及宗门向上一事，如芥投针，如水合乳。然则居士不以名位自尊，富贵自拘，而贫道才言当今之世，似居士官至宰相，位居极品，寿可如山，福可如海，子孙满眼，一门全盛，此大福慧之全人也。如今正好干这件大事，时时参究，刻刻提撕，把做一件实事，如致君泽民心肠一样，必要着实做去，方才有此地步，占在万人之上。爵可尊也，位可高也，自然堂上一呼，庭下百诺，如大道之在目前，不费纤毫之力，便是取之无尽，用之无穷，而为造物之无尽藏也，方是到家之消息矣。若其不然，则贫道与居士两地奇逢，总是虚作人情，面则互相恭敬，不面则各自称尊，岂是道人之所为？必欲为人，须为彻穷源须到底，方是大丈夫之所行持，不枉作相识一番，方才是痛心知己。将此大事，如救头然，只要信得及，作得主，把得定，如靠一座须弥山相似。任是八面风来，吹一不动，撼一不去。如在千人万人之中，如无一人相似，方是得力去处。到此地位，不可轻蔑于人。若有一念，前动在心，便生我人，众生见者，何以故？如孔子道："子绝四：毋意，毋必，毋固，毋我。"[2]这便是孔子忘人我，灭影响境界，出罗笼，脱窠臼之消息也。此是我释迦老人之大受用也。然

---

① 文铁庵：文安之（1592–1659），字汝止，号铁庵，夷陵（今湖北宜昌）人。明代文学家、文史著述家。天启二年（1622）进士。南明永历四年（1650），到梧州见永历帝，任东阁大学士（宰相）。次年，为联络川中诸镇之兵，自请往四川督师；加太子太保兼吏、兵二部尚书，总督川、湖诸处军务。

② 语出（春秋战国）孔丘及弟子《论语·子罕》。

即贫道，故不当论。如公之聪明盖世，学识冲天，不比常人之世业也。盖贫道之所说者，正是与公千里奇逢，难得一遇也。

而今士大夫非是不聪明，不领略，不好此事者，只为理路多障，事路所蔽，故不得自由自在，而反被之乎也者之所深障矣。只是入门一步，下手一着，卒难得做工夫，而摆脱不开者，盖谓学识知见之所固蔽也。若要敊得下，做得去，须要参个话头，或是万法归一，一归何处？必时时猆在目前，朝也是个疑团，暮也是个疑团，行住坐卧也是个疑团，哀乐喜怒也是个疑团，疑来疑去疑到水穷山尽处，转得身来处，豁然筑碎疑团，通身快活，全机大用，始信不从人得，原来是我自己本有佳珍。大笑一声，可惜一向痴狂外走，枉受一生，驰骋四方了矣。然虽居士不是这般见地，大率出乎其类，拔乎其萃，不足与居士道也。俟再会时，莫道贫道不道，惟高明鉴之，前承接贫道门人住院者，每不深感，谢谢！

寄御史郑天虞居士[①]

昔在思唐时，每承护法对贫道所谈者，是佛法之理；所讲者，皆圣贤之章。而终日不虑于世缘者也。如居士之道学，博物不凡，穷理不俗，虽居宰官而无有宰官之气，虽住城郭而无城郭之声，但心上所存者忠孝，而面上所敬者高人。诚然白居易居士之再来应身[②]，而撑持儒释之大道也。喜庆！喜庆！然贫道近日所喜者，惟居士一人；所忧者，惟居士一人。喜则喜其天资卓越，才品当世；忧则忧其向上一着，工夫难做。非是居士力量之不加也，盖谓理学难化，翳障于心，便摆不开。所以依他作解，塞自悟门。便不得脱洒洒地无拘无束，活鳑鳑地自在自由。变大地作黄金，搅长河为酥酪，而为出格明眼人也。

如今请居士肯依贫道数十年所做工夫方法——静也还他一禅，动也还他一禅，住也还他一禅，乃至一切善恶都莫思量，单单提个话头，或是吾道一以贯之。毕竟以何为道？以何为一？以何为贯？朝也频频觑着，暮也

① 郑天虞：郑逢元（1600–1676），字天虞，法名天问，思州（治今岑巩县城）人。明崇祯年间中举人，官至兵部尚书等。清初在云南宝台山出家，法号天问。

② 应身：佛教语。指佛、菩萨为度化众生，随宜显现各种形象不同的化身。

频频觑着，觑来觑去，到下手不及处，工夫极则处，正在烦恼处，不得大悟处，忽然觑破这些子，吾道一以贯之，不在别处，就在日用寻常中，穿衣吃饭中，官至尚书中，位在高堂中，便是随流任得性，无喜亦无忧，所谓傅大士有云："有物先天地，无形本寂寥。能为万象主，不逐四时凋。"到此这样好受用，好风光，不妨再布施贫道些，以见数十年以来道契一番，而为大护法一番，是真语者，是实语者，必不诳语也。自此贫道再不敢以世俗之态，乱教老先生也。噫！真是出三界，越四生之榜样，特稍数为问，幸勿罪我！

答相国吕东川居士复凤卫侯牟章甫居士
寄御史郑天虞居士寄大错禅师①

今禅师既不爱功名富贵，不受世之尘网者，是之不错也。既而下发为世外之高人，以青山作伴，绿水为邻，木石为居，鹿豕同游，而悠悠风月，任乐天真；处处春花，而为诗料。喜时歌，作天地无穷之生意；闷时饮，为宇宙格外之贤人。真乃天子不得而臣，王侯不得而友，此禅师别具一番眼界，有何错也？然而所错者，想是旷大劫来，一个路头，不因一念萌动，来为儒家做个书债人物。今尔官至中丞，而书债酬矣。今欲思其旧时本来面目，原是灵山种子，何故还做这顶纱帽头气。一旦奋发勇猛，而欲披缁于深山穷谷之中，是不错也。今禅师何故言其大错者，莫不是一腔热血未曾冷，忠肝义胆，而欲上报天子恩渥者，不是错也。莫不是一个老莱子，未曾学得劬劳罔极，而欲中酬父母深恩者，是不错也。今禅师以不报之报，不酬之酬而出家者，是一万幸也，是大忠孝人也，何曰言错，若不错，请禅师于威音那畔着眼，今世门头下脚，看他三世诸佛，从何所得，六代祖师，从何所悟，方不负禅师来空门走这一回，与佛家又增一重光彩。是禅师现宰官身，而不忘释迦老人之所密嘱也。方才有者一番手段，曰大："错

---

① 大错：钱邦芑（1599–1673），字开少，江苏丹徒（今镇江）人。明崇祯时秀才，南明桂王时曾任右佥都御史。顺治十一年（南明永历八年，1654），祝发为僧，自号大错和尚。住余庆大错庵、湄潭朝阳庵（后改名"西来庵"）。清康熙三年（1664）隐居湖南衡山。九年（1670），永州太守刘道经聘修郡志。有《他山·易诗》《鸡足山志》《九嶷志》等。

不错也。”此渎。

复方伯段见愚居士

居士昔在京都作大金吾时，盛传于海内。至于归家修建石宝山道场，善名甲于天下，想欲处阴以息，投冠于林下，以为终身逸老之计，不意朝廷搜访人才，而韬光不住，所以挺身出来任事于思石地方，而为宪副，此思、石①等士民之有望也。始当时贫道渡江一晤居士，多承弘护，供给大众，而善念愈坚愈固，此难得也。然而居士心者，又欲苦接贫道往滇，以开选佛法社，而欲利于四来，以成千百世人天之眼目，方不负一片苦心也。贫道不在言而允之，遂不得深居而野处，升高而望远，坐茂树以终日，玩清泉以自洁，而完老于是处也。一则吾祖迦叶圣迹在彼，久欲一往，不期若合符契，以便乘风挂帆，而船来陆来，长共聚首，笑指庭前柏树子也，无奈杨上公切去，不识居士近日果有新题目乎？若有，则德山棒如雨点，临济喝似雷奔，还动着向上关捩也。未若也动着，亦不瞎却诸圣眼，亦未哑却老僧口，何必日午打三更，而面南看北斗矣。说到此间，居士犹有疑情也无？若无疑情，万里不挂片云，青天也须喫②棒。致复。

复兵备道谭怀省居士（附来书）

泰运新春，未睹昙花开处，殊为怅然。旧岁阡阳之变，次日不佞即遣人奉候禅踪，及来人抵城而和尚已他往之矣。迄今竟不闻祇园又在何处？适有贵门弟子无尽诸人致言相托云：议玉琮特请法驾至思唐设教，其时，合府之士绅衔民所说亦然。但恐和尚不轻飞锡，以余与和尚有骨肉至谊，故求字先容，想西方圣人度人之法，亦不过诚求即应，况旧游之地，门内之僧，万有不欣参者。拈花微笑，余日望之。

自思唐分袂后，往往多承书问，兼以人来亲炙，何以敢当厚爱也。贫道乃填沟塞壑之人，土面灰头之衲，不堪与居士认为梓里，而打乡谈之话，恐渎方面，是以年来抱愧感有日也。客岁无尽禅人至阡阳，每每问及日常

① 思、石：指思南府（治今思南县城），石阡府（治今石阡县城）。

② 喫（chī）：同“吃”。

多福，行坐安乐，贫道恨不至思唐与居士一面，并士大夫君子共道本分家风，而言性命关头一着子也。刚要收拾行李，忽报杨上公归家，只得缓迟数期，先发无尽前来。不料祸起不测，正谓萧翼逢辩才，而智过仁人君子矣。而贫道无他别计，稳坐蒲团，默默自若，心安神定，已见数十年苦参禅力，稍有一线之灵应也。而往来加害之状，幸不能侵此是护法神暗助一臂之力，又仗居士之福庇也。因此脱危难，五鼓方出城堑，真是通身不挂一丝，方见一寒彻骨，最快活处，而为物外逍遥，洒洒落落铁汉子也。只是胸中所放不下者，杨上公知已逝矣，安得不怅然哉！至于牛山之寓，每问居士佳音，并无一个人往，而山寂寂兮没言宣，人寥寥兮对谁传？惟有清风明月堪在面，第不知居士当日好文章，好题目，还记得乐山乐水者乎？客秋门人接出夜郎，今岁偶见云翰忽尔飞来，手捧诵过，足知居士与思唐当道尊贵诸翁人等，弘护法门，酷爱于我果不浅也。幸欲插翅而来领此高谈，以快予心，共打口鼓子禅，而同胡鄂国、杨大年秦少游一伙人物而上传灯也。虽然，贫道与居士所言者须是同条而生，诚恐不同条而死。若欲同条而死，可以每日静坐，死下心来，看这一平生尽力读孔孟之书，穷理尽性，是甚么人操持，而自游泮之后，名重高魁，官至宪副①，富也，贵也，幸得子孙满门，家道昌隆，正好做些工夫，将父母未生前面目看是何物？朝夕参究，举止作疑，所谓疑以信为主，悟以醒为则。到此方知人人心里有尧舜，个个性中有仲尼。同我黄面老子道，佛身充满于法界，普现一切群生前。随缘赴感，靡不周而恒，处此菩提座，不妨为官为佛，都有这个消息。而人不信，向此，便是只为分明，及返令所得迟而作面墙难矣。况此时鹤发童颜，寿命坚固，正好干此出世一件快事。不往与贫道作乡情骨肉爱也。不是居士无有纱帽头气，安得冒渎尊威，同目面语道也。不识尊裁何以见教？倘贵地方金刚坚利，般若重开，贫道再来共作一团香火，大家聚首，岂不快哉！谨此奉复，幸恕不赘。

[附记] 选自张新民等整理：《黔僧语录·敏树禅师语录》（卷 8、卷 9），巴蜀书社，2000，第 137–146 页。敏树如相（1603–1672），四川潼

① 宪副：明朝地方掌管一省司法的长官，称之为按察使。

川（今四川三台）人，俗姓王。二十五岁出家，参就破山和尚，得其正传。入黔后居石阡三昧寺开法，后住持贵阳大兴寺。弟子有天隐道崇、天湖正印、颖秀真悟、赤松道领等 11 位。

赤松道领禅师文选

复祇林罗居士

默坐间，居士书至，读之大有青出于蓝之器，想贤友与山野多年旧处，笃信恒守此道非止一身善庆，实满门善庆也。山野曾闻富贵者送人以财，仁者送人以言。予虽非仁者，愿进浅近之言，令开门见山，内外无滞，只是信即心是佛，者个信字却要信得极。所以教中道，信为道源功德母，长养一切诸善法。居士必须将这信字一信到底。无滞无碍，信自心是佛，毕竟是佛。语默忙闲，信念坚固。物随己转，己即佛也。若信不坚，己随物转，将佛转成众生去也。居士岂甘于是也？更有真性，信中不着佛，不着众生，湛然常寂，步步踏着，总是香积世界，心外无佛，佛外无心，心佛无二，脱体全彰。到此亦是信之坚固，非从外得，不与佛相干也。所以古人云：道源不远，性海非遥，但向己求，莫从他觅。觅即不得，得亦不真。”若不如是，莫说予度任是三世诸佛，历代祖师齐来，同行同坐，亦难度也。六祖云：“迷时师度，悟时自度。”切莫言父母所累。有何累耶？孝义乃助道之缘，脱轮回之本，大丈夫之所为也。入泥入水，一点不沾，方显手段。如此，则法门有幸，不枉三生石上旧时人耳！

复张经公

撚指[①]光阴，忽惊秋至。想老居士英摽回别，邑吏若仙。正思慕间，忽承翰至，读之如明珠光耀，熠熠照人，何幸如斯！但书言忘情寡欲，乃为在家真僧，胜过出家俗汉。所谓僧俗有二，理一无殊。老居士高明，正合斯也。又言有超离之句，与圣谛略有符合，自山野看来，只要直下承当，无可不可。若拟议之间，又落二也。古人有仕路逃禅偈曰：“学道须是铁汉，着手心头便判。直取无上菩提，一切是非莫管。”此乃为官学道榜样也。

---

① 撚（niǎn）指：犹弹指，形容时间过得很快。

老居士若道念纯真，笃信恒守，异日自有出火金莲之手段也。今虽各处一方，共月明于千里，信笔书复，不尽余怀。

复王镇台

玉兔分辉，万里喜逢彩色；金英繁茂，普天爽气秋分。恭惟麾下，心同月皎，名与日新；朝野生欢，军民共戴。萍衲乃山中野人，放怀林下，虽与大檀越有上林之约，亦几乎忘之矣。今承翰至，盥读，遥空合十谢也。昨晤西星白檀越，临山道及，方知赴京大喜。想驿路仓皇，无暇一晤，有失迎候也。今大司马凯旋，特修荒函奉复，不知麾下可还记得三生未了公案否？若忆得，不枉此生之幸会也。此复。

寄法兄天隐和尚①

山中兀坐，岁序频迁。望石上明月清光，振古常新，如对我兄面目矣。想老法兄韬光价重，葆合天和，建立后学津梁，流通人天正眼法门，幸甚！弟虽叨祖荫，垢重德轻，惟兄门庭高峻，接引后昆，先人虽去，犹存佛祖之风不坠也。几欲聚首，奈途繁阻，故不如愿已。今为先人全录入藏，兄若披肝破胆，弟当鼎力维持，以尽寸衷②。不然将先人心血付之东流，尽埋没于无所闻也。时乃金英已放，玉蕊清香，又待踏雪探梅，摘得寄来，未可期矣。

复客问阅藏经书

康熙戊辰（1688）八月，粮宪傅母延师于大兴寺阅藏，有客书问：阅藏经是何意？师答曰：愚初入此门庭之时，为德薄蠢钝，单单只会个无义味语，而在草衣木食之中，自究不了。就那不了之中，踏得海中尘起，陆地波翻，穷滴滴，上无片瓦遮头，下没寸土凑足，将万物浑为自己，而无我人众生。惟居山中，随缘度日，不意月上菩萨，延入此个保社，翻阅海

① 天隐禅师，号南滨隐人。清初在贵州省凤冈县王寨乡中华山创建禅寺。著有《天隐道崇禅师语录》（七卷。已散失）。

② 寸衷：微小的心意。

藏灵文。幼时未在文字之中淘溶，今日就秘密之力锻炼，所以破胆将帆放入大海，波浪滔天，利万物之不争处。众人之所恶，不着左右，亦不缓急，一句一字，与那浑忘物我，草衣木食，丝毫无有差谬。因此倏然任帆飘去，而我不知其所止。正所谓栖鸟已知故道，帆过看宿谁家者也。偶尔奇逢枯椿子，将帆一撞，观之恰是水中长人。若是水中长人，却是枯椿子。若道枯椿子，却是水中长人。今日也不管枯椿长人，浑成一气。和风搭在玉栏干上，一任时人卜度，因此腊尽，聊草复云。

佛事（节选）

大中丞曹公、布按司道副台、府县文武檀越，请师于次南门外静坐满百期，捐资建生生塔，修大斋事，以奠封疆功毕。师诣塔云："巨石培成突兀峰，玲珑八面镇黔封；无边妙义从中现，若笔辽天书不穷。"顾左右云："诸大众且道，书不穷的是个甚么？今我福星大檀越建此生生之塔，普利人天，大作佛事，拔沉沦之幽魄，镇疆域以千秋。延黔灵于此，举扬其塔曰：生生，盖谓生生之理不可尽，生生之义不可穷，生生之福不可量，生生之妙不可说。其蕴无穷，其利甚广，荡荡然动天地，感鬼神，远之有望，近之不厌。此生生不磨之功德，非我大檀越之胜心，孰能为此也！"复举："忠国师涅槃时，代宗问：'师去后以何为记？'国师云：'造取一所无缝塔。'帝曰：'就师请取塔样。'国师良久云：'会么？'帝曰：'不会。'师曰：'贫道去后，有弟子应真却知，乞诏问之。'后诏应真问其事。应真良久云：'皇上还会么？'帝曰：'不会。'真述偈云：'湘之南，潭之北，中有黄金充一国。无影树下合同船，琉璃殿上无知识。'诸昆仲，你看应真此偈甚是奇特，今日黔灵又则不然。近城西隅，俯河岸塔，启生生标上，善万古常宁镇此邦，挺露威音那一畔。那一畔且置，如何是目前亲切句？"良久云："溪山尽是琉璃钵，日月常悬昼夜灯。"

[附记] 选自张新民等整理：《黔僧语录·黔灵赤松领禅师语录》（卷4），巴蜀书社，2000，第230–239页。赤松（1634–1706），法名道领，字赤松。俗姓韩，名景琦，祖籍浙江，生于四川潼川。少习儒，性好佛。十五岁时入山修行。清顺治十年（1653），入黔投灵药法师剃度出家。后四出参访

拜师。清康熙十一年（1672），选黔灵山建寺院。著有《语录》《黔灵山志》《游行草》等。

瞿脉净和禅师语录选

黔灵瞿脉净和禅师语录叙

余临济正宗三十四代也。正法眼藏，质诸黔灵，游戏神通，寄平方内。虽不能深契般若，亦自信日用举止，少有放怀处矣。然吾当于黔灵有厚期焉。本师先老人手闢烟云，建此一袈裟地。虽曰扶舆之盛待人后兴，然非有得一以灵不可磨灭者，宰乎其间，奚以感天龙之呵护，四众之依归，名公卿之扶培，与贤士大夫之从游无间也。惟老人以无上般若为肇造，即以无上般若为开来。是故生平授受，不落言诠，以真印真，千江同月。其绍隆正法，分祝瓣香者，已遍诸方。至负荷祖庭，主持方丈者，乃在瞿兄一座。于戏！黔灵之得人也岂偶然哉：瞿兄诚慎律身，坦怀接物，其真修实证，固已久劳行脚几破团蕉[①]，一旦膺此大任，入黔灵室，坐黔灵座，济物利生，呵佛骂祖，作斯道之梁栋，绵衣钵于来兹，于此信黔复之创也，非无因，其垂也为不朽，人事佛缘，洵可捐交臻其盛矣。

余也，久订知心，倦怀有素，缘他事驰驱，不获与共杯茗数晨夕者，盖十有余年。乃瞿兄且德益劭，操益坚，法道撑持，出大手眼，闲徒良晤之暇，出近来语录以示余。余披而读之，或泓然以清，或悠然以远，凡上堂、小参、拈古、示众诸篇，一一从实寅地中流出，见得真，参得确。非徒向昔人糟粕滕口[②]应酬已也！捧读未终，倍深感服。恨二十年来知瞿兄不尽，匪敢曰刮目相看，虽头面顶礼，稽首归依可也。行将执此以弘临济，续黔灵，何左卷之足云！

康熙五十六年七月既望　发弟何素儒芝山氏叙

上　堂

上堂，拈香祝圣毕。末拈香云：“此瓣香直透威音那畔，发挥今事门

① 团蕉（jiāo）：即蒲团。为僧人坐禅及跪拜时所用的圆垫。

② 滕（téng）口：张口放言。

头，直下彻始彻终，要且身心不二，爇向墟中，奉焉建嗣黔灵传临济正宗三十三世上赤下松本师法师，用酬法乳。”敛衣就座。上首白椎云：“法筵龙象聚，当观第一义。”师云：“第一义谛，五目不睹其形，二听不闻其声。汝诸人作么生观？试出定当看。”久无出，师乃云：“灵山脉发遍光辉，如水应溪无尽期；今日拈来亲揭示，塵塵刹刹尽开眉。”喝一喝云：“三世诸佛说不及，历代祖师传不到，且揭示个甚麽？”蓦拈拄杖横按云：“还委悉麽？滴水滴冻，千圣齐立下风。”卓一卓云：“融雪融霜，万象全提向上，到这里，十虚坐断，千眼顿开，回脱根尘，纵横自在。正兴这时，还有超方作者么？”以杖复卓一卓。又云：“本山自吾老人开建已来[①]，四五十载，与他从上古锥，把手并行，胁不至席，同众甘苦，惟觅一不受惑者，递相举扬此事。如今四事具备，盖为年高，自欲息肩，乃命不肖继兹法席，然不肖自揣愚劣，未堪荷负，再四力辞。复蒙合山大众，再四共相推举，事不获已，只得丑状难藏。今对人天众前，所以忉怛[②]一上。虽然如是，只如吾师委托一句作麽生道？”乃竖拂云：“会么？十方常住，契券分明。”结椎。“谛观法王法，法王法如是。”下座。

据室，卓拄杖云：“据此室，行此令，捏聚五家宗，全提三要印。致令彻始彻终，接待方来，持以大信。魂追五色祥麟，尽教头正尾正。何故一派曹源水更清，千枝少室花方盛？”

上堂：“若论此事，不肖未出方丈时早道过也，何更矢上加尖？然不达千里，师僧相聚，不妨重焉举似。坐但坐兮行但行，鼻孔寥寥封眼睛；长笑髑髅消息尽，不知眼底见何人：正恁么时，还有同证据者么？”问：“法法本无法，和尚昔日传个甚么？”师云：“正要汝凝着。”进云：“法法何曾法？师今又说个甚么？”师云：“眼处闻声方始知。”进云：“末后一句又作么生？”师云：“坐断天下人舌头。”乃云：“吾日有一句子，今后有不欲，更开两片皮。是汝诸人还护惜也无？”良久云：“台榭绿阴多。”

元日上堂。僧问：“仰止尧天即不问，如何是新年头佛法？”师云：“万物维新。”进云：“万物换时移，如何是旧年头佛法？”师云：“恰恰如是。”

---

① 已来：同“以来”。

② 忉怛（dāo dá）：忧伤。

进云："佛佛授受，祖祖相传，且道如何是老人正法眼？师云："灭却了也。"进云："如何是黔灵境？"师云："狮子崖前风掠地，象王岭畔草侵天。"进云："如何是境中人？"师云："截断众流。"进云："且喜和尚大展老人风规。"师云："若个是知音？"僧礼拜。师云："匝地春风入画图。"问："三要印开事如何？"师云："坐微尘里，转大法轮。"进云："如何是第一要？"师云："棒一条痕。"进云："如何是第二要？"师云："如龙得水，似虎靠山。"进云："如何是第三要？"师云："收放一时全。"问："昨日西堂小参，今朝和尚升座，是同是别？"师云："吸露千般草。"进云："是松草时如何？"师云："换却时人眼。"进云："昨日今朝事不同，相逢更进喜重重；而今烁破诸方眼，西边月落日头红。"师云："闲言语。"问："如何是法身？"师云："庭前草争出。"进云："如何是法身边事？"师云："松涛十里吼清风，流水一溪声不已。"进云："如何是法身向上事？"师打云："合么？"进云："黔灵今日重光彩，一担亲承赖有君。"师云："弟应兄呼有么难。"问："动静双忘时如何？"师云："大地黑漫漫。"进云："黑漫漫又作么生？"师云："放下着。"进云："疑情未决，故复致问。只如百千大海风恬浪静，又且如何？"师云："脚跟下正好吃棒。"进云："除却拄杖又作么生？"师云："疑杀阇黎。"问："世尊未出母胎，度人已举；因甚又向雪山睹明星悟？"师云："一字两垂。"进云："只如牛头未见四祖暗如？"师云："鬼家活计。"进云："见后如何？"师云"坐断舌头。"进云："如何是戒？"师云："护生须是杀。"。"进云："如何是？"师云："杀尽始安。"进云："如何是慧？"师云："彻底掀翻。"进云："戒定已蒙指示，和尚分上又如何？"师云："看取令行时。"乃卓杖云："云从龙，风从虎。六合同春，村歌社舞。四塞八蛮朝帝都，衲僧直下没规矩。何故雪峰自辊球。禾山解打鼓。"下座。

上堂："世间诸法如幻，生死犹若雷电；法身自在圆通，出入山河无间。要知法身自在圆通么？"竖起拂子云："心行处灭，言语道断。要知出入山河无间么？"复竖起拂子云："棕榈叶长夜叉头，芍药花开菩萨面。"

上堂："鹁鸠[①]直下树头鸣，一夜盆倾雨十分；雨雾天明人睡起，可

① 鹁鸠（bó jiū）：鸟名。天将雨时其鸣甚急，俗称水鹁鸪。

怜地裂与山崩。”良久，喝一喝云：“赤脚下州城。”

佛诞上堂：“壁立千仞处平坦坦，平田浅草里峭巍巍。峭巍巍，全身独露；平坦坦，遍界生香。”以拂子竖起云：“释迦世尊降生了也。与么时，尽虚空遍法界。若凡若圣，有情无情，悉承其力。恁般优遇，且道是全身独露，是遍界生香？一任钻龟打瓦①。”

请座元、主规、维那、监院上堂：“毁方瓦合，规矩准绳，一椎拈白须，是其人建立。拐岐宗化，要员全主全宾。”喝一喝云：“这里，还分得宾主么？一切智通煞障碍，信手拈来卓卓亲。”

上堂：“心同虚空界，证等虚空法；证得虚空法，无是无非法。既无是法，又无非法，谓之真如佛性，又谓之无上佛果、菩提佛果、菩提真如。佛性且置，衹如虚空法，作么生证！”乃竖拂子云：“看看这里，具得一只眼，许你就得空中话。”

腊八，净培善人请上堂：“正觉山前，觉心如幻；夜睹明星，吾道一贯。奇哉浩叹古来今，一切众生无不遍。无不遍，城东老母，以手掩面。”

岁旦上堂：“诸方皆说禅，黔灵独不然。即今是春王正月，岁旦之辰，不合多口。既不合多口，如何应时及节？”乃拈香云：“时丰国熟，天子万年！”

立两序上堂：“一喝分宾主，照用一时行，要会个中意，日午打三更。衹如僧问临济：‘如何是第一句？”济云：“三要印开朱点窄。’未容拟议主宾分，又作么生？”以拄杖卓一卓，召众云：“会么？到这里，参差不得，拟议不得；体即是用，用即是体；宾便是主，主便是宾。若也直下承当，便见赤心相为。”

请监院、知客上堂：“赤心监院，本色知客，启后光前，丛林英杰。马驹踏杀天下人，临济未是白拈贼。和盘托出无少悭，清风八面惹衣祴②，禅流才欲问如何。”喝一喝云：“主宾互换，照用同时，轰轰烈烈。此般作用我不知，问着拦头与一截。毕竟如何？要识一贯，两个五百。”

中秋上堂。举“径山杲云：‘人有心看月，月无心照人；有无成一片，

---

① 钻龟：一种占卜术。钻刺龟里甲，并以火灼，视其裂纹以断吉凶。打瓦：即瓦卜。古代一种占卜方法。击瓦而视其裂纹以定吉凶。

② 祴（gé）：和尚穿的衣服。

方始得惺惺。’”以拄杖卓一卓云：“这个不可不惺惺。”师云：“合取口好。虽然，汝诸人还惺惺得径山拄杖子么？其或未然，黔灵不免为汝下个注脚。”拈拄杖卓一卓云：“月朗星稀，珍重珍重。”

上堂：“才过八月中秋，又是九月初一，欲知体露金风，好当舍取今日。不须着意安排，惟要一切真实。篱际黄花初吐，山顶玉露皆湿。行者伐鼓考[①]钟，衲僧随众入室。八字眉毛眼上横，人人鼻头向下直。祇饶如此认得真，俗汉依前门外立。何以故？不可以知知，不可以识识。”

上堂：“忙忙者匝地普天，黔灵不在里许。因甚不在里许？一不弄心头，二不弄口头，三不弄笔头。设有问和尚即今晨？但向道，忙忙者匝地普天。”

上堂，举教中道：“若此妙明，真净妙心，本来过遍圆如是。乃至大地草木、蠕动含灵、本元真如，即是如来成佛真体。佛体真实，云何复有地狱饿鬼畜生？”师以拄杖卓一卓，云：“会么？识得拄杖子，参学事毕。”

因事上堂：“绝毫绝厘，如山如岳，浊浪排空，雷电频作。此同一滴水也无，鱼龙虾蚬空萧索。所以云：道源不远，性海非遥，但向己求，莫从人觅，觅即不得，得亦不真。若也毛端吞巨海，芥子纳须弥，要皆鬼家活计，这里未敢轻计。”乃顾左右云：“还知委么？衲僧行处别有天，逍遥一任四山合。”

上堂：“赤心片片，人入泥，又人水；浑身在水泥，曾不累泥水。譬如片玉辉，淤秽岂能浼[②]？又如松柏操，霜雪岂能毁？所以过量人，直超诸有累。大众，且道直超诸有累的人如何行履？路逢达道人，不将语默对。”

上堂：“古者道：‘举一不得举二，放过一着，落在第二。’师云：“这里则不然，举一便是举二，举二方显其一。会得矢上加尖，便见衲僧巴鼻。因甚如此？三千威仪，八万细行，最为简要，最焉妙密。”

元旦上堂：“十方世界智人口，一切所有即其舌；全凭此口与舌头，祝吾君寿无间歇。且如何是无间歇的意晨[③]。元首明哉！股肱良哉！”

上堂。僧同：“诸佛出世为一大事因缘，和尚即今为个甚么？”师云：

---

① 考：击，敲。

② 浼（měi）：沾染。

③ 晨（chén）：早昧爽也。

“放汝三十棒！”进云：“古镜当台空万象，光明落处有谁知？”师云：“闍黎道得亲切。”问：“世尊未出母胎，龙潜沧海；出胎后法化人天，未审是何祥瑞？”师云：“一翳在眼，空花乱坠。”进云：“祇如不生不灭的又作么生？”师便打。问：“如何是超佛越祖之谈？”师云：“合取狗口。”进云：“与么则归家稳坐去也！”师云：“切莫向炭库里藏身。”问：“一粒粟中藏世界，悟后方知识主人。如何是宾中主？”师云：“若个是知音。”进云：“如何是主中宾？”师云：“同春结伴好还乡。”进云：“宾主相见又如何？”师一喝。僧良久，师便打。问：“世尊初生，即不问三玄三要，请师宣。”师云：“逐一问将来。”进云：“如何是第一玄？”师云：“玄煞闍黎。”进云：“如何是第二玄？”师云：“须弥峰顶，白浪滔天。”进云：“如何是第三玄？”师云：“眉毛落地，鼻孔撩天。”进云：“如何是第一要？”师拈拄杖云：“会么？”进云：“如何是第二要？”师云：“一棒一条痕。”进云：“如何是第三要？”师云：“拈却了也。”问：“昔日世尊初生，一手指天，一手指地，周行七步，目顾四方，曰：‘天上天下，惟吾独尊’。未审今日众中还有独尊者么？”师云：“人人顶傒①上辉大宝光。”乃云：“山花阴似锦，涧水湛如蓝，天龙坚固法身，拄杖徒头漏洩②。语默不及处，棒喝未施前，一番拈出一番新，释氏古今原不别。既不别，如条直，古峰头下五云深，浩瀚曹源流不辍，今日人天大中前。”喝一喝云：“无山不带云，有水皆含月。”下座。

[附记]选自张新民等整理：《黔僧语录·瞿脉和禅师语录》（卷1），巴蜀书社，2000，第259–266页。瞿脉（1662–1725），俗姓笪，生于黔北，20余岁即出家，拜赤松和尚为师，遍参海同名禅。清康熙四十三年（1704）任黔灵山住持。工诗、善书法，与当时名士周起渭、潘德征等交游唱和。

① 傒（xī）：怯。

② 洩（xiè）：同“泄”。

燕居德申禅师文选

书问（与古山张居士讳明辅附复书）

凡闻好道者，不能使山野不好。且门下好道之名，初闻之王于野，其后闻之古立三，并方神生熟矣。憾不一晤，奈山野常病，举动维艰，今僧来委拄杖一根，试问门下所知何事？所好何事？其所乐何事？如不乐，将拄杖痛打一顿，如再不乐，更将拄杖直打到点头处。与山野一音，不致苏黄无色，禅道无光矣，此渎。

丛林客往来，盛道和尚。辅通候虽疏，殷勤久切，游戏在俗，屡欲向座下求生活，尘缘阻耳。适承来教，枉问云云，浑身汗下。辅从不能好道，未知名由何处有也。但知颜子所好，所乐，皆人人本分家事。复荷慈悲爱我，望我，委拄杖一根，痛打再三，愧何敢当。辅彼此一顿拄杖，皮穿头破，心骨刺血矣。道人作官，依旧是穷，目前无能致敬，权寄华茶三封，为山中用。何时面谒，方执弟子礼也。临风远复，不尽依依。

复虎岩古居士书（讳其品，附来书）

萍梗中相相知者多，求其心相知如公者少也。凡读公书，顿觉惺许多疲困，但不获与公偕出偕处，奈何，奈何！近接来书，知公于途路中，多不如意少拂之也。逆公之生平，大拂逆处，唯山野知之，公亦宜识之矣。今山野行道于斯世，数数为多口所憎，山野唯抱此一念以俟高明，终不蹈时人圈圚。复闻擢监军，任就中须要勘破。后日拨转旌旗，护我道法，使天下后世知我道法中有人，得不生平一大快事耶！行途保爱，无负山野区区之望。此复。

劳劳风尘，又到黎峨。凡所寓处，绝不一面，夜复索榻间恶草而去。慈悲种子如是虞？令虎岩子大生灭释之想。忽闻和尚游化此方，却又善根瞥起，仍前归依，可见道法中不可无人，言及此，吾教中败类者不知凡几，谁能振宗风哉！叹！叹！兀坐经阁，无藏来，附闻然，觉堕嗔孽中，和尚何以示我？又监军耶？军监耶？以穷苦呫哔之夫，驱之走食人之乡，而践戎马之场，宁复有轻裘缓带之致，或杖策来，谩骂叱吒之气，于棘门坝上之间，其将何堪？况瓶罍已空，关山难越，细雨飘然，郁郁谁知告。皆弟子之苦海火坑，奈何！奈何！喜师铎声大振，道肥身瘠，日来号渴西江，未审得分半勺添钵盂否？如索弟子于枯鱼之肆，惟有作曹丘步已耳。今期想不能行，午间或弟子来，或请和尚来，又看缘法何如？

复城壁马居士书（讳宝附来二书）

或拘栾，或放逸，幸免去则已矣，那复知有必不必耶？今心灿禅人，持居士请书一通至，始知误闻阿师之言以招予，实心灿也。遂怒起茶条一顿，血流满地，何故如此？来说是非者，便是是非人耳！令山野会亦可，不会亦不可，皆心灿之不问可与不可，必欲之麦新，是迫之也。但山野到之日，即会之日。此复。

届节入省，道经麦新草庵，深雪信宿于兹，日与心灿禅师煮茗坐论，如游清凉世界，举非烟火市廛所能摇夺者也。惟自愧沉溺，俱失本来，欲冀和尚披云命驾，剖示珠玑，拯救弟子于渊海中，一旦而俾之登岸，诚和尚无量功德矣。如和尚靳厥蒲轮，不一引手，是使弟子终于沉溺，又安能诞登道岸耶？翘候贲至，幸勿吝玉！临颖注切，不胜神驰。

又

未出九龙，早已会居士矣。更游云台，驻家佛堂，又当何如？及睹耿光，聆謦欬[①]，宛若旧识，第不识居士临麦新日，知会之日否？不然大有爽约，非山野所望。专此奉复，嗣容图晤。不宣。

满拟旬日领诲，缘新奉出师，不遑如愿，尚图回日，方得敬谒座下。但疆场伏枥辛苦，驴年无日解脱。自愧非将军身说法，妄欲得高人一言开示。虽弟子根器浅薄，茫茫业识在。和尚为人心切，当不靳摩尼宝珠照浊水源也。临楮肃候。

① 謦欬（qǐng kài）：是指咳嗽声，引申为言笑。

复古山张居士书（附来二书）

来云：理学如朱晦翁[①]，法称孔孟，排禅甚力。噫！晦翁之讲道谈理固智，排禅诋佛则愚矣。何以知其禅之不当排也？禅者，前圣后圣相传之道脉也。亘古亘今，不老不小，虽颠掷覆坠而不渝，绝灭干枯而不槁，无成败得失之阶，无荣辱是非之境，无忻厌，无取舍，无苦乐，无寿夭，在儒亦可，释亦可，道亦可，甚至男女异类，有情无情，此界他方，并从上所谓，无适而不可，非见道明彻至极者，乌能至此？故禅之不当排也，宜矣！何以佛尤不可诋也。佛者，觉也；觉得人人本具之真理，见得明白，守得精确，行得谛当，证得停妥，然后降生出处，自是不凡。所以吾佛初生时，便解指天指地，周行目顾，乃曰："天上天下，唯吾独尊。"是得心应手之妙，非矫强也。其间瑞相随出，光满异域，不待麒麟凤凰之征决矣。至于舌遍尘沙，现身说法，拔淖泥涂，功施自在，岂小补哉！所以不起菩提座，而升兜率天；不起菩提座，而升焰魔天；不起菩提座，而升他化自在天。然于说法之际，又不能无机之利钝，教之浅深。故对执有者谈空，执空者谈有，执即空即有者，谈不空不有；执攀缘妄想者，谈空虚寂灭；执空虚寂灭者，谈妄想攀缘。昨日说定法，今日不定法，多方种种对症之说，并无一字系赘于人，不过以楔出楔，去其执着耳。务在还我人人固有之真，不添一毫，不灭一法，吾佛果有说法耶？如区区揑佛方便去执之谈为诋者，是诋者之知识暗短，亦何伤于佛乎？弟[②]怪一人妄诋于其前，必有百妄随诋于其后，致使蜩鸴[③]之自羡，宁不陋欤！吾谓孔孟之不排诋于佛老者，深知佛老之实，而后之浅见曲学，遽诋非佛老者，又岂贤于孔孟哉！殊不知我释门之大，有毗于儒门者。设使无有山间林下之野人，又何有佐朝论道之君子。而世之明敏达理，而不敢妄拟者，又乌知其不是耿介拔俗，见道守道之徒欤？涵养纯粹而不变塞者，又乌知其不是灰心死志，行道证道之徒欤？何藻鉴之不深

---

① 朱晦翁：朱熹（1130–1200），字元晦，又字仲晦，号晦庵，晚称晦翁。朱熹在创立理学思想体系的过程中，出入佛教。他援禅入儒，提升儒家哲学的思辨性及精致性。但为维护儒家学说的正统地位，力主辟佛。

② 弟（dì）：古同"第"。

③ 蜩鸴（tiáo xué）：蝉和鸴鸠。

也。晦翁非不知，但不诋不能立教，且立教者何必排诋为耶？自是以儒教主持世界之正，释与道共助之。……有释道之助而无儒教之正者，是有骨无皮之世界也。皮骨相需，何用排诋。吾徒以晦翁先排诋而后兴叹？为是，吾以晦翁志在明道，则立言排佛老为非，则晦翁兴叹晚矣。此复。

自摩竭寂灭，道场开娑罗树间，涅槃妙蕴，不二法门，得揭昭于沙界，而功济尘劫，匪云浅也。正法浸微，遂有马鸣、龙树起九十六种，一时冰裂消伏后，西竺澄什、陈鴈、遁远继现身，走洛阳、江左，为佛法大张樽俎[①]，由兹连续不坠，故佛道振起，与尼山圣业并行不悖有日矣。晚儒迂拘未达，强作分解，谓佛门误视天地万物为幻生灭，别认个灵明为本来面目，苟持论稍涉简易直当、圆觉妙通者，动色斥为高空乖实，梵言异端，大抵末学朝夕在人涎沫下，终身学儒，正不知儒者也。知儒者必不鄙禅，知禅者必不鄙儒。《楞严》云："一切浮尘诸幻化相，其性真为妙觉明体。"岂是舍天地万物，认灵明者如是哉。孔子云："道不远人，我欲仁斯仁至。"非不简易直当者如是哉。子思云："唯聪明睿智有临。"传云："古之聪明睿智神武而不杀，非不圆觉妙通者如是哉。要之，儒、禅非可以口辩巧驰，钻旧聱耴[②]，当以实证。何以故？从上诸佛诸圣，一穿衣吃饭凡夫，刚性侠气血汉，日用常行中，将本性十八阴界戕害我元辰者，誓必破灭乃止，自视与凡民等，而智解定力，不须待文后兴。猛见到证到彻底照澄，则庐阜即峨岭，都会衣冠之地，即烟云瓢笠之乡。真禅真儒何儒何禅也，故理学如朱晦翁，法称孔孟，排禅甚力，吾未尝不量翁之衷妄，悼翁之不明。宋南渡后，高孝二帝，悉好禅翁之忠孝，忧二帝不能好禅之真，徒蹈建寺设塔之陋，招亡身败国之耻尔。然翁暮年尚兴叹，不及，安知翁之生平诋禅者，白首私谓，何如？夫以翁之为学，且白首望洋，世儒陋浅，据戮力相角者，又何如辅束发志禅。长岁出游，闻善知识便求参礼。壬辰春，因遇师于黔，读师《笥中录》。立言皆简易直当，出句皆圆觉妙通之旨，惟行解相应，故毒手恶舌，觉天付一生成耳目口鼻。无禅无儒，尽卷舒于大圆镜智，离孔孟之扃钥，脱佛祖之习径也。矧今禅道流滥，真伪混淆，师

① 樽俎（zūn zǔ）：指宴席。

② 聱耴（áo yì）：指众声杂作。

昔惓惓受传之源流拂子，不足为凭，师其担当毅骨，鸣树澄遁之时作挽救欤？可剞劂以广其传。

又

读来书，不觉悼甚。尔初入道人，自排尚不及，又何暇排于人乎？刚在文字里出来，仍在文字中打搅，终非脱略人物。然云：风俗虽薄，其有不薄者存；道派虽衰，其有不衰者在。今之衰薄，即古之衰薄也。其衰薄二字可能累其道哉！且夫天下之贤才，殆非一二云者，但不可以目前毕见，必待千百年后读其录，考其行，然后知当时之有人也。故儒门中有不可定论者，今天下禅师亦不可以一二云者，然亦不可以一时毕见，亦必待千百年之后，读其录，考其行，然后知当日之有人也。故释门中尤有不可定论者，近代如汉月禅师，其徒如墨仙居士，虽然法嗣，亦必有过人之作，方堪授受，岂肯模于其间哉。此等既是佛祖之罪人，然则佛祖又是何面孔？故今之罪人，亦未可定论也。今吾徒言风俗既薄，道派衰绝，当不在辩，不在不辩第要辩得当耳。一言半句，垂之永久，自有公心识者，何烦虑其救之晚，又何必含血宿愤，问儒、问释更添烦乱耶！且儒门者流，不诩扬人，前者只相似说到，然终不能证到。设有证到者，特未知之耳。讵可以一时目前之儒，概论天下之无真儒耶！而禅门者流，真有行到证到者，何妨任口任气，纵横接人，间有妄诞者，讵可以概论天下无真禅师耶！然伪者饶他，尊之传之，不过闹溷一时耳，安能贻范千古，贱我禅门乎？又何必被发争救，尽属徒然，复言做善知识者未易言，亦有不难言者，如黄梅之孩孺，仰山之七岁，那有三十四十工夫，端在言之迟速，疑之重轻，自裁自断，终不是似玩似谑之非。如真有承当个事者，宜自珍自重可也，亦何必由人而后郑重耶！所附七说，前二说似见到语，但未审果证到否？第三说是随他语，与己无味。第四说大似不识好恶，将古人血滴滴为人处翻为模样也，堪打杀四字真报恩语，反为排斥语，可笑！第五说论孟告之言，然亦不识孟告内外之说，相去天渊，岂可以精见真见，与夫内外之说同日而语哉！第六说谓无始来，薰染习气，必假念佛修行始得尽净，又可笑薰染习气，贵在勘破，自不为冤矣。若待念佛修行，更添许多龌龊，何能得尽净去。第七说师资唱和，固亦有由，务在曲高调古，和其难和也。又岂在口呶呶求质于老僧，故老僧不得不一一与吾徒辩。此复。

风俗既薄，道派衰绝者久矣。天下间有一二巨才，在儒门，为经术文字所缚缠，或议论风波终属摇壁日影。在释门，为偏空滑语所恣诞，纵有超佛惊人之胆，终不知如来下足之处。此二种人亦能于佛场中铺云设雾，横矛骇世者也。近如汉月和尚，墨仙居士，其流亚欤？欲求墨仙、汉月于今日，其可得乎？更求今日于黔遵偏隅，又何如乎？辅见诸方，日日讲禅师败坏佛法，于兹为甚，以是云禅师传灯录，不贱埒粪朽耶！故有意承当者，不得不辩，非谓恃辩可以明道，乃欲辩明以尊吾道也。不然一人行之，十人效之，父报仇，子行劫，愈趋愈敝，积坏之久，有识者方起而痛哭流涕焉？亦晚矣！辅羁旅斯地，含血宿愤，屡走问儒门，不惟不知曾孟，并不知墨仙。走问佛门，不惟不知祖师，并不知汉月。无汉、墨之才并汉、墨之非处，力尚未到，遂夸于人曰："吾乃承当祖师一流，而鄙羞汉墨一辈。"辅以为，汉墨者佛祖之罪人，今人者，汉墨之罪人也。然今儒门者流，犹未尝矜此扬诩人前，独怪诸方禅者，处蛮貊之村，对俗愚之众，布衲丝条，是非任口，喜怒任气，题偈作书，顷刻数十，所往来人，非苗仲乡愚及离娄明上大人之村学书酸，即一窍不通之酒囊饭袋，方且听之凛凛，莫解其故，谁有能从中拔刀斩案者哉！由是诸方骄气愈长，往来人蒙然望风降服，语录安得不盈箧，门学安得不满堂，诸方安得不居然善知识乎！苟此事不自尊传，犹何时复尊而传焉，是使天下后世反视禅道之贱，贱之久，而必废之。是今尊禅者贱禅者也，传禅者废禅者也。万一后日有人起，岂不责今竟无出一言被发争救者乎？故于师之前不厌喋喋耳。夫善知识者，从古未易言，必饮冰吞檗数十年，得大总持，大智慧，大辩才，具大眼，然后可以喝佛骂祖，随意自在。故涌泉四十年，尚有走作，香林三十年，打成一片。兢兢业业，如护头目，继斯道也甚重。辅每小心退惕，恐贻大方耻笑，初遇师于镇西，见无诸方恶习，辅因赏音心折，然辅依然似玩似谑，若疑若信者，望师为传派承当大举，如前贤郑重兢业，那时辅不能勉力执殳，师食之阶下无恨，附质七说，凡言有可已而不已者，言则不可，不言亦不可也。况师友之前，罄见阐惑，共资扶进，自古尚焉。世尊阿难，反覆攻击，迄今未有讥以好言者矣。辅请质其七，愿师示之。一曰，天下无一人不圣，无一物不圣，无一人非佛，无一物非佛，夫妇之愚，可以与知，是人人同也；

虫虱皆有觉性，是物物同也。圣愚人物，共由此道，但凡民日用，不知圣人明物察伦，其圣凡之不同也。人道可以唤醒趋正觉，禽兽困于血气拘局顽，其人物之不同也。然圣人之明察，非少费思勉，微入情识从心之不逾矩，依然凡民之日用不知也。人之知饮、知食、知行、知住，非少加学习，依然禽兽之飞走饮啄也，是又未尝不同也。人能于此彻得一段精神，光朗海现，圣也，愚也，物也，人也，天也，地也，浑沦浩博，无得名矣。二曰，禅不可以有心求，不可以无心求。有心未始不无，无心未始不有，不待有之而后有，无之而后无也。不可以语言跳叫通，不可以闭目寂默通才入，语言便是煮沙求粥食，欲通愈窒。才入寂默，便是缚枝求树死，欲止愈乱。学道者只知此数路，离此数路，若无处安身。不知学道如枪戟林里，触着即烂；大火丛中，动着便烧。须无此数路，荡荡平平，方是吾人安身命处。三曰，《圆觉经》云："四大各离，今者妄身。"当在何处即知此身，毕竟无体，和合为相，实同幻化。又云："觉悟清净圆无际。"故当知六根遍满法界，根遍满，故当知六尘遍满法界；尘遍满，故当知四大遍满法界。前言谓形骸情识同幻化也，后言谓幻化空身即法身意也。幻固即法，人转幻成法，论语学而时习之，圆觉随顺觉性，二语括尽。晓得二语，便晓得根尘之虚妄，晓得色身外，洎山河虚空大地咸是妙明真心中物，日用间刹刹尘尘，何尝见有陵夺转换之境。四曰，昔黄檗谓裴公休曰："言化城者，谓二乘及十地，等觉妙觉，皆是权立接引之教。"如是思起来，不独此是权设，即德山拈棒，秘魔举杈，雪峰辊毬，普化摇铃，起模作样的，也堪打杀。五曰，战国有孟子性善之说，人遂将告子辈杞柳、湍水，无善无不善，可善可不善诸见，摈斥不堪，彼亦非漫漫空言者，如人炎月谈暑，在房则曰房热，在路则曰路热，在舟则曰舟热，坐则言坐热，睡则曰睡热，众热非不是暑也。特未仰天一谈日耳，众热者皆佛门精见，仰天者即佛门真见也！我以告子辈亦到精见地位，孟子其仰天真见者也。六曰，入道之途非一，至人接引不同，禅人动谓大地无寸土，佛之一字向何安顿，人悟得本来淫怒痴，皆是阿弥平等道场，有何念佛修行。此语谈理则是，毒人不小。从无始来，薰染习气已厚，修治尚恐不净，若向众生辈，便以放诞任情，作了悟解脱，说些粪秽俚言，作撤出窠臼粘缠，是罪业重增，轮回无极。吾谓不独众生当念佛修行，即善知识亦当念佛修行，所以供俸问岑："大虫果上涅槃，天下善知识证否？”岑曰：“未证俸。”俸曰：“善知识何为未证？”岑曰：“功未齐于诸圣，总是‘修行’二字，到善知识犹废不得，如何向众生说无佛无修行？”七曰，振起禅道，先须具眼，认得有气骨汉子，方可肩任大事，故国有明哲灵睿之君，必有犯鳞进导之臣；士有辟山披棘之师，必有磨利争前之友。君能容直，益足彰君之明；师能取善，益足见师之广。每睹近日禅师，苟一负骨人，能立数言，提唈刺的，并不究立言之所始。辄云：谤佛反法，焚稿不录，他则庸碌观场等，唯服俗语现话，遍录纸板，以鸣己高，违己则非之，顺己则是之，是所谓坐居南北，不达东西，徒滋智者公哄堂耳。不知违者之敬佛法，尤深于顺者之敬佛法也。达东西南北而臻圆化，可以接人振道矣。故有远公，自不放手元亮；有子韶，自不放手杲上人。今之禅师，不辩元亮、子韶矣。今之居士，不辩远公、宗杲矣。振道贵乎明眼，眼明须俟圆化，千古箴也。

再上本师破山和尚书（附来书）

接和尚来谕，德申宁不自知其罪，乞和尚赦宥。尚有几次问安，竟付之浮沉，想和尚年来清盛，不卜可知。申恨抱病多疲，不能躬走侍候，倘和尚视久远若一日，则不孝之罪始可赎矣。德申虽有忤逆之言，因隔远不及侍座，罔能进其几谏，故不觉来词之直，惟望和尚于言外鉴之。和尚亦莫谓德申妄付一人。昔有僧持德申真祈赞，申云：“眉蹙蹙底是何颜，心中所肯，肯是何禅？须知授之难，受之难，握根拄杖到驴年，待个真传。”以此观之，则知德申之心矣。耑遣合广赍鞋袜、果仪、聊抒寸念。希赐叱收，不胜庆幸。德申百拜本师法师座前。

年来老病相催，不能竭力为人，望众贤徒辈为行吾道，是所愿也。承专贵门人，乘危冒险，献种种供养，足征致念。但此地愧乏善成衣者，薄具粗紬二端，以圆信耳。然而法门贤与不肖，上古如是，特非今时如是耶？胡不闻不重久修，不轻初学，得之深浅，随机应之。就此不肖辈，圣贤尚且难齐，况老僧又将何若？老僧故私托者，曾为浪子偏怜客，似不敢弃众，若弃众则弃诸佛也。前者丈雪来，老僧亦对他说：“即上古言语录者，有益将来眼目，非是滑口头，资谈柄，互相是非，然语亦不在，多可删削一两册足矣。”余言不既明。病僧合十复燕居上座。

复舌响法孙书（附来书）

禅人历尽苦心，接踵前辈，似耿介不屑与人共议。昨闻嗣法书云法侄，不忝长坡法兄之后，较之书云，可谓青出于蓝也。但诸著作宁失于实，勿失于华，使后生晚进者，有所矜式；冒滥法门者，有所惭愧。是大有功于末法也。倘袭取未真，名分未尽，又非宗属之望。故太师祖之得令祖长破，如游鱼之得江湖，飞鸟之有两翼，不能使人不好也。幸酌而行之，莫使左于不好，至嘱！至嘱！

恭惟老人，道行黔蜀，德被寰中，如中天揭日，俾在在荷祖风，人人开正眼，岂容诸精魅而露质耶？悲夫末运，法门真伪间出，隆替相倚，可笑法门中竟无一人公心整顿，及庄读老人行录，以法门中种种细弊，一一攻出，岂独令当世妄践法道者寒心，诚千古祖庭之遗训耳！衲当躬礼座右，恨病躯艰于跋踄[①]，肃此专人问安，临驰不尽遥瞻。谨启。

复扶风徐居士（附复三偈）

未到腊八，先知睹星一着，则居士先释迦一头地也。但不识近日煖[②]阁之寒，与寒榻之寒相去几何？须知是中有彻骨与不彻骨者，今读居士三颂，诚煖阁之寒口占以复，偈："一座寒炉满屋灰，等闲拨着一星飞。坐中抖擞前后看，谁知失却两行眉。"（又）"昨夜寒霜透骨冷，蒙头衲被和身辊。辊得身疼惺起，来几点明星耿耿耿。"（又）"万象森罗非是翳，满天星月亦非花。时人因着眼中屑，多少男儿不作家。"

[附记]选自张新民等整理：《黔僧语录·云山燕居申禅师语录》（卷8），巴蜀书社，2000，第425–439页。燕居德申，四川巴县人，俗姓李。十九岁出家。曾住贵阳大兴寺，建清镇九龙云山，后迁福泉。有《云山燕居申禅师语录》（八卷）等。

---

① 跋踄（bù）：谓艰辛远行。

② 煖（xuān）：同"暖"。

云腹道智禅师文选

复玄象廖居士

读来翰，深生庆慰。知居士金汤法门为道，笃切不拘形迹。往往书中请益开示并偈、颂等语，致诚致诚。历观古人，挺特见于天下者，未有不得于创辟，而得于因循者也。故惟豪杰能之耳。公夙有灵根，才闻举着，胸次洒然，不甚欣跃。只将欣跃之心，一齐坐断，不起解会。如狮子游行，不假伴侣；壮士屈臂，不藉他力。只贵一念猛省，一切现成，正如力士额珠，原未他失者。恁么会去多少省力，舍此他求，则不可也。来谕所说虽是不欺，但恐心意识之所，著述终难保，任务须彻底掀翻始得，不见赵州八十行脚不休者，只要到佛之一字。吾不喜闻，方才休歇。所以此事，只在恒一，不贵多闻。公能如此用心，一朝击碎额珠，尘劳业识，尽净光辉。那时，也不疑佛，也不疑祖，三教鼻孔一串穿，却始知原来不姓廖，亦不唤作官人，便是一个脱洒闲道人也。何如。

又

大都此事须趁初心，猛利讨个分晓。竖起脊梁，全身翻转，把世出世间，一切见闻觉知，善恶境界，一口吞尽，不留毫末，自然盖天盖地，赤条条去也。不然日久岁深，心疲力倦，遇境逢缘，忘失初念。昔襄州庞蕴居士，初谒石头，乃问；“不与万法为侣者，是甚么人？”头以手掩其口，豁然有省。后参马祖，复蹑前问，祖曰：“待汝一口吸尽西江水，即向汝道。”士于言下，顿领玄旨，更不回头转脑，出言吐语，越古超今，盖天盖地者，是千古在家学道底样子。愿居士深根固蒂，他日吸尽西江。将此语一照。莫道山僧涂污公之面门也。

复阳焰智旭上座

适阅来翰，不甚庆幸。当此祖灯寥落之际，真实为道者，万无一二。公一旦抛却五经七史，灰心泯志，向者冷地上，作个活计，又是世间第一等讨便宜底人也。至若究华严宗旨，乃公用心之善，当知此个圆顿法门，广大究竟，只在剖一微尘。而出大千经卷，须当着眼始得，不可容易放过。至于诸祖诫人，迸文字而参悟者，总为学语之流寻行数墨，障自悟门，不肯体会自己本命元辰，为究竟事也。所谓看教明心，离指见月，若只玩其文，而不究其旨，犹若蒸沙作饭，焉能饱人乎哉？谕中谓“弥勒楼阁，人人本有，非善财参之而始开，不参而遂阖”等语，是则是，只是未在切莫作道理一味印过，则老胡绝望之日近矣！不见善财，经历一百一十由旬①，参五十三师，及见弥勒弹指，方才得入。入已，见阿僧祇弥勒，有阿僧祇诸佛。现阿僧祇三昧，又见弥勒从初发心修行，一一奇妙之境，与自己根本圣智悉在其中，尽得圆满也。若言八窗洞达，四顾玲珑，如上所说，其中广大无比，扩充无量，又岂类八窗之微不能容一探竿②乎？昔华严觉禅师初习华严，诵至《现相品》云：“佛身无有生，而能示出生法。性如虚空，诸佛于中，住无住，亦无去，处处皆见佛。”遂悟华严宗旨，讲词宏放，众所叹服。一日，南堂静禅师谓曰：“观公讲说，独步西南，惜乎未解离文字相耳。傥问道：方外，即今之周金刚也。”师即欣然罢讲。南依圆悟一日入室，悟举罗山道：“有言时，踞虎头，收虎尾，第一句下明宗旨；无言时，觌露机锋，如同电拂作么生会？”师不能对，夙夜参究，忽然有省，作偈呈悟曰：“家住孤峰顶，常年半掩门；自嗟身已老，活计付儿孙。”悟见，许可。次日入室，悟又问：“昨日公案作么生？”师拟对，悟便喝曰：“佛法不是者个道理！”师复留五载，转更迷闷。后于庐山栖贤，阅浮山远禅师削执论云：“若悟有亲疏，岂有栴檀林中却生臭草？”豁然契悟，作偈寄悟曰：“出林依旧入蓬蒿，天网恢恢不可逃。谁信业缘无避处，归来不怕语声高。”悟大奇，持以示众曰：“觉华严彻矣！”如觉公之不肯便休，悟祖之为人。到底此意，又不可不使公知之。山僧所以区区如此者，盖谓与公法情胶固，不得不尔。幸勿以我为介。

复金沙张居士

接来教并偈语，读之深省我杖头耳。就中谓：“去我咫尺，何不放三尺光者？”是何言欤？据此识见，宁不孤负己灵也？殊不知，人人本有之光，辉天鉴地，耀古腾今。世出世间谁能侵占他一丝毫去？如人远涉江南海北

① 由旬：古印度计程单位。一由旬的长度，我国古有八十里、六十里、四十里等诸说。

② 探竿：是渔民使鱼聚集后下网捕捞之法。佛教禅宗借以比喻启发性的随宜施教。

归来，举目存心，其光无处不照，又何止三尺乎？

又

昨复来翰，其中已曲尽大意。多见居士，不荐一味要说道理，以为会禅。不见《法华》云："尽思共度量，亦复不能知。"然此事上无攀仰，下绝己躬，广大灵通，古今绝待。灵利作家，自合知归，岂容话会者哉？若是中下之流，自有三乘十二分教接引好，怪得我又疑古今。问道之语，堆集万卷。不知此段因缘，皆从南岳青原二枝派，别为五方圆任器水体是同。至于建丛林，立规矩，盖为众广事繁，因时制宜。或垂一言，或出一令。或幽或显，或抑或扬。非苟然也，无非发明个事。其于德山拈棒，秘魔擎叉，雪峰辊毬，普化摇铃，其中直指者，不甚枚举，且山野之意，凡有来者，但向上提去，不管他信不信，行不行，任他颠倒，居士若实为此事，必须将者些见解，尽净扫除彻底。一翻转来，见得自己本有，不从人得，那时开口闭口也得，说悟说迷也得，说生说死也得，说心说性也得，说凡说圣也得，乃至说禅说教，说定说慧，一切语言文字资生业等，无有不得。若只说道理，一味印过，从今生说至尽未来劫，未敢相许。珍重！珍重！

复月空禅人

上座来书，一一皆悟后语耳。若果如是，则幸也。山僧细玩之未，在假饶彻底悟去，若将悟处硬作主宰，犹是自颟。更须飏却悟底，始得相应。尔果要真实参禅，急须放下。放下勿欺自心。可也。

又

来意区区，所说者无他，只要山野拄杖点首。若果到恁么田地，自合识羞，又岂待人肯也？殊不知欲求无上妙道，须是久受勤苦，千磨万炼，计穷力尽。无你心思言议处，无你措手足处，豁然啐地，折嚗地断？囫[①]地一声，翻转面皮，始知汝不吾欺也。不见南岳让见大鉴之后，犹执事十五秋。马祖见让之时，亦相从十余载，方了此事，岂容易而充选者哉？汝虽来往几

① 囫（huò）：象声词。

次，不肯实心参究，亦且书生之态罔脱，未曾淘汰个衲僧气象。若肯随中和，住得十年五载，习气尽净，无有丝毫碍翳，蹋着本地风光。那时山野拄杖子点头，犹未晚也。勉之！

[附记] 选自张新民等整理:《黔僧语录·云腹智禅师语录(卷2)·书问》，巴蜀书社，2000，第468–472页。云腹道智，四川渠县人，俗姓李，母何氏。早年在本里水月庵出家。后辗转入黔，先后驻清镇云归山，安顺府（治今西秀区）清凉禅寺、长寿院，永宁州（治今关岭县城）灵应山中和禅寺，弘法宣教。后入楚住持潭州益阳凤山西峰禅寺。其侍者岳贤、联升辑录《云腹智禅师语录》（2卷）。

语嵩传裔禅师文选

与天虞郑居士

风暖日和，鸟语不歇。山花灼灼，溪声决决。不是清净身，亦非广长舌。见成公案，明明漏泄。个里有知音，不待吾重说。既然如是，且道不落声色，一句作么生道？若向此道得。始识贫道，虽鼓两片皮，未曾说着一字，阁下分明闻，未曾闻着一言。苟或未能，若古碧潭空界月，再三捞摝[①]始应知。

示佛升樊居士

杀人不眨眼底，立地成佛；立地成佛底，杀人不眨眼。所谓苦海无边，回头是岸。即如居士，现将军身，崇信三宝，深重道德。破暑入山，请益老僧。一拨便转，不向外求，皈依正道，了悟真常。岂待弃妻奴，入深山，藏居断妄，奔波觅水，然后为修道哉？虽然居士愿力深重，非于一佛、二佛、三、四、五佛，而种善根。因宿植德本，不忘悲愿，始有今日机缘。虽则如是，且道不涉僧俗一句作么生道？若向这里谛当得，真是戎马中第一个学道人也。不然，正好向赤心保国处，开弓挥剑处，着力穷究。看这英雄勇猛，作用底是谁。倏然看破这些些子，原来眉毛只在眼上，始信扬刀证果，言不虚传。到此田地，鵰弓高挂狼烟息，万里讴歌乐太平。

---

① 摝（lù）：摇动；捞取。

送醒闲上座并序

醒闲佛智禅人，西蜀吴氏子也。从老僧披剃求道，执侍勤劳。二十年余，经历乱离，备尝险阻。且老僧每以逆境勘验，终不退转。至于戸名利养，略无系念。生平乐人为善，必欲终身侍奉老僧。倏一日，顽石并诸戒子，着衣入方丈礼拜，跪白云："诸学人相依和尚数载，难报恩德。今欲还乡，苦无依倚，兄尊证，师忠孝节义，仁慈恭让，不独学人辈膺服，当师范人天。故学人辈，敢倾心承侍，迎请供养，望和尚俞允。"老僧见诸子至诚恳切，遂嘱之，临行书此以赠，并示一偈："临行句子嘱吾徒，此去逢缘可结庐。纵使浮名理不住，须教德业日无虚。"

复相国东川吕居士

铁钉饭，木扎羹，孰能咬嚼；无孔笛，没弦琴，谁是知音。久欲觅个冤家对头，无那方木不投圆窍。故向白云窝里，抱日打眠，自由自在去也。承手谕，开口说话，当仁不让。不触鸟纱气息，不言世类俗情，单提向上一着，诚哉！宦邸中圣人也。今贫道不能装声作哑，只得舌头未免一番拖地。所谓"棋逢敌手难藏兴，琴遇知音恰好弹"。虽然，惟恐阁下能说弗能行。何也？多见王公大人，搜摘佛语以当谈柄，助笔头富贵。如兹用意，终是望梅止渴，画饼充饥。谓一切世缘，不能通身放下。大丈夫一切由己，是谁缚着，盖大地是个解脱门，争奈[1]把手拽人不入。且我这里一物也无，放下个什么？必不得已，且同居士平日正色立朝，黜陟百寮，仪型元首，调和鼎鼐，燮理阴阳[2]，随境参究，始知大道本自现成，不假修证。灵光独耀，回脱根尘。纵横自在，任运腾腾。位天地，育万物，有无不备，何劳节外生枝。然道有参，毕竟是好肉上剜疮，虚空里掘洞，正是弃本逐末也。请下昂藏鼻孔，放开眉毛，截断凡圣路头，举步毗卢顶上，解狮子项下之铃，夺猛虎穴中之子。不犯眨眼，始是好手。到这里说甚超佛越祖，搅长河为酥酪，变大地作黄金。酒楼肉案，即是古佛道场；山川草木，尽是如来法身。阁下谛

① 争奈：怎奈；无奈。

② 调和鼎鼐，燮理阴阳：指宰相、大臣辅佐天子协调、处理国家大事。现泛指处理政务，协调关系。

信得及么？信得及，直须妥妥贴贴，稳稳当当地去，更无奇特。贫道若狂语，不惟欺人，且自招拔舌犁耕之咎也。还保任得么？通身放下么？不走他歧路么？即心即佛么？果能如是，恁么金不再矿，正好高歌放饮，倒醉堕申，无一不是游戏三昧。然后不舍慈悲，更助化阴之铎，一晴唤醒天下沉鼾，又何让三教圣人乎？苟或未然，山僧有条白棒，打你阁下，作么抵敌？

复汉冲陈居士

读来书，不觉置案，扪腹长叹，如居士者，真乃戎马场中一长老也。愈增马平惆怅，何故如此？痛末法浇漓，无人说起这一着子。就书中说话，果能如是，何患乎不到佛祖田地。只恐坐地话途，被富贵功名转矣。若论此事，无分缁素，只要为生死心真，下手处亲切，不走他歧路，如反掌覆掌。有何难哉？何必要打一觔斗[①]来，纵使百千觔斗，犹在贫道掌中，任你多少伎俩，总不出这个圈缋[②]里。即今迟是居士愧色乎？贫道愧色乎？嘻嘻！谁人不丈夫，何故如此？倘实实究明大事，即如善射者，复箭射空，复以后箭射前箭筈[③]，筈筈相承，箭箭相续，上下贯串，住于空中，经久不坠，盖是精进之功，决非神力所致。凡学般若菩萨，亦复如是，老居士应当精进，如彼射空，正恁么时，莫有善射者么？速道！速道！若向这转得身，吐得气，银山铁壁，泥牛石虎，不劳矢上加尖，早已穿却了也。居士作么理会？岂不闻石巩禅师[④]，住山三十年，接物利生，婆心太切，凡见衲子柬，以弓架箭示之。衲子往往不契其义，皆望风而退。一日三平至，巩云："看箭！"平乃拨开胸云："此是杀人箭。活人箭，又作么生？"巩扣弓弦三下，平便礼拜。巩云："三十年来架一张弓，两只箭，只射得半个圣人。"遂拗折弓箭。这便是样子。老居士何必书中谆谆言业网缠身畏难，以当推

---

① 觔（jīn）斗：亦作"觔兜""跟斗"。

② 缋（huì）：布帛的头尾。

③ 筈（kuò）：箭尾扣弦的部分。

④ 石巩禅师：石巩禅师原本是猎人，皈依佛门，常常用射箭方式接引来机。一天，三平义忠禅师来到石巩禅师的法席。石巩张弓搭箭向他喊道："看箭！"义忠将箭拨离胸前，说道："此是杀人箭。活人箭又作么生？"石巩将弓弦弹了三下。义忠豁然有省，便礼拜。石巩道："三十年张弓架箭，只射得半个圣人。"说完将弓箭折断，扔在地上。

口之说邪？正所谓自画也。直须将一片铁石心向道。怕怖生死，如救头然，不费寸阴，恒而勿改，如前论善射之说，着力穷究，看这射底是谁。一朝中的，生死大事当下冰消瓦解，了无寸丝寸挂，那时单刀直入，拍手高歌，一任魔来佛来，总教他丧身失命，亦吾法门有赖。不然诚恐老居士易信而易退，何也？但伊心肯处，是吾道行时。葛藤笔舌难尽。复以笔作架箭势云："看箭！"

复佛恩徐居士

向上一着，贵要直下承当，不在多闻广学，若较得失于顿渐，说迷悟，便非勇猛丈夫。所谓扬刀证果，立地成佛者，只多了"证成"二字。何故现成一段威光，辉天鉴地，耀古腾今，本无地位，不落阶级，修证即不无染污，即不得到这里坐断报化，佛头无烦恼可断，无菩提可求，何处更有得失、顿渐、迷悟诸名，一任随处作主，遇缘即宗。头头法法，拈来便用，以之齐家治国，尽忠尽孝，成就此段威光，称之曰"佛"，犹是强名者也。众生不识自性，弃本逐末，迷头认影，向外驰求，如猿捕影，累劫奔忙，无有了期。然居士宿植德本，不忘悲愿，不待教诲，自信自悟，可谓难矣：虽然直下承当一句，作么生道？若道得，始不负贫道一片婆心，彻骨相为，苟或未能，直须向无佛无众生处着力穷究，日久岁深，自然田地稳密，方不受天下老和尚舌头热谩过去也。珍重！

复开少钱居士

承教真肝胆之言。贫道自本师授嘱来，往往所见衲子甚多，尚未曾轻许一个半个。每观诸方据师位者，见学人才有一知半解。辄便肯他，或半肯或全肯。不知担头甚重，滥付源流，就去僻处，胡做乱做，嗟夫！祖道垂秋，皆从此辈坏之也。贫道虽学惭管见，然必效从上尊宿楷模行去，岂肯明知故犯。新来禅人未到恁么田地，何事惊群动从。但观此子机缘根器，若向牟尼大鞴①炉中受几回锻炼，几耐钳锤，即授付托也。示兄得至，若此时岂肯轻出于口。老居士高识远见，痛指□□□以为虑，果吾道金汤也。

① 鞴（bèi）：亦作"炉鞴"。火炉鼓风的皮囊。亦借指熔炉。

敬羡！敬羡！据此看□□志□人法门未斩，临济中兴，大有可望，谨复。

又

三诵大教，不觉汗下。愧佛法下衰，祖庭秋晚，得人甚难。故野狐精怪，混入宗门，此辈不独老居士呵骂，我破山师翁每每刻书痛责。竟不自知不是，到处祚称知识，妄立宗旨，各党师门互毁盟主，是非蜂起，不可解脱，因是之故耳。如是之流，一名破法妖魔，一名野狐种族，一名无爷之子。何以故？本无师承，不信真参实悟，不谒诸方明眼宗匠，妄执己见，径自登坛也。学拈槌竖拂，学古论今，胡言乱道，惑动声瞽，大家唱和。久而久之，集成一本槽粕，遍地流布，惹得凝蝇朝攒暮嘬，蕴成一肚腌脏，以当醍醐。忽然遇著名人达士，一目百碎，只可作话柄笑谈耳呜呼！当知是人害道非细。一妄唱之于前，百妄和之于后。所以往往令明眼者鄙论轻贱，使佛法不贵，风概扫地①。即释迦复出，弥勒下生，人亦疑而不信。何也？盖谓从前兄闻者，皆此不堪种草辈坏也。然就老居士书中云：谓初祖传至六祖，分为五宗，盖各有师承授受，岂容诈伪讹谬。老居士切莫奴郎不辨。教外五宗，临济独盛。正谓法嗣得人则兴，失人则废。故得人有二种狮子之说：一超宗异目。二齐眉共躅。三影响音闻者。超宗异目者，见过于师，方堪传授。齐眉共躅者，见与师齐，灭师半德。影响音闻者，野干倚势，异类何分，其说甚长，详在人天眼目。就近而言，如六祖开法曹溪，宰官、僧俗、男女，一时彻悟者数千人。犹南岳让一人继祖衣钵，让之下得马大师，大师下出八十四员善知识，犹百丈海续正传，海之下得黄檗运，运之下有临济玄，玄有过师之见，凡垂手接人处与五宗不同，故天下称大雄正续，人天眼目，序为五宗之首。门庭孤峻，子孙绵远，今传至天童密云老和尚，破山师翁，到本师长破和尚，经三十六世。然天童法道，大震寰宇，其授受者一十三人，惟两翁别资一路，回西蜀朗化，付嘱二十余人，其江南同师翁一时得法者，又不知付托几许，所谓枝蘖繁茂，子孙甚盛。但就中有一个半个者，得枝贵枝，得叶贵叶，故是非典。废，亦不能免，其长者自长，短者自短，不可一概论之。老居士虽是痛惜法道，诚恐反被人议论。老居

① 风概：犹节操；风度气概。

士果到恁么田地，一任呵佛骂祖，下视诸方，始得不然，又是彼此当面热瞒过去。贫道晚年出俗。疏于博览，识见不大，不敢妄抨诸方。因两赐大教，深切戒勉，不觉自扬家丑，甚焉惭悚，从上担子，实非细事，岂草草付托，必要是个漢向老僧头上屙得，方才两手分付。若影响之流，不惟续佛慧命，是有误后人，遗臭万年也。附后有鄙偈三首并呈慧览："少室传芳刦[①]外春，千红万紫几枯荣。可怜满目皆秋色，独有曹源一脉新。""五叶花开宇宙春，何如独让一枝荣。等闲不许游蜂采，处处馨香果结成。""棒破殿寒秋后春，石顽瓦砾也增荣。不萌枝上花成实，无影山前惊凤鸣。"

又

许飞则书来，知老居士十六日果行矣。此别未审话石何时？怅怅！但向上一着子，林泉安稳，正好努力做去。切勿以聪明学解，自塞悟门，以当了事。恐放过此时节，转眼便是三十夜来，攒花簇锦，巧妙尖新句子，总用不着。莫怪牟尼不与居士道破。

与嵩目上座

吾侪本意欲到九龙同汝过夏，奈兴侯刘居士屡书坚请，留住马坪，是以难却。汝之去我，自此日远一日矣。汝若效古德之行，履尚隔不远，岂不见琅琊慈明，谷泉大愚，结伴更衣，混入戎马队中来，参汾阳雪峰，三上投子，九到洞山，神光断臂立雪，黄面布发掩泥，总为重道德而不顾危亡，始得名芳萬古，为天下后世仁人师范也。岂是今人轻人我慢，自高自大行径。今操方衲子，纵入我门来，不为道德而来，反要主人以人情回顾，稍有回顾不到处，便生许多枝节，说了许多是非，或为那个长，那个短，每日只窥探他人行径，自己本分全不说着。这等人各执管见，不信棒喝，为人或执几句之乎也者讲论为长，或执毗尼持念为长，或执吟咏书写为长，或执割舌刺臂抄写经典为长，或执礼拜磨筋苦骨为长，或执一句死话头，将心待悟为长，诸如此类，种种不一，皆自塞悟门，流入邪见。此等不为出家了脱生死，原为设法讨吃而已，只图做个修行样子，岂知檀信粟粒皆

---

① 刦（jié）：同"劫"。

出自农人血汗。若不明心达道，将何消得，及至一息不来，定是改头易面，披毛戴角，酬伊去也！吁！袈裟下易失人身，岂不痛哉！汝一旦决意出家，顿舍富贵功名之心，灰英雄豪杰之气，岂与温饱之流同日而语，自是脚跟早已点入龙象队中。虽然如是，吾侪又不得不与汝道破，但恐误参知解，难以相救，汝倘不解初志，可再到马坪同吾住住，与汝说破末后句子，然后方到水边林下，一把茅盖头，始得称英灵汉子，不枉往袈裟边走一番也。珍重！

又

夜郎人旋，知上座苦心立身，诚敬养亲，仁孝两全矣。可爱可羡。但来书虽是当仁不让，大似开眼尿床，立地说梦，要会牟尼示机，须买草鞋，始得承送炉瓶。附后有偈，并谢！“子寄炉瓶已度津，祖庭秋尽复生春。有时分付钵囊去，不让当初立雪人。”

又

别后，老僧食卧未遑落心，唯忧贤徒去就若何？适庐天至，始识贤徒未动，可谓知机知时也。亦知贤徒近日只以守道养亲、修德操履为任，一切细事浑不顾矣。是幸，是快！然老僧渐渐多病，尚多魔瘴，愧德薄道微，果感如此，要识其中端的，试看山居示众。

与惺我僧人

汝值吾侪于爵罗阁中，倏尔分袂，向后前询汝，竟不识何往。吾钵囊已挂马平，汝果重道德，惜寸阴，不惮炎暑，过我寓中，将已身下大事，穷究一番。想功名富贵、六亲恩爱，汝早已勘破，方才薙发，还要急早寻条向上路头，依一个明眼宗匠，将无量劫来尘劳生死，根本一锤粉碎。那时向人天众前，呵风骂雨，方快其意。就什麽成佛作祖，然则如是，第不识汝之志以为何如？呵呵！也是按牛头喫草。

复哑道者

这个老不通惯山中探薇打蕨，将就遇日，是你本分，便有许多富贵。如何陡起妄想，便要老僧骨髓头目，老僧骨髓头目岂是长老得底。老僧皮毛，来人尚不能见，何况骨髓。老僧骨髓不惟来人不能见，就是长老亲来，亦不能见。某既为人天眼目，岂吝者些些子，但长老自家摸索不着，将奈老僧何？又道老僧诳惑人间，累及长老，只恐老僧不肯累及长老，若老僧肯累及长老，幸厚多矣。长老这番说话败阙不少，凡往来书问，不可苟简怪诞，失法朗大体，取笑识者。珍重！

复两生座主

承手扎云："向纸背上见西山全身。"虽是赞扬，即成讪谤。殊不知西山本无形言，岂有兆迹？若向语言文字上识取西山面孔，正是迷头认影，所谓以色见我，以音声求我，是人行邪道，不能见如来者，此也。毕竟如何谛当去？正恁么时，摩醯[①]三眼觑不透，大悲千手摸不着，须是个坐断报化佛头，具本分衲子，始得略通一窍，犹未是极。则在更须知有格外提持一着，上座还委悉么？不然未免走他歧路，落荒草窠里。白云万里，觌面千山，不惟不识西山面孔，并自己安身立命处，恐亦不知。既不知，乌得作束手待溺，临渊羡鱼面孔，不求努力精进，一上如斯举动，良可痛也。西山故不当轻出此语，逼拶上座，但思昔在夜郎，曾有针芥机缘，岂得曲顺人精，不直心相为。且上座聪慧明达，博古穷今，久弘教法，必欲宗说俱通，尽善尽美，想不自欺欺我，只得不禁毒手，痛与顶门一锥，务要直下瞥地，不惟知自己所在，并西山安身立命处，虽乃佛乃祖，天下老和尚，一切有情无情，皆同你我一个鼻孔出气。到恁么时，可举似西山，待更与痛处一劄，只教虚空世界，一时消陨，诸佛众生名并泯绝，天上天下惟尔独尊，然后向孤峰顶上，盘结草庵，呵风骂雨，堪报不报之恩，始不负上座平生之志，且令西山庆幸不浅矣！更听小颂："西山已闢人天径，珍重石幢努力行。只恐临歧仍易惑，不教杓卜听虚声。四十九年说无说，末后拈花浑漏泄。百万人天尽热谩，迦叶老子蓦地瞥。倒却门前刹竿来，一等

---

① 摩醯（xī）：又作莫醯。意为大。

恁么个时节。是故直指为单传，千途会归同一辙。后来高识明见人，往往都作寻剑客。公案虽然有多般，总是以楔还出楔。一切尽名止啼钱，识破犹如金屎橛。西山不惜雨茎眉，无端特地苦饶舌。他日桶底脱落时，始信太煞要渠彻，彻不彻，无孔铁锤信手拈，吹毛宝剑当头截。”喝一喝云：“且道是燕孔铁锤，是吹毛宝剑？速道！速道！

[附记] 选自张新民等整理：《黔僧语录·语嵩禅师语录》（卷7–8），巴蜀书社，2000，第596–622页。语嵩（1611–1666），法名侍裔，俗姓宋，四川巴县人。明崇祯七年（1634）出家。清顺治八年（1651）入黔，住平泥山报国寺、修文三潮水知非寺。顺治十年（1653），率弟子入息烽西望山创修凤池寺。有《语嵩语录》。

《续黔僧语录》文选

莲月印正禅师文选

上双桂破山老和尚

自省觐后，欲依字水偷闲，于初春时，已入涂山守拙。岂知慈训遥颁，召归继席，焚香捧读，喜惧兼生。

若论双桂代劳，犹思退后，樗栎朽材，难胜法门巨任。惟上天童扫墖①，正欲向前，渊源嫡派，各怀达孝深思。禹庙岩边，拂袖欲等风驰；龙门灏里，张帆思同电激。但诸护法相延，尚待辞谢。携几禅和共往，只争勇行。满拟夏末即趋座前，专候江南动止消息。本院住持体裁，皆尽心力，恪遵典型。

肃此先复，仰希鉴原。

达圣瑞姚护法

先师道行，蜀中惟高梁缘最熟，知有夙因。但他人在治世护持犹觉稍易，大护法在乱世护持更觉为难。况建大丛林，竖大法幢，名标不朽，伊谁之

① 墖（tǎ）：古同“塔”。

力欤？迄今圆寂，凡事所系尤重。

晏石禅师来叙，大护法委屈众中，只劝安和。如此心行，可格佛祖龙天。缅惟先师前后语录，原欲下江南刻成全集，此生前谆谆之遗命，祈大护法注意与众执事酌议，力为主持。早圆者则公案，岂一人感荷，即先师神明中深为之感荷；天下万世人共为之感荷也。

临颖翘企，不胜待命之至。

[附记] 选自张新民等整理：《续黔僧语录·莲月禅师语录（卷2）·书问》，巴蜀书社，2000，第137页。莲月印正（1613–1691），四川岳池姜氏子。

丈雪通醉文选

复咸若佟护法（讳师圣）

八千里路，附以鸿来，欲贫道掣转芦头帆，临泾岸起渭水，无丝之调速，女娲炼石之风，日拊髀[①]思，弥增颜汗，翰云未了公案。

忆甲午冬，贫道至汉城，初未识面，将谓有多少奇特；既晤之后，原来鼻直眼横，此便是第一则公案也。

又节日营斋，贫道领大众及戒超玄素，二上座茶次，公指柑子云："者个要下手。"贫道预拈一枚，分作二分，一分奉公，一分自吃，此便是第二则公案也。

又观梅次，公云："此园甚小，容和尚不下。"贫道指松竹云："他二位聻[②]。"公默然。予呵呵大笑而出。此第三则公案也。

稽此数则，公当时当面放过，经今四载复，又从新提起，欲贫道归来了却。公将谓别有道理也耶。

又谓巴护法发心修补，恨贫道材同散木，黐于越土，弗疾缩地来前，

① 拊髀（fǔ bì）：以手拍股。表示激动、赞赏等心情。

② 聻（nǐ）：句末语气词，相当于"呢"。

俟潮翻锦浪绿卷，吴风径上十八滩头，揩星洗月，一日钵盂两度湿[①]。如何？

复潼川永伯刺史（讳锡胤）

来翰谓不复究性命之源，知居士日应万机，不肯空度于浣花洗柳处，欲见薄书，为事之人识，其人近其源，则性命之涂不远矣。与么究去似多了一番手脚，不若忘其源，而造未始之地，如潼之汉，只隔一两道溪山耳。第致君泽民之心，乃忠恕无用之用，若此谨慎做官，即是做佛。任他千重百匝，默运于一毛孔中；九结十使，照归于半微尘许。故回得之如愚，参悟之曰：唯到与么境界，那许余习起种种纷飞之想，而判作两橛哉！恰好就公私日用处，与张无尽、李遵勖[②]手眼共辙，囊橐古今佛法、世法一稿招定始，信吾宗没一点奇事也。

复非眼刘居士（讳道开）

接《楞严直讲》一书，知居士善收忠恕之风，会使融通之舸帆，悬识海浪泊中流，法门幸也。

然《楞严》妙旨，原为尔我血气男儿入路捷径，向一切事究竟，坚固庶潜符，密证关捩全输，不列旁门，一超直入云。汝暂举心尘劳，先起道个直早曲了也。贫道既秉教外之旨，务以本分接人，万不以陈汤馊饭滥膺奉上，恐居士向击钟验常绾巾示结处亲证净极妙圆，紫金光聚，看破灵山一会；引蔓牵枝，处处绊人脚跟。使寻香逐气之流，钻山透海背觉合尘，不肯矍然一证，受用自家境界，务以寸木架层楼，浮沤撑巨艇，今不慧不惧，诸方检责，直以狼虎丸一剂，用瘳陈年固积打翻漆桶子底，回观语言文字，悉为游戏之场，到与么时横讲竖讲，一任安排，岂独直讲者哉？山缁浅见，

---

① 此句出自（宋）释崇岳《偈颂一百二十三首》：“日可冷，月可热，众魔不能坏真说。且道如何是真说，钵盂一日两度湿。”意为：不必刻意寻求成佛的途径，只管好自己的一日二餐就行了（做好平常的事）。释崇岳（1132–1202），号松源，俗姓吴，处州龙泉（今属浙江）人。二十三岁受戒于大明寺。南宋庆元三年（1197），诏住临安府景德灵隐寺。

② 张无尽：张商英（1043–1121），字天觉，号无尽居士。四川蜀州新津人。宋徽宗崇宁（1102–1106）官至左丞。中年倾心佛学，具有较深禅学修养。他会通儒释道三教。李遵勖（988–1038），潞州上党（今山西长治）人。李遵勖进士及第后，曾任宣州观察使等。其玄孙李修元为南宋禅宗高僧道济（济公）。

若此不知高鉴。如何？

复明珠院主

一箬东来，比拟走贺，奈缘草履一双，耳鼻尽脱，惟恐赤脚两板，唐突大方也。已适读手翰，不觉霜花结草，月吐新条，汉水冻无边之声，秦云避广莫之野。末问拄杖子与鳖鼻蛇，是同是别。贫道道上座性命也，不顾然此业畜，毒气甚重。自古迄今，不知害却多少人来，上自拈花，下至今日，三千余年无人举着，公今一见，切忌保爱，勿使螫人。俟春风转脑，百草扬眉，亲来与伊断却命根，不致趁风云为殃作祟，抱守明珠也。

上万峰老和尚启

磨烟写竹疏通云外之风，屈指焚檀曲尽穷儿之丑。十年败阙一枕烽烟，只可自怡，不堪呈于座右。恭惟和尚身安盘石，兀坐棘林，捏聚打开翻成狼藉，弄峨眉月于三峡，锦水西流剂不死药，以全川魂芒再复，幸天星有在，雨露重沾陇外，霜花竞先斗丽，通醉根株丘壑，质本樗材愧智，识以无多亵宗风之运，季谨具土仪数色用佐膳，需归期在迩，余容面禀，不既谨启。

又

甲午三月十八日，命上天童代扫，逾秦历魏泛泗来吴三周寒暑，始近塔前，其荆蓁塞道，白日亘天云驶，吟风铁蛇卧水，山色如退乳之牛，泉石似离群之雁，焦寥贯日满目烽烟，拨转芦头缆系槜李，值起伯孙居士请，就家庵清白师处，重刻全录。越明年丁酉夏，毕工别集，俟和尚锡临，再梓稽江南禅席古风尽忘济洞二门情同函矢，凡唐宋诸祖庭，悉被一代主席者，遗为子孙有破沙盆抛向搕□堆头，黑漆碗偏作舢，两传持且吴越四众，一闻神御，旦夕倚云，目不少息，众乡绅敬修公启恭迎福祉，仍扫东塔云榻①，祇盻②来临，咸冀弗忘前帜，特非通醉斗胆有屈尊慈，万里翘企仰，惟俞允临楮汗漫，切切依依，不胜恐惶之至。谨启。

---

① 云榻：指出家人的栖身之所。

② 盻（xì）：看；勤苦不休。

复菊溪王府尹（讳玉生）

钧旨谓于没交涉处，被和尚惑乱一上，想台前乃昌黎[①]复出，贫道假大颠[②]再来，故有此番酬唱，又谓风穴铁牛公案。卢公是牧主是假令二俱不是如何即是情知台前于此着忙故用“假令”二字也。昨上堂中风穴，公案已评判明白。兹不烦录若论，转身吐气台前，可再入草堂。如韩老觌面荐得设使带来恐途中被楮颖二先生夺却，不惟公自钝置兼累草堂亦不唧溜也。明晨若往首座，万不向门前扣齿。

上双桂老人

捧读法旨云：有木鹅展翅之兴，苟非深山而不能延其残喘，大隋之有白鹿也。且年临耄耋，时势浮沉，非附大郭而不能乐，其桑榆太平之有，昭觉也然。醉之拓昭觉意，有在焉故负炎蓊茅赤手洗井一不枉五百年之祖席；二为老人退居之所。非醉自活耳。

又幸阖省有司绅衿士庶无不瞻云，以待复商之离指澹竹，躬迎至省始歇其志，若谓寿塔，亦昭觉方成体统，敬走报闻，候听的音以便趋迓。

复俗檄上藩臬两台并席文宗王府尹

佛道流传中国已二千余稔[③]，适有圣檀乘悲愿轮修，躬省虑默契神明，率土钦欢，无非佛事每婴劫运，水火难侵，盖十力大师愿海渊长，而弘护弗浅也。代有好事者，寻声救苦无拣羽鳞，随类现形千变万化，或乘狮子，或乘象王，或现半身，或全体用。如观音胎于蚌腹，或示现于牛肾，志公卵于鹰巢，树提伽产于火里。随心所欲，左右逢源。履水如地，履火如冰。

---

① 昌黎，即韩愈（768–824），字退之，自称“郡望昌黎”，世称“韩昌黎”“昌黎先生”。唐代杰出的文学家、思想家、哲学家，政治家。

② 大颠（732–824），唐代高僧。俗姓陈（一说姓杨），世为颍川（河南）人氏，高祖随官入潮阳。他拜石头希迁为师，住持龙川瀑布岩寺。后建潮阳白牛岩寺（今潮阳东岩卓锡寺）、潮州灵山寺。弘扬曹溪法旨。唐元和十四年（819），韩愈因谏阻德宗皇帝迎佛骨入内宫供养获罪，被贬为潮州刺史。结识大颠。使一向辟佛的韩愈转变了对佛教的看法。

③ 稔（rěn）：年，古代谷一熟为稔。

屠牛炙狗，触象批鳞，历历从常，寂光中辙不动智。至于罪福定业，世尊尚云七能三不能，所谓猛火不久然月满，还复亏泰乘否位用舍有时。故六祖隐于猎群，子牙遁作渔父，慈明混火队中，岩头尝为渡人，舜老夫衣俗服，大中帝为沙弥乘时，见机其心匪二古尚如此。吾又何人，大抵运行历数，气灭时危荷叶帽改作巾儿，千针衲截为农服，头上青灰三五斗，膝下紫泥没量深，且做成一个村夫，穷达亦穿衣吃饭、焚香稽首、拜谢祖庭，脱却袈裟，出门去罢。

送佛冕西堂回蜀隐山歌

此去西山千百五，其山突兀如花朵。千峰攒簇似削成，古佛道场居天府。梯烟直上并参傍，刮茨剪茅峰之昂。青天碧甍架其梁，飞陛流霞复为墙。长松短竹千百个，漱石迅流绕砌脚。坎离罗列锦江东，尧风舜雨龙桥中。霜花蕊结瘦枝上，玲珑石寒晓风唱，背负昆仑岷峨前。胸盘楚汉襟吴颜，左瞰罗浮右于阗。匡庐嵩岳如连环，无口钵盂安斯处，旋结天来大个屋。时而风送万云归，好把龟毛拂一拂。走杀赤县与神洲，翻转衲僧旧窠窟。了无神运嫁东风，讵以潇洒杂顽空。十方诸佛从斯出，犁耙债负都完足。打底还他一粒粟，是则名为真善住。

良知歌

劈开混沌作吾庐，安个名知任指呼。忠恕一堂非早白，满腔心血苦为奴。悟来天命非良策，迷去中和塞太湖。知谓觉场原是妄，弗知犹觉落偏枯。坎离水泛三千界，五蕴基高百亿都。措足踢翻生死海，掉身挨倒是非壶。识神店里良知府，碧眼光中盗跖躯。倜傥分明施大用，廉纤见刺费工夫。参乎曰唯功勋少，回也如愚气志孤。花为拈来香更着，衣因微笑世系粗。截功补过成淘气，蔽目藏睛属腠肤。未有知前谁是我，原无位次以存吾。碱砆漫道荆山玉，鲛目何如江汉珠。弗假龟毛绳妄想，那来兔角杖虚无。驴鸣犬吠同机用，兔走乌飞辙见途。一喝马驹翻出厩，千年金镫响寰区。打躬作揖渠依偶，拨火挑灯体用殊。另有一番声价重，临场几熟者之乎。此知毕世人人有，混沌□儿信手刳。拟向禅徒求指示，早成演若觅头颅。儒释道发须与鬓，也是小巫参大巫。

[附记] 选自（清）释通醉撰，清释彻纲等辑《昭觉丈雪醉禅师语录》（卷5、卷8、卷10）。

月幢彻了禅师文选

复李道台

过情言贫道："有股毒气，从百草头上，殃驴祸马。"贫道且惊且喜，何也？不意今日殃及居士。又谓："尽大地是一颗米，大修行人从何处下口？"贫道劈脊便棒。又谓："从口入耶，不从口入耶，合取钵盂耶？"贫道谓："疑杀居士！"又谓："肚皮七穿八穴，未免叫偿命。"贫道和声便打，云："偿甚么命？"管见如斯，试分析看。

复王月时文学

来书云："空庭冷澹。"不知居士家业，已被贫道尽底劫在龟毛拂上。若实趣道，须将从前经过路头，并奇特知解，一一铲却。铲到无可铲处，铲得大地平沉，虚空粉碎，便是收因结果时也。此复。

复果詹时文学

扎谓："闲忙动静也，祇恁么大限到来，无常逼迫也。"只恁么者，此堕在无疑必死处，好与三十棒。须知恁么中却不恁么，不恁么中却又恁么，始有趣向分。又云："阅《大慧禅师语录》云：'要将生死二字贴在额头上。'"咄！痴汉只如四大分散后，生死贴在甚么处。又云："如负人重债，被债主守定门户逼取，急无措辨相似。"咄！汝于何劫负甚么债来，又唤那个是汝债主。速道！速道！又云："但时愤然，要明此事。"愤然且止，此事毕竟从甚么处明？冒陈管见，不知居士何以教我？

复罗平张教谕

承教"俗缘难割，薄宦牵绊"，我道公错。又谓："世出世法，听之于我，一日游山有悟。"我亦道公错，又谓："仰冀法雨，指迷途于幽谷。"我更道公错！错！错！且道者五个错字，是杀人句耶？活人句耶？试检点看，直饶检点得出，依前漆桶不快。

上昭觉老人

违座八载，咫尺天涯。遍界荆棘参天，满目狼烟攘地。恭惟和尚起居万福，涕唾咸珠，末运整颓纲，陈年之枯骨讴吟，遐方翻义海，旷劫之顽石变化。适辛丑（1661）夏，飞无见顶像及慈旨，到了唯哭类笑，即笑同哭。已而将错就错，捏目膜礼，欲刊草集，恐玷先乘，伺法贲锦官，匍匐恭禀。诚惶诚恐，百拜上启。

又

一十四载，瞻礼叹未曾有；三五千历，侍右究竟全无了。诚惶诚恐，罪深河海，恨智狭识浅，百无一能。适逢昭觉重新，愧无陈献，更值花尹风残，景物萧疏，俾穷子报恩，无地客秋。不意镇台王檀越连次差官，强将刹竿扶起，玄沙虎直得放行，由是学步再结祸胎，辄将微缘并草录呈上，伏冀慈鉴，百拜谨启。

与达鉴居士

老僧所栖院子，结在无阴阳地上。一任神通妙用，持利刃带绛器底汉来，无他插足处。虚空消殒，此院悠久，天地崩颓，此院坚固。务要居士蹋着受用，无有了日。如涉身于易成易毁之场，辜负老僧开门以待。

复义廓上座

临行时不暇门送，言及末后句，致令汝弗前进，是老僧咎！然而此事非图侥幸苟安，须善保重，谨操履，不与盲龟瞎驴同流共队。汝若肯甘澹泊，不妨与老僧栖止一上，勿使甜果美食，换却元初本体。嘱！嘱！

复广南陆居士

来书偏于顽钝者，昔世尊弃皇宫，入雪岭，为学顽钝。庞老团圞头，学无为，亦体此顽钝。更冀公向未有虚空世界之先，看顽自何来，钝从何起？佛法世法者，都卢打成一片，连者一片，化之无迹，运之无方，则顽钝之用，自是灵妙莫测矣。

复司马吴檀越

云巢兀坐，有眼如盲。手札飞来，致令露柱展眉，悬慕之心始释。谓："谢绝虚荣，皆赖山野金针一拨。"是则是，虚空堕地时，公向甚处着脚。又云："得以优游山水，啸傲时俗者，俾古庙香炉，并皆震动。"拟涉沉思，纵潜形于空无边天，亦属偏见，请反覆自看。看者，看底落在甚处。若会得落处，天之上，地之下，净尽无余。不着问人，自知之也。

复宿石张居士

古人夏不排窗，冬不围火，又云："毫厘系念，三涂业因。瞥尔情生，万劫羁锁。"不识公脚跟点地也未？若得脚跟点地，敢许酒肆淫坊，魔宫虎穴，竖去横来，可与大年无尽，把手共行。我问你尽大地是个火坑，作么生跳出？尽大地是个无常，作么生避得？尽大地是个铁丸，作么生吞吐？尽大地无一微尘，许向甚处安身立命？速道！

复黎平司李冯檀越

手捧大作，何幸如之！恨贫道不善接人，是圣是凡，到来一味痛棒热喝，教伊进无门，退无路。管取第二念不生。但士大夫学道，从外打入则富贵，故能包天地，挟十虚。我辈自内打出却贫寒，因而毫发难容，纤尘不立，只知有向上一窍。

复镇台王檀越

老僧住院以来，食指作生涯，空身为道业。此身既空，生涯悉是假名，道业尽成梦语。闲坐之余，陡瞻示谕，珠光扑地，俾拂子感叹莫及也。第云："禅风教远，木铎声弘，欲沾毒气者病。"僧骇然无地，何故？佛真法身，犹若虚空，应物现形，如水中月，不知唤甚么作毒气？者个[1]境界，总不出老檀越掌握中。以是而知尽十方世界，靡不收摄。尽十方世界尚无

① 者个：这个。

第二个姓王底，敢请檀越直下信取，况令威黔粤，德被边疆，士庶莫不衔恩，草木咸沾至化。俟缘会时，方敢拈杖，触碎鼻孔，莫言不道。

起信歌

原夫实性，隐于形名，位乎天地，贯乎古今。育万物生生之妙，行四时互换之令。与么起信勿谬，正因非人人，非自自，无相国中恒密示。体此心焉曰佛，了此心焉非物。坐杀活场而坦荡自若，登般若岸而苦哉佛陀。历生死祸福之源，启迷悟浅深之波。齐空有，等高下，烁破大千明暗甲，拈却时人眼底花。无背向，没正偏，玲珑恰似玻璃盏，独脱难教渠一见。亡彼我，定治乱，隐显焕然无缝罅，净秽明明不择伴。类魔党而百丑钧陶，蹈祖庭而十方齐震。究理事以全该，统千差于一器。堪嗟初祖航海来，两桂芬芳成祸胎。

或曰："即佛即心，何异鼠咬铁钉？"更云："直指见性，奚啻背面捉影。"屋里老爷好快乐，休对痴人呈家活。指南掉北有来由，极谈概不落沉浮。鸟啼花发玄中玄，雨雪交加复谁瞻。夜半怒雷声海外，木人石女化机解。未萌已前逞神通，逗到空空空不空。莫挂一缕及一丝，识取根源岂外事。无阴阳地尽掀翻，师子窟中没野干。休休休处更休休，打起精神直到头。于中略有些微念，无量影子一时现。现此影子有何功？但恐落在坑堑中。转得头来有甚面，辛苦万端方矢愿。愿有愿无始终误，可怜回互不回互。出入须知不自瞒，自瞒尤失信之端。从来个事勿移易，要显如来第一义。削乖心，除障弊，圣凡一体夫何忌？中外打彻最全备，地狱天堂任游戏。人赞仰，鬼神惧，佛祖龙天密符契，不可思议功德而护卫。

[附记] 选自张新民等整理：《续黔僧语录·月幢了禅师语录（卷 2）·书问》，巴蜀书社，2000，第 263–274 页、第 293 页。月幢（1614–1666），名彻了，俗姓毛氏。蜀重庆江津人。十六岁出家。康熙丙午（1666）六月驻锡安龙玉泉寺。

梅溪福度禅师文选

法语示霞章禅人（即雪住）

参禅学道，惟须铁石心肠；访友寻师，务要英灵气宇。才闻举着，直下承当，方称拔萃男儿，便入师子群队。若具这般决烈，奚愁道眼不明，天龙不卫。若夫因循岁月，恣纵情怀，不透声色牢关，罔省佛祖至要，法门何补，后学谁归！况尔相侍巾瓶，廿有余载，历艰难而匪变，守寂寞而不移。若非根器广大，愿力弘深，焉能有此至坚至固，不退不转！虽然，要将本有之真精勤决择，不无之妙勇锐参持，提起金刚剑，划断狐疑网，根尘尽净，渣滓不留，境界不空而空，心花不灿而灿。到者里，满空至宝，信手随拈；遍界奇珍，当机任取。更无第二人，不落第二见。岂不是铁石心肠、英灵气宇之衲僧也。

示大破禅人

剃发为僧，灵光遮障不得；依师学道，本分圆通始成。而今祖庭秋晚，法道寂寥，出家者不为生死学，道者不须见性。一味贪图名利，鼓弄是非，徒炫雌雄，岂不痛哉！

若我大破禅人，信心脱俗，决志披缁，侍从山僧相求是道。今不审披缁之深浅，且问学道之端的：莫是写水涂山是？莫是修竹谱花是？莫是围棋抚琴是？莫是焚香展卷是？若道一切处是，则触；若道一切处不是，则背。试问破禅人：触、背俱皆不是，且道道在甚么处？于此脱然省去，不惟不障灵光，亦且发明本分。到者里，则剃发为僧，依师学道，岂徒然哉。

示元素禅人

元素禅人，楚人也。髫龄剃发，方外有年。草鞋频破白云，竹杖几担明月。冰霜历遍，雨雪经余。虽然，未审行脚眼明否？如是则不负登山涉水，访友寻师，不然，须向草鞋根底，竹杖头边，密密谛审，审到路途穷处，云水断时，原来高矮云山，短长路径，总是一个行脚眼。脱或不尔，更听偈言：

草鞋竹杖叩诸方，度水穿云岁月长。

直下了明行脚眼，从教何处不风光。

赠最良李居士

学是悟之师，悟乃学之祖。有学无悟谓之增上慢，有悟无学谓之担板汉。是知学必假悟以透，悟必借学以资。譬如鸟无羽讵可得而飞，鱼无江安可得而游，所以今日去圣时遥。有一等学道人，未遇宗眼，将文字唤作葛藤，见地才是真实。殊不知文字中渊源莫测，岂可易窥其涯涘哉！若于文字识得根脚，则文字何异于见地，见地何殊于文字。故山僧接人更无别法，直教随其所著而领会之也。尼父乃云："以我为隐乎！吾无隐乎尔！"[①]此理也矣。《楞严》云："十方薄伽梵，一路涅槃门。"此理也矣。《华严》云："佛法世间法，若见其真实，一切无差别。"亦此理也矣。上古淑哲，未有不在头头上明，物物上显，又何尝取舍，执定一边，是知在真宗师手里出来的，自不被境鼓动，世念碍他，如空中烟云，周旋无碍，谁能拟测哉！

若我最良居士，鹗荐[②]辛丑（1661），学习渊深，虽居富贵，不被富贵所欺。撞遇燕伯辣手，当阳劈破，顶门直下，知眉在额；出言吐气，不即文字，不离文字，性天朗耀，义海澄清；且逋名绿野，独立超然，岂灭子瞻之风，似公之若是者有几？虽然，者段因缘，阿谁欠少。总之，错认方便，妄执得失，因而不能作透网金鳞。山僧与公为莫逆友者久矣。素羡公雅度，钦公逸致，真可谓学悟圆通之丈夫。特书法语以赠。

与君山刘茂才

读书人弗向宗乘中留心者，尽谓宗乘空寂，一味钉桩摇橹。才闻宗乘极则，便云无可把捉。殊不知者无可把捉的，乃三世能仁命脉，历代开士元辰。故经云："依无住本，立一切法。"又云："应无所住，而生其心。"若夫神心颖悟，见越常情，一道虚融，万缘绝待，则挥毫展卷，不离无住大旨；

---

① 语出《论语·述而》。子曰："二三子以我为隐乎？吾无隐乎尔。吾无行而不与二三子者，是丘也。"大意为：孔子说："你们大家以为我对你们有什么隐瞒不教的吗？我没有什么隐瞒不教你们的。我没有一点不向你们公开的，这就是我孔丘的为人。"

② 鹗荐（è' jiàn）：比喻推举有才能的人。

究古穷今，亦不离无住大旨甚；至焚香煮茗，修竹谱花，一切种种，总不离无住大旨。若离无住大旨，别寻至要，是犹掘地觅天，拨波求火。山僧结制镇西，始识君山居士。读书不为书缚，处世不为世羁。有脱尘离俗之风，依山傍水之志，不似钉桩摇橹，辈执着一边。与山僧盘桓个事，倏忽两载，因而分袂，固以无可把捉的，信笔而为之记。

示绵绵禅人

绵绵禅人，担当[①]上首。气宇孤清，形踪磊落。不亲权贵，固守寂寥。驱寒暑，半肩毳衲；度岁月，一钵松花。可谓忌身忌世，不售不酬。山僧寓滇之阳瓜，而绵不时请益，因诘其名号。绵曰："名广瓜，号绵绵，担当先师所命也。"一日，出纸求语，山僧顾而谓曰："是求学禅道语，脱生死语？欲求禅道，禅道在汝目前；欲脱生死，生死在汝脚下。"于此脱然省。去则山僧未搦管时，早已书竟，脱或未能，更听偈言："羡尔精勤广植园，园中瓜已结绵绵。甜的彻蒂甜如密，苦者和根苦似连。莫把甜的唤作苦，休将苦者认为甜。直须一一亲尝过，免得遭他当面瞒。"

赠嵩敞法侄

祖庭秋晚，必真实无伪者撑持；法道荒凉，须学悟圆通者弘播。如是则丛席有光，不然则宗风何赖！迩来虽多传受，于中总不堪任。谬得一纸源流，便有多般矫诈。心镜未朗，倚世利而专逞贡高；性海未清，附庸鄙而妄行教化。出言错谬，招叱辱以无端；行事乖张，取讥诃之莫罄。如斯败露，诚可悲哀。

若我嵩敞禅师，乃予同派法侄。披缁丱岁，抱志多年；廿载离滇，诸方参遍；禅那精究，德行坚培。秉毗尼于林壁禅宗，受法印于述中和尚。迅机如太阿剑，触之则断人命根；作用似走盘珠，遇之则耀人心目。经旨明彻，不愧启迪后昆；品行超伦，堪可绍隆先圣。随缘长养，不擅拈提，

① 担当（1593–1673），名普荷，又名通荷，字担当。云南晋宁人。俗姓唐，名泰，字大来。其先祖原籍浙江淳安，明初从戎来滇，世居晋宁。清初出家，住鸡足山石钟寺。有诗、书、画"三绝"之誉。有《翛园集》《橛庵草》《拈花颂》等。

较之魔傥狐儿，岂啻云霄土壤！

爰自己巳（1689）孟春，顿为紫池之游。访老僧于栖霞峰头，扣真机于威音那畔。片言契合，两载盘桓。同甘清苦以忘缘，共乐幽闲而绝往。或有时握手松间，看烟云之缥缈；或有时分座室内，听鸟语之悠扬。月下经行，横斜花影踏碎；峰头舒啸，无边风月归怀。草木文章，逢缘即用；山川旨趣，遇境便拈。若非八面玲珑，焉得一般殊胜。愧余德微行鲜，悟浅学疏。常悲落寞之风，徒起匡扶之念。羡尔作略回别，气度孤清；堪悬慧月于杖头，可显真风于拂下。开后学之心镜，剔已坠之禅灯。觉树再芳，曹源复涌；频抒畅快，不尽忻欢。片语聊拈，高风远志：

法门衰落罕逢人，气岸挺然独有君。
灵老堂前拈指辩，述师室内把灯分。
梵章讲处空知解，公案拈时破见闻。
泛泛时流谁可似，堪提白棒逐狐群。

寿贵阳太守葵庵许护法

自古山林野逸，从不称祝公卿大夫。今所称祝者，其所称祝者：称祝公之德重如山也；称祝公之政美若春也；称祝公之精忠无殊器之也；称祝公之大孝不灭《蓼莪》[①]也。是所以称祝也。

示溪舌禅人

参学人，参须参到心融法界处，学必学至性朗虚空时，方可求师印证，垂手接人，庶不负度水穿云，亲师择友。

迩来宗风扫地，佛日埋云，玉石不分，金鍮莫辩。虽参而未到与么境界，纵学而未至亲切地头，便欲建立门庭，揄扬棒喝。如此类，大似盲人咏日，狂夫捕风，安能继续曹源嫡脉，中兴临济正宗！

若我溪舌禅人，有超群志能，拔萃风骨；不被庸流簧或，不为鄙者牢笼，求决择而上东山，咨玄要而呈偈颂；禅怀磊落，道况孤清。较未得谓

① 蓼莪：《诗·小雅》篇名。此诗表达了子女追慕双亲抚养之德的情思。

得、未证谓证之徒，不啻星壤！虽然，还须豁开眼底障云，放出胸中明月，始得畅快。到这里，则玉石不分而分，金鉦不辩而辩，又何患心融法界、性朗虚空者哉！嘱嘱！

示石琴禅者参无弦琴

东坡云："若言声在瑶琴上，放在匣中何不鸣？若言声在指头上，何不于君指上听？"既然，且道琴声从甚么处生发？会得此意，不独会没弦琴里，声应巉岩幽谷，无腔鼓内，向震流水高山；便会犬吠鸡啼、松吟涧吼。凡有声者，莫不尽会。说甚么伯牙动指，子溪知音，脱或未然，不免重宣此义：

竹籁鸣时云石冷，松涛起处雨风寒。
欲知声韵发生处，好把石琴仔细弹。

刘副台请题书斋匾并序

云翁护法，西夏世家。风度卓群，英姿挺秀。虽居宦海，犹羡云松。七载威镇筅南，一期彪炳将府。残雪解而山城秀，荒烟静而陇陌青。花植层台，任蛱蝶而飞舞；篁修曲径，凭鸾凤以寄栖。讲武之余，洗池邀月；治政之暇，把酒临风。兼以重构花宫，远延龙象。壮柳营之春色，开至道之香光。不灭张浚高风，岂殊裴休雅况。

余与云翁神交数载，机扣一朝。纳鄙拙于个中，话幽闲于世外。是以聊题清啸，用挂书轩；畅今日之雅怀，集他年之公案云耳。

[附记]选自张新民等整理：《续黔僧语录·东山梅溪度禅师语录（卷第九）·法语》，巴蜀书社，2000，第662–673页。梅溪福度（1637–1699），四川永川人。俗姓张。住贵阳东山栖霞山寺。有《东山梅溪度禅师语录》。

山晖行浣禅师文（书信）选

示本源明教授

嵩少不立文字，是入道要门，亦可谓至简切者。今人不察，尚浮华虚习，琢句雕章，谓如此可张大教法，其好事者又以《道德》《南华》[1]《百氏杂谈》入为妙语，取《法华》治世语言，皆顺正法实之，以正己之不误。乌乎！是何欺人之甚邪！若此教化，不如缄默为愈也。

然先宗之道，虽全体即真，全体即俗，离是离非，是即非即，其开发处未有不从简易，切要导引也。鲁祖见僧来，便面壁，南泉曰："我寻常向僧道，向佛未出世时会取，尚不得一个半个，他恁么地，驴年去。"由是观之，乌用浮华虚习，琢句雕章，与《道德》《南华》《百氏杂谈》等为得意者哉。吾恐浮习之徒自以为是，而贤人以为非也；自以为得，而贤人以为失也。昔人有言曰："学莫贵乎见道，道莫大于求仁，仁莫先于格物。"嗟嗟！吾有味乎此论也。本源教授欲体究妙道，可依此说做去，若从彼雕琢等事，无益可卜。

示石芝同书记

达磨东来，不为别事，只要与人指个休歇田地，谓之直指人心，见性成佛。后来一人传虚，万人传实，却道不传而传，不说而说，即是西来大意，却又分宗列派，种种施设，都道从彼得来，殊不知阿魏无真，水银无假，有甚着落处，不如向他未来时一切坐断，不独成佛有余，亦谓之无事道人。

我书记石芝魏安人也，以风尘不偶，脱却鹘臭，布縿来与者伙人同学西来大意。忽一日，山僧上堂结座毕，书记云："还家不上长安路，一任风华雪月扬。"山僧便下座，因来求法语，山僧意以为将来或有用处，因记他两语于此，庶书记他日不孤山僧一种苦心，山僧亦不孤书记参学苦也。吁，分明不是家常事，却道家常更是谁。

示云居世维那

圣道无言而言之者，导之也。譬夫之闽越而不假问津，未免淹留委曲，有泣涂之苦，所以浮者有舟师而驾有御，军者有旗而瞽有相。由此观之，持圣道，主丛林，欲舍言宣，不可得也。夫欲言宣，而欲宣何法即得，乃日用而诱之？是谓法。日用何法而诱之？即应用处而指导之，是故动则法

① 《道德》《南华》：道教经典《道德经》《南华经》。

动矣，止则法止矣，喜则法喜矣，怒则法怒矣。优游园观，则法外矣；坐卧饮食，则法内矣。俯仰则法上下矣，进退则法前后矣，鼓梵呗，则法音声矣；趋定室，则法禅静矣；持钵王城，则法朝市矣；行化村落，则法乡井矣。乃至一动一静，则法一动一静矣。圣人曰："造端乎夫妇。"庄子曰："在屎尿，在稊稗。"永嘉曰："即无明即实性。"乌乎！无往不是法，何适而不可！故曰："左右逢原，良有以也。"

维那世公者，蜀人也。昔遇山僧于平越，今复守秩圣恩，每来索法语，是欲导之以法，得以明乎不传之旨，进而为人师，退而为山主。乌乎！可谓出家之志也。故山僧于是乎勉之以日用之法，其得道得果，自有无穷之趣。

示石琴闻监寺

道本无名，无名斯可谓之道也。老氏曰："吾不知其名，强名曰道。"是道也，运四时而不遗，宰万物而不惑，居烦恼而不戕害，住禅定而不空寂，天地以之，圣人明之，民俗昧之，鸟兽愚之，甚至止之而为山，流之而为水，震为雷，行为云，日为昼，月为夜，散为星，澄为空。东坡氏曰："山色法身，溪声长舌。"

有旨哉，石琴铜梁人也。幼岁落发，深求至道，今请法言，用为指诀。山僧笑曰："有是乎，终日住是中而不觉，谁为昧邪！饥也为之食，寒也为之衣，渴也为之饮，倦也为之卧，孰非道？孰昧道？知即是道，孰非其妙？空空寂寂，幽幽明明，总皆其要也。"忠国师曰："京都邺都，浩浩尽是菩提大道。"如此领略，不待山僧诀而监寺自诀也。

示不已纯书记

禅之为道，吾人之本领也，同天地而镇常，离生灭而恒静，如莲处污，其质本洁，固知此理，居圣无增，住凡无少。所谓血气之属，必有知；凡有知者，必同体。由是观之，吾人之所具与先觉所证涅槃之理，曷常不同哉。既同也，孰为圣，孰非圣；孰为凡，孰非凡乎。故曰："彼丈夫也，我丈夫也，吾何畏彼哉！"

不已，西吴临江人也。从黔剃落，常侍云腹禅师。一日，得乡井信，知高堂未倾，乃惟曰："我出家学道，无乃先亲后己乎！不然，何以明吾大孝而报吾劬劳于二老人邪？”先觉曰：“吾精吾道，其道精可答吾亲也。先佛常有十种报恩，勒而为经，而方隅盛传。”《梵网》亦曰：“孝名为戒，亦名制止。”① 于是腰包东还，为间关艰阻，难以长发，因走开圣，不觉淹留。今三年于兹矣。吾常见性静神逸，举必端，立不倚，此天秉之性非习而成也。及为山僧掌记，凡道性善与法言，不记而载之，此真吾法器矣。第为道虽切，而进退俯仰，犹有未尽善处，故山僧每策进之，俟入道大全，山僧何吝一衣钵而不与之证，亦必忻忻然与之也。

示几水觉西堂

离尘脱俗，闲居独处，不是惧徭役之劳，儿女之累，求如是清净耳。盍生死理未明，与圣道未有所入也。所以悉达有天下而不为，直入雪山茹麻食麦六年，得寤本心，然后恩泽满天下，儿孙满天下，情与无情均沾其益，此勇猛丈夫，非浅浅可能为也。今披剃之人，开口便说我出家儿能清净，能解脱，或挠之以非语，或夺之以物，则必大恼，则必臧而护惜之也。乌乎！若辈不惟视吾道之甚易，亦且失出家之利多矣。曾不知圣人之道贵诚信，非诚信不足以见圣人。几水觉公，江津明经也。世为阀阅，一旦蠲弃，乐此寂寞之地，盍欲求圣人之所证也。公既有是举，正宜朝于斯，夕于斯，以究吾人所共秉之性，若能念念究竟，不舍蒲团，他日自为吾门亘。人亦有言，十年五载不离丛林，无人唤伊作哑汉。长庆坐烂七蒲团，赵州四十年不杂用心，不如是，鲜有克济者。乃书偈进焉，曰：“一念不忘究竟，自然传佛心印。一山一水了然，步步分明正令。”

示佛灵禅人

先圣宗要，离诸名相，离无所离，无离即觉，觉相圆满，乃大圆觉也。正如明镜见相，相无不入，相入无取，亦无不纳，学圣人道，当如是知。此知亦不取，亦不作不取，不取而取，取亦非得，如镜入相，非无相见。到此，始知口如河泻，原无半字点污人；虽终日婆娑，竟如水中盐味。昔

---

① 语出《梵网经》（全称《梵网经卢舍那佛说菩萨心地戒品第十》）：“孝顺父母师僧三宝，孝顺至道之法，孝名为戒，亦名制止。”

人见僧即面壁，或指露柱，或唤吃茶，或教拈床子，或使开田，或命传柬，或教饭后到塔头来，或云持钵去，或云者根得恁么长，那根得恁么短，或云家家门前火把子，或云驴事未了马事又来，或云我今日劳倦明日来，或云放下笠子向汝道，或云何不放下着，或云主人公惺惺着，此即离言三昧。学圣人道，能冥会得，入此种种离言三昧，不难矣。又汝之求道如下种子，山僧说法，譬彼天泽，汝缘合，故当见三昧。佛灵从桃原来见山僧，每参毕，常来问堂奥中事，山僧指四仪中如知法法不差，则堂奥在是矣。即前所谓离言三昧，未有外于此，所谓万派朝宗，何关外来佛灵。其勉诸。

示闵夫人赵氏

先佛设教，曾无别示，只要一切处知自家本来面目而已。如此而知，如此而达，便是免生死，出轮回一段要事，盍此面目，人人自具，各各天秉，上至圣人，下至昆虫，无不同具。既天秉如此，自具又如此，则尽十方无不同此。面目也居士果能于山僧说处信得，承当得，即成佛旧矣。如今有般不知入路底，便作许多伎俩，或蒲团上觅，清净中求，殊不知全落下乘，非佛所谓离生灭道。夫生灭道，日用应物者是，动作营为者是，将心求佛者是，如舍此外别求者，即不是也。传曰："道也者不可须臾离也。"经云："唯此一事实，余二则非真。"夫道也，即本来面目也。于此知得，方知过、现、未来，千圣千贤，同得同证，全是此佛，更无别佛。

示尼自珍

学道人别无可为，但日用间、饮啄处看是甚么道理，是甚么作用。倘能猛着些精采，啐地一声，翻将过来，方知此理不在别处，只在者饮啄、日用里走将出来，见山僧便道："和尚，今日谩不得也。"虽然，山僧还要问你："释迦老子被云门一棒打杀，至今无人举着。"你试道一转语。

示自纯禅人

行脚人不是游山玩水，历诸名胜，便了平生大事；须是参见真实名宿，求其指示生来死去之理耳。明见生来死去之理，然后入诸尘劳，竖法幢，立宗旨，作大佛事，方才是行脚高流，参方衲子，不然，诚虚事也。不见之古人乎？参须真，寤须实，此事分明始有益。然说个参悟，早是粪屑，早落宫商，所谓但有言说都无实义，纵说总不过是个敲门瓦子。倘不如此，徒自劳形，于道何益哉！女[①]求佛祖不传之道，又大非难为，但袛是四威仪中，于生来死去之理未明，必朝于斯，夕于斯，吃紧做去，他日一念，回光自照，忽然认得谛当，便是了生平大事处。还知么？做到头来始觉妙，虚空粉碎沧溟干。

示大通禅人

古之称学者，真如哲公一人而已。顾余所左袒此公者，非一日，盍舍公而外，殆难先屈一指。然则龙骧凤翥，鹊起豹变之士，往往接锡继踵于祇树云堂之间，独非学者欤。余曰："不然，此固学者也。然求其精进心，勇猛力，切磋于祈寒溽暑，砥砺于风晨月夕，不少懈者。惟哲公可足法，他人则或以聪明资，或以晚成力，观所谓绵力勇进，造深极微，不逮哲公远也。而子欲以此公所为与诸子并，可乎？嗟嗟！可谓学者之翘楚也。若今之所谓穿衣喫[②]饭、名存实亡之学者，较之实霄壤。岁癸卯（1663）夏，余过嵩目、大慈二长老之室于贵筑之法云庵，揖坐相谈，幽怀各吐，不待终夕，则洒洒会心矣。因作偈赠目与慈，曰：

西山会里一神驹，俊骨名高在五湖。
直把追风千里足，等闲踢杀杨岐驴。
道业高标居法云，杖头喝底骇声闻。
如何贵筑多狮子，豺虎屏踪独有君。

适有大通禅者，江南人也。出首卷乞余作书以为学业云云。噫嘻哉！余前不云乎，真如哲公可足法矣。哲公圆木以为枕，三十年不改初志，其学业可不谓之勤且精邪！大通尤勉乎哉。

---

① 女：通“汝”，指你。

② 喫（chī）：同“吃”。

示觉相蒲居士

若论佛之一字，元非实有。盍先佛不得已，只得将佛字示人，作一舟航，作一楷模，使之从此入三摩地，悟佛知见耳。及乎到此田地，回观从前许多梦幻，许多佛语，本无一法是真实者，方信此佛原是人人自有，非从他得，亦非从佛祖边求，只是我一切时放过了，不自觉察，故有许多迷悟。若能早觅于此，猛猛勇勇，亦必自然得手，如人终日在涂，不知家里事，一日忽到家，便不疑家里事，可不快哉！可不快哉！

觉相蒲居士，同余营山人也。虽羁身戎马，常留心佛理，凡遇名宿，皆往请诀，岁癸卯（1663）夏，值余于黔，每来参见余，直以平常示之，虽未得大休歇，然亦知邪正眼矣。因求法名并法语，因告之以此。

勉竹眉宏宗孙

缵先宗，继慧命，惟在抱道衲子。夫欲得抱道衲子，处此衰世，从何见之？即乘周王之疌足，履八极之山川，尚不得一面，况坐此深山，使吾得就见邪？于戏！求之或难也。古云：“吾走南方一遭，杖头未曾拨着一个。”不其然乎。先师常告余曰：“老僧往来吴越，岁月不为不多，而求一真抱道，者以授吾生平之事，不可得也。”故属余曰：“千般海宝，如意先之，从此得也，好接上机。”云云。余自是以来，五年于兹矣。所遇衲子，非不众求，所谓抱道者常寡。前此十二人虽早入室中，然亦不过三两人而已。自此以还。惟住山为事，而求人心始倦也。

癸卯（1663）春，竹眉者从梁城来，俊伟可爱，留住数月，而囊锥始露，则吾徒嵩山之子也。性情方正，行止可人，虽非吾所谓抱道衲子，然亦可继缵先宗，使一华五叶之原原委委不致寥落，亦能免夫余怀抱之忧勤也。然尤当勉进，不可望洋即止，以孤吾望。

勉竹元上宗孙

今披剃而为僧者，众矣；求一二为向上事，不困于荣名与醉于富利者盍寡。人之所欲，在眼色耳声与口体之味常欲足，即居处、服食器用，亦不欲陋。故宫室虽珠玉牙香，尚患不多；服食虽绮罗珍羞，尚患不美，安能求于此哉！先佛之道，县旷幽远，寂寞深杳，又非一日可能造。昔东院春秋八十，尚芒鞋竹杖造请诸方；长庆蒲团七破，德贯景星三十年，他如圆木为枕，缚被为誓，然后始快意曰："吾道放心矣。"今披剃而为僧者，矢道之志有如是之勤且久乎？余十五年往来江湖，所见者众，求如是人或万中淘一耳。

岁癸卯(1663)，衲子竹元自昆明来见，余于长松山房视其所携一笠一囊，别无长物，验其所为，寒不问被，暑不谋扇，余或以利动之者三，渠未常应。噫嘻！为向上事，不困荣名与醉富利者，有斯人乎？有斯人，吾道庶几也。即异日掌吾道，亦颇称足，吾何患无后为哉！野竹衣钵在女；当贮而臧之，俟龙天推出，然后为天龙解而出之。

与林副宪位旃居士 讳明俊

往闻山林间与我辈游，处谈论道话，倡和诗文，此必真儒真释，不然，何以有此乐也。客秋欲度江候起居，值主上求精励治，非贤者无以使居是位，是以东山主人不得久卧烟霞，且闻已出行会城矣。

夫贤者以理养心，以志帅气，故心静逸，其气顺适，所以急也。有无穷之趣；现也，为天下福星，何适而不乐也。第不审五老峰归期，亦预示我不复初禅人归，以未识面，不敢先以裁寄，只借口头寄意，想已上达矣。小集虽非壁间龙，然一点其睛，亦有破壁飞腾之局，且令奇其蚌者，惜其珠，轻其鹬者，重其翠也。是以复初实有恳切意而裘葛再，更不见相示，想不过面应复初耳。

先卧龙小刻只可与初学为资，何以当大方赏识，是先卧龙与公宿有奇缘，此亦希闻也。相晤在近，以楚臬熊公人便寄候，尚容走谒，不次。

与钱中丞（讳邦芑附复书）

度江走蒲邨①，至鳌溪，为雨阻半月，又以石林疾笃，与钟灵主僧收获甚殷，则咫尺千里，悬心仰慕，不翅九回也。十六大晴矣，极期径干放脚，小年庵一会，以快平生愿见之心，忽古雍专使至，催逼，且云结冬期近，而古雍道俗莫不瞻望；越日又得一书，执不能留也。俟明春法席终，黄鹂

① 邨（cūn）：同"村"。

调舌时[1]，过江再访。虽然山僧未度江，早已相见，欢若平生，岂在同卧枕被，笑傲山林始为觌面哉！秋清摇落，惟道自珍。

承和尚渡江远访，又以雨阻不得会面，然我辈今日会面非难，正千里神交，两心相契之为难耳，丈夫道义相期，岂必儿女子握手吻怜，而后为知己乎！且如和尚眼前相会之人不少，只恐当面尚隔一层，又过去未来、千圣千贤与和尚心心相印，岂必尽皆觌面乎？要知我两人，会亦可，不会亦可，若必待对面而后成知己，便是下乘，便落第二义矣。虽然如是，但芑为和尚，策今日之事，毕竟入山住静为是，笔墨所不能尽者，总侂[2]石林、开石两上人口陈，切须留意。来岁春暖桃华献笑、新莺吐语时，专望和尚飞锡来临，蒲邨老农彼时披蓑戴笠，相迎于石桥古路、长松流水之间，蓦地相逢，当哑然一笑也。诗草一卷，寄呈大教，草索不尽欲言，临楮不胜神溯[3]。

又

至人之道，千里同风，若必对面，衹增眉眼一笑耳。大年云："千里却同风，对面不相识。"正我两人之千里神交，两心相契，不待握手吻怜，早成知己，真会亦得，不会亦得可也。明春石桥古路、长松流水、哑然一笑之约，真肝腑之言，恨此时院子所累，不然，即诛茅江外，何待桃华献笑、新莺吐语时，始如约也。诗卷佳章，俟迟日作偈奉复。

又

武陵准提庵晤后，拟再访，闻驾已上德山，赴原侄约矣。余亦买舟东下，直抵吴门，自此江云渭树之思，寤寐不置。语嵩同刘居士过吴门时，又详禅栖所在，然亦不能寄候道履耳。客岁哭破和尚不已，又值语公迁化，其法门哲人相继逝去，吾门不幸，莫此为甚。还朴来见公，去岁八月寄语公书，又知在大沩南岳间，且有建迦叶道场之举，闻之不胜忻羡。此举倘成，

① 指农历二月。（明）刘黄裳《撐蒲歌（并序）》有"揶揄笑口如飞雪，黄鹂二月争调舌"。

② 侂（tuō）：寄托，依托。

③ 遡（sù）：同"溯"。

则我有所归矣。其祇园千二百人，中幸留我一榻为感。

与嵩目宗禅师①

法门骨肉，几人能致此热肠？如非嵩目高雅，数数亲厚，则冷语冰人难当也。不及见法筵而北还，今犹怅然，卜滇行何时？

我已束装南迈，明春及秋或可转高蓝，当又有字来。胡护法及陈，黎两君烦致意之，余不多白。

复德山语嵩禅师

禅师不以万里行倦，破暑转苏，顾我双塔，此法门念重矣。乃复灯前榻上，属之如许，我岂犬马忘德，本所事者。盍梁山不仁，误听左右，而燕居又强取我二子，敏老亦取我一孙，我故去之，虽遭物议，任之而已。嗟嗟！三十年法乳，岂恰然一斩乎？所以小隐古吴，盍实有去就良难之意。禅师爱我如此，我极思之，不得已为隐焉。庶几也，如再欲我还梁山，我则在汶上矣。禅师幸原之。

复天隐禅师

贵筑晤后，四年不奉吾友手教，总之间关修阻，非朝遣夕至而可能者。还朴至自梁城，手持吾友三月四日书，拜读数四，见吾友爱我如昔，末又劝勉恳勤，若非天隐厚道，绝不至此也。

每自思之，三十年方外，心还不歇，此岂有所乐为也。盍人皆笑我狂且愚，而不知我大为人弃，并夺其所授，甚至覆巢取子，毫不容置足其间，顾此能不疾首痛心乎？是有吴越之役，虽栖灵亦不得怪我常寂中矣。今吾友犹不投卑，返将归我梁山，以续旧好，而此情洒且渥矣。然岂尾大不掉之人，奈何一入赵，竟不能再奉德教于燕也。用是方命，知吾友必察而原之。

---

① 嵩目，名宗渤，四川綦江（今属重庆市）人，俗姓陈。为明末破山海明弟子语嵩法嗣。博通经典，有语录、诗卷行世。黔西县东山寺（开元寺）首任住持。著名弟子有黔西东山古雪海智等。

寄黔中开石监院及诸刹

春二月，遣祖易归，止有祖年供洒扫，寂莫甚矣。望黔中人来，即议行李计，奈何望眼几穿，竟未有至者。昨五月过江北访张高邮公，公以二十年相与之人，不可一见即别，因留住城南福海。八月朔方到院，未几报恩老人讣至，因奔丧并送入径山塔。一连耽阁（编者：搁）三月，不觉小春又寒矣。前八月幸竹元不辞二千里，孤身来省我双塔，得以少慰岑寂，明春或遣彼还武昌耳。诸徒闻此，有意东来或遣人到广陵，再穷一日，即达福海矣。一别四年，如隔世人，每一念来，五内如捣，不能插翼与女辈樵山渔溪为乐，苦也如何，话长纸限，未能罄其衷哉。

复昭觉丈和尚

今夏虎丘人来，得大教与禹门语录，读之，喜法门佛日又中天也。及见复燕居申公书，未常言佛法事，不觉泫然涕下，审梁山老人付人衣钵，实为祖宗慧命耳。人不自重，内蕴蛇心，怒目攘臂，与人从事，识者不无窃笑。我平越结冬，伊走，僧将云天所集粪屑遍散平越，取阅之，始知脱空之极，因而知以梁山示偈为付偈，诸方非浪传也。至叙行脚，未见彻法源底，与师资叩激承接等，事但节节自誉，节节非人。乌乎！无惑乎？佛道之湮也！

伊立身行事，自以为真，殊不知袛诳愚昧，未见者当作实事。如走雷霆，驱闪电，扫狐踪，抹兔迹，慰先德之门户，兴末运之钳锤，伊未必梦见。伊常谓梁山不宜笔《佛道声价》一书，以病《聚云吹万》①。夫梁山为一代宗盟，主张大法，自合典御四方，权衡一世，有真当褒，有伪当斥，此赏罚与夺之柄在梁山，谁曰不宜？吹万既系大慧的裔，病之为无师承，是梁山自心不公，心不公，何以服诸方口邪！必不尔尔，盍末法时，聪明多，见道少，不如此，则记持文字，口舌利辨，便向三家村里作为人师，如吹万者，故梁山一点苦心，以《佛道声价》发明也，宜矣。我自戊寅（1638）

① 《聚云吹万》：即《吹万禅师语录》，明代的一部语录，凡二十卷。明代僧吹万广真（1582–1639）撰，三山灯来重编。崇祯十六年（1643）刊行。系吹万说法之广录，内容包括卷一至卷二之衡州东禅院、忠州聚云寺等处五会之语录等。吹万一生致力于弘扬佛法，令当时衰弊之禅风为之一振。

春，见《吹万集》，约十八人打鼓上堂，烧香愿续大慧，伊名已见在数内矣。及庚辰（1640）又见一集，以朝阳为师，溯源而上十代，至大慧自懒庵需、木庵永下，伪作六代，此见《佛道声价》畏而为之也。

然吹万虽遥嗣大慧，不过目前，而道统一乱，相习成风，终难扑息，梁山不得不一垂援也。请观夫二祖可知矣。二祖得道后，其意可已嵩少，仍用袈裟分付，是欲天下后世递相委付，不致妄作，以乱世系。其后黄檗属临济几案、禅板，汾阳送龙潭拄杖、手巾，付授之际，毫不敢苟，我后世欲妄接而称圣绍可乎？人亦有言："道由自悟，证须见人。"又言："悟了还须见人。"古人诚语皇皇，伊岂不耳而目之乎？吹万见梁山斥之既极，乃弃大慧，近以朝阳念豆佛僧为师，此僧若系大慧儿孙，则大慧一念豆佛和尚于宗门，何有深屈古人之罪，其谁赦之？又谓象崖珽公不见吹万，然珽此时已承嗣人，领众又数岁，是时在忠南居说法位，若使弃众再见，是麟龙之卑，蛇兔之尊也。乌乎！三尺童子，指犬豕令拜，尚见怒色，况号为法王而颠倒若此？伊常称吹万如银汉无极真，大慧后不须源流，做得行即是。虽永公下六代，无语录可考，无塔庙可据，尚县丝不斩，不知何据为此分辨？

观伊当日在吹万时，数有争论今日是假梁山为师，实欲扶吹万，真业种也。我常言之，如欲扶吹万，以吹万为师可也。区区以梁山为师，而又侮其师以扶他人，意在源源有据，可以扶之，不如此，纵言之、扶之不行也。然则何不责吹万禀受一师承，流行祖道，何得谓吹万不消授手，自然精确，此倒置可笑。又常诬云腹假写来源，谓象崖死者无对，然云腹嗣象崖有年，而语录见有印证云腹之语，实象崖子无疑也，却以师承有据为不是，以吹万无师妄接为是，狂肆若此者乎？

嗟嗟！纵使吹万见道真，守道实，只可作自了，如欲出世，须待印证可也。不见之古人乎，闲有见道稳实，师资不确，亦不收入传灯。但曰："未详法嗣耳。"如此，岂用学解文字，即无师而为绍继种草邪？种种狂肆，难尽枚举，姑俟后人褒斥也。奉复不庄。

[附记] 选自张新民等整理：《续黔僧语录·山晖禅师语录》（卷第8、卷第11、卷12），巴蜀书社，2000，第830–851页、第903–945页。山晖

行浣（1621–1687），四川夔州新宁（今开江）人。俗姓侯，十七岁出家，先后出于四川破山海明和苏州浮石通贤之门下。清顺治七年（1650）到贵州平越（治今福泉市）府城开圣寺。因受破山系弟子排挤，康熙三年（1664）离开平越，至苏州虎丘住持双塔寺。其弟子辑有《荆南开圣禅院山晖行沅语录》。

华严圣可禅师文选

因事示众

凡人做工夫，或经行，或打坐，正念未曾现前，无明习气现前者，生死话头不切，对治不住，当奋舍无明习气，急自省改。勿纵恚怒，护持正念，入三摩地，习气自消，无明自灭。无明习气既消灭，则当体是佛，更无别佛，如是思惟时时消息，是大智慧人，六度已具，舍无明习气，得檀急自省改得进勿纵，恚怒得忍，护持正念，得戒入三摩地，得定时时消息，得慧信而力行，名曰善丈夫。

募灯油引

百碎了也细抹将来辊作一团，重重烹炼逼得通身汗下，自然水到成渠，微微引动花心，灼灼光吞四壁，透入什迦老子肺腑，剔起十八高贤眉毛，不具斯眼以何供养。

募米缘引

贵也少他不得，贱也少他不得；圣也少他不得，凡也少他不得。乃至农夫、灶妇、牧子樵人，但有血气者，莫不尊之，何也？为他从地涌出，最初叶茂根深，葆孕心真总不焦，牙败种熏，修由侯成。熟依时举吹毛斩断，稠林运辐轮辗碎。爱网庐陵高价，作么生黄梅精筛。于夜半千锤百炼，非铁石肝肠讵可承当。炉炭濩汤具筋骨身心始堪出没有口而食未尝饱也。无齿之人，下下咬着，生前死后，两头说破，何妨正中一言，岂云含糊不举，咄皮肤脱落尽，惟有一真实。

[附记]选自门人光佛等编：《华严圣可禅师语录》。圣可，营山王氏子。

法名德玉。参破山明和尚印证。历住重庆府巴县华岩古洞、重庆报恩禅寺。寓遵义府绥阳嘉瑞寺。

悟卓破石禅师文选

答天虞郑少司马书

据闻破石因缘，深有抱贼捉贼之见。非过量人知过量事乎？若道粉碎虚空，犹有相因。既知虚空可碎，则石之可破也明矣。所谓如如妙明于性光不染处便是。老居士于性内寻思此语，人人本具，个个不无，若真正到此地位者，稍着拟议，即落二三。云崔灏之诗略较些子，屈杀不遇。待歌到捶碎黄鹤，踢倒鹦鹉，拦腮一掌，使凑泊不暇，教瓦解冰消，免惑后人。云胸中有主，未能遁世之语甚恰，大约只知有主，而不知主之作用。此段精灵何必遁世，何必不遁世。虽然山僧行脚二十年，后依天童老汉六载，被者主人公弄得七颠八倒，如服鸩毒，恍恍惚惚，愈觅愈差，毫无着落时蓦头撞破娘生鼻孔，原来是者个聻①。自冰消久向半闲居，士毛锥边丧身失命。始知佛法中犹有人在。是则是，须勘验过方使得。居士亦向者里透得过。转得语，见得自己主人公是何形状，是何面目，既了了廓彻。可与山僧通个消息，又不妨遥伸一掌，捶碎破石；一任呼砖唤瓦，作泥作沙。此真快事也。溪舌具复。

附：

行　状

师讳悟卓，号破石。蜀之果城宕渠望族陈氏子也。受天童悟祖戒，嗣香林禅师。生万历己酉（1609）十月十九日。母当妊时不荤。年七岁诣本邑罗汉寺，依母舅学应佛。一日舅没，复苏云：“吾守毗尼，无不精严，尚有字义差讹。将置吾于铁鸡罩内。尔等珍重。”示毕而没。师闻心动。即剃发净身。年十三。会本邑余隐洪先生公车北上。依赴京师参学。至江陵，辞余住白衣庵。持水斋三年。一尊宿云，师妙年行愿如此。何不广参宗匠。师如指遍参。谒天童悟祖。祖号师破石。居六载。仍还罗汉寺。年三十有五矣。遭甲申（1644）蜀乱。避地入黔。三住名刹。后受武陵侯杨公请住石阡旃

① 聻（nǐ）：句末语气词，相当于“呢”。

檀禅院。癸巳（1653）腊八偶恙。众乞垂开示。师云："诸公之见如斯，有负依吾年久。道人家还有者个在。"乃竖指云："会么。"众作礼。师云："其来也无碍自在，其去也自在无碍。呵！呵！呵！入泥入水，无在不在。了无了处，随他去。毗卢顶上任优游。"示毕而逝。师性介乏。嗣而侍座者英俊瞻依。请益者名公斗仰。住世四十五年。坐腊三十二。语录诸稿未及剞劂。被兵燹失之。仅搜残编。刊行于世。

[附记]选自（清）破石悟卓:《锦屏破石卓禅师杂著》。悟卓（1609-1654），号破石。蜀之果城宕渠望族陈氏子也。受天童悟祖戒嗣香林禅师。遭申酉蜀乱。避地入黔。受武陵侯杨公请住石阡旃檀禅院。有《锦屏破石卓禅师杂著》（侍者超常记录）。

厂石如圣禅师语录选

《厂石语录》序　梅廷桢

释氏之入中国也，原以悟性命、了生死、断尘缘为最上乘。是以百八念珠为心猿之铁锁，而幢幡钟磬又以开聩而振聋也。佛教渐衰，溯流忘源，释门多有口诵四十二章，胸熟五千四十八卷，而西来大意，未能效其分毫；甚且逐市利，染爱欲，六根五体，了无清净，此吾儒眉公先生①所以有"济院"之讥也。安郡石霞山厂石上人则不然。上人幼习儒书，以童身皈依象教，洞悉内典，戒律精严。合郡缁流，奉其铃铎久矣。年来以城市纷扰，倦于酬酢，别构精舍于石霞之巅。大溪前流，一山独坐。虽渺小方丈之地，而位置井井，袈裟所布，可作八百里观。上人日趺坐其中，键关禁足，默证潜思，空诸所有，捻花作偈，竖指扬眉，无非接物利生之机也。众门人亦皆三车精研，梵行严持。东坡云："溪声便是广长舌，山色无非清净身。"②不是过也。昨出其语录示予，予虽门外汉，固不能悉其精微，然常涉猎名经，略参公

① 眉公先生：陈继儒（1558-1630），字仲醇，号眉公，华亭（上海松江）人。明代诗文作家、书画家。他曾说："佛氏者，朝廷之大养济院也。"认为佛寺佛教劝人为善的功能早已衰退了，成了救济无饭吃者的大济院。

② 语出（北宋）苏轼《赠东林总长老》："溪声便是广长舌，山色岂非清净身。夜来八万四千偈，他日如何举似人。"

案，颇窥大义。如此卷者，可作济溺津梁，破暗惠炬，凡诸学人，所宜珍重。行见上人竿头接引，黄叶止啼，其拈花之旨中道而立，使人自得也。所谓心不动而风幡悉化，性无尘而台镜自空者。师其钵水安龙，锡声惊鹤，岂非阿閦佛国一现身耶[①]？倘以予言为不谬也，请以质诸善知识。时康熙丙子（1696）岁季冬习安衣白山人梅廷桢仔宸氏题。

《厂石语录》叙　刘壂郁

孔子曰："君子疾没世而名不称焉。"[②]非欲人务名也，盖无其名，则无识可知。然世有求名而名弗著，不求名而名反彰者，诚与伪之分也。如厂石和尚，四岁披剃，弱冠游滇，受戒于半生老人，嗣法于竺和尚；先栖霞山，后移飞虹，惟务本分，淡泊自甘。年虽迈而功愈密，暇则与弟子共樵共耕，何尝有求于闻达哉？然诚能动物，而远近道，俗与诸当事，翕然云集，有若默驱之者。师赋性纯厚，与人不涉廉纤，说法不事雕琢。平日上堂、示众、山居，语偈并杂咏，言言透宗，读者无不击节叹赏。师皆随作随弃，幸门人窃而录之。余久请付梓，师叹不答。请之再四，师曰："僧方外人也，沽名何为？子不见九年面壁者乎？"余曰："不然，彼盖恐人专务文字耳。使文字尽废，则四十二章与夫谈经妙语，不几近于多事耶？况前代语录，汗牛充栋，何必过为执着？"师曰"唯唯。"中止者数年。今习安人士与门人云松等，捐赀刊录入藏。余不胜跃然，曰："是诚不求名而名反彰者也，不独彰于一时，而且传诸后世者也。"故搦管而为之序。时康熙丁酉（1717）岁春正月，习安逸叟刘壂郁庵甫沐手撰。

---

① 阿閦（chù）：《净名经》云：有国名妙喜，佛号无动。疏云：阿之言无，閦之言动。阿閦佛，《佛说阿閦佛经》中说阿閦佛为菩萨时，在大目如来（或译为广目如来）前发"于一切人民蜎飞蠕动之类不生嗔恚"等誓愿，经过累劫的修行，终于在东方的阿比罗提（妙喜）世界七宝树下成佛，佛刹名为"妙喜"。由于他的愿力所感，佛刹中没有三恶道，大地平正柔软，一切人都行善事，环境极其殊胜。

② 君子疾没世而名不称焉：语出《论语·卫灵公》。孔子认为，君子最重视自己的名誉，最希望留名于世，最害怕死而无闻。疾：担忧。没世：死亡。称：被人称道。

厂石圣禅师语录卷之一（嗣法门人性朗等编）

上 堂

康熙甲子（1684）岁，住石霞山①，掩关期满，请出关上堂。拈香云："此一瓣香，干旋列国，化育群黎。拈则四海澄清，焚则八表宁泰。爇②向炉中，祝延今上皇帝圣躬万岁！万岁！万万岁！合国公卿，爵尊禄重；本郡官僚，功高位永。"再拈云："此一瓣香，根深那畔，叶秀今时，向魔宫虎穴得来，在石霞山头拈出。爇向炉中，供养玉山金钟堂上，上竺下怀先师老和尚，用酬法乳之恩。"敛衣就座，上首白椎③竟，乃云："锣鼓冬冬庆上元，银花火树耀人间。霞山也作逐时客，横肩拄杖出柴关。其中有赓和阳春曲子者么？请出来赓和看。"问："如何是入关的事？"师云："坐破碧天月。"进云："如何是出关的事？"师云："踏遍岭头云。"进云："出与未出时如何？"师云："两个鸳鸯池畔立。"进云："不出不入时如何？"师云："一亘晴空无古今。"问："如何是关内事？"师云："床头三尺雪。"进云："如何是关外事？"师云："窗前一树梅。"进云："内外打成一片时如何？"师云："且喜阇黎证盟。"乃云："江湄冰初解，峰峦雪已消。鱼龙变化日，轻舟泛海涛。"竖起拄杖云："见么？"卓一卓云："闻么？此是古人闻声悟道，见色明心的消息。诸人还会么？见须眼见，闻须耳闻；其或未然，山僧未免再与诸人重下个注脚去也。即今冰消冻解，日暖风和，云腾雾卷，莺啭鸟啼，草木芬芳，梅柳竞秀。星驰电掣，无非本地风光；云散月明，悉是现前受用。所以香岩击竹明心，灵云观花悟道。裴丞相睹高僧图，顿彻玄机④；灵行婆闻莲花落，发明大事。头头是道，处处皆真。西来意觌⑤体全彰，最上乘直切剖露，且作么生是剖露底句？"良久云："连

---

① 石霞山：又名观音山。位于西秀区五官屯。寺建于明末永历时，开山僧名自然，第二代即厂石。殿宇虽不宏大而庄严精雅，山径虽非高远而弯环曲折。今寺已不存。

② 爇（ruò）：烧。

③ 白椎（zhuī）：亦作"白槌"。佛教仪式。办佛事时由长老持白杖以宣示始终。

④ 此句指裴休（791-864）任洪州刺史的时候，在黄檗山大安精舍观高僧画像，并结识黄檗希运禅师，彻底通达了祖意，而且对教相也很精通。

⑤ 觌（dí）：显示，显现。

城壁是昆山玉，何必更问汞中金。”击拂子，下座。

合境众檀越请就本山结制。上堂，维那白椎竟，问答不录。乃云：“霞峰小小，众山围绕；曲水盘旋，明堂恰好。不假些子安排，自是地设天造。到这里只贵人境相宜，自然一切皆为至道，且如何是至道？”良久云：“不因紫陌花开早，怎见黄莺下柳条。”卓拄杖，下座。

上堂：“挥吹毛剑，十地三贤尽竖降旗；挝涂毒鼓，六凡四圣齐立下风。把住也，人天路绝；放行也，正脉流通。三身显现，万类圆䩉。到这里直得虚空粉碎，大地平沉。且道结角罗文在甚么处？兔角杖挑空界月，龟毛绳击树头风。”掷拄杖，下座。

为众沙弥说戒。上堂：“日行千里，一步为始；百尺竿头，初级为上。所以道戒为入道阶级，成佛根本。三世诸佛无越于此，历代祖师有何分别？此戒亦能御风抵雨，伏柔法刚；能开劫外昙花，能透威音个事，能调心猿意马，能点顽铁成金。然虽额上栽眉，也须依他行去，何故聻[①]？有利无利，不离行市。”说戒，下座。

上堂：“昨日有情说法，今日无法可说。历然一大藏教，犹如担水下河。然虽如是”，卓拄杖一下云：“风荷叶动，毕竟有鱼行。”

上堂，卓拄杖一下云：“天晴日出。”又一卓云：“下雨地湿。”又卓云：“诸人者还知霞山拄杖子为人落处么？释迦老子四十九年口吧吧的，何曾说到者里。山僧今日虽是一片婆心，检点将来，也是施钱遭罪。巨道甚么罪？”复卓一卓云：“我无辞焉。”

腊八日上堂。“正觉山前老释迦，六年冷坐闹如麻；夜半睨星剜双目，从前错认眼中花。大众，释迦老子未离兜率，已降皇宫；未出母胎，度人已毕。为甚么又向雪中冷坐，泯志灰心，观宫悟道而成正觉？岂不徒彰丑拙耶？看他是个甚么道理？鸳鸯绣出从君看，不把金针度与人。[②]”卓拄杖，下座。

请上堂。“今日居士得顶巾，须发菩提四善心。四弘誓愿如领略，直超岭头最上层。如何是最上层的事？时把迷云愁雾卷，碧天云静月华清。”

---

① 聻（nǐ 或 jiàn）：句末语气词，相当于“呢”“哩”。

② 此句语出（宋）释师观《偈颂七十六首》（其一）：“唇上碧斑宾豹博，舌头当的帝都丁。鸳鸯绣出从君看，不把金针度与人。”

度巾云：“且从者里行将去，百尺竿头次第登。”

为徐居士剃染。请上堂，问：“昨日居士身，今朝圆顶相。且道昨日的是，今日的是？”师云：“你且道昨日与今朝相去几何？”进云：“竿头进步，为了生死。向后还有生死也无？”师打云：“是生耶？是死耶？”进云：“谢和尚指示。”师云：“指示个甚么？”僧罔措，师连棒打退，乃云：“昨日居士身，今朝圆顶相。昨日与今朝，何曾有两样？就中解恁么，了无僧俗相。按下碧云头，打彻光明藏。身死不相干，空色泯其状。法界若琉璃，性海澄识浪。云散碧天空，寒花枯木放。恁么不恁么，虚空等无量。且作么生是一体同观的句？”良久云：“耳门两边开，眉毛横眼上。”喝一喝，下座。

至节上堂。“阴气渐消，万里河山壮丽；书云才到，一天爱日腾辉。即今玉转珠回，冰消瓦解，山僧无法可说。只一只无底铁船，驾向大圆觉海，横撑逆渡，令他入海。采宝者就路还家，迷津失渡者获登彼岸。远客还乡，沉沦翥化。且作么生是应时及节的句？”良久云：“寒灰才发焰，枯木便开花。”卓拄杖，下座。

玉山监院设斋，请就万寿宫勉诸子行脚，并付万松禅人。上堂，师至座前云：“巍巍万寿宫，涌出华王座。监院欲渠登，将错以就错。”大众，且道错个甚么？待上座时自有剖断。”遂升。上首白椎竟，挥拂云：“开池不待月，池成月自来。暂作垂钓客，孰肯跨兰台。”以拄杖作钓势，云：“其中有透网金鳞，向这里吞云吐雾看。”问：“如何是万寿境？”师云：“十字街直穿市过。”进云：“如何是境中人？”师云：“通灵桥上往来行。”乃云：“昆明池水湛南天，皎皎霞山月正圆。将谓竹林消息断，谁知万松把翠联。作么生是翠联底事？此子念霞山之落寞。玉岭之悬丝，是故力续曹源，志弘临济。然虽如是，而诸子等更须向万仞岩前壁立一回，始知饭是米做，面是麦成；然后向骊龙额上夺珠，猛虎腮边拔须。单刀不入，危亡不顾。所以不入惊人浪，那得称意鱼。今玉山院主已欲立人，故我也来矢上加尖。无非要尔等通身汗下，臭彻诸方，裕后光前，家声丕振。这些且置，只如正因行脚一句，作么生道？”良久云：“好鸟不栖篱边树，飞腾万里始惊人。珍重！”下座。

住安顺府圆通寺。上堂，拈香祝圣毕，次拈云：“此一瓣香，遍历滇黔，吃尽苦辛，始从不思议海中得来，今向人天众前拈出，此是第二回爇向炉中，供养玉山堂上。上竺下怀先师老和尚，用酬法乳之恩。"敛衣就座，维那白椎竟。师乃云："世尊出世，为一大事因缘。祖师西来，直指人心，见性成佛，无过只是将这第一义谛起立化门，直教大地众生，有情无情，或僧或俗，或男或女，或智或愚，令一切人即此回光返照，背尘合觉，检点身心。究竟此事，要且别无说焉。所以自古至今，普天下老和尚从此立门立户，立境立人，立权立实，立照立用，立赏立罚，立玄立要，立主立宾，立纵立夺，立杀立活。重重布缦天网子，打冲浪金鳞，握吹毛利剑，断衲僧命根于一毫端，现宝王刹坐微尘里，转大法轮。今值我圆通大众，普郡檀越，人人宿植德本，个个不昧正因。坚请山僧上堂，为众举扬此事。到此别无长处，亦只得据此诸佛诸祖旧令而行。正恁么时，于中还有命根断不尽的衲僧么？出来待山僧为伊断却。有么？有么？如无，此正是山僧住持之事已毕，垂手为人之事已毕，升堂说法之事已毕。堪报不泯之恩，用助无为之化。到这里直得尧风荡荡，舜日熙熙。三山五岳，同沾雨润；四海八蛮，咸倾化日。这些则且置，只如斩新条令，应时及节一句，作么生道？"竖起拄杖云："生药铺开元无用，死猫头卖便惊人。"卓一卓，下座。

佛诞日上堂。"昔年甲寅四月八，净梵王宫生悉达。沐浴九龙竞吐水，至今年年不饶他。大众，悉达太子乃如来示迹，紫磨金身，而且成道经无量劫，何故年年如是，岁岁浴他？其中毕竟是个甚么道理？试分析看，若分析得明，释迦老子则不受屈；其或未然，借他如来一滴水，洗尽根尘着方袍。"

上堂。"手执持，足运奔，眼观色兮耳闻声，惟有舌头要说话，更不与人论疏亲。既是说话，因甚么又论疏亲？"卓拄杖一下，云："远亲不若近邻。"

住小底西香山寺。上堂，拈香祝圣毕，维那白椎竟，问答不录。乃云："万法之本，觌体全彰；古佛心宗，当阳显示。且道显示在甚么处？鹡鸰山摩苍挺秀，香炉峰卓峙崔嵬。有时云开雾锁，有时日晒风吹。亘古亘今，了无向背；同明同暗，镇静不移。这个便是香山佳境，诸人切莫作境会。既不作境会，自是人人常光现前，个个壁立万仞。纵横挂寰中日月，卷舒立方外乾坤；搅长河为酥酪，变大地作黄金，不为分外。其或未然，山僧又只得打葛藤，瞒你诸人。上有百亿毫端示现，无量无数百亿恒沙国土，无量无数百亿须弥山，无量无数百亿轮围山，无量无数百亿昆卢华藏海，无量无数百亿浮幢王刹海，无量无数百亿香水海，无量无数百亿庄严世界海，无量无数百亿解脱道，无量无数百亿菩提场，无量无数百亿摩尼宝光座，无量无数百亿宝宫殿，无量无数百亿宝楼阁，无量无数百毗卢楼阁门，无量无数百亿文殊大智门，无量无数百亿普贤行愿门，无量无数百亿观音圆通门，并乾坤大地，日月星辰，森罗万象，情与无情，一切总在拄杖头上示现了也，诸人还见么？”卓一卓云：“还闻么？若道见，诸人有眼不瞎；若道闻，诸人有耳不聋。寻常一切时，一切处，物物、头头、尘尘、刹刹，无一不见，无一不闻，因甚今日无端却被山僧拄杖子热瞒？这岂不是自颠自倒？若是眼里有筋，皮下有血，胸中有志的英灵汉子，走将出来，当面一喝。喝住，掉转头去，孤回回，峭巍巍，罗笼不住，呼唤不回，洒洒落落，自由自在，作个无事道人，岂不庆快平生？正与么时果实，到得恁么田地，不惟不负山僧这一番之绕要，且更与山僧同鉴同明，同体相证的相应，同时纳袖还得么？若得，余即不问。且道作么生是同体相证的句？”掷拄杖云：“世出世间观自在，空非空处洞常明。”

上堂。问：“牛头未见四祖时如何？”师云：“花开招蝶舞。”进云：“见后时如何？”师云：“果落树头空。”乃云：“明珠在掌，鉴地辉天；宝镜当轩，腾今耀古。握金刚宝剑，截断众流；踞狮子威雄，野狐潜迹。饶他三贤十地，齐立下风；四圣六凡，且住一边。理无曲断，车无横推；官不容针，私通车马。到这里虚空粉碎，大地平沉，浪静风恬，河清海晏。大众，且道是神通妙用，是法尔如然？”卓杖云：“千峰势到岳边止，万派声归海上消。”

腊八日上堂。问：“世尊未睹明星时如何？”师云：“双轮不转天地黑。”进云：“睹后如何？”师云：“白鹭下田千点雪，黄莺上树一枝花。”问：“释迦老子于此日成道，此事若何？”师云：“业风才过去，明镜又当台。”进云：“末后向灵山拈花示众，又作么生？”师云：“少年一段风流事，独许佳人只自知。”乃云：“笑杀释迦老比丘，雪山打坐冷楸楸。无端贻下成道日，累及儿孙骂不休。骂则且置，只试看释迦老子意作么生？”良久云：“剑为不平离宝匣，药因救病出金瓶。”卓拄杖，下座。

康熙甲申（1704）岁，师受性灵及众檀越请，住玉真山门。云：“孤峰顶上，万仞壁立八字，打开窗，无禁忌，一任北往南来，到这里也须要知进趣。且如何是进趣？”拽杖便入韦驮殿，“一片赤心，三洲感应。昔日灵山，今朝玉岭；不忘付嘱，互行正令。”

佛殿。“夜睹明星，换却眼睛；灵山拈花，引贼破家。所以云门若见，只要一棒打杀。虽然如是，新长老又则不然。若论建化门庭，又何妨锦上铺花？”展具便拜。

据室。“若有十尺，还伊一丈；若有半斤，还伊八两。若知休咎者，许你转身吐气；抵死冲锋的，便是拳头巴掌。何故？有功者赏。”当日上堂，拈香祝圣毕。次拈云：“此一瓣香，五华山上经风经雨，青门院里彻骨彻髓。此是第四回拈出，爇向炉中，供养上竺下怀先师老和尚，用酬法乳之恩。”敛衣敷座。维那白椎竟，问答不录。乃云：“三十年前住此山，风清竹翠月盈关。今翻旧案窥前约，几个知音当下还。”挥拂子云：“大众，此是本师老人昔年在五华山上得来的一段真风，久埋没在石霞山里。今日开化禅人，信手托出，强逼山僧开炉设灶。伊喜添炭添煤，无问钝铁顽铜，总收向里许，熔成一口金钟。自然声彻威音那畔，响震十方虚空，一切惊醒尘劳梦幻，直教人人识取本有，个个超诸方便。也不追求，也无续断，更说甚么禾山打鼓，石巩架箭，南泉斩猫，一刀两断。且断后又作么生？”良久云：“木人歌唱清霄外，当阳几个是知音？”喝一喝，下座。

上堂。问答竟。乃云：“有问有答，搪水抓沙；无问无答，水月空花。西来意是断贯索，祖师禅乃烂冬瓜。说甚香岩击竹，灵云观花，说禅论道，引贼破家，临济喝遍，德山棒瞎。惟我玉山无伎俩，穿衣吃饭较些些。咄！”下座。

上堂。拈起拄杖云：“这拄杖子大有奇特，亦能杀人，亦能活人。有时夺人不夺境，有时夺境不夺人；有时人境两俱夺，有时人境俱不夺；有时宾主不立，有时照用齐行；有烹佛炼祖之功，有煅圣熔凡之妙。泛波澜于孤峰顶上，拨红尘于大海之中；驱耕夫之牛，夺饥人之食；现刹海于毫端，藏须弥于芥内。凛凛神威，桓桓气概；机辩纵横，于法自在。大众，且道拄杖子具何三昧，有如是奇特？试道看。”卓拄杖，下座。

佛诞日，众比丘圆戒，请上堂。问：“如何第一义？”师云：“舌头不出口。”进云：“如何是最上机？”师云：“不暇为汝说。”问：“如何是西来意？”师云：“雪覆山山白。”进云：“如何是祖师心？”师云：“云来处处阴。”问：“如何是本分事？”师云：“饥餐渴饮。”进云：“如何是向上事？”师打退。乃云：“指天指地独称尊，周行七步夸经纶。云门一见要打杀，贵图天下乐升平。这般说话，只知锥头利，不解凿头方。殊不知释迦老子具大人相，有大伎俩。今日于山僧拂子头上放大宝光，光中涌出千叶宝莲，无数菩萨坐宝莲花而为说法，引得森罗万象，十地三贤，情与无情，悉皆合掌齐声赞叹。释迦如来于此日降诞，转大法轮。尔等诸人还见么？若向这里见得，诸人戒圆已竟；倘若未能，山僧又只得有条攀条，无条攀例去也。”遂说戒。下座。

上堂。“大尽三十日，小尽二十九，沩山水牯牛，子胡赵州狗。玉山不恁么，金钟特地吼。惊倒须弥山，虚空颠倒走。石女产铁孩，香炉笑点首。野鸭飞过去，便把鼻头扭。惟我闲道人，身心甚抖擞。迷悟不干怀，修证何尝有？推倒上头关，不落瞿昙后。冯京状元郎，不是马凉做。咄！”

康熙丙戌（1706）年，受太子少保镇远将军李大护法请，住双柏禅寺。三门，云：“草鞋狞似虎的，也须向这里人；拄杖活如龙的，亦未许你别行。直绕龙骧虎骤，总要从这里得入，方许见双柏主人。”

佛殿。“雨过山头绿，云来地上阴。清净法身佛，分明在见闻。所以道欲识佛性意，但观时节因缘。时节若至，其理自彰。大众，且道即今是甚么时节？”展具云：“普天匝地总无别。”便拜。

据室。“狮子王踞狮子窟，凤凰儿逐凤凰群。一一还他本分了，自然无喜亦无嗔。”卓拄杖，便起。

次日上堂，拈疏示众云：“会么？此是李大将军于文彩未彰以前拈来一重公案，今对人天众前，烦维那宣过，使未闻者闻。”宣毕，拈香祝圣竟，次拈云：“此一瓣香，丹心贯日，正气扶天；叶覆黔南，香飘凤阁。信手拈来，敬为太子少保镇远将军李大护法阁下，泽及遐荒，家声万里。”再拈云：“这一瓣香，风吹不入，雨打不湿。此是第五爇向炉中，供养玉山堂上上竺下怀先师老和尚，用酬法乳之恩。”敛衣就座，维那白椎竟，乃云：“阃外将军正令行，惟凭宝剑奠乾坤。狼烟静时雕弓挂，四海无虞乐太平。这些且置，只如应时及节一句，作么生酬唱？”蓦拈起拂子云：“这个即是我李大护法无量劫来植种，德本不昧正因的一段光明宝藏。所以预发善心，于大教场内建此双柏禅院，已成习安之胜概也。大护法不时于此演武操戈，即这片身心，不惟拳拳报国，抑且要显大人境界，致令善恶无分，苦乐一致，岂不是现将军身而为说法耶？因此请山僧于中启建百日禅期，为众登座演最上乘。奈何山僧无法可说，只将这枝无孔笛子来当阳拈起，吹三弄四，谓开劫外昙花，运转一腔风月。咸获福基永固，寿山嵯峨；玉烛千秋，金瓯万代。且知恩一句作么生道？”良久云：“无以可酬檀护德，山僧倾尽此时心。”下座。

开炉上堂。“昨日才登座，今日又上堂。撩天拄杖子，为人两头忙。大众，看他忙个甚么？此是李大护法演武扬威之所，敦请山僧于此竖立法幢。山僧不辞，点铁成金，期作大用。且道功干在甚么处？”良久云：“终朝闹处还如痴，静夜寒炉拨死灰。”喝一喝，下座。

上堂。“有问有答，空谷传声；无问无答，震海潮音。问如电卷，答似雷奔；洪钟大扣，遐迩悉闻。英俊衲子，棒下翻身。依稀之辈，觅火执灯。涂毒鼓边，直须侧耳；猛虎口内，要且横身。掀翻关捩，裂破威音。壁立万仞，任意纵横。且端的在甚么处？”良久，卓杖一下云：“有水皆含月，无山不带云。”

圣节，上堂。拈香祝圣毕，乃云：“烟花散彩，鸟语鸣簧；风和宇宙，万象沾光。当今圣主，万寿无疆。正恁么时，自是千峰拱秀，万派朝宗。四民欢声，六合腾忭。普天之下，共沐尧风；率土之间，同沾舜日。春池蛙鸣，河山壮丽。只如林下衲僧报恩一句，又作么生？”竖拂子云：“将此身心奉尘刹，是则名为报圣恩。”

师诞日，上堂。问：“海屋添筹，即不问延生一句作么生？”师云：“花开不萌枝。”乃云：“自离母胎中，寄生阎浮世。日月快如梭，吾年六十四。拄杖甚郎当，体露无遮蔽；行步怯力微，发白并齿稀。昼夜虽不停，这事原不易。且道是甚么事？”卓杖云：“止止不须说，我法妙难思。”

上堂。“日暮鸟飞疾，冬寒春令行。涅槃心易晓，差别智难明。古人道：不可以智知，不可以识识。放教空空荡荡地去，寂尔无为地去，观山玩水去，击竹看花去，遇水搭桥去，逢场作戏去。且道是甚么道理？鸟衔花落碧岩前，猿抱子归青嶂里。”

佛诞日，付吼松禅人。上堂。“遁迹霞山数十秋，灰头土面孰为俦？

不期又听松风吼，不是冤家不聚头。”挥拂云：“大众，此是释迦老子于灵山会上拈花，赚他饮光，自此一段真风。西传二十八代，有菩提达摩航海而来，至我东土。晤武帝，帝不契；遂一苇渡江，至少林面壁。后得神光断臂，嗣为东土二祖。是谓佛佛授手，祖祖相传；如日照世，似月行空，天上人间，无所不烛。今有吼松禅人打破漆桶，力荷宗乘。是故将这无孔笛子与他，人间天上，倒弄横拈。且哪个是无孔笛子？”以拂子吹一吹云：“金栏之外复何传，好看门前倒插竿。瞎驴灭却正法眼，始信无传是真传。”下座。

住飞虹山隐龙禅院。上堂，拈香祝圣毕。次拈云：“此一瓣香，根盘玉岭，枝茂霞山。八风吹伊不动，五欲染伊不得。今日于此飞虹山上，第六回爇向炉中，供养玉山堂上上竺下怀先师老和尚，用酬法乳之恩。”敛衣就座，维那白椎竟，乃云：“飞虹山寺有来由，昔日文皇到此游。千古标题名不朽，山僧来住若何酬。意欲举唱宗乘最上第一义谛。白椎上座，已道过了也；若欲说些教乘，经中又道‘止止不须说，我法妙难思。诸法寂灭相，不可以言宣’。若言如来有所说法，即为谤佛，不能解我所说意。”又道：“但有言说，都无实义；无法可说，是名说法。虽然如是，要且事无一向，理合万殊。所以山僧未肯向无言说处杜口，作个躲根汉子。殊不知山僧更要向此净白地上撒土去在。”遂竖拂子云：“此是三世诸佛说不到的，历代祖师提不起的，古今天下老和尚用不尽的残羹馊饭，信手拈些子撒在诸人面前，要你诸人咬嚼，以了住持的事。致令诸人亦不得向那无言说处躲根，直教你诸人一个个剔起眉毛，打起精神，心愤愤，口悱悱，作个不顾危亡的汉子，走将出来。要问山僧：‘既然如是，且作么生是古人用不尽的残羹馊饭？山僧衹得又竖起拂子，向你诸人道个金刚圈、栗棘蓬、断贯索、乌黑豆、庭前柏树子、麻三斤、干屎橛、德山棒、临济喝，一切总在拂子头上揭示了也。诸人若见得明，信得及，一一将来抛向大洋海底，更莫顾着、疑着，直下休去、歇去，古庙香炉去，一条白练去，一念万年去，寒灰枯木去。你诸人本来干干净净，洁洁白白，了了明明。现成的事，何必又要山僧摇三寸舌，鼓两片皮，说禅说道，说玄说妙，说理说事，说是说非，说有说无？只成得个人院升堂应事的套子，要且与你诸人分上一星子，不相干涉。还领略得么？若领略得，方知个个脚踏地，眉毛原在额头边。

其或未然，莫道虹山山势险，前头更有最高峰。”喝一喝，下座。

上堂。“十五日以前，山高日上早；十五日以后，水阔浪来迟。正当十五日，风恬浪静，海晏河清。四海八蛮，咸倾化日；千岩万壑，共舞阳春。正恁么时，人人怀赤水之珠，个个抱荆山之玉。更说甚么闻声悟道，见色明心？”喝一喝云：“权衡在手须当看，莫教错认定盘星。”

腊八日，上堂。“空际无云明月现，普天遍是星斗悬。人人尽具娘生眼，惟有瞿昙见得端。”喝一喝云：“灵利汉，正好看，今古从来是一般。于中见得分明了，自然不受他人瞒。”卓拄杖，下座。

解制上堂。“云散长空，回出碧天明月皎；霞生水面，掀开紫雾星斗悬。若论把断要津，不通凡圣，千差坐断，有无不立；正眼看来，大似好肉上剜疮，虚空里掘洞。殊不知有时横眠倒卧，有时啸月吟风。尘尘刹刹，为祥为瑞；在在处处，为雨为霖。正恁么时，括乾坤而纤毫不露，展法界而物色全彰。且作么生是解制的句？”卓拄杖一下，云：“处处绿杨堪系马，家家有路通长安。”

上堂。“日丽千山，大地沾尧天之瑞；时临九夏，泉石增舜日之辉。万顷恩波浩渺，四野翠巘葱茏，正恁么时，还有不落此限，格外知归的么？试出来道道看。若也道得，清洁碧莲香水面；若道不得，仍将智剑斩痴顽。”喝一喝，下座。

代付法应法侄上堂。问：“请益呈解，即不问子承父业事，若何？”师云：“家山一片闲田地，珍重渠侬子细耕。”进云：“如何是光前裕后的事？”师云：“少年初登第。”进云：“如何是丕振家声的事？”师云：“皇都得意回。”进云：“谢和尚答话。”乃竖拂子云：“大众会么？此是相老人在白牛山上得来一柄断拂子，不期落在禅那法兄手里，淹没多年。今日山僧作个旁不甘的，向毗尼院里盘根错节捕影搜来，在法王座上，人天众前，授与法应禅人。汝当流通，勿令断绝，致使相老人于常寂光中，合掌庆赞。不惟先宗有继，要且法道全彰，师恩俱报。且如何是光前裕后一句？”良久云：“超群须是英灵汉，敌胜还他狮子儿。”下座。

[附记] 选自（民国）《续修安顺府志辑稿（第18卷）·艺文志·安顺县·厂石禅师》。

石兰和尚文选

重修关帝庙疏

钦惟帝君神武，赫奕古今，已与尼山媲媺[①]矣。国家重熙累洽，敬天勤民，因以祀事孔明，自通邑大都，穷乡僻壤，莫不有庙。则知帝君之灵，如日正中天，无所往而不在也。

省垣北门外，旧有此庙，自筑城以来，新旧相依，未之或改。前世久远，莫考其诘。其间颓败补葺，亦不知凡几。后有观音殿，圮而片瓦弗留。法像移傍关帝龛内。僧曾沿门托钵，竟尠了其素愿。其所以不知愿者。殆处于时势之有待欤？

今者观音法像，势欲毁而殿已不存。帝君殿虽存，若不宜未雨绸缪，亦难保其常存。而二神之像，终不免并湮没于无闻也。

于虖！庙貌弗整，神无凭依。其何以照诚心而永厥祀哉！

夫有一方香火，必有一时之护持。兹幸参戎范大将军，观瞻伊始，善倡复萌，命僧具册，缔此良因，诚以帝君之灵，有不期然而然者，世人不能测识也。行见乐输盛事，永配武功，革故鼎新，轮奂懋美，足证国家祀典，俎豆维馨，莫非公卿赞化弗替，斯神灵以妥，永界无疆之福。簪缨世胄，到处流芳，俾黔黎观感，咸能作善迓庥。匪惟山僧朝暮课持，山高水远，日升月恒，而阖省口碑，亦将永颂不朽矣！

重修后所祖师庙募疏

粤夫玄天真武祖庙，普天下之崇祀者。自通都大邑，殆僻壤穷乡，弥皆馨香聿盛，俎豆[②]云隆，而神之灵感，黔中独推乌当后所最著，犹楚北之有武当也。

盖玄武位北，地形髣髴[③]。而“当”乃训“当如是”，兹曰“乌当”。“乌”亦蔡色，居北者也。是当地灵则神灵，神灵则人心切，而千秋罔替。

---

① 媲媺（pì měi）：同比美。

② 俎（zǔ）豆：古代祭祀、宴飨时盛食物用的礼器。后引申为祭祀和崇奉之意。

③ 髣髴（fǎng fú）：类似。

凡有血气，莫不尊亲。故自立祀以来，遐迩蒙庥，都人士女，骈肩接踵，宿庙致斋，弗敢稍怠，其所以感人之深，有自然而然者。足证嘉祐人寰，非工师之能形容，笔墨之能殚①者也述。

考其地，距城北三十里，重峦绵垣，万壑萦旋。厥庙地基，屹然玄武。名取“乌当”，不亦宜乎？升高四望，曲蹊近绕，覆岭遥环，总总林林，蜿蜒错落，有如大海纳川，众星拱极之概。所以龙盘虎踞，洵足钟灵；风静云闲，愈堪毓秀。即谓西南徼②外，又增一福地洞天，不足过也！

无如栋宇颓然，萧条暇日。炊烟③牧雨，熏渍无关。马勃牛溲④，腥臊有玷。且金身剥蚀，日渐尘封。宝座欹倾。时增藓布。将何以申凡悃而格尊神耶？然而每届季春，祥云绕而法雨晴飞，峦树开成清净界，瑞日悬而天花尽下，莺歌谱就太平图。喜触心田，香浮鼻观。无知草木，意皆欣荣，而与情洽浃⑤，互结肫诚⑥。亘古迄今，洵溥⑦且长，奈何安此破败，漠视为常。其间讵乏好善乐施，倡首庀治者哉？或山灵运会，有待于兹尔。

今则庙虽久圮，感应仍多。□际昌明，人情敬信，装册募化，必有禳灾祈褫之俦，崇德报功之士，迹阻瞻依，心钦向往，闻风鼓舞，攘臂争输，集腋成裘，聚沙成塔，伫看众擎易举，不难移山。大厦落成，频招贺燕。庄严功德，焕若一新。折槛颓梁，乍现清都紫府；瑶坛玉局，允呈苍壁元璜。以妥以侑，神有凭依；来格来歆，人无玩亵矣！爰绎诗曰：

> 捄之陾陾，度之薨薨；筑之登登，削屡冯冯。百堵皆兴，鼛鼓弗胜。⑧

---

① 殚（dān）：竭尽。

② 徼（jiào）：边界。

③ 炊（xīn）烟：烟熏。

④ 马勃牛溲（sōu）：马勃：马屁菌；牛溲：车前草。借指不值钱的东西。

⑤ 洽浃（qià jiā）：融洽，亲近。

⑥ 肫（zhūn）诚：诚恳、真挚。

⑦ 洵溥（xún pǔ）：周遍广远。

⑧ 此段语出（春秋）《诗经·大雅·绵》。意为：铲土入筐腾腾腾，投土上墙轰轰轰。齐声打夯登登登，削平凸墙膨膨膨。成百道墙一时起，人声赛过打鼓声。捄（jū）：盛土于器。毛传：“陾陾，众也。”陈奂传疏：陾陾（réng réng）：筑墙声。薨薨（hōng hōng）：象声词。鼛（gāo）：大鼓。

又曰：

陟彼景山，松伯丸丸。是断是迁，方研是虔。松桷有梴，旅楹有闲，寝成孔安。① 自古在昔，先民有作。温恭朝夕，执事有恪。② 天保定尔，俾尔戬榖。罄无不宜，受天百禄。③ 胥 ④ 在之乎？胥在之乎？

乃不禁喜形于色，而谨为之书。

募修高风（峰）山寺疏

尝闻逸其人，因其地，全其天，昔之所难，今于是乎在。据此可知，山灵如有待，而造物自矜奇者也。

粤高风（峰）山寺，隶在平坝，创于前明永乐六年（1408），建文帝翱翔过此，遥见峰耸层霄，云涵万汇，有引人入胜之概。因而攀萝踰磴，陟羊肠，穿鸟道，而跻翠微之巅。扨 ⑤ 身翼然，纵目极观，即少陵所谓“会当凌绝顶，一览众山小”矣。⑥

于是出洞壑，拂岚雾，泉飞百道而八景星罗，烟绕丛林而千村棋布，奇境天开，触物成化，悠悠乎与灏气俱，而莫得其涯。故不为外尘所染。

旋即诛茅结社，岩嵌“西来面壁”四字，盖有感悟而题焉。时格局尚未扩充。迨嘉靖间，有自然安和尚，由蜀驻锡于此，乃广募善缘，大兴土木，栉风沐雨，惨淡经营，而始获崔巍兮！经楼峄然，玲珑乎佛阁轩然。禅堂鳞次而鹤守关，精舍蝉联而虎听法。鲁钟韵远，松竹风清，香火日新，田园寝裕。深山无历，而梅报乎春先；峻岭生霞，而莺唬乎晴早。山水增秀，法界庄严。瞻天汉之照回，兴震章而辉焕。洵弥陀之乐土，为名胜之奥区欤！

无知三百年来，虽间有绸缪，奈地远荒僻，物色罕到，竟成桃园路断，

---

① 语出（春秋）《诗经·殷武》：意为登上松树柏树挺拔参天的景山，砍伐运回木料，加工建设寝庙，使神灵安恬。

② 语出（春秋）《诗经·那》：意为远古时，先民行止有法度。早晚温文又恭敬，祭神祈福见诚笃。

③ 语出（春秋）《诗经·天保》：意为上天保佑你安定，降你福禄与太平。一切称心又如愿，接受天赐数不清。

④ 胥（xū）：全。

⑤ 扨（sǒng）：挺立。

⑥ 语出（唐）杜甫《望岳》。

杞宋无征[1]。然而星辰丽天，与佛光交映；祈祷应雨，使沴疾[2]以潜消。樵农乐业，庶物咸丰，即草木亦津津然，有欣荣之象。

僧目击厥异，欲竭愚诚，亟图修葺。窃念工费浩繁，何敢遽以重大之举。虽缓之功，累我檀越。耿耿此中者，匪朝伊夕。复看剥蚀愈甚，芜圮堪虞，更难瓜待矣！尝谓山寺之整齐，非徒壮观瞻已也，抑以昭诚敬。以佛神式凭之区，人心向往，虽工材鸠庀维艰，而聚沙成塔，众擎易举，较诸一木榰厦者，其为力相去奚翅倍蓰[3]？若睹有危兆，而隐忍不言，坐听其风推雨挠，以驯至不可收拾焉？贻误因循，岂非住持之大过哉！

夫琼台九仞，非采一山之材；美锦千张，讵抽独茧之绪。因是用装缘簿，恭乞布施，伏冀贤人君子，大发仁慈，全布金之胜果，槩捐余积，成选佛之道场。见义勇为，而菩提树茂，当仁不逊，而功德山高。从此福田久大，寿域恒升，靡仅住持晨钟暮鼓，课持颂祝于无既矣。

谨呈疏引，拱候玉成。

水口寺募换金身疏

尝闻读书则人敬之，作善则鬼神敬之，确有明征，盖其理有固然而足信也。伏惟王阳明先生名标青史，功耀寰区，本读书人也。吕纯阳先生，位列仙班，泽流奕禩，洵作善人也。

乡前辈装塑二尊神像于水口寺，蒸尝配享，意莫深焉。殆欲以俟济美者。高山仰止，景行行止，引动多士，奋兴接踵。富贵神仙，后先辉映，翘企[4]于今，其非时乎？

无如二尊金像，风雨剥蚀，瞻仰黯然，僧弗敢稍怠。敬备募册，必有仁人见义勇为，倾囊相助。将见金磨换彩，兆乎家圃锄金，玉带留名，基乎福田种玉，于读书作善，则未必不无小补。足证毋不敬之，有得而无失也如此。谨为疏引。

---

① 杞宋无征：语出（春秋战国）孔子弟子编撰《论语·八佾》：“子曰：‘夏礼吾能言之，杞不足征也；殷礼吾能言之，宋不足征也。文献不足故也。”后称事情缺乏证据。

② 沴（lì）疾：疾病。

③ 奚翅：何止；岂但。倍蓰（xǐ）：谓数倍。

④ 翘企（qiáo qǐ）：翘头踮足，形容盼望急切的样子。

募增常住田疏

古云："现在之福积自先，宜继宜惜。将来之福贻于后，宜栽宜培。"凭心地以垂裕后昆，广福田而流芳奕祀①。善事余度，修证足征。

兹会馆地灵人众，事冗会繁，历年扩修，未遑食计。沿门托钵，谁指道旁之囷②；逢人索餐，终非座上之客。故公众每年捐佽③升斗之需，以作饔飧④之费。虽备爨焮⑤，颇属频烦。谓之法轮未展，先展食轮。六度维修，当修檀度。

僧虔心叩募，愿结胜缘。敬祈见善必为，当仁不逊，各输余积，合种良田。果倡始之多人，端造福之不细。大为推解，补鸿钧⑥造化之偏，将使子孙，获燕翼贻谋⑦之福。阴功广播，食报无疆，利益十方，泽流万古。将见仁慈惠溥，百口永颂隆恩；浃髓沦肌⑧，众生常霑饱德⑨矣。

重绘神像募疏

粤若西方象教，东土镫传。丈六金身，映天光而心光发现；三千贝叶，宣佛果而善果昭彰。华梵皈依，同遂香花之愿；仙尼感格，频霑雨露之恩。苦海消而家有余庆；慈云布而福不唐捐⑩。如明镜临空，无微不鉴；似德瓶在坐，所欲皆盈。良缘之起，如来化而相塑旃檀；妙法之超，弟子思而道宏遐迩。非非想处，伟矣金容。种种光宠，焕然绀相。欣由恺之⑪画维摩，

---

① 奕祀（yì sì）：亦作"奕禩"。世代，代代。

② 囷（qūn）：古代一种圆形的谷仓。

③ 佽（cì）：帮助。

④ 饔飧（yōng sūn）：亦作"饔飱"。做饭。

⑤ 爨焮（cuàn xìn）：烧火做饭。

⑥ 鸿钧：此处指天或大自然。

⑦ 燕翼贻谋：原指周武王谋及其孙而安抚其子。后泛指为后嗣作好打算。

⑧ 浃髓沦肌（jiā suǐ lún jī）：浸透肌肉，深入骨髓。比喻感受极深。

⑨ 饱德：饱受恩德。语出《诗·大雅·既醉序》："《既醉》，太平也。醉酒饱德，人有士君子之行焉。"

⑩ 福不唐捐：佛家语，福禄不会白白地抛弃。

⑪ 恺之：顾恺之（约 348–409），字长康，江苏无锡人，中国东晋时代画家，与曹不兴、陆探微、张僧繇合称"六朝四大家"。

金施百万；道子①画地狱，业易屠渔。足证神道毅教之所感，而敬天事神之所孚，抑容有不可谖②者矣。

本寺原有佛神塑像一堂，乃昔年公众捐资彩绘。无何而香烛熏□，□□弗堪。兹幸时清物阜，恭蕲③玉成，则神灵高鉴而万事康，佛日增辉而一诚著。所谓绵绵余庆者，胥在斯乎？胥在斯乎？

公请知微法师总持黔灵丈席启

伏以三千大千，诸相岂分乎高下？万法一法，百川总归于汪洋。萃实髻之珠，光明四讫，晋金绳之路，引导十方。东西南北尽虚空，仰流行者日月；春夏秋冬别寒暖，赖变化者风雪。莫非菩提树茂，则修证深，明镜台高，则瞻仰远。无边施设，有道中兴。

恭惟宏福堂上上知下微远法师，习安华胄，金筑耆英。梯山航海而悟彻渊冰，茹古涵今而戒严珪璧。植栴檀于东土，贤愚尽北向倾心。传记莂④于南黔，印证皆西来大意。真如自足以津梁群品，妙谛固宜以横范众生。具七世之薰修，由来旧矣；作诸山之表率，久而敬焉。乃有黔灵法苑，选佛坛场，宝刹巍峨。初鼎兴于赤祖，金轮炳焕；更海会于鸿儒，月盛日新。云流水赴，欲保伽蓝之巩固，须遴良栋之支持，始能临济根源，滋培叶茂。全持大乘法器，条理枝繁。于斯时也，天雨飞花，鹊得气先而鸣贺；山泉涤钵，人因源远而神驰。愿乐欲闻，皆大欢喜。

某等声尘束缚，顿渐荒疏。对醍醐沼，清五浊徒爇五香；受陀罗尼⑤，了六通罕除六欲，破七心之尽妄。素昧《楞严》，顾五蕴之皆空；孰谈《圆觉》，居常虽然谨慎，治事惟恐糊涂。语云：率步灵山在眼，免劳蜡屐于谢公；回头佛地即心，奚费草鞵于赵老。适有典型孔迩，何庸跋涉□求。思议佥同，向往划一。爰是谨蔡良吉，庄严趺坐。洒扫袛桓，好

① 道子：吴道子（约 680–759），唐代著名画家。阳翟（今河南禹州）人。尤精于佛道、人物画，长于壁画创作。

② 谖（xuān）：欺诈；忘记。

③ 蕲（qí）：祈求。

④ 莂（bié）：佛教的一种文体。

⑤ 陀罗尼：意译为总持、能持、能遮。指能令善法不散失、令恶法不起作用。

待世尊食时，勿烦衹陀施树。欣开莲社，喜供梅篮。伏冀空中锡响，岂关虎豹之惊。江上榏浮，自感鱼龙之护。竖珠幢则仙凡云集，宣梵呗则麟凰骈臻。斗棋留霞，常毓夫乾坤淑气；星檐飞翠，聿新乎钟清磬元音。香清觉路而九品修，烛□法华而三摩盛。将见马鸣付钵，三昧易闻，庶几龙传衣，四禅解脱。莫谦树影虽虚，大有阴覆之义。第观睡梦不实，中孚喜悦之情。从此拈花信手案内诗客同龛。春碓安心，楼中鸽王分座。鸡园镫续，成正法之眼藏；虎寺石灵，广参禅之体用。有缘善度，不朽功铭。敬迓莲骈，先摅葵悃。欲蕲咸益，将望贲临。谨启。

[附记] 选自张新民等整理：《黔僧语录·石兰和尚文》，巴蜀书社，2000，第 827 页、第 829–835 页、第 838–839 页。石兰和尚（生卒不详。活动于嘉庆、道光年间），其出身儒裔。出家后依黔南龙寿堂霭光和尚门下，广交游。立足佛教而兼通儒、道、阴阳五行之学。

了尘和尚文选

中兴海众起缘

清光绪十七年（1891），前安平县主赵文炜，手翰招迎阿兰若衲子了尘住持高峰山。未至间，即为僧天然冒名先赴，后天然为兇党殴毙[①]，庙宇什物，遂遭匪类分拆，常住亦被瓜剖。至二十九年（1903）春正，贵筑县主方峻，命了尘仍住此山。二月朔，予命空月先往踩山，共命三龙君约定期，于二月十八偕聚至省舆迎。命三龙君至半途，即为僧觉富效天然故智，托党冒名，将书劫去。诡机百出，委曲千折，遂至庙倒林木伐，是非蜂起，波澜无限。仰止高峰，仍为惄[②]焉周道。是皆天然启祸于前，觉富继恶于后，使之然也。三月五日予偕空月，至命三家，徘徊留连。至二十五日，始蒙安平县主开泰亲付手谕，饬山邻龙命三等，送予与空月上山。披荆诛茅，勤苦备至。将及一月，始有同道负笈来游。至今七月朔日，僧众云集，至十五人之多。虽障魔难除，胜缘鲜助，而法喜无缺，禅悦有余。箬屋数椽，

① 兇（xiōng）：同“凶”。

② 惄（nì）：忧思；伤痛。

同住皆六和之侣；莲池半亩，兢开尽九品之花。百利渐兴，三乘夭灭，挂名丛林，罕有及也。

高峰常住兴败序

高峰之败，败于应名之庄佃，冒名之施主，著名之缙绅，忝名之僧道。兵燹之败，败之小者也。自劫火逞威，贼风煽虐，寺燃焦土，而常住无失？苟住持有人，败必不至于再。以败相诫，即败即胜，败何碍焉？所怪任法无人，强梁窃柄，施主之名兴焉。施主现出，庸僧何为？听命而已。于是田土由其宰割，林木任其砍伐，佃户听其指挥，住持凭其招选。此以党羽瓜分，彼以势力独踞；此以旧佃鸩居，彼以新贵鲸食；此以机谋夺取，彼以局诈争吞。寺僧之频更由此，妖道之插足由此，契据之遗失由此，匪士之强占由此，逆佃之欺主由此，命案之迭出由此。高峰败至于是，败局不堪问矣。

虽然，大败不致于永败。苟住持得人，胜可渐复，败何碍焉？吾独怪继居兹山者，不以败为诫为耻，反以败为幸为利。斋戒不修，禅让不讲，立身寡道，感众寡德，利欲为急，吹赌为务，奢诞无节，强徒无规。剖产媚强，借作护身之策；怀金贿众，图为进身之阶。倚靠有山，妄行无惧，法之不立，委数而已。吾固曰：兵燹之败，败之小者也。败之大者，虽由于应名之佃户、冒名之施主、著名之绅缙，而罪实归于忝名之僧众。

余住是山，山败不堪言矣！惧以忝名，再败是山，思有以转败机至于不败，仰仗诸师匡救，固不能有光于兹山，亦不敢败兹山。至永不败，则兴也可必。夫兴山大要，尤愿诸师海众、本惠、戒昆、原知、空月等。佥曰：唯坚内修，简外务，笃俭勤，护常住，严清规，慎好恶，防身心，以戒禅集道品之资助，化情天以返性天；闭贼路而开贤路，肃清幻翳[①]见真如，扫尽尘氛还净土而已。余拜昌言曰“俞”。

高峰中兴开辟卍华藏正觉禅林规目

林而曰“丛”，多其材也。或曰：“材多难尽用，材大难为用。”林冀其丛，何奢望之甚也。种树主人曰：“予欲代空王，阔大空门，崇高觉殿，

① 幻翳（yì）：佛教语。谓假象的障蔽。

恢廓法宇，增广禅宫。聚七金之珍财，坦八正之交道，宏三决定，备二庄严，开圆融万德之金堂，敷具足三身之宝座。牛车骏锡，象教鸿宣，登众圣以春台，跻群生于寿域而后已。尚虑旃檀遍植，尼拘森栽，罄搜四海之珊林，总括十山之玉树，不足供栋梁之选举，备装盖之华修也。材奚虑乎多而嫌其大哉！然吾之所责者，但量地蓄材，量材充用而已。其蓄材也必全其母根，端其中本，删其繁枝冗节，获其美果良花。鉏[①]分气之荆榛，驱吻香之蜂蝶。滋以法雨，庇以慈云，碍材剪之，不材弃之，可材蓄之，珍材宝之，俟其材成，方敢毕献于王庭充觉皇金阙之用。材云材云，樲棘[②]云乎哉。材不善植善蓄，善护善任，则材终为不材，俊材终为劣材。故吾之于材也，不欲其焉小材，不欲其为弃材，不愿其为劣材；必护其为良材，希其为巨材，祝其为珍材。是以不辞劳苦，不厌冗繁，择净地以植之，严禁刹以护之，布五德以蓄之，量三乘以任之，原望其成材也。若此不足称材者，则异是。言未讫，有恶刺拔根绝地而出，大呼曰：“吾天材也，怪枝丑节，不欲人用也。饶刺集虫，所以自卫也。味毒性恶，得于天也。天性使之，然不顺吾性，吾将仇之，奚劳汝植蓄护任，为吾德全于天地，于吾何施绝之宜矣。”主人闻之大骇曰：“夫树而棘刺，贼也；反常狂言，妖也。予蓄贼妖奚为？”遂锄而案之不顾。

（以下为48条戒律。略）

高峰山田土租谷记

法赖人兴，人赖食存。食者，人之资而法之助也。高峰自遭逆佃党谋后，常住失其大半，而尚存六百余石之敷。其如住僧不以修道焉分事，食用之余，私卷而已。以私相效，唯私事务，竟无一日认真修道，遭魔宜矣。囊充远去者，众逆佃强邻，安得不乐享现存，霸归已有！今之两壮瘠田，名显而难吞者也。雨仓糙谷，名存而易掩者也。

法之兴衰，虽由乎人材，亦关乎气数。使才为数厄，才将安用？道遭魔碍，道竞何施；予是以为高峰哭，为天下后世抱才违时者哭！国朝定鼎后，鸿图大启，象教振兴，尊道贵德，崇正尚贤，民皆仰风御化，厌幻求

---

① 鉏（chú）：古同“锄”。

② 樲（èr）棘：酸枣树。

真，远恶亲善。丛林遍植，慧蕊争敷；觉路宏开，福田广辟。黔省虽属边僻，百余年间，建立法幢亦近百所，高峰其一也。是时高峰住僧近百，收谷逾千，法化盛行，人才杰出。不幸于乾隆中年，遭命案株累，僧众逃散，佃民龙姓，恃党插足。将田土要碑打毁，更易伪碑，冒称山主，遂致僧众凭据尽失，主受奴柬，佛法尚可言哉！致僧屡易，殿屡拆，恶佃强邻，争效鸠争。住僧又多顽庸，而所存者，唯名名而已。又因杨么和尚与逆佃纠葛，将桃花园田一分（约每年可收两百多石米）送归安平书院，而枷柯寨之逆佃，至今颗粒不纳（每年约收六拾多石米谷），天然又为龙氏党谋后，本年租谷应收百五十石，污令周维凯，借验尸为词，硬共匪士书差等，瓜分掠去。光绪二十七八年间，所收复为白崖张姓，黑土胡姓吞其大半。所存仓者，对众撬之，得八十九石糙谷。撬后又为妄僧光灿等挖仓，连食带窃去二十余石。本年秋收得七十余石毛谷，而僧众渐集，高峰始有中兴之象云。

[附记] 选自张新民等整理：《贵阳高峰了尘和尚事迹》，巴蜀书社，2000，第734–738页、第796–797页。了尘（1851–1914），俗名张园洲，贵州贵阳人。少时入私塾，略通经史，不愿婚娶，披剃为僧。光绪元年（1875）住持贵阳九华宫、平坝高峰山万华寺。变卖其家业，重修万华寺大殿两廊。清光绪二十六年、二十七年（1900–1901），贵阳大饥，了尘主持赈饥，使不少饥民得救。宣统元年（1909），了尘与空月赴南京，取回日本版《大正藏经》一部，藏于高峰山。三年（1911），官府下令禁烟，拟派兵入镇宁扁担山镇压种鸦片之民。了尘闻讯，急见贵州巡抚庞鸿书，救暂缓用兵，只身入山，向民陈说利害，民皆自动铲烟苗，避免了一场兵祸。民国初年，任贵州佛都总会会长，著述颇富，有《了尘语录》等。高峰山寺院元至元年间（1264–1294）开创。明洪武三年（1370），地方信众捐资，建寺置寺产。相传明初建文帝遁入贵州出家为僧，曾居高峰，题有“西来面壁”。清顺治八年（1651）新建殿宇，寺僧植柏树千株。后数度修葺、重建。

《黔南会灯录》（选录）[①]

（清）善一如纯辑

序

教外别传，不立文字，直指人心，见性成佛。是以九年面壁，独契真机，只履西归，原无多说。至于立雪断臂之徒，悉皆直参上乘。一心相印，又何语之足录乎？虽然自佛法入中国，已有四十二章，即卢老出东瓯，亦著谭经妙论，又何语之不足录乎？

黔居边鄙，佛法罕闻。明末寇乱，四方禅侣咸避地乞食于其间，或着衣持钵，不坠家风；或挂板悬槌，洪宣法教。于是诸家各有语录，于中片语接人，吐辞见道者，亦不乏也。但以远在天末，不获广播中州流传海内。善一大师，心窃惜之。乃不辞跋涉遍历诸山，博采各家语录，集之成帙，名以《会灯》，过余求序，欲授之梓。余谓之曰：“尝闻绘雪者，不能绘其清；绘月者，不能绘其明；绘花者，不能绘其馨；绘泉者，不能绘其声；绘人者，不能绘其情。语言文字，固不足以见道也。今公集诸家之语，得无谓道在是乎？”曰，“唯唯。否否。昔道副有言，不执文字，而亦不离文字，以为道用。今诸家之语，虽造诣不无优劣之殊，识力或有浅深之异，然皆系籍宗门，表彰吾道，故某欲投之名山，公诸胜刹，具眼者自能辨之。庶不致谓黔地边方未闻佛法也。是则某之志也夫。”余曰，“有是哉。不在语言，而亦不外于语言；不执文字，而亦不离于文字。是诚教外别传也。”因弁言简端。

康熙壬午（1702）嘉平月紫池集山道人程春翔书于北陇之偶石斋中

序

佛法与圣教无二，圣教洋溢中国，极而至于日月霜露所照坠处，莫不

① 编委会整理：《锦江禅灯·黔南会灯录》，四川大学出版社，1998，第395–529页。

有圣人之教焉。呜呼盛矣！佛法遍一切处，恒沙世界无不同沾化泽，初无此丰彼啬之殊，而或隐显互异者，则必待乎时之至焉。时未至，强之弗行。时至矣，遏之弗止。而旋转乎至与未至之间者，则端赖英杰者出，肩荷斯道，殚心思，竭劳瘁，积岁月之功，以底于成，固未易易言之也。昔夫子删《诗》而不录楚风，说者以为孔子外之，不知其时礼乐教化独盛中土，自荆以南歌谣未著，故采风者，无得而录焉。今楚风已绝盛于诸夏矣。黔南远在天末，去中原万里，其民风朴遫①，山川险巇②，声教几所勿及，即拈花一脉，自唐宋以迄胜国是少闻焉。天龙善禅师，慨然起任其事，搜罗散失，取明季诸老，以至于今，行、超、明、实，四辈语录，共若干卷，裒然③成大集，名曰《黔南会灯录》。少室一灯，于是遍照乾坤矣。癸未（1703）夏，送板入藏，过余问序，余因慨黔南佛法泯没数百年矣，不谓显扬之时乃在今日，使无苦心大力如天龙者，则将终于勿彰。近而诸方，远而后学，孰知从上有此一派宗师法要哉？或从上诸老，其光明会当出世，故于常寂光中，默相天龙以成盛举。抑天龙即是祖位中人，以现在身点检前生自家物，自然精当。从此黔南佛法，与中原分道扬镳，互相雄长，厥功顾不伟哉！天龙既以佛法为己任，今东南法派紊乱极矣，如孔子之作春秋，笔则笔，削则削，使猖狂草泽之徒，不得妄自位置，以淆宗统。廓清之功，又迈越兹录一等矣！盖此在彰善，而彼在瘅恶，皆春秋之义也。是为序。

康熙岁次癸未年（1703）桂月

予诰经筵讲官礼部尚书加二级长水杜臻撰

源启

予行脚东南，经诸大刹，每于休夏之际，披阅传灯，见古今尊宿名目，多在江浙诸省，惟黔中未见片言点墨。不禁掩卷而叹曰："圣贤不择地而生，佛法遍一切处，何吾黔之独无也。是人以地囿耶，抑佛法有偏耶？"予抱此念，周旋烟水十数余年，及至归里，每思唐宋时所集者，盖谓吾黔宗教未讫，

---

① 朴樕（sù）：亦作"朴遫"。犹朴素。

② 险巇（xī）：也作崄巇。形容山路危险，泛指道路艰难。

③ 裒（xiù）然：成就出众。

泯泯无传，固无论矣。若自明迄清，风声所树，吾黔宗教已广，且各家亦有语录流行，卓然可观。较量诸省，不相上下，何近代竟无传也？岂圣贤果择地而生耶？佛法洵非普遍耶？予是惄[①]焉有感于斯也。但深究其源，总以关山迢递，邮简莫及，故令操觚者，无由收集尔。予不敏，敬矢厥志，不惮寒暑，躬历诸郡，汇收全黔诸家语录，缀以管见，编辑成书，名曰《黔南会灯录》。窃欲就正明眼，刊送入藏，待后高明远达、公心普德者出，再行撰集，以资采收之万一。庶几后世披览，无遗憾焉。

婺川西禅象崖珽禅师

福州陈氏子。一日游吴山寺，偶阅禅宗正脉，至古德上堂，拈拄杖云“法身无相，而今现形”处，动出尘念。礼常熙福公剃发。亲克融法师听讲。未可其意。到黄檗遇中师叔，示参无字话，三载不契。往鼓山亲无异和尚，自改参万法归一，复黄檗参密祖，始觉大有得力处，故依祖圆具，复随出闽。至金粟，缘久不契，后参破山和尚印可。

上堂：“宗乘举唱，十地魂惊，正眼才张，三贤胆颤。直饶毛吞巨海，芥纳须弥底来，也落下风。且向上一句，又作么生。”拈拄杖云：“自是不归归便得，五湖烟景有谁争。”

上堂：“迦叶波，见世尊拈华契机，而破颜微笑。须菩提，见世尊谈经解旨，而涕泪悲哭。大众：二大师一笑一哭，未免各见一边。山僧特与颂出，有时笑，有时哭，七星斜映挥魔窟。一箭双雕落碧空，六六依然三十六。”卓拄杖云“咄！”

上堂：“壁立千寻难凑泊，铜头铁额漫劳猜；桃红李白真慈氏，笑指南询有善财。”大众：还见善财么？卓拄杖，喝一喝，下座。

上堂：“山色浓如黛，莺声语欲流；分明宣祖意，何用别驰求。如斯荐得，人人本源，弥纶万有，个个妙体，逼塞十虚。”且道：“山河大地，向何处安著？”良久云：“参。”

上堂。“十五日已前，无位真人担雪填井；十五日已后，无位真人持蠡酌海。正当十五日。”且道：“无位真人有甚活计？”“月中丹桂和云摘，

---

① 惄（nì）：忧思。

天上琼华带雨收。”拍禅床下座。

元旦上堂：“元正启祚，万物维新；宝镜高悬，森罗献彩。惟愿皇风永扇，佛日长明。麒麟现而干戈寝，凤凰出而文德修。四海衲僧，吹新法螺，击新法鼓，拈新拄杖，演新法义，共祝升平。且一气未分已前，又作么生？数声清磬是非外，一个闲人天地间。”

上堂。问：“为众升堂则不问，未出方丈时如何？”师云：“日月不走乾坤黑，乃云尽虚空世界，是一面古镜，百亿香水海，百亿须弥卢，大地山河，草木丛林，若圣若凡，若僧若俗，若男若女，若贵若贱，有情无情，俱在里许。”“为甚么沩山水牯牛影也不见？”良久云：“颠眠倒卧无人识，万里青天月一钩。”

上堂：“五五二十五，打开宝藏库；撒出无价珍，供养无数佛。且道：谁是供养者？谁是受供养者？”“咄！因忆谢三郎，月下自摇橹。”

解制[①]，上堂：“说心说性，入海算沙；举古举今，波中捉月。德山用棒，临济用喝。虽是好心，究竟大错。”且道：“西禅今日解制，又作么生指示？”拍禅床云：“路逢达道人，莫将语默对。”

上堂：“终日露堂堂，无人解举扬。劳他木上座，饶舌错商量。”拈拄杖云：“且木上座商量底是甚么义？若道有义，有，即是空；若道空义，空，即是有。若道非有非空，即是颟顸[②]佛性；若道即有即空，又是儱侗[③]真如。如是四义既非。”大众且道：“商量底是甚么义？”以拄杖画○云：“参差松柏烟凝薄，重迭峰峦月上迟。”

上堂：“年年四月八，香水浴悉达；杓柄向谁拈，千江一口呷。若也会得，尘尘刹刹；若也不会，当头一踢。”竖拄杖云：“释迦老子来也，汝等诸人还见么？”卓杖云：“劄。”

上堂：“溪声鸣，明月落。禾山打鼓，普化摇铎。五位三玄，九带四

① 解制：犹解夏。谓僧尼一夏九旬安居期满而散去。（南宋）吴自牧《梦粱录·解制日》：“七月十五日，一应大小僧尼寺院设斋解制，谓之‘法岁周圆之日’。”（南朝·梁）宗懔《荆楚岁时记》：“夏乃众僧长养之节，在外行则恐伤草木虫类，故九十日安居。至七月十五日，应禅寺挂搭，僧尼尽皆散去，谓之解夏。”

② 颟顸（mán hān）：糊涂而马虎。

③ 儱侗（lǒng tǒng）：同笼统。模糊而不具体。

莫。如是陈烂葛藤，到者里都用不着。汝等诸人，作么生摸索。到头霜夜月，任运落前溪。”

举高峰枕子话颂曰：“贪观明月独徘徊，走入芦华不转来。白石枕边惊梦破，风吹古寺竹门开。”

德山棒

一棒一条痕，千山俱打裂；
哀哉缺齿胡，不识安心诀。

达磨面壁

九年面壁舌生毛，赚得神光下一刀；
早是无风波自起，至今平地浪滔滔。

石阡三昧敏树相禅师

蜀之潼川王氏子。年二十五，自愿出尘，礼本境鉴空剃染。自看“五蕴皆空”话为究竟。次阅《楞严经》，方得尘劳暂歇。便参破山和尚。山示参“狗子无佛性”话。一日闻钟板声，忽然浑身如桶箍子爆断相似。不觉失囫地一声。傍有僧问曰：“是甚么境界？也要大家得知。”师曰：“各人珍重。”后趋见山，山深肯之。遂以印证。师后开法行化，黔蜀来往数十余年。始终不异。康熙壬子（1672）仲冬朔三日亥时，在蜀之慈云堂示寂。临时谓众曰：“吾欲与众别矣。汝等不可向士大夫处，索取塔铭，窃彰名位。”听吾偈曰：“我为法王，于法自在。来去自由，纵横无碍。”偈毕跏趺而逝。春秋七十，僧腊四十五。

上堂：“春光满目，人境纷纭。不识死中得活，奚言超凡入圣。且二边不住，中道不安。如何委悉，玉蝶穿花零碎锦，金莺掷柳乱垂丝。”

立秋，上堂，以拄杖竖起云：“一尘起，大地收。佛眼觑不见。”放下杖云：“一叶落，天下秋。海口莫能宣。”且道：“如何话会，抚掌呵呵？”云：“燎水尽而寒潭清，烟光凝而暮山紫。”喝一喝下座。

师诞日，上堂，以拄杖作钓势云：“数十年来游五湖，烟波江上踏横芦。而今四海澄清日，钓取金鳞看有无。”僧问：“海屋添筹人间事，延生一句意如何？”师云：“金丹不属五形炼，玉液原非八石成。”乃云：“今岁老僧五十五，逢人定不从头数。因甚不数？分明五四三二一，那管金木水火土。惟有杖头不等闲，当阳击碎虚空鼓。识得山僧今诞辰，三世诸佛悉皆普。其或未能，年来屈指二三千，春到寒食一百五。”

上堂：“行棒行喝，点破顶预一着。搬石运土，筑起门墙半垛。象骨辊毬，家风卖尽冷如秋；禾山打鼓，报与诸人莫莽卤。沩岭牧牛，一声麦笛唤回头；玄沙猛虎，几个男儿作得主。吃茶赵州，何须特地逞风流；面壁鲁祖，不必女娲炼石补。怎似老云门，看来也是弄精魂；腊月二十五，甜者甜兮苦者苦。参。”

住贵州大兴禅寺。门人湘颖请上堂：“远问近对，无非妄情卜度；举东明西，犹涉意识廉纤。到者里不可以智知，不可以意识。有时拈起也，一人高拱无为，十方坐断；有时放下也，万民欣歌有道，四海无虞。正恁么时，不惟封疆万里；眼盖乾坤，且不落凡圣一句。作么生道，过现未来同种智，万象森罗笑点头。”掷拄杖下座。

清镇九龙云天燕居申禅师

蜀之李氏子。十九岁，礼大休仙法师出家。习讲业①，后访高原。精唯识、楞伽并相宗诸要。因在合阳染病，矢志必欲了明大事，病愈隐忠南吊岩山住静。闻破祖自浙回川，直往亲觐，凡悟入省见机缘。在破祖章中，承祖印证之后。适乱入黔，寓居会城大兴禅寺。次建清镇之九龙。后迁平越之福泉。其余僦居开法之所。罔计其数。

上堂：“诸方开堂有法说，山僧开堂无法说。有法说，鹫岭拈来无处着；无法说，座上炉烟飘屋角。日间浩浩摘杨花，夜里明明听鼠嚼。于此会得，不受颟顸，其或未然，看取注脚。”以拄杖卓一卓下座。

制日，上堂：“五里亭，十里铺，夜则明行昼暗度。任是铜头铁额来，顶门一击全身露。今则坐筹围幄之中，决胜八方之路。且如保民庇国一句，作么生道？”良久云：“边邦宁静干戈息，万里歌谣乐太平。”

上堂：“诸人有宝，用得极熟。在空满空，在谷满谷。动静忙闲，头

① 讲业：研习学业。

出头没。四众者念佛持经，五辈者饮酒食肉。两个看来，斤两咸足。山僧日用只如斯，荷叶为衣璎珞粥。尽力一句道将来，不过寻常咄！咄！咄！”

上堂：“未曾开口，舌头已遍三千；更觅言诠，犹是画蛇添足。何如乐则欢喜苦则哭，许多痴人向外寻，寻到驴年没下落。屈！屈！屈！不特有情有知，要且无情成佛。”大众且道：“无情如何成佛？”“香炉石磬丹墀走，瓦砾泥团跳上堂。”

上堂：“有时晴有时雨，有时睡有时起。有时呷饭，有时屙屎。拟议思量，白云万里。”

上堂：“五五二十五，六六三十六；溪西鸡齐啼，屋北鹿独宿。现前人天与魔佛，一棒当头痛彻骨。倒腹倾肠，翻成亵渎。”良久云：“苍天！苍天！”

上堂：“进前一步太过，退后一步不及。引而不发，箭箭中的。直饶释迦老人，未免以舌挂壁。无边香水海，向耳畔倾，尽大地拈来，向脚尖踢，其中一点自天然，牧童牛背横吹笛。”

住平越福泉山。上堂：“毵毵毶毶，磊磊落落。说则不闻，闻则不说。高山流水兮，若个知音；下里巴歌兮，尽成雅曲。山僧终日口喃喃，其奈尔曹听不熟。听得熟，三十拄杖打得头破血出。”

上堂：“或时风或时雪，大冶红炉分外热；触之则燎却面门，背之则寒飕冷铁。于此会得，阿弥陀佛与释迦牟尼，聚首同参，其或未然，未免脑后着楔。”

上堂：“人人有个目前机，只为寻常放过伊；毋负我侬千古意，得偷闲处略提撕。”且道：“作么生提撕？”良久云：“天晴放火山头黑，下雨寻牛两脚泥。”

上堂：“洪炉冶鞴好添煤，钝铁顽铜运得来。铸就金钟三尺口，龙山一撞响如雷。且如龙山寺未撞钟时，栖贤寺里，三五百人，还有闻钟者么？”良久云：“箸头碗底分明道，只恐人聋不解闻。”

上堂：“无量法门频举出，百千三昧就中看。花簇簇锦攒攒，只是无容正眼看，看得圆全少半边。既是圆全，因甚少半边。参。”

上堂：“口说话鼻出息，眼见耳闻无了日。饶他伎俩问得来，只要一个拳头疾。能治野狐精，能使参禅毕。尽情道出告诸人，试问诸人识不识。

识则快活平生，不识则昏迷苦极。”

上堂：“在儒习儒，在佛习佛。动止施为，何所不足。百千万劫只如斯，任是神通跳不出。直饶跳得出，鸟倦还归树里宿。”

上堂：“本无正本无邪，何用堤防试镆鎁[①]。摸着秤锤着实冷，也须随分纳些些。”

上堂：“过去已过去，未来尚未来。惟有今日事，徘徊梦眼开。君不见古苍苔，多少行人尽活埋。”

紫竹灵隐印文禅师

谢知事上堂：“烹佛炼祖，须假作家钳锤；扶宗荷教，倚仗本分弟兄。交加肘臂，互唤主宾。知音明眼，相照同心。统三界以为家，作四生之依怙。可以发大机施大用，起祥云布瑞气。令满堂大众，个个如龙似虎，人人玉转珠回。到者里，不惟扶竖宗乘。亦乃流通正眼。既然如此，且道：“烹佛炼祖，意作么生？”“击碎骊龙明月珠，敲出凤凰五色髓。”

因事解制上堂：“法爱最难别，其如世道何。他年同聚首，古镜复重磨。暖瓶连雪水，鸣锡带风多。满堂龙象客，暂度别山阿。且道：即今圣制告圆，庆赏一句作么生道。长将日月为天眼，踏破乾坤脚底宽。”

黄平九龙半云慧禅师

吉安罗氏子，幼失恃怙。七岁，伊族送普陀山万福堂。礼月清披剃。十八岁，在本山圆具。发心遍参，师志愿多重修持。所以到处以行务为先。至双桂参破祖，充水头。机缘相契，承祖印可。后入黔，克苦建丛林十有余所。惟九龙颇称意。故归九龙示寂。世寿七十五，僧腊六十八。

上堂，拈起拄杖云：“者木上座，相伴老僧，二三十年来，穿云渡水，共历艰辛。有时稳坐家堂，藉他撑门拄户；有时惯熟露布，凭渠打雨敲风。今日岂肯吝施方便。”画一画云：“画断千差无异路。”卓一卓云：“等闲卓破上头关。”喝一喝。下座。

上堂，卓拄杖一下云：“山僧惟凭此棒，要绝诸人伎俩；当下断却命根，

---

① 镆鎁（mò yé）：即鏌鎁。剑、戟之属。常指利剑。

作个诸方榜样。如上祖师心印，教外传来。似铁牛之状。年印，月印，日印，时印。”良久云：“今日尽情托开，与汝诸人印证。咦。切忌错认。”

永宁中和云腹智禅师

蜀之顺庆李氏子，母何氏。夜梦僧托钵入门。觉而生。于本境水月庵，礼六度剃染。因听绳朴法师讲《法华经》，至“若坐若经行”处，顿启疑情。始参含璞未契，后参象崖和尚印可。出世住蜀之三圣悟灯。黔之云归、清凉、长寿、复兴、永宁、中和。入楚因由不赘。

上堂，竖拂子云：“祖师心印，状似铁牛之机，印泥印水印空，乃至森罗万象，无不印之。即今清凉，四众临筵，人天普集，且道：“还在祖师心印里么？”“若也会得，不劳弹指。楼阁门开，百千善财。一齐敬礼，其或未然。一片白云横谷口，许多归鸟尽迷巢。”喝一喝下座。

元旦上堂：“天得一以清，地得一以宁。① 君王得一天下太平，衲僧得一海众云臻。”遂顾视左右云：“且道一作么生得。”喝一喝下座。

上堂：“问清光照眼似迷家，明白转身还堕位。”且道：“过在于何？”师云：“领取三十拄杖。”僧拟议，师便打。乃云：“炉韛重开②，镕凡铸圣；钳锤再举，点铁成金。若是当炉不避火底衲僧。向者里镕作一团，炼成一片。正法眼直下开明，秘密藏通身突露。不枉请主添煤添炭，山僧扇风扇火。其或未然，巧匠炉边钝铁多。”

朔日上堂：“举万法归一，一归何处。”乃顾视左右，震威一喝云：“诸人者还识得一么？若识得一，百千诸佛体共生，三才四相从此出。”复喝一喝，下座。

上堂：“豁开顶门正眼，放出当阳铁鹞。一任南北东西，管教随流得妙。是则，忽遇卒风暴雨时，又作么生回避。切莫将身潜古庙。”喝一喝下座。

师诞日上堂：“‘未知生，焉知死’③，死即生，生即死。生死直教彻到底，惊起长空铁鹞儿，吞却门前石狮子。且不涉生死一句，作么生道？虚空卓

---

① 语出（春秋）老子著《道德经》第 39 章。

② 炉韛（lú bèi）：亦作“炉鞴”。火炉鼓风的皮囊。亦借指熔炉。

③ 语出（春秋战国）孔子弟子编撰《论语·先进》。

立五须弥。”喝一喝下座。

上堂：“昨夜三十日，今朝是新年，鼓乐喧天地，人人尽歌欢。就里有一人，不随声色转，不逐四时迁。”且道：“是那一人。”遂掷下拄杖云：“参”。

解制：“东风解冻草萌芽，行脚衲僧乱似麻，带水拖泥蓦直去，阿谁当道摘杨花。”遂拈拄杖召众云：“即今莫有摘杨花底么，出来试道道看。”时有僧出礼拜。师一齐打散。归方丈。

开州龙音余山瑞禅师

西蜀王氏子，母张氏。十六岁，于本境奉圣寺礼惟远祝发。随远赴讲席，听《楞严经》，至“七处征心八还辩见”处，忽起疑情，便辞出关。至楚之承天吉祥寺，参一老宿，宿示遍参。师礼退。游江西，至庐山。参慧灯静主。缘不相契。往浙之径山参语风。又至天台参大道法师。道指参天童密祖。依祖圆具。后参瑞光顶目，勤务三载。亦不契。方辞归里，参象崖和尚印可。后住黔之龙音、崇宁；粤之华林；滇之报恩、慈光、狮云、鹿苑、指林、慧光、正续、常乐。复终于报恩。

上堂：“几天阴雨几天晴，为道求师访百城。要会毗卢无相印，千峰顶上出头行。德山曹洞，沩仰云门，济宗玄要，夺境夺人。辊毬打鼓，忏罪安心，干屎橛，麻三斤，草鞋踏雪人人见，竹枝敲云几个闻。直饶临风快便，未免拂迹成痕。个中若有白眉客，何须费我顶门针？”喝一喝。

上堂：“名不得，状不得，晓嶂四青孤月白。砧杵声声到枕寒，最怜千里未归客。”举拄杖云：“唤作拄杖则触，不唤作拄杖则背。不得有语，不得无语。摆手出潼关，山僧不再举。”喝一喝云：“推倒面前须弥山，鞭起石龙能作雨。”

上堂：“到山贫骨劲，抵志清标洁。瓮牖度凉风，绳枢穿晓月。耳听之而为声，目视之而成色。该万变而有余，会殊途以同辙。猢狲天半搅银河，触倒东华一个缺。”喝云：“十字一直一横，莫道山僧扯白。”

上堂：“正位来偏位来，金楼玉宇夜生苔。眼前色耳畔声，古寺敲钟月正明。伶俐衲僧颟不得，也隔乡关半日程。”拈起杖云：“惟有拄杖子。横竖握权衡。”卓一卓下座。

上堂："超言象外，不涉寰中。发箭锋机，搅括利器。睦州现成公案，岂为独接云门。黄龙室内三关，至今奔走衲子。要会便会，眨眼成盲。"以拄杖击案云："不是知音。徒劳侧耳。"

思南海云纯一源禅师

蜀之赵氏子，母杨氏。七岁送本境南华寺剃染，参黄檗象崖和尚印可。住黔之海云寺。

上堂："十虚融摄，正眼洞明。八表升平，圆机独运。万象不能藏覆，千圣无以拟伦。明明绝承当，历历无回互。拈起也天回地转，放下也草偃风行。弘开一道神光，不落见闻知觉。正恁么时，家邦稳密则且置。祇如拈香报国一句，作么生道。万里山河归有道，十方世界乐无为。"

上堂："目击尘尘刹刹，同居华藏海中。顶门密密堂堂，浑是无生法象。所以拈一茎草，现丈六身；吹一布毛，传正法眼。离无离有，绝圣绝凡。八字打开，分明显示。还委悉么？"举拂子云："东方妙喜世界，也不离个里；西方极乐世界，也不离个里；上方兜率世界，也不离个里。如是则一处通，百处千处一时通；一处圆，千处万处一时圆。且不离本有一句，作么生道。"良久云："念念不迁仁德重，朝朝常共野云间。"

上堂："海云鼓浪，虎水扬尘。眼德似震雷霆，耳观如张锦绣。三百六十骨节，一一现无边妙身。八万四千毛端，头头彰宝王刹海。不是神通妙用，亦非法尔如然。苟能千眼顿开，直下十方坐断。且超然独脱一句，作么生道。"良久击拂子云："试玉须经火。求珠不离泥。"

贵阳西山语嵩传裔禅师

西蜀宋氏子。幼失恃怙，育于祖母。至二十三岁，祖母殁。于本境白鹤庵，礼性空老宿出家。修忍辱行。一日得行脚僧指参破雪和尚。圆具后，服勤六载。每有问难，同参咸服。雪寂。师矢志遍参。至重庆，遇长破呆和尚印证。后入黔，开法于牟尼山报国禅寺，又辟西山传法寺，后住鼎州德山乾明寺。退院游江浙。上天童扫密祖塔。因病坐化。随从门人扶灵骨归黔。建塔于西山凤凰池畔。

上堂："问一爻未动时如何？"师云："三爻四爻矣。"僧滞立。师云：

“立地死汉。”问生死未了时如何。师云：“老僧不是生死中人。”进云：“师今升座为阿谁？”师云：“为你者钝阿师。”进云：“学人本无生死可了？”师云：“自颠自倒汉。”乃云：“一问一答，平空起浪。立主立宾，拖泥带水。所谓闭门打睡，接上上机。顾鉴颦呻，曲为中下。若是灵利衲子，向牟尼未出方丈。诸人未问已前领略得，犹较些子。既然如是，敢问诸人。只如未出方丈，未问已前，作么领会聻[1]。”喝一喝云：“三要印开朱点窄，未容拟议主宾分。”

浴佛上堂：“问临机不见佛，大悟不存师时如何？”师云：“正是途中汉。”进云：“脚跟点地，鼻孔撩天去也。”师云：“也须急着眼始得。”问：“四月八日即不问，急水滩头事若何？”师云：“山前麦熟也未？”僧拟议。师云：“随波逐浪去也。”乃云：“田里禾青，山前麦熟。不是心，不是佛。不是佛，毕竟是个甚么。向者里明得，不须弹指。楼阁门八字打开，正法眼一时流通。百亿释迦，百亿弥勒，百亿文殊，百亿普贤，百亿善财，百亿香水海，百亿须弥山，尽在山僧拄杖头上。击大法鼓，吹大法螺，演大法义，转大法轮，与尽大地众生，解黏去缚。抽钉拔楔去也。何用分手指天指地，一场漏逗，大众还委悉么？禹力不到处，河声流向西。”

上堂：“马坪拄杖子，孛跳上三十三天，触着帝释鼻孔，惊骇东海龙王。连日雨似盆倾，令大地山河，卉木丛林，一切有情无情，均沾雨露，处处槁苗，吐花结实，山山枯草，带润回苏。独有一物，风吹不着，雨打不湿，能为万象主，不逐四时凋。”且道：“是甚么物？”“大众问取灯笼露柱。”

上堂：“依教奉行，倚墙靠壁，教外别传，节上生枝。恁么也不是，不恁么也不是；恁么不恁么总不是，到者里，把断要津，不通凡圣。直饶通身是口说不出。通身是眼见不及。所谓坐断报化佛头底来，也须吃棒。何故？个中无肯路，谁是出头人？”

上堂：“昨日山前堆白雪，今朝座上起清风。不是有不是空，觌体相呈向上宗。岩畔石女睡初醒，拍手呵呵笑不穷。”大众且道：“岩畔石女，笑个甚么？”“顾左右云，笑山僧不惜眉毛。”

上堂：“当阳独露照无私，草木昆虫彻证时。触目分明没渐次，莫教

---

① 聻（nǐ）：在句末时可当语气词使用，相当于“呢”“哩”。

拟议更停思。”

长破老和尚诞辰上堂：“适来方丈里，有一句子，拟向长破老人祝严，却被木上座勘破了也。即今未免重重漏逗，举似诸人。既然，且道木上座具甚么眼？有如是勘验。大众试检择看。”卓一卓云：“试玉须经火，求珠不离泥。”

解制上堂：“问倚天长剑挥戈拂日时如何？”师云：“截却舌头。”进云：“坐断十方去也。”师云：“未具衲僧气象在。”问：“参禅学道，不记岁月，作么生是解制一句。”师云：“打开布袋口，问如何是的的意？”师云：“还我九十日饭钱来，与汝道？”僧礼拜。师云：“披毛戴角有分在。”进云：“正是学人受用。”师云：“救得一半。”问：“一念不生时如何？”师云：“七念八念也。”僧礼拜。师云：“重迭关山。”乃云：“大道无向背，至理绝言诠。隔山见烟知是火，隔墙见角知是牛。所以未结制已前，山是山，水是水，灯笼是灯笼，露拄是露柱。僧是僧，俗是俗，本不曾灭一丝毫。只如今日当解制时，亦俗是俗，僧是僧，露柱是露柱，灯笼是灯笼，水是水，山是山。亦不曾增一丝毫。若论三条椽下，七尺单前，厮结眉毛，昼三夜三，正是平地吃交。”且道：“见成赏劳一句，作么生道？”卓杖云：“九旬霜雪尽，一花天地春。”

送嵩目上座出川省觐破山师翁长破杲和尚上堂：“正令已行，十方坐断。玄机独唱，影响冰消。只是廓步大方，不移本座。贯通今古，不起一念。只如转天关回地轴，亦不费纤毫力。所谓有恁么事，必有恁么人；既有恁么人，又何患乎宗风不振，祖道不行。如是正法眼藏，密密流通，诸佛慧命，绵绵继续。承上迪下，一句全收。且作么生是全收一句？丽天红日无私照，大地山河一样春。”

出山示众：“建法幢，立宗旨，非金石心肝，生铁脊梁，岂能全身担荷。所谓忠臣孝子，受辱如荣，视死若生，若一念差殊，便生恐怖。以邪为正，以直为曲，屈体受辱，遗臭万年。焉能为天下后世楷模？既然，我本无愧。到者里，岂可当炉避火？事宜直下承当。然则如是出山一句。作么生道？”喝一喝云：“见义不为非勇士，临危不变始惊群。”拽杖便行。

僧问：“杲日当空，为甚被片云遮却？”师云：“阇黎是那里人？”僧拟对。师云：“片云遮却。”

僧参次。师问云："汝号甚么？"僧云庭柏。师云："黑风起时作么生？"僧云："如如不动。"师云："七颠八倒也。"

问："古镜未磨时如何？"师云："胡来胡现。"进云："磨后如何？"师云："汉来汉现。"进云："已磨未磨时如何？"师云："盏子扑落地，碟子成七片。"遂以偈示之："黄梅会里尽高僧，个个犹磨镜上痕。独许负舂卢行者，一花五叶广传灯。"

问："一切有为法，如梦幻泡影，谁是坚固者？"师云："梦幻泡影。"

示六如老僧："六如老僧求我偈，未拈纸前文彩备。重重吐露布葛藤，下笔分明无一字。珍重阇黎高着眼，切忌莫作佛法会。咄！"且道："作什么会，速道速道。"

示航济禅人："航济航济，黑风起时，作么回避？罗刹鬼国旦，切莫儿戏。咦。只须撑到芦花岸，始得船儿牢把系。牢把系，得鱼沽酒醉打睡。"

示慈让佛本居士："大全直指之旨，不立语言文字。无论僧俗男女，只教当下见性成佛。"且道："如何是佛？""居士便是。还信得及么？若信得及，超生死不相干之地，了鬼神觑不破之机。苟或未能，正好向日用寻常处。努力参究。"偈云："佛即汝，汝即佛。人法双泯，本无一物。"

示君轩佛帆居士："不是风动，不是幡动，不是心动，毕竟是甚么？向者里者得一语。始识本无佛，亦无禅，就中一句自方圆。却笑区区外驰者，可怜掘地觅青天。"

参禅偈：

参禅要割爱，始得大自在。求佛被佛魔，求法被法碍。
恁么不恁么，一锤俱粉碎。绝后复再苏，是名真庆快。

参禅本无别，为破生死诀。无分智与愚，岂论巧与拙。
只以悟为期，切莫拘时节。倏然断命根，拔出眼中屑。

参禅要死志，毕竟为何事。任他寒暑迁，金石心不易。
佛祖尚不为，说甚名与利。若人果恁么，可谓真法器。

参禅要细心，如履薄临深。念念不轻忽，时时惜寸阴。
恁么能返察，矿尽始存金。再入红炉炼，莫教由自任。

参禅莫偷安，努力更加参。谩道无他事，无事正欺谩。
口说无事易，心中无事难。老僧曾经历，须教汝返观。

参禅不是假，一切俱放下。十年二十年，须教学个哑。
只待自点头，不指鹿为马。有人忽问渠，粗拳劈口打。

颂世尊初生：

母胎才出便称尊，大似灵龟拂迹痕。
由此是非无了日，冤冤祸祸友儿孙。

颂南泉斩猫：

将军令出岂容迟，一扫烟尘定业基。
收拾旌旗还故国，功勋不见玉丹墀。

广额屠儿：

子规啼破百花春，远客还乡罢问津。
多少贫儿夸富贵，不知原是旧时人。

《大乘经》首题㐅[①]字：昔有僧问地藏，“以字不成，八字不是，未审是甚么字？”藏曰：“看取下头注脚。”

啼月子规喉舌冷，宿花蝴蝶梦魂香。
家家门首长安道，何事行人在路傍。

高峰枕子：“正恁么时无梦无想，枕子堕地，船高水涨。”

夏日看雨示若讷禅人：

① 㐅，不知读音和意思。

雨湿荷花满院香，薰风拂拂生微凉。
若将佛法攻文字，屈杀胡僧远渡江。

示彻空庄头：

祖翁田地几荒芜，幸得庄头气力粗。
耕去耕来稀烂熟，而今全不费工夫。

拄杖子：

生来傲骨别芳丛，气节孤高孰与同。
佛祖颓纲犹有托，只教千古振宗风。

重阳前一日示众：

飘飘落叶打虚窗，月冷猿啼几断肠。
堂下虽无一丈草，上林谁破五更霜。

警语：

日用寻常勿自欺，但观善恶未萌时。
枢机动处能先觉，了了分明本不迷。

石阡中华天隐崇禅师

蜀东毕氏子，年二十四礼破山和尚披剃。往参敏树，树以三顿棒话示之。师领参三载。竟无下落。复觐山。偶一士问山棒喝因缘曰：“弟子止知其痛，而不知其地。”师挺身曰：“痛处即是地。”山顾师，复视士云：“痛处即地耶？”师从此悟入。至晚，山又问师：“今日居士问老僧甚么？”师举其问。山曰：“人前何得乱语！”师曰：“见义不为无勇。”山曰：“汝还记得老僧答的话么。”师曰：“某甲从今不疑老和尚舌头。”山云：“且道老僧是有说为尔不疑，是无说为尔不疑。”师曰：“更要说有说无作么。”山云：“为怜三岁子，不惜两行眉。”师辞参象崖。崖问：“赵州吃茶话，上座作么生会。”师置杯曰：“学人不会。”崖云：“闻上座同敏和尚住数年来，茶话也不会。”师起身曰：“莫道不会。”崖云：“即今作么生？”

师作礼曰："谢和尚茶。"拂袖而出。一日，崖又问："庭前柏树子，上座作么会？"师云："能为万象主，不逐四时凋。"崖即命颂。师信口颂云："赵州老汉太无端，指出庭前柏树看。只为分明人不荐，古今多少受颟顸。"崖再命颂吃茶话。师立颂云："堪笑赵州老作家，掘坑平地验龙蛇。相逢尽道吃茶去，几个曾知路不赊。"崖因留师圆具。后又将赵州访二庵主话验之。师复对无疑。一日辞崖。复觐敏树。树见师至即问云："尔离老僧数年，一向在何处。"师曰："黔省"。树云："黔中时物，近日是贱是贵。"师曰："和尚到时，自然晓得。"树云："恁么则错过地头来也。"师云："今日又来撞着者汉。"树云："好与汝三十拄杖。"且道："是赏是罚。"师曰："棒头有眼。"树一日又以灵云悟桃花话勘验。师对无让。树乃书源流付嘱。

上堂："云台峰顶，回别人间。提持衲僧向上巴鼻，揭示佛祖玄要机关。"目视左右云："正当恁么时，截群机于掌握。挂宝剑于眉端，三世诸佛。亡锋结舌，六代祖师。忍气吞声，功高千古。壁立万仞，正令既行。十方坐断，到此端的知有向上一路在。大众还知向上一路么？"良久云："前峰高出断鸿外，把手无人谁共行。"喝一喝下座。

上堂："衲僧鼻孔，祖佛心宗。会与不会，总在其中。"且道："其中是个甚么？"遂卓拄杖云："者条拄杖，安南塞北，指西划东，到者里一任生擒虎兕，活捉狞龙。任是文殊普贤到来。也须束手归降。释迦弥勒，直得退身有分，岂但三贤胆丧，十地魂惊，若非其人，大难委悉。"

上堂："千圣出世，惟究一心。五宗设教，直指单传。三乘十二分，总成剩语。一千七百则，尽是闲言。承言滞句者，埋没家宝。执棒疑喝者，未透根源。与么吐露，沾唇挂齿。直饶荐得，早是无端。咄。"

思南中和天湖正印禅师

蜀之重庆李氏子，参敏树和尚。彻证源底。亲承印可。

上堂："狮子吼时芳草绿，天下衲僧跳不出。象王行处绝狐踪，铁额铜头敲脱骨。大沩拄杖送香严，仰山堂前圆镜扑。毒气薰来万古新，亲切人人真面目。本无一法与诸人，管教千足与万足。咄。"

腊八上堂："皇宫舍去雪山中，穿膝芦芽荒草蓬。不觉六年成祸事，明星拶碎眼睛空。”顾视左右云：“还见释迦老子么，不历僧祇获法身。鼻孔依前搭上唇。”

上堂：“闭门打坐，接上上机。顾鉴頻呻，曲为中下。”顾大众拈拂子云：“见么？”击禅床云：“闻么？”喝一喝云：“字经三写，乌焉成马。”

上堂：“恁么去，二祖礼了归旧位；恁么来，栽松道者出黄梅。不恁么，中恁么，三度棒头没交涉。恁么中，不恁么，胡须赤撞赤须胡。”

上堂：“第一义，明历历。二边不着，中道不立，遍界分身，月临秋碧。释迦老子睹明星，殃及儿孙没了日。”

思南安化东山颖秀悟禅师

上堂：“离相显中，其间殊胜莫测。诚言物格，至真动静不移。所以道，譬如虚空，体藉群相而发辉，乃至一切语默言词。施为作用，千差同一贯，万种共一心，祇要人人返照回光，究出自己本命元辰落处。动则行云流水，静则心开朗耀。且不动不静一句，作么生道？鹤有九皋难翥翼，马无千里谩追风。”喝一喝下座。

上堂：“大道通天，威光匝地。本与佛祖同根，人天一体。三千界内，无不禀此枢机。普天之下，莫不承此恩力。收摄圆融，应用无际。设使千圣万圣出来，不移易一丝毫。祇如临济德山石霜云门，各显奇特。可以盖声盖色，亘古亘今。敌圣超贤，辉扬佛日。也不出者个，大众若恁么去，风行草偃；不恁么去，草偃风行。且不动锋铓一句，作么生道？”良久云：“杖头开正眼。法界吐心珠。”

上堂：“不是心不是佛，犹是虚空里钉橛。恁么也不得，不恁么也不得。何劳掘地更寻天。大众须知者个消息，直下千差坐断，不隔丝毫，觌体承当。壁立万仞，还委悉么。”良久云：“空劫已前诸佛子，话头不举自方圆。”

安顺长寿天语怀禅师

上堂：“描不成底，一段天机日日显露；画不就底，者点玄妙时时敷扬。绵绵也，化工化母，织成古锦；密密也，彰名彰号，结作金罗。山僧今日向宝华王座上，当阳拈出，只要人人全身担荷，觌体承当去也。苟或拟议，更与诸人点破。”掷拄杖鼓掌呵呵下座。

上堂："道廓玄圆，超情离见。逢境则应，遇缘即彰。在在弥漫，处处明历。穿衣吃饭，勿越寻常。洞达行藏，不移寸步。堂堂巍湛，兀兀腾晖。拔萃超群，元无缚着。折旋俯仰，任放任收。"且道："恁么与不恁么？""看勘眉目，相去多少。"以手作策眉势云："两眸洞聒千般巧，难及眉横向上尊。"

上堂："家家有门，户户有路。中有一人，体无去住出入。寻常语言动步，也有作奴作郎。亦有掌权掌禄，若道他知逢缘遇境。筑着磕着，因甚处处。失却鼻孔。"且道："知底是不知底是？""试道道看。"

江口香山圣符越禅师

佛成道日上堂："今朝腊月八，悉达成释迦。忽地睹明星，刺却双眼瞎。老瞿昙，没傝□。正好推出三门外，一任风摇雨打。虽然如是，也不得辜负伊四十九年说法。法说非法非非法，狼藉五千四十八。检点将来，笑倒巫山十二峡。"喝一喝云："恰！恰！"

元旦上堂："时清地泰，发生万籁；风雨频调，八方庆快。普天扬道化，遍空飞叆叇。衹如出格道人，作么生庆贺。遂拈拄杖，作笛势云。惟者一枝无孔笛，风前常韵太平歌。"

上堂："佛法无多子，仁者自迷源。南山对北斗，门户共相连。出入同来往，坐卧同起眠。恒河沙数劫，常在于其间。天左转地右旋，日月双轮悬。照破寒山鼻孔，只教拾得流涎。咄！咄！咄！是甚么干矢橛。"

上堂："今朝中秋节，长空明皎月。万里片云无，千山狐气绝。江水不生波，斗星拱紫阙。露柱孛跳时，灯笼笑摇曳。木人唱哩啰，石女歌未歇。向者里会得诸佛，相续不绝。亦任倒浪横云，亦任敲风打月。噎！还有拄杖头边，动静分明底，亲切更亲切。天上人间浑莫测。"以拄杖卓一卓下座。

小参："一是一二是二，分明题目分明句。不作有相看，不作无为会。未许圣同群，难容凡逐队。一切时中当现前，无下无高无向背。诸人会也么，张公饮酒李公醉，醉后归家横接辔。"

贵阳兴国禄藜甫禅师

蜀之张氏子。在黔礼净初披剃，依梵行和尚具足，参敏树和尚印证。

浴佛上堂："年年恶水浴悉达，一度倾时一度辣。普天散作雨花香，笑倒云门要打杀。”蓦拈拄杖卓一卓云：“今朝落在山僧手里，两个古锥，一时打杀。”且道：“山僧有何长处？”喝一喝云：“中兴临济宗，扶起无为化。”

“扫得戒梵行和尚塔，波罗提边生瑞气。光吞佛日蒸天地，而今拜扫报深恩，乾矢橛头明历历。”插香云：“戒月孤圆绝覆藏，真香直透吾师鼻。”

佛诞日上堂：“不涉凡圣路头，脱却生死窝窟。独露真常，不存影相。横身天外，独步大方。所以释迦老子，初出母胎，一手指天，一手指地，周行七步，目顾四方便道：‘天上天下，惟吾独尊。’后来云门道我当时若见，一棒打杀与狗子吃，贵图天下太平。今日看来，大似一个扶头，一个扶尾，递相钝置。山僧此语，有两负门。缁素得出，婆儿原是八新妇。其或未然，依旧日午打三更。”

佛诞日上堂：“击石火闪电光，拟议则天悬地隔。眨眼则落堑堕坑，不是粗语欺人，要且千途剿绝。即今山僧挥杀活剑，掣闪电机，一一与人解黏去缚；拔楔抽钉，使其当下了彻。不致沉没生死，个个如释迦老子，无处不称尊，还见世尊也无。”良久以拄杖卓一卓，喝一喝下座。

示众：“道人行履在寻常，剔起眉毛休放过。昂藏鼻孔没多般，彻体风流活鱍鱍。触背关头俱拶破，何须向外强穿凿。虚空粉碎欲谁知，任意经行及坐卧。”拈拂子拂一拂云：“大众见么，山僧手里白拂，恁是佛祖到来，也放伊不过。因甚如此？放过即不可。”

元旦示众：“佛日重辉祖道，昙花先占上林春。人心绝虑泥牛吼，天运融和石虎伸。拂断风幡超往古，杖除山水绝疏亲。于今尽沐皇风化，率土含麻仰至仁。”

举云门因僧问：“‘一念不生，还有过也无。’门曰：‘须弥山话。’”颂曰：“一念不生，千差万错。须弥山顶，有无不着。珍重禅流亲切句，休得无绳自讨缚。”

颂:赵州访二庵主:“入虎穴探虎子，双放双收竭竣机。赵州用处原无异，识者虽多会者稀。”

偏桥云台净空明禅师

上堂：“盘山和尚道：‘心月孤圆，光吞万象。光非照境，境亦非存。

光境俱忘，复是何物。’洞山云：‘光境未忘，复是何物。’大慧老人云：‘白鹭下田千点雪，黄鹂上树一枝花。’看他三大老，应时及节，提持个事。无非要人莫被声色境物所转，当下回光返照，识取根源。今日老僧亦恁么举示，亦是要汝诸人当下回光返照，识取自己根源。还识么？”良久云：“错！”

上堂，举真净和尚[①]示众云：“天地与我同根，万物与我一体。脚头脚尾，横三竖四。北俱卢洲火发，烧着帝释眉毛。东海龙王，忍痛不禁，轰一个霹雳，直得倾湫倒岳。云暗长空，十字街头廖胡子。醉中惊觉起来，拊掌呵呵大笑云：‘筠阳城中，近来少贼。’乃拈拄杖云：‘贼贼！’”[②]师云：“当时真净老人，恁么提唱？大似眼空四海，傍视无人。可惜一众错过，云台当日若类此数，正好还他劈面一咄，看他面皮，放在什么处。”

贵阳黔灵赤松领禅师

蜀之潼川韩氏子，母谢氏。因世乱入黔，年十五，自喜出尘，遂入南望山。住静数载，因到九峰，参灵药和尚。药示参“万法归一”。后礼白云西识披剃，参敏树和尚发明，亲承印证。闭关三载，出辟黔灵开法。行化三十余年。道振黔地。湖海衲子，闻风翕集座下。得法者数十余人。集录五卷。已刻入大藏。师志始终黔灵故。门弟子为师预建塔于本山之阳。

上堂：“杖笠随身，满谷白云关不住；蒲鞋着脚，沿途芳草衬人来。步步踏着实地，节节透出玄源。到者里，所以不惜丑拙，只得将从前撞着个无面孔老人分付底无义味事，对众举扬去也。”且道：“如何是无义味事？”良久，掷拂子下座。

上堂：“雪积千山玉，关河万里清。心光无可比，推倒戒墙行。何以故？事同一家，理源不二。得无漏学，戒定慧具。汝等还识菩萨心地法门么？”抚尺一下云：“谛听！谛听！”

上堂：“王宫一降指天地，漏泄郎当式太过。只为当年行七步，而今

---

① 真净和尚：北宋临济宗黄龙派僧，俗姓郑，号云庵，陕州阌乡（河南省阌乡县）人。初投复州（湖北省）北塔广公出家，后参积翠黄龙慧南，嗣其法。因机锋锐利，人称文关西。颇得宰相王安石、张商英之推崇。赐号“真净禅师”。后人习称之为“真净克文”。

② （宋）普济：《五灯会元（卷17）·宝峰克文云庵真净禅师》。

遍地走禅和。”

上堂：“若道即心即佛，未免矢上加尖。若道非心非佛，亦是扬声止响。举一不得举二，放过一着。落在今时，万象笼罩不住。千圣拽不回头，毕竟作么生道。”良久云：“轮王全意气。宝印自然尊。”

上堂：“千载奇逢在一朝，了明大事始全超。虽然踏着还源路，及至深深更寂寥。所以道，祖道长远，久受勤苦，乃可得成。若既得成，举足便超千圣外，大千世界一毫端。”

上堂：“本分宗乘越万机，一尘不立绝思惟。明明历历无边际，非佛非心更是谁。更是谁，却也奇，认着原来不是伊。即今人境分明句，翻身踏倒五须弥。”且道：“是甚么人行履？”良久云：“祖师心印铁牛机。”

上堂：“元旦初过又上元，朗然一月印中天。好个未生前句子，了了分明在目前。上方本自光明满，世界有时月半边。今日黔灵移到此，人间天上共同圆。”且道：“圆个甚么？”“咄！”

小参：“高高峰顶立，深深海底行。水穷山尽处，方识自家珍。诸昆众，今夜初入期，会值山僧炉鞴始开。钳锤新设，只要棒下知归。言前领略，稍有拟议，便错过了也。急须剔起眉毛，高着眼孔，向七尺单前，大死一回。直得冷灰豆爆，却来方丈里，通个消息。珍重！”

黄平云居述中合舜禅师

蜀之顺庆戴氏子，久参燕居申和尚印证。僦居行化于平越之松平，后辟云居，未就出寓阳宝山。康熙癸亥季春初三日子时圆寂。黄平僧俗，慕师道行，迎灵骨回云居，建塔藏焉。世寿六十三，僧腊不记。

上堂：“昨日天晴，今朝下雨。草木争鲜，河山斗丽。鸡寒上树，鸭寒下水。鸟飞展翅，鱼行摆尾。于斯见得。一一天然旨趣，重重现成道理。其或未然，一片白云横谷口，许多归鸟尽迷巢。”喝一喝下座。

上堂：“无上妙道，昭昭然在于心目之间。但能一念回光，始知见成受用。且如何是见成受用。”击拂子云：“早知灯是火，饭熟几多时。”

上堂：“拂开千壑雾，扫去万山云。四面无遮障，青天辗日轮。”以拄杖打圆相云：“日轮现也，汝等诸人，好生照看。”

上堂：“拈拄杖云，只者个知不能知，识不能识，检点得出。参学事毕，所以道，关门家中坐，草鞋都走破；闭眼见山河，掩耳闻叶堕；东山水上行，西河火里坐；说与聋人听，哑子口笑破。即此妙伽陀，不许妄分凿。”

黎峨耒佛赤幡幢禅师

在本郡三教寺，礼太和剃染。后疏能法师习讲。依山晖圆具。参燕居和尚印可。

上堂：“潦倒疏慵七十余，了无佛法向人提。难辞缁侣殷勤请，曳杖登坛为解疑。众中还有欲解疑者么？有则出来，对众决择。如无，山僧直切相为去也。”掷拄杖下座。

颂：“殃崛产难，阴阳造化元无迹。春在花枝本自妍，送语传言失却鼻，其家子母自团圆。”

麻三斤：“洞山麻三斤，分明举似君；领取钩头意，莫认定盘星。”

清镇九龙铁梅珍禅师

蜀南隆昌陈氏子。在黔平越府准提庵，礼无无披剃，参燕居和尚印可。

上堂：“有耳不解听，无眼反能窥。哑子做了梦，好歹自家知。”

上堂：“冬来觉得冷，春来觉得热。冷暖各自知，圆通无话说。”

上堂：“苦乐二途，总不出乎自性；圣凡二路，无非迷悟相分。祇如当下明自性，绝悟迷。”“‘翻苦为乐，转凡成圣一句’，又作么生唱举？”顾视左右云：“吾无隐乎尔。”

解制上堂：“无结无解，总不觉得。有解有结，迷因受惑。觉从无处生，迷向有中灭。”遂以拄杖打左右云：“棒头击碎者重关，时人跳出无生灭。此回未悟待驴年，谩骂云归个饶舌。”

上堂：“恁么物名曰心，五蕴山前恁纵横。亦非青黄赤白，亦非长短相形。无玄无妙，无臭无声。有时喝风棒月，有时吐雾吞云；有时一尘不立，有时万象咸新。且端的一句作么生道。”卓拄杖云：“从今指出如来藏，八两原来是半斤。”

小参：“人人鼻孔撩天，个个脚跟点地。必要起模画样，总是当人不济。纵来会我圆通，错过光阴瞬息。何不还家稳坐，办取自身利益。莫学矮子看戏，好歹只听别人分析。”喝一喝。

颂世尊初生，母胎才出便称尊。大口夸张不让人，将谓深宫人不见，却遗话欛到如今。

世尊睹星，天上有星皆拱北。人间无水不朝东，六年雪岭成何事，尤道明星落眼中。

向上一路千圣不传，春日融和春草深。春风淡荡满园林，落花误遣随流水，惹得渔郎来问津。

安笼玉泉月幢了禅师

蜀之重庆毛氏子，母陶氏。梦僧送桃食而生，礼宝山剃发。始参破雪归源灵筏，缘不相契。又参象崖，久亦不契。后参丈雪和尚印可。住滇之石宝，黔之静隐南明龙泉玉泉。师终于玉泉，时康熙丙午季冬廿二日也。临寂时，有悟心侍者。报众曰：“和尚欲弃世矣，令吾先行。”即应声而化。师果随寂。塔于寺西。

上堂：“堪笑老瞿昙，忒煞没傝□。殃及不肖儿孙，平地无风匝匝。祇如夜睹明星，更是两眼刺瞎！瞎！瞎！万劫千生楔难拔。”

上堂：“镜中像，海底月，眼见最分明，只是难收摄。纵收摄，举似明眼人不得。”喝一喝下座。

辞众上堂：“威音王已前，了上座，如三家邨里石土地相似；威音王已后，如古庙里石香炉相似。即今囒！”以拄杖横肩云。榔栗横肩不顾人，直入千峰万峰去。”

上堂：“天不能盖，地不能载。包括五须弥，吐纳大千界。释迦弥勒，无地容身。文殊普贤，有意难解。生死涅槃划断，真如佛性捉败。虽然如是，诸人切忌笑怪。”喝一喝下座。

上堂：“屈指数来正月七，天下通称是人日。惟有南明不恁么，普请大众当着力。若着力，三千年后知端的。”喝一喝。

清明上堂：“春风拂拂，春山渐青；春日融融，春鸟催耕。路上行人且歌且笑，山顶墓前误认本根，南明无事倚栏听。”蓦召大众云：“且道，听个甚么？门外春水白如银。”

上堂：“玄玄玄破五作三，妙妙妙呼鸡作鹞。撞着寒山拾得净尽扫，玉泉不惜两茎眉，告报诸人莫妄造。若妄造，晴空霹雳当头斜。”

小参："举今举古，沉埋佛祖。谈心谈性，错过自家。到者里，道有也不得，道无也不得，道非有也不得，道非无也不得，道非非有也不得，道非非无也不得。""毕竟如何得。"良久云："不得不得。"

小参："古人烹露地白牛分岁，兰溪者里，无岁可分，亦无白牛可烹，祇是烧松蓬剔无油灯，门前爆竹两三声。"蓦召大众云："且道，与古人是同是别。"良久云："知音不必频频举，达者从教暗里惊。"

小参："光明赫奕，无少无欠。觑着则两眼俱瞎，咬着则咽喉齐断。设有个不挂唇齿底，也祇救得一半。"

僧问："如何是和尚心要？"师云："无孔铁锤当面掷。"曰："如何得入？"师云："看脚下。"曰："如何是向上事？"师云："眨上眉毛，早已蹉过。"曰："如何是作止任灭？"师云："截！"曰："如何是闭门打睡，接上上机？"师云："因汝在门外。"

僧问："十二时中，如何降伏其心？"师云："汝将心来。"僧无对。师云："恁么即降伏也。"

士冒雨入山作礼。师云："殃及居士，拖泥带水。"曰："不曾湿。"师云："又拖了一身也。"

士问："弟子久慕高明，奈红尘摆不脱？"师云："为甚到者里？"士无语。师云："果然摆不脱。"

贵阳法云大慈度禅师

上堂："举王常侍，一日访临济，同到僧堂内。侍曰：'者一堂僧还看经否？'济曰：'不看经。'侍曰：'学禅否？'济曰：'不学禅。'侍曰：'经又不看，禅又不学，毕竟作甚么？'济曰：'总教伊成佛作祖去。'侍曰：'金屑虽贵，落眼成翳，又作么生？'济曰：'我将谓你是个俗汉。'"师云："临济大师，当时手握一柄金刚王宝剑，气冲宇宙，纵横天下，莫敢触其锋者。因甚被个官人一捞，便见冰消瓦解。"且道："这官人有甚长处？""听取颂出，世出世间希有事，显发须凭过量人。只将定国安邦手，拨转如来正法轮。"

上堂："平地登高易，从空放下难。本来无一物，何处觅心安。既无物又无心。"且道："放下个甚么？""不见道，昔日有僧问赵州：'一物不将来时如何？’州云：‘放下着。’僧云：‘一物不将来，放下个甚么？’州云：‘放不下担取去。’其僧有省。又且道：‘者僧省个甚么？’‘具眼者试道道看。’”

上堂，遂拈拄杖云：“见么？”击禅床云：“闻么？即此见闻非见闻，无余声色可呈君。个中若了全无事，体用何妨分不分。若也分，山僧拄杖子，疑杀天下人；若也不分，流通正眼，坐断古今。说甚么云门干屎橛，洞山麻三斤。一大藏教是闲故纸，三千公案乃烂葛藤。将来尽底掀翻，一任口吞佛祖。眼盖乾坤，直饶德山棒如雨点，临济喝似雷奔，也教有屈无伸。恁么告报，大似压良为贱。众中设有个傍不肯底，出来掀倒禅床，喝散大众。山僧又只得饮气吞声。还有么？如无，据款结案去也。”卓一卓下座。

贵阳东山梅溪度禅师

西蜀永川张氏子，母吴氏。父携入黔，礼本山知如剃发，依阔浪受沙弥戒。后亲灵隐和尚圆具。充维那，发明。亲承印证。后开法滇黔。往来行化。语录十卷。预刻入藏。因上天童扫密祖塔，回至汉阳栖隐。示疾。一日告众说偈云：“来不拘者畔，去岂涉那边两头俱坐断。一月正中天。”遂投笔而逝。法嗣绍南法雨，依法荼毗。奉灵骨舍利，归东山入塔。世寿六十三，僧腊四十七。

上堂：“梅花斗雪芳，杨柳争春丽。日月快如梭，吾年三十四。”拈拄杖，召大众云：“且道，拄杖子年多少？”卓一卓上座。

上堂：“拈椎竖拂，波吒不少。摇唇鼓舌，络索太多。怎似珊珊明月，瑟瑟西风。鸿雁穿云天际，菊花倚笑篱东。飘飘黄叶舞长空，玉露涓涓湿桂丛。不是向上事，亦非教外宗。且自舒自卷一句，作么生道。落霞与孤鹜，任运自西东。”

上堂：“研真真绝相，断妄妄无踪。真妄一齐了，日头东畔红。”

上堂：“一溪绿柳如烟，几树梨花似雪。谁谓寂尔无声，昼夜炽然常说。正恁么时，寂尔无声的。拈过一边，炽然常说的。如何话会。”良久云：“依稀似曲才堪听，又被风吹别调中。”

上堂：“指天指地是今朝，天下同将恶水浇。浇得瞿昙无走处，藏身芥里自叨叨。”大众且道：“他说个甚么？”“自从降迹阎浮世，水厄年年被一遭。”

上堂：“四月十五，结却布袋口，大家在里许，磨裈擦裤，苦骨劳筋。七月十五，解开布袋口，大家出外边，担囊负钵，涉水登山。虽然，祇如不结不解之时，尔诸人在甚么处住脚？若知住脚所在，则三千世界，总一道场；百亿山河，皆一佛刹；有情无情，是中出入；真谛俗谛，此内交参。何须九旬禁足，三月调心。正眼观来，却是画地为牢，无绳自缚，正当恁么时。这些说话则且置，祇如临行庆赏一句。作么生道？竹杖肩头横皎月，芒鞋足底踏秋云。”

上堂：“棒头领旨，唤钟作瓮。喝下承当，指鹿为马。说心说性，通身泥水。举古举今，遍地荆棘。所以道，关门打睡，接上上机。顾鉴頻呻，曲为中下。”且道：“如何是不落中下一句。”喝一喝。

小参：“古人以百年寿终之际，唤作腊月三十夜。若平日工夫不到，漆桶不破。到此时节，地黑天昏。胡钻乱撞，良可悲哉。诸昆仲，一年三百六十日已尽，你诸人还办得此事么。若办不得，则又虚丧一年光阴。岂但虚丧此一年光阴，从无量劫来，至于今日光阴，尽是虚丧。诸昆仲，何不趁此时节，提起金刚王剑，将从前底昏沉散乱，一齐斩去。以明朝元旦为始，奋大勇猛，起大精进，竖生铁脊梁，抱无义味话，一直参究。岁月不计，寒暑莫管，如打失一件要紧的物相似。定要寻觅，觅到用力不及处，寻到留意不得时。忽然当下了明，原来不在别处。即今香焚柏子，炬点兰膏。梅花雪里飘香，爆竹风中送响。你诸人还当下了明得么？若了明得，说甚么年终，说甚么月尽，寒随一夜去，春逐五更回。”

小参：“诸方有禅可说，我独无说；诸方有道可传，我独无传。然无之一字，包诸有而无余，生万物而不竭。天地虽大，能役有形。而不能役无形，阴阳虽妙，能役有气，而不能役无气。五行至精，能役有数，而不能役无数。百念纷起，能役有识，而不能役无识。故曰，‘本来无一物，何处有尘埃’。”

举药山升座话颂，芥子孔中藏世界。毫毛头上现须弥，虽然四面无遮障。几个男儿着眼窥。

颂：夹山二十年未举宗门中事话。昨日抛枪奔北去，今朝跨马逐云来。饶君气宇冲牛斗，过后兴师非将才。

镇远云台慈济舟禅师

初参灵隐文，问："如何是祖师心印？"文曰："千圣共传无底钵。"师云："犹是法身边事？"文曰："你唤甚么作法身。"师便喝。文曰："你者一喝当得甚么？"师云："恁么则不劳三月安居，便乃大方独步。"文震威一喝。师曰："作家宗师。"文曰："莫谤老僧好。"

上堂："拨开向上一窍，历代祖师不知。坐断千圣一机，河沙衲子不会。恁么说话。大似眼空四海，旁若无人。大众须知，自己分上，有一段光明，回绝知见。不与万法为侣，不与千圣同途。拈起，则万法全彰；放下，则一尘不立。"且道："不拈不放，又作么生？"良久曰："有句非宗旨，无言是正传。"

新城圆通万德开禅师

潭州李氏子。因避乱入滇寓慈云庵，礼另别和尚剃度，后随密行和尚行脚。下楚，至衡阳创辟开峰。时年二十六，得受具足。后乃偕行游京都江浙。复转开峰蒙行印可。有事将赴滇，值世变，阻黔之普安客居。行化来往二十余年。后辟紫霞，迁镇龙。县主刘公，令邑僧请住圆通休老。

上堂："乾坤之内，宇宙之间，中有一宝，秘在形山。古人恁么道，大似将常住物，作自己用。检点将来，好与三十拄杖。何故？东风狼藉花枝上，惹得黄鹂深树谈。"喝一喝下座。

上堂，拈拄杖云："祖师公案，彻底掀扬。皮下有血，觌体承当。"且道："承当个甚么？"卓一卓云："天地玄黄。"

上堂："不开药铺，不卖猫头。千差万别，一举全收。"卓拄杖云："六爻未动先安定，一曲巴歌和众流。"

除夕小参："一年之事今朝毕，珍重诸人始彻元。识得饭原是米做，钵盂依旧口朝天。"

示众："欲明其道，先歇其狂。狂心歇尽，觌体全彰。"且道："彰后如何？"卓拄杖云："冬至日添一线长。"

"颂三不是话，不是佛兮不是心。本来无物可相亲，三更月落栏杆冷，万里长空鹤一声。"

普安紫霞用愚源哲禅师

汉阳人。十九岁，在庐山金竹坪剃染。二十四圆具。矢志遍参。游江浙。归楚至衡阳，得法密行和尚。后入黔，寓普安旧营三教寺，掩关三载。出关众请开法青云。后辟紫霞，厥功未果。偶疾坐化。塔于本山寺之阳。寿四十九，僧腊三十。

示众：“一大藏教，无个元字脚。说甚么经律论戒定慧，未免驴马头间安兔角。三千公案，乃烂葛藤，问甚么如来禅祖师意。亦是乌龟背上白毛生。灵利底，闻紫霞恁么道。不妨庆快，若也未能，误赚平生。”

麻哈观音雪林化禅师

蜀之郑氏子。母曹氏。寓杭州张家庵，礼冷庵披剃，依华山见月律师受具足。初参玉林国师不契，后参重庆华岩遂获印可。

上堂：“春风才发动，百卉尽含新。若以声色会，一年一度生。不以声色会，万古独称尊。”“且作么生是不干声色一句？”喝一喝云：“犀因玩月纹生角，象被雷惊花入牙。”

上堂：“兔角杖，击碎银山铁壁；龟毛拂，扫开明月清风。洞山麻三斤，黏皮带骨；云门干屎橛，滞壳迷封。衲僧面前，放过不可；祖师门下，再犯难容。何故？常教肚里如针刺，抛向洪波大浪中。”喝一喝。

贵阳乾明行之笃禅师

西蜀李氏子，因世乱入黔，礼余山禅师祝发，矢志遍参。游江南，至蒋山。参芥庵和尚印证。

上堂：“雪峰辊毬，禾山打鼓。赵州吃茶，曹山颠酒。一滴水作大海波涛，一点尘培泰山崔嵬。衹如世尊拈花，迦叶微笑。”且道：“是有分付无分付。”击禅床一下云：“对月思玄度，临风怀谢公。”喝一喝下座。

小参：“日照孤峰暖，月临溪水寒。祖师玄妙诀，莫向寸心安。于今日已照月又临，孤峰溪水，依然如故。”且道：“祖师玄妙诀，在甚么处？”拂一拂云：“惊起暮天沙上雁，海门斜去两三行。”

小参：“当下便会，不快漆桶。举起便知，漆桶不快。有际天之云涛，方可容吞舟之鱼。有九万里风，方可负垂天之翼。赵州老汉，道个粥吃了也。洗钵盂去，咄！也是针头削铁，佛面刮金。”

小参：“石巩张弓，道吾舞笏。洞山麻三斤，云门干屎橛。透得者平地丹霄，迟疑者遭他埋没，拈了也。咄！咄！咄！当阳好事大家知，且喜今朝热如昨日。”

小参：“三日不相见，莫作等闲看。山僧与诸大众，一别数月余。今日归来相见，依然只是旧时人。有甚么不等闲处。”拈拄杖卓一下云：“细雨揩磨好山色，春风抬举旧花枝。”

习安云庵智量禅师

古滇曲靖赵氏子。母张氏。寓黔之普安，礼清脱老宿芟染，后依了彻和尚具足。师因济众之心殷重，遂居习安莲社堂，苦行接待。数十余年，不改初志。后遇轮庵和尚游滇回，卓锡本堂。与师机缘相契。遂承付嘱。师先号云空。于是改号云庵，并易莲社为狮子林。师愈接纳无倦，更建左寮，为大士阁。于上常居休老。僧问：“如何是祖师意？”师曰：“庭前梨树开白花。”僧云：“某甲不会。”师曰：“瞎！”

平越龙山竹航海禅师

上堂：“路逢剑客须呈剑，非是诗人莫献诗。所以有时拈花，有时杜口。于是放行把住，彻便机宜。”且道：“不把不放一句作么生，口门窄极难为语，分付山前十里溪。”

上堂：“提起线头，不过方寸；八臂擎天，丈量莫尽；放下钩竿，总没边拦；微尘里转妙玄，遍大千全放全收。度窍转关，更为重宣。梅萼圆柳叶尖，如不会。萨呵俺。”

上堂：“一身两只脚，十指八个丫；觌体亲切事，何如不会耶。”遂召大众云：“于此会得，不孤释迦。为汝明星刺眼，痛切吁嗟。”

佛诞上堂：“常住世间不灭，今朝何谓初生，直饶周行七步，天上天下，惟吾独尊。也似虚空着楔，卖弄精灵。顾左右云，莫有知忤逆儿孙赞祝者么？”时有僧一喝。师曰：“将此深心奉尘刹，是则名为报佛恩。”

除夕小参：“诸方此夜好盘，惟是虎归不说禅。茶罢直教寒向火，来朝庆节煮龙团。”

“举，赵州问一婆子：‘甚处去？’婆云：‘偷赵州笋去。’州云：‘忽遇赵州，又作么生？’婆便与一掌。州休去。”颂：“好手手中呈好手，作家家里扬家丑。无孔铁锤相撞时，击得虚空颠倒走。”

永宁中和会也省禅师

上堂：“无边刹海，不隔毫端。历劫前事，只在目前。汝等诸人还会么，倘若不会，烦木上座为汝等注破。”拈杖云：“毗卢楼阁妬君开，八面玲珑接善财。满目全施无尽藏，那个男儿肯自裁。”喝一喝。

上堂：“诸仁者注心听取，拍膝一下下座。院主把住云，弟子得得请和尚说法。何得不说。”师云：“老僧奉戒，不蓄二物。”便打退。

上堂：“开口不相涉，无言莫自瞒。若道无法说，隔去万重山。大家屋里事，岂在唇皮边。”喝一喝下座。

上堂：“先圣道，离心意识参。绝凡圣路学，若存一念心。即白云万里，若道念佛。佛之一字，吾不喜闻。若道念法，法尚应舍。何况非法，若道念僧。清净行者，不入涅槃。才有纤毫卜度，便是避溺投火。直饶当轩坐断，难免借路傍通。”卓杖云：“会么？历劫无影树，今朝没底靴。”

小参：“破沙盆折脚铛，贵在儿孙运用。般若海涅槃心，惟求具眼撑持。猿啼鹊噪，共谈不二圆音；水流风动，齐扬如来真谛。正令当轩一句，如何断和。”良久云：“牧童岭上一声笛，惊起群鸦绕树飞。”

小参：“先圣道，第一句荐得，与佛祖为师；第二句荐得，与人天为师；第三句荐得，自救不了。释迦老子，夜睹明星悟道，也只荐得第二句。三乘十二分教，一切修多罗，是第三句。历代祖师，天下老和尚，行棒行喝，尽力道去，也只在第三句窠臼里。头出头没，未有个道得第一句底在。若有道得第一句底，坐断天下人舌头。”

普阳金凤玉龙慧月眼禅师

蜀之段氏子。参云腹和尚印证，出世辟贵阳之佛吼，镇宁之光明，普阳之金凤。终老，塔于本山之阳。

上堂，拈起拄杖云：“莲花产于淤泥，不被淤泥所染。拄杖子出自荆棘林，不被荆棘林所碍。人人脚跟下，有一段光明。辉天鉴地，耀古腾今。因甚么漆桶不快，还委悉么。”卓一卓云：“只为分明极，翻令所得迟。”

冬日上堂：“凛冽彤云弥布，长空碎玉筛屑。目前了无异色，惟有孤峰不白。”蓦拈拄杖云：“大众且道，拄杖子作何下落。寒山逢拾得，抚掌笑呵呵。”

上堂：“惟此一事实，余二则非真。”且道：“是那一事？”掷拄杖云：“处处绿杨堪系马，家家有路通长安。”喝一喝下座。

解制上堂：“三月调心，九旬白足。扇真风于红炉，穷玄辩于方寸。不促一念，岂涉三祇。要且人人脚跟点地，个个顶颅具眼。若是直下承当得去，放行把住，全不由他。出入纵横，更非外物。顿教七窍八穴，东涌西没。步步踏着实地，心心契证平常。何必更上他人门户，觅甚么碗？还委悉么？布袋解开从君去，也须勤看水牯牛。”掷拄杖下座。

腊八上堂：“明星突出，瞿昙脑裂。逢此时节，无法可说。唯有铁蒺藜，打断虚空舌。惊起陕府牛，吞却潭底月。山岑岑风烈烈，山色无非清净身。溪声便是广长舌，猿鸟无声空寂寂。云水相从尚未决，尚未决，踏着秤铊原是铁。”

上堂：“悟得一万事毕，天地与我同根。万物与我一体，如或不然，且待金凤点头，与汝诸人证据。”

上堂：“三月调心，九旬炼性。诸兄弟，猢狲子捉败也未。若乜未然，草鞋终被石头欺。”

上堂：“不触事而知，金井栏边络纬啼。不对缘而照，明月堂前秋已早。统无边刹海，即是大圆觉地。十世古今，作个云水巴鼻。无处不是道场，与么来来去去，轻飘飘，浮逼逼。芒鞋拟未动，神驰千万里。”喝一喝下座。

开州永兴渠山随禅师

滇之晋宁李氏子。于鸡足碧云礼效和剃发，依本山狮子林白云律主受具，参余山和尚印可。

上堂：“一海能纳万流，一山能兴万籁。一法能包万有，以拂子击禅床云。昨日山海会，在拂子头上。一毛孔中得去，故号大通智胜如来。试问大众，为甚么十劫坐道场不得成佛道？”良久拍膝云：“家无小使，不成君子。”

上堂："向上一事，威音那畔绝形踪，空王殿上没消息。绝形踪没消息，踏碎毗卢顶上髻。惊起泥牛笑西风，石女空中品铁笛。有人问道是何宗，黄头碧眼难分析。咄！"

上堂："灵云陌上，桃唇方吐。醉里扶归醉里客。香严台畔，击竹声消。醒中识破醒中人，一个唤狗跳篱，一个牵牛入井。二家门头户尾，虽不相对，深堂奥室，尺寸一般。直饶声色界里，拾得鼻孔，怎奈视听难忘。双峰今日与诸人解黏释缚。"将拂子拭座云："此色无色之色。"击案云："此声无声之声，若有向无色无声处荐得。黄面老子，攒花簇锦。历代古锥，引蔓生枝。一时坐断，如龙归水。似虎回山，倘若华擘不开。失千里之神驹，迷万山之途辙。且看长老作么批判。"拍膝云："峰高月冷云攒急，柳翠莺流走兔茫。木人接拍倾杯后，惊起鸳鸯四五双。"

平远南林钝峰运禅师

西蜀渝城几水人。在黔贵阳，礼恒素披剃，依破智具足，参佘山和尚印证。住滇之狮云龙华慧光黔之南林，后终龙华。

上堂："目前无法，万象森罗。意在目前，千差万别。不是目前法，将谓别有。非耳目之所能到，见色闻声不用聋。夹山老汉恁么提持，山僧今日错下注脚。还有辩得宾主者么，于此辩得，方许坐断毗卢顶。不禀释迦文，擘开临济三玄。划去曹洞五位，腾腾任运自在施为。倘或未然，莫将闲学解，埋没祖师心。"

上堂："有一人不上天堂，不入地狱，到处卖弄风流，放荡赤穷筋骨，独超天地之先，能为万象之主。诸人还会么？"卓拄杖云："也是画蛇添足。"

上堂，喝一喝云："当锋宝剑，横吞百万魔军；肘后灵符，敛尽诸般杂毒。更有一只艾虎，蓦鼻牵来。山僧今日骑虎头，谁能踞虎尾。"挥拂子云："屈原已跨碧鲸去，徒使龙舟竞汨罗。"

上堂："山僧有一机，拟议错过伊。龙门风雨急，游鱼不敢栖。若向十五日已前荐得，带水拖泥；十五日已后荐得，跛鳖盲龟；正当十五日荐得，南山起云，北山下雨。只如总不恁么时。""作么生荐？"以拂子击禅床一下，复击两下云："参！"

思南海云无涯太禅师

楚之尹氏子。剃染具足，印证俱纯师。纯寂后，师继席本山。次迁灵寿，后归本山休老。

上堂:“香严悟处，不在击竹边;俱胝得处，不在指头上。既不在击竹边，不在指头上。”且道：“在甚么处？”“试检点看。”

上堂：“人间道月半，天上月正圆。年年此夕中秋节，岁岁今宵人共看。去年人到今年老，今年月似去年圆。今日海云恁么举示，即今若作时节会。埋没己灵，不作时节会。错过目前，毕竟作么生会。玉露清风秋夜冷，碧天云静水生寒。”

上堂：“廿年遁拙海云，自把锄柄营生。饥来刍粟度日，寒时补破遮身。不会看经读教，衹图自了光阴。不拘佛法世法，总是不关我心。”下座。

上堂：“穷玄究妙，眼里添沙。举古举今，馁人说食。一问一答，其道愈远。喝来棒去，转自颟顸？”且道：“总不恁么时如何？”良久云：“欲识圣心无倚处，白云时对雁行飞。”

上堂：“本来现成，何须觅头觅尾；施为动转，无处不是本地风光。语默举措，一一皆从胸中流出。尘尘诸佛道场，刹刹普贤境界。所以衲僧本分，在处觌体全彰。既然如此，不落思惟一句。”“作么生道？”“水流黄叶来何处，牛带寒鸦过远村。”

黔西东山开元嵩目宗禅师

蜀之重庆綦江陈氏子。参语嵩和尚印可，辟东山行化，终老，塔于本山寺侧。世寿七十八，僧腊四十余。

上堂：“即心即佛，眼里添钉；非心非佛，无绳自缚。总不恁么时，踢翻生死窟。大地没遮拦，那更有拘束。到处随类化身，一任兴歌作舞。”“还有总不恁么者么？”良久云：“切忌补疮挖肉。”

德山书至，上堂，师拈书云：“汝等诸人，还识得此个音问来处么?若识得来处，便知我本师用处。同日月以高辉，亘古今而不磨。如天普盖，似地普擎。务使真风永扇，祖道日新。正眼流通，心灯续焰。绵绢密密，祖祖相传。乃子乃孙，长年不坠。虽然以此说话，未免遭人检点。且超宗越格一句，又作么生？”拈拄杖云：“符到奉行。”

上堂："暑往寒来，风吹日炙。地回天高，雷轰电击。于中荐得，生死事毕。其或未然，切须努力。"大众且道："努力个甚么？""千圣莫能攀。祖佛趁不及。"

上堂，举孚上座问鼓山云："父母未生前，鼻孔在甚么处？"山云："父母今生也，鼻孔在甚么处？"孚不肯云："你问我。"山云："父母未生前，鼻孔在甚么处？"孚摇扇而已。师云："二老虽是各展家风，徒逞己长，检点将来，未免伤锋犯手。若是九龙，又且不然。"有问："父母未生前，鼻孔在甚么处？""只向伊道，看取眼下。"且道："与古人相去多少？""顶领具眼者。试辨别看。"

上堂："明明天青地白，个个眉横眼上。要且自己不识，无端随波逐浪。累他释迦老子，六载因成榜样。蓦地夜睹明星，赤珠原来在掌。所以道，一切众生。皆有如来智慧德相，祇因妄想执着故，不能证得。"大众："且作么生说个证得证不得的道理？"良久云："切忌妄想。"

上堂："今朝正月初一，好个太平消息。五云扶日丽中天，淑气融和敷大地。碧潭深处鱼化龙，草木香腾鸟声碎黄童，白叟尽欢呼，林下道人无别谓。"以杖召众云："杖头春暖日初长，共祝吾皇万万岁。"

上堂："年年腊八日，尽道世尊悟道之期。殊不知，正是世尊迷却时节，何以故。人人眼横额下，夜夜明星在天。自古迄今，无不尽知尽见。却于此夜，忽睹明星。打失眼睛，便乃三叹。奇哉一切众生，皆具如来智慧德相。祇因妄想执着，不能证得。正眼看来，世尊大似当面热颟。好与三十拄杖，只如不妄想执着。又且证个甚么，还有见得彻底。试出来，与世尊雪屈看。如无，一并打入黑山鬼窟里去。山僧不是压良为贱，且要赏罚分明。"

上堂："明珠在掌，高悬日朗。有求即失，无念堪赏。东楼念赞，西寺鼓响。全开大施门，岂肯避来往。蓦遇通人携便归，一声长啸出尘壤。"

上堂："祖祖祖遭他苦，佛佛佛自成屈。四十九年没交涉，少林面壁成何物。古今多伎俩，祥麟一无措。"以拄杖画○云："寻常拈个金刚圈，天下衲僧跳不出。"

众玄士请上堂："玄玄玄，木人口里谩传言；道道道，石女怀胎堪自笑。分明说与地行仙，休将毒火埋神灶。炼得泥丸唤作丹，灵明已失天然窍。饶经八万四千劫，依旧落空王所考。黄金丧尽髑髅干，须入荒田不拣草。

然虽如是，不遇大医王，几个知天晓。汝等要识入荒田不拣草么？龙从火里出，虎向水中生。”

上堂：“撞破五更钟，开门霜正浓。通身无暖气，劈面日头红。寒烟脱尽光明表，处处青山展笑容。”

上堂：“世尊不说说，迦叶不闻闻。希有诸比丘，所吐皆实义。非语默之所识，非色相之所见。花开世界起，充满诸国土。收摄在毫端，一切不思议。”

上堂：“春日交多时，风和暖气微。长生草渐长，遍界香云飞。”大众：“今日祥麟不合恁么道，大似流言俗语，未免自己灭却半边鼻孔。”“汝等欲得相救，直须识取那半边始得。”且道：“是那半边？”喝一喝云：“日月任流迁，乾坤无更改。”

上堂：“十五日已前，风不鸣条；十五日已后，雨不破块；正当十五日，金吾不禁夜，歌笑满山城；家家门首一轮月，一灯回出百千灯；灯灯发焰，光遍法界；照通今古，相续不断；以致鳖鼓沿门打，龙笙昼夜吹；聋矇皆唤惺，拄杖岂久停。因甚如此，正令当台，风行草偃。”

辟黔西东山开元禅院，落成上堂：“东山乍住没情思，手把云锄恨日迟。坑坎高低平似掌，荆蓁蔓草悉除之。晚来独坐一天月，困重如山梦不知。寒夜尽晓风吹，翻身笑倒老顽皮。”且道：“笑个甚么？”“花开花落蛮烟地。今日翻成古佛基。”

上堂：“死句与活句，淑气盈天地。草木怀香出，山河增秀丽。正恁么时，三世诸佛，历代祖师，谈玄谈妙，说是说非，虽是为人赤心片片，无乃海底扬尘。东山今日，一时拈却，难免眼里添沙，汝等还归，自作主宰，岂不丈夫。然虽如是，八十老翁入场屋，真诚不是小儿戏。”

上堂：“元旦才过，又经月半。灯月交辉，人景欢忭。致令钟鸣鼓响，全彰祖佛家风。烛灿炉红，廓示人天眼目。不用再三思惟，便请单刀直入。”

立僧上堂：“打坐成佛，赚尔多时。磨砖作镜，一场败阙。开元院里，无此间家具。杖头有斤两，寻常间不敢擅加鞭策。喜今晴空散，彩日丽中天。庭前翠竹长新篁，池畔荷钱开碧眼。野色且无山隔断，天光常与水相连。”遂拈杖云：“等闲踏倒上头关，看取神驹时出厩。”

上堂：“东君传正令，一一报当人。冰河未卷三千浪，四海已回雨露新。

勿他驰，须自亲，顶门具眼照通津。家家有片无方地，急着精神昼夜耕。”且道：“耕后如何？”“甜瓜彻蒂甜。苦瓜连根苦。”

上堂：“清净比丘，不上天堂。破戒比丘，不入地狱。善哉大施门，诸佛之捷径。汝等要行便行，要住便住，马鞍桥，作不得阿爷下颔。”

上堂：“不是心，不是佛，不是物，毕竟是个甚么？若人向者里，着得一转语，未免胡张三黑李四，徒自乱嗵，直饶踏倒天关，掀翻地轴人来，也只作得他家奴婢，亦不敢鼓唇弄舌。”且道：“他是何人。”良久云：“久经霜雪无人识，一日堤杨挂绿袍。”

上堂：“今朝雨苏物润，忽然云散长空。乃世尊成道之日，亦诸人证果之时。山僧把山河大地，日月星辰，昆虫草木，一切有情无情，捏作一团，如芥子许，掷在拄杖头上，放光动地，照彻无量无边微尘刹土。于一一刹土中，各现无量无边身相，说无上妙法，令汝等各各得证如来智慧德相，立地成佛去。汝等还信得及么？若信得及，始笑世尊。刮龟毛于木人背上，截兔角于石女腰间，其或未然看取，山僧眼里添沙。”遂拽杖下座。

上堂，挝鼓上堂：“一等直截，虚空迸破。出广长舌，满眼满耳充遍。一一骑声盖色，纵横洞达本无欺。终日为人长斫额，灵明识得笑归来。尤落峰前第二月，如何是第一月。”卓杖云：“贼”。

上堂：“金不博金，水不洗水，饮犊到溪边，分明嘴斗嘴。”

示众：“柴门朝启春无际，玉树银花牵蝶至。千山万里一般同，填沟塞壑无人会。”良久云：“纵饶会得，也是眼里沙耳里水。”

小参：“举赵州因南泉曰，今时须向异类中行始得。赵州曰，‘异即不问，如何是类？’泉以两手拓地。州近前一踏踏倒。却向涅槃堂里叫曰：‘悔！悔！’泉令侍者问：‘悔个甚么？’州曰：‘悔不更与两踏。’”师曰：“南泉刻木成文，赵州错加点画。二老虽是有放有收，有纵有夺，子细看来，未免遭人检点。当时若问如何是类，但指露柱云：这瞎驴，试看赵州如何下脚。”

贵阳西山宗风定禅师

思南任氏子。二十三岁，在都匀观音寺礼峰池祝发，矢志遍参。至楚亲沩山养拙和尚，机缘未契。径往江浙，上天童参密祖，在行寮数年亦不契。

因病归里。寓南望山住静，有嵩目法兄。访之，携觐语嵩和尚。随住六年，亲承印证。后语嵩和尚往天童扫祖塔，嘱师永住西山。后圆寂，建塔于本山之西。

上堂："权衡在掌，杀活由人。杲日丽天，澄澄光彩。头头上露，法法上彰。一处明，百处千处光辉；一言通，千言万言透脱。所以无物不为妙用，无法不是真乘。光扬佛日，耀古腾今。即此现成，即此受用。一言含众相，一句逗群机。何用猛虎穴里横身，万仞峰头侧足。"以拄杖卓一卓云："是处是慈氏，无门无善财。"

上堂："十五日已前，掬水月在掌；十五日已后，弄花香满衣；正当十五日，无风起浪，平地生波，连累众生，平空吃苦。正是好肉上剜疮。"乃大笑。云："且道笑个甚么？"良久云："脑后见腮，不与往来。"掷拂子下座。

上堂："西来的的意，教外直指传。曹溪流正脉，绵绵到破山。破山出马度，马度出西山。全提临济令，放出老德山。劈破三玄旨，坐断赵州关。剿绝天然党，狐窟尽掀翻。魔佛齐丧命，金刚把眉攒。衲子跨门三十棒，直教个个头颅穿。"喝一喝下座。

上堂："昔睦州唆临济，问黄檗的的大意。济三遭痛打，虽然不是好心。君子有成人之美，杨岐逼慈明晚参。鲁班手里弄凿斧，赵州访道吾。知他是何心行。"宝寿上堂："三圣推出一僧，大似埋兵掉斗。宝寿便打。烂泥里有刺。试问大众，即今还有为诸大老出气者么？"时有僧喝。师便打云："定上座，也是为他闲事长无明。"

上堂："即心即佛，钉桩摇橹。非心非佛，忍俊不禁。不是心不是佛不是物，泥里洗土块。西山今日，一齐坐断。外不见有大地山河，森罗万象。草木昆虫，一切境界。内不见有自心贪染，爱恶喜怒。明暗色空，我人众生寿者。如天之高，地之厚，水之深，空之阔。正所谓神光独耀，万古徽猷。体露真常，即如如佛。"大众："作么生是如如佛？"卓杖云："吃嘹舌头三千里，壶中日月自分明。"

习安玉丹语圣正禅师

蜀之叙州富顺杨氏子。母陈氏。因乱入黔，至安顺府大士阁，礼觉旨老宿披剃，依天台月峰和尚具足，隐居丹山数载。有提台李公，率普城众姓，请师重建大士阁。适遇天吼和尚，见师气概超然履践精确，遂印可。师即开法普城，掩关于后阁上三载，复隐丹山休老，门弟子为师预建塔于寺侧。

建大悲阁落成，上堂：“大悲千只眼，正眼惟是一只；大悲千只手，正手亦是一只；以一只眼，普观三千大千世界。以一只手，等接微尘刹土众生。所以建法幢立规矩，必须眼亲手办。竖琼楼张玉殿，自不带水拖泥。正恁么时，只是不得将大法轮，向微尘里转；以宝王刹，向一毫头上现。”且道：“向甚么处现。”卓拄杖一下云：“三门对佛殿。”

上堂：“世尊为一大事因缘，出现于世，堪叹无端劳攘；达磨西来，直指人心见性成佛。怎奈平地扯谎，历代来尊宿，全没意智，各各承虚接响。正上座见处，要且与诸人无别。”且道：“那里是无别处，普定城内有四十八条官街，是那一条不许人行。”喝一喝下座。

说戒上堂，拈起香云：“戒香定香慧香解脱香，无上法王亲得受。只如金不博金，水不洗水。”且道：“戒定慧解脱香，无上法王，是一是二？”“试分别看，若分别得出，三际净戒，不假言诠；一时圆具，其或未然。守护行持。皆犯波罗夷罪。汝诸人还信得及么？若信不及，山僧抑只得随类颠倒去也。”传戒。下座。

住丹山上堂：“山不在高，有仙则名；水不在深，有龙则灵。”且道：“灵在甚么处？”蓦拈拄杖云：“看看。”卓一卓下座。

僧问：“宾头卢尊者，日应四天下供，此间还来否？”师曰：“你将甚么供养？”僧无语。师曰：“圣僧前戏弄不得。”

一日有僧至关前问曰：“昔日弥勒弹指，楼阁门开，令善财入。今日某甲到来，无人弹指，也要入此楼阁与和尚相见。还得么？”师云：“瞎！”僧曰：“恁么则觌面相呈去也？”师云：“新罗国在海南边。”僧曰：“某甲到者里却又不会。”师便打云：“老僧从不屈负人。”

习安狮山语贤英禅师

蜀之鄷都隆氏子。母范氏。因世变从戎入黔，至安平天台山，礼恒修剃染，随恒创辟狮山。恒寂后师继守。矢志行脚。参敏树老人圆具，后参天吼和尚印可。仍开法狮山。有投老计，门弟子预为建塔于本山之麓。

上堂:“有一物,明历历黑漆漆,常在动用中,动用中收不得,既收不得。且道,吃饭穿衣,屙屎放尿;迎宾待客,施为动转底。是个甚么?山僧今日不惜眉毛,八字打开,为你诸人,露头露面了也。汝等诸人,还委悉么?若委悉得,果是当然明历历;若委悉不得,依旧还他黑漆漆。”喝一喝下座。

上堂:“孟夏渐热,仲冬严寒。热则普天普地热,寒则普天普地寒。若以世谛流布,堕地狱如箭射。若作佛法商量,驴年也未梦见在。”“毕竟合作么生?”卓拄杖云:“填沟塞壑无人会,雨过夜塘秋水深。”

上堂:“大道洞然,孤明历历。动则横遍十虚,静则银山铁壁。所以道放之则弥六合,卷之则退藏于密。于中宽窄大小,长短方圆,直得了无纤毫过患。灼然一切自合其宜,且作么生,是自合其宜一句:红霞穿碧落,白日绕须弥。”

上堂:“天得一以清,地得一以宁;君王得一,天下太平;群臣得一,助国祐民;百姓得一,启家营生;衲僧得一,海众云臻。”蓦拈起拄杖云:“看看,拄杖子得一,直切为人。且如何是直切处。”卓一卓云:“一箭中红心。”

示众:“火就上水流下,祖师西来无别话。不将此语当宗乘,万劫千生病难拔。若将此语当宗乘,衲僧门下,只好勘过了打。”且道:“衲僧门下,又有甚长处?”良久云:“无影树栽人不见,根固时开智慧花。”

万德语林弘先禅师

西蜀朱氏子。母骆氏。因世乱入黔,寓安顺水桥圆照庵,礼体如披剃,遇一行脚老宿,见师气相不凡,便以父母未生前话示之。师谨领密行,参究多载。一日赴斋路行,忽值驴鸣,豁然大悟。后遇敏树老人过狮山,师往亲觐受具足,参天吼和尚印证。后住万德。于康熙癸亥十二月十三日卯时,集众嘱后事毕,遂坐化。世寿五十二,僧腊不记。

上堂:“抬头见天,觑破娘生面孔;低头见地,踏翻向上关头。直饶到者里,犹欠转身一路在。”“且如何是转身一路?”良久曰:“不许夜行,投明须到。”喝一喝下座。

定番九龙古源鉴禅师

城都余氏子。值乱寓滇之曲靖圆通寺,礼沧海披剃。隐鸡山数载。初参灵隐，次参灵药，皆不契。又参渠山，偕渠至楚。复参灵隐，亦不契。遂游江南，于金陵参大咸，充知藏。复充维那，后参天隐和尚印证。住楚之龙泉龙标回龙，辟建岑山。回黔辟九龙，重兴天龙。仍归九龙示寂。世寿六十七，僧腊五十。

上堂，挥拂子云："若论此事。非口所宣，非心所测。不可以智知，不可以识识。一任开虚空口，掉江海舌。到者里，也不能措得一辞，何况轻举妄动，早是笑杀傍观。"

上堂："五千四十八经卷，是闲故纸；三千七百则公案，乃烂葛藤。直饶临济德山，棒喝交驰。到者里，也只看即有分。何故？"良久云："三边不用安戈甲，万里歌谣贺太平。"

上堂："古人道，有一人，长不吃饭，一生不道饥；有一人，终日吃饭，一生不道饱。诸仁者且道，即今此人。在甚么处，若道现前便是，未免指鹿为马，若道不是，又是斩头觅活，正恁么时。还的当得么？分明月在梅梢上，看到梅梢早已迟。"喝一喝下座。

上堂："眉头额底，眼横鼻直。上智下愚，阿谁无分。到者里，因甚么十个五双，不能领会得。"且道："他过在甚么处？"击拂子云："只为分明极，翻令所得迟。"

上堂"山僧有个千圣不奈何底句子,要与诸人吐露,惟恐诸人不识好恶,当面错过。空起劳攘，不自宁静，所以不敢相报，但未审诸人还有直下委悉得底么。若委悉得，便见山僧无事多事。其或未能，莫道不疑好。"

上堂："明珠在掌，随物色以分辉；宝月当空，临水际而影现。"卓拄杖一下云："会么，释迦老子降生也。九龙吐水沐金躯，地涌金莲捧双足。晃然八万四千毛孔,孔孔说无生法忍。独露三百六十骨节,节节放大宝光明。光光照彻无边世界，微尘刹土，若草若木。若凡若圣，若僧若俗。若男若女，并有情无情。无不尽皆睹其光彩，于其光中，得大利益，得大安乐，得大神通，得大受用。正恁么时，还有恁么者么。有，不妨捉败释迦老子，将无尽三际净戒，不假文词，一时受具；如无，天雨四花呈瑞彩，地摇六震起云龙。"喝一喝下座。

上堂："祖师心印铁牛机，举似现前大众知。不是见闻生灭法，等闲慎勿别寻思。"

上堂："天不言而四时行，地不言而万物生。圣人不言而万邦宁。"且道："衲僧不言，又作么生？""东方日出卯，因缘时恰好。虚空绝遮拦，大地光皎皎。此事甚分明，切忌外边讨。"

上堂："时临冬正寒，大地雪漫漫。鼻祖西来意，分明无两般。若与么会，十万八千；不与么会，辜负现前。敢问诸禅德，且毕竟如何体究？得不辜负现前去。还会么。咄！雪消清涧水，梅吐玉枝香。"

上堂："天寒地冻，水滴冰生。释迦老子，夜睹明星。摸着鼻孔，打失眼睛。冤沉毒海，累及儿孙。"且道："累及个甚么？"良久云："细雨湿衣看不见，闲花落地听无声。"

上堂："朔风凛凛透疏篱，寒威彻骨忆初时。六年功毕遭涂炭，直至而今几得知。且道，那里是释迦老子，遭涂炭处，若也会得。不妨出手共整颓纲，堪报不报之恩，用作无为之化。如或未然，直饶语透威音外，眼底青黄天地悬。"喝一喝下座。

小参："若论个事，人人本有，个个不无。争奈十二时中，业识茫茫，致使当面错过。若是鼻吼端的底，管取开眼合眼。时时明见，脚踉点地底。一任东行西行，自然步步踏着。所以道，舍之不离。求之即错，错！错！佛祖到头难摸索。"

小参，喝一喝云："天自高兮地自厚，日月无私照林阜。堪笑一等丈夫儿，只管随人背后走。直饶足迹遍天涯，到头依旧还依旧。"

颂女子出定话

夜冷霜寒明月天，都来帘外打秋千。
更阑沽酒不知醉，误赚婴痴入倒悬。

赵州访二庵主

船到江干任放行，高低深浅浪花生。
纵横两岸歌声疾，风叶满蓬听不真。

思南太平大凡宗禅师

蜀之谢氏子，礼我一披剃，久亲中华天隐和尚圆具，并承印可。

住后上堂："阴极阳回，百卉萌芽开万境；乾旋坤转，群芳吐艳遍三千。分明漏泄无余事，天地同根体一然。山僧恁么告报，大似将浊物投于净器。撒沙向诸人眼里，于中还有忍俊不禁底么。出来为众竭力，看看，如无，山僧还有第二杓恶水，泼汝诸人去也。"卓拄杖，喝一喝下座。

都匀别南传旨禅师

蜀之牟氏子，久参天湖和尚印可。性执傲，尝有不出世之说。生平不交权贵。僻居匀城鼓楼山半之三元庵。数十余年，足不越阃。太守扣门，竟不为礼。学者求开示，惟默然而已。匀郡诸山，钦重师道。为建寿塔于城南十里吴家司山畔。康熙庚辰仲冬，告众曰："吾于后月初六日辰时，欲去世矣。"众以为戏。师见众不然，预于初四日，发帖辞诸山。诸山云集。师复曰："衲僧家岂肯舁个死尸过市，吾欲自出。"是时合郡僧俗翕然，惟郡守疑而不信。出示禁众，以逆留之。师闻叱曰："痴汉！正恁么时。莫道太守，直饶当今到来，亦留吾不得在。"言毕，自趋入龛，竟坐逝矣。太守闻之，立时亲送。举火时，咸闻异香遍野。火后收骨舍利，入塔藏焉。世寿七十三，僧腊五十六。

安平天台月峰琰禅师

安笼涂氏子。母王氏。礼本山幽玄剃染，参云腹和尚圆具。云示参"万法归一"话。师侍云。住普阳常寿永宁中和，往来日久。后遇天湖和尚到山，师坚留住，不时请益。一日立于檐下，忽尔浑然无见。从午至夕方苏，通身汗流，自觉身心轻快，如卸百斤担子。遂作偈呈湖，湖即印证并嘱。住此山廿余年。示寂。塔于本山之后。世寿五十九，僧腊四十三。

元旦上堂："昨日腊月三十，今朝正月初一。寒岩枯壑回春，积雪凝冰解释。木人漫抚没弦琴，石女横吹无孔笛。"且道："台山长老，又作么生？"良久插香云："香焚宝鼎祝皇室。"

上堂："世尊传金襕袈裟与迦叶，移花兼蝶至。吾师付大红偏衫与性琰，买石得云饶。若是具眼衲僧，何用觌面打开。当阳展示分明。鸡足山中，一场钝置；大庾岭上，互相热瞒。还知么，其或未知。且看据款结案去也。"卓拄杖下座。

上堂："佛身充满于法界，普现一切群生前。随缘赴感靡不周，而恒处此菩提座。"且道："如何是菩提座？"遂以拂子打圆相云："到者里十个有五双，若非觌面热瞒，便是当头蹉过，即今还有不蹉过底么。且唤来，与老僧洗脚。"

中秋小参："诸方佛法塞山海，惟有天台一字无。今日中秋佳节至，升堂默坐嘴卢都。"良久以拂子画○，云："幸喜还有者个，不然，则辜负此个时节去也。未审者个从甚处得来。"顾左右云："休从天上觅，莫向水中寻。"

小参："无明识性即佛性，幻化空身即法身。"以拂子打圆相云："者个是无明，那个是佛性。"又打圆相云："者个是佛性，那个是无明。"又打圆相云："者个是幻身，那个是法身。"又打圆相云："者个是法身，那个是幻身。""诸昆众，山僧如此分析，尔诸人作么生领会？倘若会得，唤作无明也可，不唤作无明也可；唤作佛性也可，不唤作佛性也可；唤作幻身也可，不唤作幻身也可；唤作法身也可，不唤作法身也可。所以恁么也得，不恁么也得。虽然如是，山僧自吃三十拄杖始得。何故？不见道，来说是非者，便是是非人。"

问"如何是诸佛出身处？"师云："梅花雪里开。"

问："如何是济北家风？"师云："棒头血滴滴。"

问："不在内，不在外，不在中间，在甚么处？"师打云："且看在甚么处。"

问："如何是古佛心宗？"师云："石头。"进云："如何是最上乘法？"师云："篱笆。"进云："学人不会。"师云："遮牛遮马。"

习安云鹫顶相慕禅师

本境刘氏子。因父任滇之临安。师偕往，暇日游鸡山，随喜胜峰寺，突然发心出家。父令人劝之，不返。遂依本寺和雅和尚披剃，并求具足。后诛茆于狮子林。居静数载。因念大事未明，矢志行脚。至蜀之遵义白牛砂冈，参天语和尚，发明印证。归里辟建云鹫开法。廿余年，足不越阃。时丁巳季秋，一日示微恙，告众而寂。塔于本山之麓。世寿七十三，僧腊四十八。

上堂："经律论，戒定慧。伸手抓头，反手抓背。火里虾蟆吞却月，反覆看来又不会，直饶会，也是瞎驴趁大队。"喝一喝下座。

示众："我本有一诀，见为诸人说。拟更问如何，拄杖劈头楔。"

师尝问僧曰："精进持净戒，犹如护明珠。上座明珠，在甚么处。"僧拟开口。师便打。"往往未有契其机者"。

贵筑永兴桂魄顶禅师

蜀之潼川母氏子。于本境中和寺剃染，入黔参天语和尚印证，住万寿。迁东山。后终于永兴。

上堂："髑髅常干世界，鼻孔摩触家风。用则与八大龙王斗富，不用则半文不值。到者里，直得搅长河为酥酪。变大地作黄金。"且道："得力在甚么处？"良久竖拂子云："金镞惯调曾百战，铁鞭多力恨无仇。"喝一喝下座。

上堂："万寿打开布袋口，昂藏鼻孔金毛走。一朝满地化麒麟，个个面南看北斗。此四句中，内有一句，能纵能夺，能杀能活。若人检点得出，不止一生参学事毕，更与千圣同出手眼去也。还得么。"卓拄杖云："移舟谙水脉，举桌别波澜。"

示众："春风解冻，百草萌芽。有一句子，觑着眼瞎。于此荐得，许你具参学眼。"

普阳长寿桂铉慧禅师

蜀东长邑陈氏子。因世变入黔，至普阳龙泉寺，礼大光披剃，依云腹和尚圆具。后参天语和尚印可。

上堂："凝然湛寂，十方独露。一尘不动，万象全彰。本无言象之表，亦无净染之名。绝情绝见，明如杲日当空；超声超色，宽若太虚无际。所以道，一处通处处通，一处明处处明。头头不昧，法法皆真。然虽如是。"卓拄杖一下云："不因渔父引，怎得见波涛。"

上堂，蓦拈拄杖云："这木上座，赤条条，没人情；硬赳赳，无回互。不着佛，不着法，不着僧。汝等诸人，总向者里，觅甚么碗。"良久云："正所谓巧匠炉边多纯铁，良医门首足病人。"一时打散。

上堂："斩钉截铁，未是作家手段；推山倒岳，亦非向上钳锤。何故聻？石虎吼时山谷响，木人唱处铁牛惊。""祇如当下恁么得去，又作么生？"良久云："觅火和烟得，担泉带月归。"

示众："参若不透，理即不圆。悟若不深，智亦不阔。参得透，理必圆；悟得深，智必阔。若是出格人，果不向窠窟里作活计。别具一段手眼，一觑便破。山河大地，尽在一粒粟中；三世诸佛，总归一毫头上。华藏刹海，不离脚跟之下；百亿须弥，见在眉睫之间。一任脱洒，随方应物。虽然如是，犹是化门边事。如何是顿超直截一句？"顾视大众云："推倒须弥存日月，放开布袋纳虚空。"

思南天庆福圆满禅师

南直凤阳杨氏子。自幼出尘，年十九行脚。至楚之靖州青云山，依愿如律师受具。后入黔江口之香山，久亲圣符和尚印可。住九台天庆禅院。

上堂："年年此夕庆元宵，万户千门佳气饶。一盏无油灯自焰，光明破暗不须挑。"大众："旷大劫来，者盏无油灯，尔等有眼，切莫错过。"卓拄杖下座。

示众："出家子切为何事，方能辞亲割爱。剃发染衣，身入空门。莫不是为生死一大事因缘心切，故求受戒参禅。乞善知识决择之，生死既明，亦更不可有违初志。错过目前，目前若得端的，自然不被一切污染。何为污染，即今所说，种种言辞，岂不是污染；说心说性，亦是污染；说玄说妙，亦是污染；坐禅息定，亦是污染；着意思惟，亦是污染；只今恁么形书纸笔，亦是特地污染。""除此之外，且如何是洁白无染处。"良久云："金刚宝剑当头截，莫管人间是与非。"

云石明源禅师

高安吴氏子。母胡氏。在楚平溪紫气山，礼省念剃染。矢志行脚。至常德翠微，依雪仑和尚圆具，参赤松和尚印可。

上堂："一槌粉碎，遍界扬辉。一句才彰，十方庆赞。物物龙骧虎骤，头头宾主交参。正恁么时，直得七星台畔。木人起舞，紫气峰头。石女讴歌，还委悉么。"卓拄杖一下云："鹤有九皋难翥翼，马无千里漫追风。"

喝一喝下座。

晚参示众："目前无法，万象森罗。意在目前，十方坐断。不是目前法，瞒得阿谁。非耳目之所到，走杀天下衲僧。即此四转语内，有一句，能纵能夺，能杀能活。于此荐得分明，也是秦时𫐉轹。"

颂高峰竹篦

三尺吹毛觌面酬，半同引玉半垂钩。
当阳若不明斯旨，剑去徒劳苦刻舟。

离四句绝百非

藏头白，海头黑，明眼衲僧瞒不得。①
若从个里辨端的，直待当来问弥勒。

贵筑中兴回然月禅师

黄州曾氏子。在黔之宝台山剃染，依语嵩和尚圆具，参铁梅和尚印证。

上堂："拂面寒风吹，得枝残叶落。片片飞空，西来祖意八字打开。巍巍荡荡，无穷拈来且非文字。四方八面皆通。"且道："通后如何？"卓拄杖云："浑身彻骨无回互，脱体风流得自由。"

习安石佛浮月海禅师

清镇刘氏子。在城观音阁，礼智融披剃，依天湖具足，参铁梅和尚印可。重辟石佛，有投老计。门人预为师建塔于寺西。师尝咏牧牛歌曰："人牛两俱忘，无物堪比量。本来原不动，动处却非常。"

上堂："恁么来者闹浩浩，不恁么来者静悄悄。闹浩浩静悄悄，石佛拄杖子，总未肯相饶。因甚如此。"卓拄杖云："万派声归海上消。"

---

① 此句出自释重显《颂一百则》："藏头白，海头黑，明眼衲僧会不得。马驹踏杀天下人，临际者是白拈贼。离四句，绝百非，天上人间唯我知。"释重显（980–1052），字隐之，俗姓李，号明觉大师，遂宁（今属四川）人。早年于益州普安寺出家。后主明州雪窦寺。有《颂古集》等。

清镇普化古月明济禅师

蜀之彭氏子。寓黔清镇丛林寺，礼慧融披剃，参铁梅和尚印可。

住普化上堂："摇铃舞铎，鼓弄后昆。翻觔打斗，自扬家丑。济二座到此，总不与么也。自迈古超今，光前裕后，于中还有共相证据者么。莫教刺脑入胶盆。"喝一喝下座。

安南定头龙山剑端祖禅师

蜀之丁氏子。印心于安笼玉泉月幢和尚。幢寂后，师继席玉泉。后迁龙山，行化数十年。示寂本山。塔于山阳之蒋家山麓。

上堂："空雨蒙蒙下不休，门前大道滑如油。来朝自有新条在，行人莫与路为仇。阿呵呵！傅大士步行骑水牛。"

上堂："握灵蛇珠，辉天鉴地。持金刚剑，截铁斩钉。德山临济，如龙获水。法眼玄沙，似虎靠山。西河狮子，东院胡卢。包罗万有，含吐十虚。所以道，过量人有过量智。净裸裸绝承当，赤条条没回互。一道清虚，贯通今古。还委悉么，十字街头石敢当，玲珑八面没低昂。"卓拄杖下座。

上堂："破草鞋烂东瓜，漫天说价；连城璧照胆镜，就地还钱。不消至理一言，自然人间天上。若也融通万有，那怕虎穴魔宫。动静无依，卷舒自在。放行则瓮砾生辉，把住则黄金失色。只如今把住好，放行好。"良久云："识人多处是非多。"

上堂："举一不得举二，放过一着，落在第二。观世音菩萨，将钱买胡饼，放下手却是馒头。"蓦竖拄杖云："还见么？骑竹马上高楼，手拿红罗扇遮面。不令人见转风流。"拽拄杖下座。

上堂："霜天皓月剥珠珍，两手和盘送与人。大地拈来无寸土，一毫头上万家春。"以拄杖画一画云："还委悉么？委则大家居东鲁，未委则各自慕西秦。"喝一喝下座。

上堂："老鼠咬棺材，蚯蚓嚼生蕨。乌龟前作揖，虾蟆吞却月。识得此四语，一生参事学毕。"

上堂："春王已过二月一，日月如梭似箭急。匝地桃花烂漫袭，灵云一见便收拾。人生梦幻在呼吸，越圣超凡从此入。百啭流莺无所及，一声声是花中汁，木人闻得也流泣。咄！休流泣，二五原来是一十。"

上堂："去年开炉雪飘飘，今年开炉晴杲杲。雪飘飘晴杲杲，长安几个知天晓。咄！更有不眠人，莫道君行早。因雪上堂，群芳争秀。万壑盈珂，好个现成世界。就里多少誵讹。萝门窈窕，荜户婆娑。獐麂兔鹿没踪迹，鱼鳖虾蟹绝网罗。羚羊挂角千峰外，白牯狸奴念摩诃。龙女献珠证果，雪山童子呵呵。还会么？琼楼玉宇凭空架，万象参差挂薜萝。"

上堂："风动风鸣，雪飘雪下。锦绣山川，了无缝罅。所以道：玄机透彻，融万象于目前。至理高明，会千差于物表。超生死绝见闻即不无，随处作主。遇缘即宗，又作么生。不萌枝上绽香肥，无影林中日杲杲。"卓拄杖下座。

上堂："初三十，日日好日。是佛是心吗，非得非失。脱壳乌龟飞上天，幡竿头上煎䭔䭔。北斗八南斗七，拆东篱补西壁。佛法绝思惟，学道岂朝夕。略坐而商量，动静何损益。卸却云门项上枷，解下慧能腰间石。"良久云："还会么。马祖才升堂，百丈便卷席。"

上堂："运瓦搬砖事事忙，归来无法可商量。抬眸月在梅梢上，大地山河总是霜。"喝一喝。

上堂："春日融融，春风剥剥。瑞草萌芽，夭桃吐萼。灵云一见便攒眉，叵耐玄沙脑后着。陕府铁牛头角攒，嘉州大象皮毛脱。碓嘴才生花，磨盘出八角。大信众檀那，添囊又添钵。且受用一句作么生道，囫囵一个铁酸馅，无位真人细细嚼。"

上堂："仲冬又过三十日，曲指数来两个七。冻得诸人毛骨寒，脚跟下事浮逼逼。掇转云门镀铄钻，扇子筑碎梵王鼻。东海龙王也流泣，尽然蚌蛤服中汁。"拈拄杖召大众云："还见么。一时吹入我门来，不借东风些子力。"喝一喝。

上堂："雨水前，元宵后，柳含烟，梅披秀。桃李谩成蹊，馨香塞宇宙。"连卓拄杖云："是大神咒，是无上咒，是无等等咒。"

上堂："去年解制十分吉，今年解制十分凶。两脚草鞋狞似虎，一条拄杖活如龙。草漫漫自西东，风从虎兮云从龙，抟撮扶摇九万鹏。虽然，不如随分纳些些，免外驰求落下风。"

示众："生死齐一，凡圣同源。挥之不破，团之不圆。清光莹白，明镜当轩。一条白练，一念万年。是宾是主，有实有权。如此领悟，故曰单传。且道，传个甚么，咄！灵利底休热瞒，南海波斯骑石虎，森森露出珊瑚鞭。"

示众："逃禅须切记，恐堕有无忌。吃饭与穿衣，咳唾并掉臂。处处契真机，物物明祖意。又须格外观，莫信人巧誉。一念如万年，千差当一致。古之学道流，依之超十地。若不如是行，待劳多矫志。我须不识丁，敢言说非义。情忘体自殊，意绝理自备。应用在临时，斯道为第一。"

示众："在家出家，理无差别。一念回光，万机顿泄。本既无生，何者受灭。心佛众生，都卢一橛。万年一念，独超方便。佛说有真，我本无见。曰男曰女，乃贵乃贱。一念万年，顿在目前。先天勿用，何假后天。前后际断，其道玄玄。玄玄之妙，不涉朕兆。推倒虚空，归来大笑。"

示众："山前好松，山后好竹，中间是甚么。汝等诸人下语看，此语下得，恰与汝一个鉏斧子住山，不然担柴去。"

示众："寸丝不挂，粒米不餐底衲僧，正好痛与三十棒。为甚如此，为他解洁白地上作活，未解一切处流通。虽然，正是贫儿索旧债。"

普安兰溪祖鼻最禅师

得法于月幢和尚，住普安凤翥山。

上堂："无福鬼神妒，有德阴阳助。最上座，无德并无福。脚底无私随纵步，踏碎曹溪月，踢翻鹫岭路。非是格外玄机，亦非当前露布。"掷拂子云："矶头石女腰无裤。"

上堂："依山傍水送寒烟，短桌芦花露一班。莫谓月明人尽望，大家收拾笑中看。"且道："收拾个甚么？"良久云："七九六十三。"

上堂，举云门上堂："闻钟声乃曰，'世界与么广阔，为甚么钟声披七条？'径山杲颂云：'钟声披起郁多罗，碧眼胡儿没奈何。一箭双雕随手落，拈来原是栅中鹅。'最上座亦有个见处。郁多罗衣钟声披，倒跨须弥渡海弥。迭嶂奔峰拦不住，回头残照落溪西。"

上堂："会则眉横眼上，不会则须挂腮边。昨夜星疏月朗，趁流水入花前。细检点，卖尽风流不值钱。惟有太古石，凝然不动于其间。"

上堂，僧问："不用棒不用喝，请师直指西来意？"师云："不萌枝上风光老，花放天池劫外春。"僧竖一拳云："一拳打破黄鹤楼。"师云："你道崔颢题诗，明得甚么边事。"僧拟议。师蓦头棒云："须是我打你始得。"乃云："屋破不关风，窗破恒留月。不堕悄然机，时时频漏泄。"且道："漏泄个甚么？”鼓掌云：“夹路桃花风雨后，马蹄何处避残红。”

上堂：“五里一亭，十里一铺。熙熙穰穰，摩肩击毂。到家消息即不问，作么生是搀前一步。”众无语。师卓拄杖云：“芒鞋两耳忽闻声，依稀踏断斜阳路。”

上堂：“吞尽虚空，失却半边嘴；踏翻大地，展却两行眉。为甚么穿破铁鞋跳不出漫天网子，反谓妙高峰德云七日寻不见。呵！呵！兰溪水，镇日向东流。流出桃花瓣，切忌捷将回，明月堂前空打算。”

上堂：“摘杨花摘杨花，崎岖觅路远。拄杖挂烟霞，莫教风雨湿。点碎破袈裟，此犹是途中消息。”“作么生是到家一句？”良久云：“五更闻画角，吹断落梅花。”

上堂：“去来了无相，明月掩映芦花上。咄！动静复何心，芦花摇拽白云深。咄！如弦大道无回互，分明鼻直两眉横。咄！”

上堂：“最上座，侵早起来。明明历历，特来举似。一见星月皎洁，银河在天。二闻更漏催促，报晓声寒；三者长连床上，攲枕高眠。鼻息齁鼾，及至天明。上首拍椎，钟鼓铿锵。济济楚楚，云水两行自是现成生缘。不属造作苍皇，若当下领荷得去。朱顶王菩萨。”简曰：“问者赤头汉作么？”“高峰悟云：“者个便是超宗越格底事，直是无你会处。须是悟了更能履践始得。”师云：“悟则不无，且作么生履践。”良久云：“长廊独演千秋月，竟日横眠万派云。”

上堂：“雨湿芳草绿，春来树带花。脱体事无别，镇日有生涯。凭栏欲会山居意，云涛松韵较些些。”

上堂：“秋光澹荡，秋水澄清。菊英映日，瘦石抱云。不是向上机要，岂当参学眼睛。”卓拄杖云：“亮座主，五更画角声。”

上堂：“倩女离魂，巧手王维画不成；检点将来，命根不断，五祖演云，‘那个是真，那个是假。’依前走入伊圈缋，至今转身不得。为甚如此。相思怨怅梅花影，摇曳窗前不是君。”

上堂：“海众云臻，机前如电。到头霜月满阶墀，依前错过本来面。咄！雪岭六年，鼓起朔风如箭。放开一天星斗，打失唇皮两片。阿呵呵！会也么？冬至日长添一线。”

小参：“吟风啸月，漱石枕流。错过自家面目，寒冰发焰，枯木花开，打失参学眼睛。饥餐渴饮，闲坐困眠。依前无本可据。安禅息定，返本还源。未免业识茫茫。若人检点得出，一生参学事毕。”

小参：“四十九年，不曾说着一字。舌头无骨，末后拈花。口是祸门，将谓天晓不露。谁知脚下泥深，一朝露柱频抚掌。多少赤手弄猢狲，德山棒如雨点。临济喝似雷奔。阿呵呵！笑杀万象与森罗。举天衣怀云，芭蕉闻雷开。还有耳么，葵花向日转；还有眼么，若也会得，西天即是此土，若也不会，七九六十三收。”师乃竖拄杖云：“今日木上座，拶碎有情窠窟。无情吃惊，劈破无情面孔；有情吃惊，蓦然木上座恶发。各与三十拄杖，免得缠绕葛藤。未审木上座，还受检点也无。”掷拄杖云：“葛藤，葛藤。”

小参：“野蔬花香，野水味长。惟有野僧家，全然没伎俩。半间茅屋无心补，夜来星斗焕文章。会则琼楼玉宇，不会则遍地刀枪。”

僧投书次云：“家常消息。”师云：“快露布将来。”僧作礼。师云：“勘破多时。”僧遂呈书。师袖却云：“还有么？”僧罔措。师喝出。

问：“如何是见渗漏？”师云：“眼中着楔。”“如何是情渗漏？”师云：“笑里有刀。”“如何是语参漏。”师云：“口是祸门。”

问：“如何是古佛家风？”师云：“一瓢一衲。”“如何是古佛道场？”师云：“柳陌花衢。”“如何是古佛受用处？”师云：“哩哩莲花落。”进云：“恁么则与时人共出一手也。”师云：“尔未梦见在。”

颂廓然无圣话，一夕严霜逼岁寒。梅花吐白月孤圆，清香不着人间价。散作长堤几树烟。

见见之时，见非是见；见犹离见，见不能及。

月挂珠帘玉一钩，断肠何事问东流。夜猿啼罢西江冷，荡尽冰壶一叶秋。

俱胝凡有问，即竖一指，“倚天长剑逼人寒，凛凛金戈带泪看。老去战声频入耳，何年扶醉话宵阑。”

对一说：“滚地杨花随马走，拍天桃浪化龙鳞。玉壶满酌风流酒，要寄荼蘼架上春。”

普安松岿善权位禅师

楚北瞿氏子。因世乱入黔，寓安顺之太虚硐剃染，依含光圆具，参月幢和尚印证。住安南之万寿，普安之松岿，次迁慈云。后复松岿终老。塔于本山之麓。

上堂，竖拄杖云："位上座，生性莽卤。不通佛法文字，不明善恶因果。单单者条拄杖，佛来也打，祖来也打，只要断诸人命根。未审众中还有傍不甘底么？"良久云："饶伊纵有擒龙志，者里那容捋虎须。"喝一喝下座。

浴佛上堂："兜率何年得道，毗岚园中显妙；灵山会上拈花，惹得旁人耻笑。付甚么涅槃妙心，设许多经律论教。不肖远孙，今不管长与短，直把恶水蓦头浇，佛债祖冤一齐报。"

上堂："有时恁么，把断要津，不通凡圣；有时不恁么，指鹿为马，证龟成鳖。有时不恁么中恁么，拈一茎草，作丈六金身。有时恁么中不恁么，将丈六金身，作一茎草。"且道："恁么底是，不恁么底是？"喝一喝云："依稀似曲才堪听，又被风吹别调中。"

小参："法本无生，心何有灭。生灭两俱空，洞然如皎月。拟问个中消息，拄杖蓦头便楔。"

小参："无毛铁鹞奔西东，铁柱牵蜓拽高峰。跛足虾蟆天外叫，泥鳅合眼跳虚空。内有一句，大用全提。检点得出，参学事毕。"

小参："举杨岐示众云，薄福住杨岐。年来气力衰，寒风吹败叶。犹喜故人归，啰啰哩哩。拈起死柴头，且向无烟火。"师云："山僧虽是他家儿孙，怎奈家风各别。薄福住松岿，家贫无卓锥。衲子望岩退，长年静打隈。地炉烧松火，热豆爆寒灰。自倒还自起，啸傲白云堆。"

示众："即心即佛，迷头认影。非心非佛，忘前失后。隔林见烟知是火，墙头见角识是牛。袛如海底鱼踪，空中鸟迹，又且如何觅捕。"竖拂子云："摩尼妙宝原无价，要识真金火里看。"

示众："春日融和百鸟啼，桃红李白花满枝。分明露尽深深意，会得原来是祖机。灵利汉知不知，耳闻眼见好消息。咄！"

示众："翠竹黄花，便是祖师西来大意；青山绿水，无非诸佛净妙法身。历历全彰，明明显露。为甚当面错过，不自领会。衹因误入桃园里，竟到如今尚未归。"举临济痛棒话颂曰："祸福无门口自招，乌藤三顿不相饶。大愚胁下翻身转，平地波涛万丈高。"

安笼伏龙极乘道真禅师

蜀之杜氏子，年九岁，父母送至合滩寺，礼圣试披剃。初参雪浪静主，后入黔寓安笼扁山，住静三载。依云腹和尚具足，参月幢和尚印可。

小参："者一片无阴阳地，三世诸佛，历代祖师，俱向此中印证而出。总要洁洁白白，干干净净，不容一点渣滞。忽地言谈，便是屎尿污浊了也。""如何得精净去？"良久云："切。"

小参："昨夜三更，瞿昙老子自言，我不是佛，既不是佛，是个甚么？示现露地白牛，向八识田中。与众拖犁拽耙去也。"大众："还见么？"良久云："用力耕田人不识，不如缄口过残年。"

小参："椿菜香米酥甜，人人吃着悟心源。心源悟紧照顾。"且道："照个甚么？""灯笼露柱。"

示众："老僧一味不开口，开口未有实义。""且作么生是不开口底实义？"良久云："多嘴作么。"

僧参问："如何是三要？"师起身云："一扫地，二种田，三拨灯。你可会么？"僧伫思。师把住云："速道！速道！"僧喝。师云："胡喝乱喝，有甚交涉！"

士问："如何是衣线下事？"师云："大庾岭头提不起。"士无语。师云"恰。"

僧问："如何是佛？"师云："你是石头。"僧伫思。师云："三十年觅一个问佛底人，也难得。"僧云："不会。"师云"明晨宜早起。"

安笼玉泉显今达古禅师

习安李氏子，于太虚硐礼法云披剃，依南华具足。久参月幢和尚，在本寺印可。幢寂后，师继席，廿有余载。后寓松岿山，示寂安笼，僧俗钦重师道。迎灵骨回玉泉。建塔于和尚庄之云栖庵侧。师志愿世不开炉。故无上堂小参示众等语。惟颂古一帙，仅收世尊拈花并三关话附此。

颂曰：

馥郁香风拂面来，人天百万尽疑猜。
饮光不识瞿昙意，一笑浑身入祸胎。

我手佛手，弄蛇挥麈。扫破虚空，鸟飞兔走。
我脚驴脚，芒鞋倒着。踏遍乾坤，踢翻海岳。
人人生缘，倒驾铁船。冲开碧浪，撑破湖天。

习安玉真竺怀印禅师

本郡冯氏子。七岁父母送出家，礼观凡披剃。矢志行脚。游滇至五华寺，参半生和尚圆具。生示参万法归一话，发明。遂印证。复归玉真终老。塔于本山之麓。

上堂："执事白椎云：'谛观法王法，法王法如是。'"师便下座。有僧把住云："和尚法要未举，如何就便下座。"师云："可惜连城璧，徒劳献楚君。"一时打散，归方丈。

上堂："昨日上堂无一法，今朝升座太多生。怎奈辽天拄杖子，非思量处善评论。"且道："评个甚么？"良久，喝一喝下座。

上堂，蓦拈拄杖云："朝打三千，暮打八百。木人头吃棒，石女身流血。文殊普贤，远避他方。释迦弥勒，含冤莫雪。惟有临济德山，稍得一诀。"喝一喝，卓拄杖下座。

上堂："彰名打鼓，埋没本真。说性说心，转成妄诞。"且道："总不与么时如何？"良久云："啼得血流无用处，不如缄口过残春。"

还山上堂："一出一入，出入原无动相；一来一去，来去一般时节。所以道：去来不以相，动静不以心。自是风行草偃，水到渠成。不动道场，遍十方界。正恁么时，直得去来不二，动静一如。且作么生是应时及节一句，芙蓉花发秋江上。丹桂香飘入广寒。"卓拄杖下座。

镇宁金鸣慧颖绪禅师

湖南永郡蒋氏子。因时变入黔，至安顺，礼觉悟剃染，依灵隐老人受具，参梅溪和尚印可。住金鸣终老。塔于本寺之阳。世寿五十九，僧腊四十八。

上堂："松风拂拂，柳色青青。当阳理会，更勿别寻。只是不得作境话会，亦不得作佛法商量。若作境话会，错了也；若作佛法商量，亦错了也。""毕竟如何得不错去。”卓拄杖一下云：“年年有个四月八。”喝一喝下座。

上堂，以拂子打圆相云：“即此者个，不可唤作佛法，亦不得唤作世法。直教人人眼见如盲，口说如哑。到者里，世法佛法都拨尽，笑看陆地长莲花。”大众：“还知此花来处么？”良久云：“石女歌时空谷震，木人唱处铁牛惊。”

上堂：“把住牢关三月。”卓拄杖云：“今日放开一线，从兹一任纵横。更莫三七打算。人人顶𩕳上，顿开正眼，个个脚跟下，七穴八穿。其去也，直教善为道路；其来也，依旧明窗下安排。正恁么时。窗下安排且置。”“作么生是善为道路一句？”良久云：“夜行莫踏白。”

上堂，卓拄杖一下云：“者个意事，诸方尽道。木上座，为诸人转根本法轮去也。金鸣则不然，恁么提持。不惟误赚众生颠倒，迷己逐物。要且返使捕风捉影之流，依模画样去在。殊不知，到者里，饶伊道个是柱不见柱，非柱亦不见柱。是非已去了，是非里荐取。也是泥中洗土。”

上堂：“日落西水流东，觌体传来向上宗。怎奈当机人不荐，进前退后丧家风。金鸣虽是恁么告报，诸人还知落处也无。”击拂子云：“夹路桃花风雨后，马蹄何处避残红。”

贵阳东山绍南真解禅师

湖南永郡唐氏子。因世乱入黔，寓观音寺，礼霞章剃染，常亲梅溪老人充侍者。梅示参“生从何来，死从何去”话。一经八载，浑无入处。至圆具后，一日入室，梅问：“本来原无生死，因甚人人只道生死事大。”师云：“者个正是某甲底疑处。”梅曰：“汝疑还是有是无。”师拟开口，梅直乱棒打出。师不觉通身汗下，恍如有得。后归里省亲，回过玛瑙山，谒师林和尚。林问：“那里来。”师云：“永州来。”林曰：“曾参甚么人。”师云：“贵筑东山。”林曰：“东山佛法如何？”师云：“木人抚掌，石女点头。”林曰：“子莫错会。”师云：“若错怎得到者里。”林曰：“恁么则汝缘，还在东山，速回亲觐。”师辞归，承梅印可。又侍梅上天童扫祖塔。回至楚之汉阳。梅示寂时，遗嘱命师，继东山法席。

继席上堂，拈起拄杖云：“者个便是我先师老人，在普门堂上，夺得来底，今日落在解上座手里，要以拨旧日之禅灯，辟新学之捷径。开人天正眼，整顿颓纲。使见前一众，人人知其木本，个个不昧水源。堪报不报之恩，用作无为之化。正恁么时，虽是光前裕后，革故鼎新，检点将来。只是门庭边事，衲僧分上，要且了无相干。”且道：“作么生是衲僧分上事？”良久云：“疑则别参。”复举“宝寿开堂，三圣推出一僧”。寿便打。圣云：“与么为人，瞎却镇州一城人眼去在，寿掷下拄杖归方丈。”师云：“二大老虽是竭力为人，怎奈一个有活人剑，且无杀人刀；一个有杀人刀，且无活人剑。若欲权衡佛祖，号令宗乘。只须剿绝两头，中间不立。别资一路，七纵八横始得。山僧与么告报，于中还有恁么者么？超群须是英灵汉，敌胜还他狮子儿。”喝一喝下座。

示众：“祖师心印，状似铁牛之机。去即印住，住即印破。祇如不去不住，汝等诸人，向甚么处，与我本师老人相见。”遂挂帧云：“不离当处常湛然，觅则知君不可见。”喝一喝。

上塔：“才看枫林锦绣峦，又见黄菊金铺地。两轮日月快如梭，不觉吾年三十四。尔我光阴非等闲，急须荐取无生意。”大众：“如何是无生意。”良久云：“岩悬不易长生画，瀑响无弦太古琴。”

上堂：“祖师关当阳句，向上机顶门眼。于斯会得，普天匝地尽光辉。法法头头皆妙用，若也不会。在处云月是同，要且溪山各异。”

上堂：“世尊拈花，达磨面壁。当阳显示，觌面提持。然虽体用不同，要且本无二致。举一明三，目击铢两底。多少当头错过，推不向前。约不退后底，偏然理合全归。”且道：“归后如何？”卓拄杖云：“动容扬古路，不堕悄然机。”喝一喝下座。

上堂：“过去心不可得，未来心不可得，现在心不可得，不可得中祇么得。”且道：“得个甚么？”良久云：“若不蓝田射石虎，几乎误杀李将军。”

颂产难因缘

不领公文犹自可，领得公文急如火。
忽然蓦送晓风清，月落寒潭珠一颗。

习安南山法雨照润禅师

本境洪氏子，礼恒闻披剃，依天台省参具足，参梅溪和尚印证。

上堂，卓拄杖一下云：“千钧之弩，不为鼷鼠而发机。”又卓一卓云：

“屠牛之刀，焉得与人割鸡。灵利汉当下收取，岂肯东讨西觅。还得么。”复卓一卓云：“等闲翻作龙泉剑，一扫烟尘定业基。”喝一喝下座。

上堂：“山自青，水自绿，松自直，棘自曲，此四转语，转转有个落处。”大众且道：“落在甚么处？”卓拄杖一下云：“河里失钱河里捷。”

上堂：“不是心，不是佛，不是物。”且道：“是个甚么？”“释迦老子，雪山六年苦行；达磨大师，少室面壁九载。要且摸索不着，古今天下老和尚，竞出头来，各逞其威，亦摸索不着。直饶摸得着，也是秦时镀轹。”喝一喝下座。

上堂：“明如日，黑似漆。细若微尘，宽若太虚。到者里，若作佛法商量。十个有五双，未免当头错过。不错过，芍药花开红朵朵。”

上堂：“天上无双日，人间独至尊。万年松不老，圣寿等乾坤。”既然如是，且道：“以何为凭？”卓拄杖一下云：“亘古亘今。”

普安印海学偕禅师

古滇南氏子。母李氏。梦梵僧入家始生。二十二，于本邑法界寺礼德明披剃。二十七，依水目非相，受沙弥戒。游黔至金粟，参祖鼻圆具。至新城圆通，参万德和尚。德问：“那里来？”师云：“金粟来。”德云：“古人道，藏身处没踪迹。汝作么生会。”师云：“有水皆含月。”德云：“没踪迹处莫藏身聻！”师云：“无山不带云。”德云：“原来阇黎脚跟未点地在。”师云：“竿木随身，逢场作戏。”德云：“只恐诈明头。”师云：“老和尚也，不得压良为贱。”德深肯之。师尝述偈曰：“达磨西来，特地安排。直指人心，眼里添钉。不是渠侬生我慢，只因雪化水流声。”

贵阳指月燦吼∴禅师

滇之曲靖许氏子。于本郡天竺寺礼觉悟剃染，参密参和尚印可。

上堂：“流光易度，五十有八。幻随幻住，不拘花甲。”蓦拈起拂子云：“且道，是幻耶，非幻耶；若道是幻，幻不自幻；若谓非幻，非幻不幻。且拈放一边，只如善财参遍百余城，文殊指陈第一义。又且如何？八十老翁入场屋，真诚不是小儿戏。”

腊八上堂：“击碎玄关山色寒，如来成道不虚谈。明星午夜谁同睹，陇上梅花自破颜。冰皎皎雪漫漫，一色凝然化外看。直往南方无垢界，献珠成佛不为难。”且道：“那是不难处，弹指顿超无量劫，轻轻屈指便成拳。”

上堂：“华严将讽毕，摩利初开启。当此庆元宵，笙歌时贯耳。妙音观世音，自在忘依倚。满月圆如镜，长天净若洗。银花喷火树，转次生欢喜。何故？我见灯明佛，本光瑞如此。”

中秋上堂：“云净一天，风清四海。桂子月中落，天香云外飘。人人圆光现前，个个真常独露。于斯见得，一花堂上。臂肘交加，三晶门前。主宾互换，其或未然。荆棘林中下脚易，月明帘外转身难。”

小参：“银缸高剔，坐立俨然。兰麝平薰，起居自若。话头清楚，不患静地迷人；公案见成，自有生机夺秀。白寥寥无滞无碍，清的的离相离名。若到者般田地，千七百则残羹冷饭。不许沾唇，一大藏陈年故纸；谩言合药，山僧今日钳锤再展。炉鞴重开，若要矿尽金纯，除非脱皮换骨。何故覃？不因蹑足龙门过，怎得春风动地来。”

小参：“今日己巳欲尽，明朝庚午方起。本来原无旧新，世俗强分彼此。若能不杂用心，那管人间甲子。从今打破赵州关，爆竹声中好荐取。”

示众

心净若莲，月明似昼。香绕榻前，灯摇座右。
要识本来面目，非青非黄非肥瘦。

示众

春行冬令十分寒，纵有红炉火费攒。
寒暑不惊惟拄杖，是非坐断独蒲团。
法身有主因无漏，觉体无私妙有观。
若果如斯端的去，分明生死不相干。

示众

妄缘顿尽觉纯真，碓嘴花生别是春。
石女善吹无孔笛，木人惯抚没弦琴。
高山解听常移足，流水知音每出身。
此意若能深悟入，一回举起一回新。

永乐广福明辉净月禅师

城都赵氏子。生值世乱，随戎入黔。于平越府圆觉庵，礼清海披剃，依达远和尚具足，参恒秀和尚印可。立誓施茶接待，数十余年，不改初志。又募修通滇大道，数百余里。厥功未就，偶恙圆寂，塔于寺西。世寿六十七。

师尝有偈。已刻附秀师录后，入藏流行，此不复赘。

贵阳谷萌法华慧林如英禅师

潭州梁氏子。在浙天童，礼心应剃染。后因行脚归楚，依沩山圆具。久亲楚眼襄印可。后住马苗宝华。又迁法华，重建功毕。会城南关众姓，慕师道德，迎至大士庵供养。为预建塔于庵后。

师因警众，示一偈云：

老僧七十一，开口少神气。来者免多言，说话损精力。
若要问修行，脚跟下荐取。未曾死一番，少要夸伶俐。
生死若不明，孤独一张嘴。闭目且观心，盘着两条腿。
这着死工夫，当下超于彼。若依老僧言，利人先利己。
说尽黄河波，原来只是水。讲尽世间言，惟一个道理。
若不悟斯道，难了个生死。

安南万云卓庵闲禅师

蜀之广元丘氏子。母梦盏饭僧入家投宿始生。幼不茹荤，寄名回龙山。因世乱入黔，礼佛旨和尚披剃。时年二十一。圆具后，矢志遍参。游楚，至沿州十方庵，参行之和尚印证。复回安南，创辟云山梵光寺。

上堂："春日融融，门外春光布景；春风拂拂，槛前春树凝烟。物物头头合道，在在处处明心。放之则周沙界，卷之则入微尘。香严击竹犹迟，船子覆舟莫及。若向者里见得，更说甚么平地登仙。白衣拜相，明明光吞宇宙，历历耀古腾今。且结角罗文，归根达本一句，作么生道？"卓拄杖一下云："上元原是正月半，家家打鼓庆元宵。"喝一喝下座。

颂华亭船子

雨笠烟蓑傲雪霜，竿头风月老沧浪。

适来钓得金鳞子，无限鱼龙入镬汤。

安南淡云明光禅师

楚南李氏子，在黔之安南定头，礼本然老宿披剃。矢志行脚，游滇至钟灵。依月印和尚具足，并请益。参究发明，皆得力于印师座下，所以承嗣印师也。

颂:“世尊初生，才出头来囝一声[1]。指天指地得人憎，纵使云门能盖覆，至今难免赚痴僧。”

安南金狮弗会传知禅师

蜀之余氏子。年九岁，寓黔之安笼，礼极乘和尚剃发，乘示参父母未生前话。乘寂后，师矢志遍参，游滇至广南万寿，参本源和尚。复归黔，依松岿天一和尚具足，后遇月印和尚于江浙。回滇挂锡定头，师往亲觐。印一见器之，将拈花公案勘验。机缘契合，亲承印证。后隐居阿黑数载。邑侯余公，率众绅士，请辟金狮洪音寺。

上堂：“建丛林，立规矩，逞能矜势；竖门庭，行法令，卖狗悬羊。所以古人向千岩万壑之间，韬名遁迹，深蓄厚养。遂能清振一时，美流万世。设有先人未了底公案，万不得已，出来了却。今日知上座，且无未了底事。因甚也被此一阵业风，吹到金狮山里，自逞一场败露。虽然如是，检点将来，又且事无一向，理有差殊，欲报佛祖深恩，必作四来依怙。发挥向上宗猷，开辟人天正路。当与么时，还有同声相应，同气相谋者么？”卓拄杖一下云：“共将补衮调羹手，拨转如来正法轮。”喝一喝，复举杨岐道：“杨岐乍住屋壁疏，满床尽撒雪珍珠。缩却项暗嗟吁，翻忆古人树下居。”师云：“杨岐老人恁么道，虽是清节操守，激厉后昆，怎奈检点将来，只可独善其身，欲竖临济门庭，犹未得在，看今日知上座，又作么生施设。”复卓杖云：“不因沧海阔，争见百川潮。”

上堂：“日暖风和二月天，鸟啼花放满山川。当人直下恁么去，脱体

---

① 读“fó”。

风光本自然。是则也是，祇如水底鱼踪，空中鸟迹。又作么生商量？速道！速道！”

上堂：“将此深心奉尘刹，是则名为报佛恩。”良久云：“佛恩报也，作么生是深心，还委悉么？分明月在梅梢上，看到梅梢却又无。”喝一喝下座。

合鳞李居士

贵阳人，字之骅，原宦袭，弃儒学佛，参燕居和尚印证，翛然林下，集书一帙，名《蔚堂草》，并附有《逃禅集》。仅收杂偈二首。

挺特男儿秉太阿，不将生死问如何。
信然直下了无事，撒手悬岩唱哩啰。

讵肯瞒顸负己灵，分明鼻直两眉横。
更须试看谁为主，十二时中常自惺。

普安邑侯天一刘居士

关南人，讳个臣，幼喜宗乘，常与当代尊宿，交往盘桓。初任福州，过江西，参龙山和尚有省。临任，公事之暇，少闲谈，只危坐，每有定课行持。

尝述偈曰：

世间一切尽归空，谁识真空用不穷。
三万三千狮子座，维摩应是足神通。

居易居士

法讳明福，金陵叶氏子，字得禄，镇黔抚中军事。幼好佛教，留意宗乘，参海内知识，未足其意，特建家庵，名鹫岭禅寺。迎隐元和尚于内，问法，请益印证。复志谒诸方明宿盘桓。有偈颂机缘等，录成一书，名《逃禅集》。仅收杂偈三首，机缘一则。

牧牛歌

露地白牛见也么，牧童拍掌笑呵呵。

等闲不用勤鞭策，放去收来一任他。

心入空门身在家，朝衣脱去换袈裟。
菩提不二原无树，意地清凉转法华。

六根有疚勿他疑，心病还须心药医。
面壁九年无一字，令人特地叹希奇。

元和尚问："牛头未见四祖时，为甚百鸟衔花，天人送供。"士曰："花开蜂蝶聚。"元曰："见后因甚不来。"士曰："果熟树头空。"

六度居士

古滇李氏子。母尤氏。十五看香山戏，动出家念。父母不允。幸得霞昌老宿谕曰："昔有维摩大士，作人天师，谈不二法门，又不是在家菩萨耶。汝依我说，后来自有受用。"士遵霞语，如父母命。有儒士黄中翠，指参烁吼和尚，得入头处。后参善权和尚印证，所集有录。仅收机缘三则。偈一首。

有僧问云："不是心，不是佛，不是物，是个甚么？"士展两手曰："是个甚么？"僧云："不会。"士曰："怪我不得。"

僧问云："尽大地是个火坑，因甚跳不出。"士曰："尽大地是个火坑。"僧拟议。士曰："烧杀也。"

士一日卓杖行，有僧指杖问云："要者个作么？"士曰："滑路上全得他力。"

偈曰：

着衣方免寒，吃饭却止饥。
祖师西来意，是甚破驴脊。

黔西东山古雪智禅师

蜀东人。参嵩目和尚印证。

上堂："今朝五月端午，柴门不悬艾虎。时节岂可空过，五毒拈来共煮。

明州布袋喫[1]了，吓杀池州鲁祖。好大歌莫莽卤，甜瓜彻蒂甜，苦瓜连根苦。”

上堂：“元日初升，春回六宇。家家鸣锣，户户击鼓。大者腾欢，小者作舞。惟有东山与世殊，单条白棒惯莽卤。颠拈倒弄且无年，日日打佛并打祖。忽有个傍不甘底出来道，者老汉，不谙时世，只知有己，不知有人。山僧即便和声打退。因甚如此？任从沧海变，终不与君通。”靠拄杖下座。

上堂：“东风连日发群芽，开遍山前桃李花。卷起帘来人共见，当阳一句落谁家。速道！速道！”

小参：“打鼓落堂，见成公案。烛灿香腾，与么不荐。若也荐，无边刹境，自他不隔于毫端。十世古今，始终不离于当念；若不荐，且看老僧与汝判断。”拽拄杖下座，一时打散。

贵阳慈云苍龙语禅师

江南陆安张氏子。在黔之西山礼语嵩老人剃染，圆具，参嵩眉和尚印可，住慈云而终。塔于本山。世寿七十，僧腊四十。

上堂：“般若如大日轮，升之，则乾坤普照，如大火聚；近之，则燎却面门，如涂毒鼓；击之，则闻者皆丧，拈起也天回地转，放下也海宴河清。祇如不拈不放，人人怀赤水之珠，个个抱荆山之玉。且家堂稳密一句，作么生道？”良久云：“自是不归归便得，五湖烟景有谁争。”

上堂：“天无四壁，地绝八维。一亘晴空，贯通今古。明明绝去来，历历无向背。所以道，灵光独耀，回脱根尘。体露真常，不拘文字。性心无染，本自圆成。但离妄缘，即如如佛。唤作如如，早是变也。且作么生是不变底消息。”良久云：“早晨吃稀饭，下午又觉饥。”喝一喝下座。

上堂：“佛未出世，人人鼻孔撩天，个个脚跟点地；佛出世后，人人眼里添沙，个个耳中着水。于中若有一个半个，上无攀仰。下绝己躬底，出来道个凡圣无差。古今一致。不妨庆快平生。如无，山僧更与重添壒，去也。”卓拄杖下座。

上堂：“明如日，黑似漆。真不掩伪，曲不藏直。雪山六载空忍饥，少室九年痴面壁。于中若具择法眼底，只向羊边干处卧。岂肯从他雪地立，

---

① 喫（chī）：通“吃”。

虽然如是，不得春风花不开。花开须借春风力。”喝一喝下座。

威阳华严长灵祐禅师

荆州胡氏子。值世乱，从戎入黔。至二十七岁，切思出尘，寓九龙山，皈依燕居和尚。又亲西山语嵩和尚，后礼嵩眉祝发圆具。并请益发明，亲承印可。开法华严，迁卧云，后复游楚。

上堂：“灵机密运，宝剑全彰。截断千差，真常独露。头头显妙，物物辉光。一道清虚，贯通今古。明明绝去来，历历无对待。坐断毗卢顶，不秉释迦文。到者里，说甚随处作主。遇缘即宗，直得万机休罢。千圣不携，且超然一句，作么生道。”喝一喝下座。

上堂：“智鉴圆明，万法皆空。慧光独露，了妄全真。尘尘刹刹，普现威权。物物头头，全彰妙用。只得龙吟雾起，虎啸风生。瓦砾石头，咸皆孛跳。山川草木，动地喧鸣。殊胜中殊胜，奇特中奇特。”“且作么生是日用应缘一句？”挥拂子云：“掬水月在手，弄花香满衣。”

上堂，举芭蕉示众云：“你有拄杖子，与你拄杖子；头上安头，你无拄杖子。夺却你拄杖子，斩头觅活。芭蕉老汉，计穷力尽。无处启口，向拄杖头上作活计。山僧者里则不然，有也不与，无也不夺。直教他全体脱落，丝毫不挂，净裸裸。赤洒洒，是你到家底消息。何处更有一物，与诸人为缘为对。还会么？不见一法即如来，是则名为观自在。”

小参，举古德云：“寻牛须访迹，学道学无心。迹在牛还在，无心道易成。即今众中有个汉出来道，迹在者里，牛在甚么处，直对他道。绿杨芳草岸，无处不称尊，又有一个汉出来道：我本无心道在何处。对他道经行及坐卧。常在于其中。又有一个汉出来道，男儿自有通霄志，不向他人行处行。老僧闻得，只得饮气吞声。何故？一粒老鼠屎，打污一锅羹。”

元宵晚参：“十五日已前，海底泥牛含月走；十五日已后，岩前石虎抱儿眠。正当十五日，石人把板云中拍。木女衔笙井底吹，举似灯笼笑破口。无端特地一场非。”卓杖一下云：“山僧拄杖子活如龙，一口吞却了也，三十年后，免得敲砖打瓦。”

石阡黄菊济川普禅师

蜀之潼川梁氏子。入黔于西山凤凰池，礼语嵩和尚披剃，参嵩眉印可，住九龙。

退院上堂：“苦住龙山三五载，犁耙债满便抽身。芒鞋拄杖如龙虎，试问同行有几人。雪峰老人，榔㮧横担不顾。弥勒大士，向十字街头立等。”且道：“龙山长老，又作么生施设？”卓拄杖云：“出门三步外，别是一家风。”

上堂：“古云：青青翠竹，尽是真如；郁郁黄花，无非般若。黄山今日拈头换尾，将古作今。以此真如般若，翻作广大伽蓝。直教十方龙象，到此各各于中安居。平等性智，正恁么时。唤作广大伽蓝，又是真如般若，唤作真如般若，又是广大伽蓝，且如何得的当去。”卓拄杖一下云：“殿阁峰头千古致，三门高对广兴场。”

上堂：“月大有三十，月小是初一。到者里，要且千圣不能知，诸佛不能识，是汝诸人还识么？若也识，且许途中受用；若也不识，九龙不吝慈悲。率性与诸人通个到家底消息。如何是到家底消息？”良久掷拄杖云：“也是乌龟钻败壁。”

贵阳西山实行慧真禅师

西安葛氏子。礼宗风和尚，剃染具足，并以印证。

颂华亭船子

狂心犹胜在江边，短桌长歌驾铁船。
不是夹山来换手，只教撑渡到驴年。

黄龙三关

我手何似佛手，打杀泥猪癞狗。
剥尽贴肉汗衫，随分拈花折柳。

我脚何似驴脚，踏断赵州略彴。
纵横独步大方，一任衲僧卜度。

人人有个生缘，渔翁腰带牵船。
夜宿芦花深处，晓来搔首看天。

修文三潮水知非庵云峰祖高禅师

蜀之符氏子。因乱入黔，寓贵阳牟尼山，礼月空剃染，依语嵩老人具足，得法于剖石和尚，住知非数十年。康熙戊辰仲秋，告众圆寂。塔于本庵之阳。世寿七十七，僧腊四十六。

上堂："大道本在目前，说甚目前难睹。"以拄杖卓一卓云："若也睹，大家荐取云门普；如不睹，君自西秦我东鲁。"喝一喝下座。

佛诞日示众

指天指地已徒劳，七步周行祸更招。
惹得云门行正令，儿孙代代病尤高。

习安溪脉照一禅师

江西抚州吴氏子。寓蜀诞生。在黔安顺州华严硐，礼德水披剃，过丹山参语圣和尚，又参敏树老人圆具。后复丹山，掩关三载，印心于语圣和尚。

提督军门侯延生然灯请。上堂："树树青松坚晚节，竿竿翠竹响清风。延龄千古灯辉灿，劫外春光回不同。且如何是不同底消息。"良久喝一喝下座。

住定南万寿上堂："昨日古佛堂里坐，今朝万寿示机缘。携筇唯是寻知己，处处青山展笑颜。"且道："其中事作么生。"顾视左右云："朝看白云横岭上，夜观明月照阶前。"

贵阳玉龙镜天宗照禅师

本郡王氏子。母陈氏。于贵筑莲花，礼自善披剃，依密蕴具足，自行密行。因阅《禅关策进》，见黄檗示众曰："僧问赵州，狗子还有佛性也无？"州云："无。"但二六时中，看个无字，昼参夜参，行住坐卧，着衣吃饭，屙屎放尿处，心心相顾，猛着精彩，守个无字，日久岁深，打成一片，忽然心华发现，悟佛祖之机。便不被天下老和尚舌头瞒处，顿起疑情，且一时无处请益，只得静夜焚香发誓，自拈无字公案。昼参夜参，身心浑忘，如斯久久。一日正经行次，忽闻鸦声，得入头处，矢志遍参。游滇途遇语圣和尚。问云：“如何是你行脚事。”师曰：“痴狂外边走。”圣云：“尔因甚到者里。”师曰：“一等共行山下路，眼头各自看风烟。”圣云：“只恐诈明头。”师曰：“和尚也不得压良为贱。”圣深肯之。师得法后，辟玉龙，名弘法寺。

上堂：“大道无形，至真无名。随方示化，转变权衡。灵利汉，逴得些子，便解布漫天网。散荆棘林，搅长河为酥酪，变大地作黄金。坐微尘里，转大法轮。顿使一切众生，同见同明，同得同证。衲僧分上，如龙得水，似虎靠山，然虽与么，犹是化门边事，若论向上一路，直得三世诸佛，口挂壁上，历代祖师，忍气吞声，只如黄檗打临济三顿痛棒。”且道：“是向上一路耶，是化门边事耶。”良久云：“鸳鸯绣出自金针，更把金针度与人。”喝一喝下座。

镇宁列峰大千宗月禅师

蜀籍广安白氏子。

僧问：“牛度窗棂，头角四蹄都过了，因甚尾巴过不得。”师便打云：“不快底漆桶。”进云：“恁么则摇头摆尾去也。”师云：“切忌挨着别人。”

示众：“威音那畔绝譊讹，直下承当已错过。珍重本来端的处，风吹石臼念摩诃。”

小参：“什么物兮恁么来，捏不成团擘不开。踏着秤锤原是铁，天高云净月初回。月回且置，祇如古人道。修证即不无，污染即不得。诸人又作么生商量。”卓拄杖一下云：“状元原是天生定，莫把冯京作马凉。”

习安永峰慧镜常禅师

本郡王氏子。母吴氏。在城礼恒闻剃染，参狮山语贤和尚印可，师易建永峰。为投老处。

僧问：“如何是佛？”师曰：“山僧是普城人。”僧云：“如何是祖师意？”师曰：“上山气喘。”僧云：“以何法治？”师曰：“坐坐再行。”

清镇普兴慧知寂云禅师

本境刘氏子。礼本寺闻旨披剃，依黔灵赤松老人圆具，参狮山语贤和尚印证，复志行脚，同莲舟游楚途间。

尝咏："持戒参禅，无绳自缚。总不与么，历历落落。逢人若问祖师意，向道帽子头上着。啊呵呵！"

安平天台省参海宁禅师

蜀籍周氏子。寓黔之安顺州始生，于干塘潮音寺礼自然披剃，参本山月峰和尚印可。峰圆寂后，众勉师继席。复掩关于隐猊堂三载，出关常居此山。

上堂："打破玄关，放出铁鹞。冲破虚空作两边，岩前石女点头笑。"且道："他笑个甚么？""笑山僧自颠还自倒。"喝一喝下座。

上堂："戒是根基行是墙，轻遮重难谨提防。破山老人恁么道，祇知开口易，不觉舌头长，海宁则不然。戒是根基行是墙，寒则向火热乘凉。不是渠侬生我慢，都缘个事绝商量，于中还有绝商量底么。正好出来，掀倒禅床。喝散大众，正恁么时。不惟捉败破山老人，要且落得一场快。便有么？如无，山僧直得曲垂方便去也。"遂说戒下座。

上堂，卓拄杖云："佛佛授受受者个，祖祖相传传者个。古今天下老和尚，横说竖说说者个。尽十方湖海衲子，横参竖参参者个。"且道："者个是个甚么？"良久曰："切忌卜度。"

上堂："个事元无巴鼻，一一却有来由。路行动步玩月，抬眸乾坤，尽在眼底。何必更上高楼，山悠悠水悠悠，廓彻圆明一鉴收。"喝一喝下座。

上堂，卓拄杖云："无量法门，百千妙意，总向者里百杂碎了也。更教宁上座，摇三寸舌，鼓两片皮，说黄道白。指东画西，终是不做。何故聻？人平不语，水平不流。"

习安石霞厂石圣禅师

本郡程氏子。母陈氏。在城圆通寺，礼明心剃染，矢志行脚，从玉真山偕本师竺怀，游滇至五华寺，参半生老人圆具。老人示同看"万法归一"话，一齐打翻漆桶。后老人印证怀时，曾谓："此子当嗣尔之后。"怀遵老人命，不忍舍师，师辅怀归黔，住玉真十有余载，竭力领众，不惮汗劳，遂承印可。

后辞怀过五村。重辟石霞，为投老之所。门弟子为师预建塔于山麓。

上堂："霞峰小小，众山围绕。曲水盘旋，明堂恰好。不假些子安排，自是地设天造。到者里，只贵人境相宜。自然一切皆为至道，且如何是至道。"良久云："不因紫陌花开早，争见黄莺下柳条。"卓拄杖下座。

上堂："手持执足运奔，眼观色兮耳闻声。惟有舌头要说话，更不与人论疏亲。既是说话，因甚么又不论疏亲。"卓拄杖一下云："远亲不若近邻。"

上堂，卓拄杖一下云："天晴日出。"又一卓云："下雨地湿。"又一卓云："诸仁者还知霞山拄杖子为人落处么？释迦老子，四十九年口吧吧地，何曾说到者里。山僧今日虽是一片婆心，检点将来，也是施钱造罪。"且道："是甚么罪？"复卓一卓云："我无辞焉。"

安顺静明嵋霁宗禅师

河南汝宁蔡氏子。九岁时，值世乱窜岭南，忽染瘴疾，因发出尘之念。疾愈，皈依雪岩静主，乞示念佛公案。后遇舌响，指参月幢老人于滇之石宝山，礼本实剃染，复依幢圆具，参祖鼻印可。

上堂："向上向下，掘地觅天。求佛求心，泥中洗土。争如向者里，一时坐断报化佛头。似桶底脱去，始谓之了事人。宗上座，寻常在孤峰顶上。竖坐横眠，今日被人推出。不免向群队里，弗顾危亡。与众兄弟，聊露一线。"遂以拂子召众云，且道："者一线，是心耶？是佛耶？"良久云："鸳鸯绣出从君看，不把金针度与人。"拽拄杖下座。

颂万法归一话

一归何处虚空碎，独许石人侧耳听。

应物随机闲辘轹①，侵晨红日丽山新。

贵阳观音普济大阐禅师

安南陈氏子。印心于松岿善权和尚。

上堂："慈云山中打鼓，观音庵里上堂。拄杖子，孛跳上，搕堆头，

① □此字为车旁一个度。

撞着峨嵋普贤愿王。说些老婆禅，畾畾堆堆，使多闻阿难陀。结集不来。赚得昔年译经底鸠摩那，翻梵语为唐言。报道啰啰哩哩钵啰娘。”

上堂：“德山入门便棒，明赏暗罚；临济逢人便喝，春令冬行。出格底不遭陷阱，具眼者那被热瞒。所以向上关捩，千圣同源，个中消息，诸佛无异，如电光石火。岂容眨眼，若是俊杰，摎着便知，何待入水入泥。其或钝滞，早已鹞过新罗。还委悉么，动容扬古路，弗堕悄然机。”

小参：“临济家风，德山要诀。一棒一条痕，一掌一握血。随机应机，以楔出楔。用老婆心，为人直切。几个知恩解报恩，莫道吾侪虚饶舌。”

小参：“山僧有一诀，入道最亲切。勿以声色求，莫将心意测。拟更问如何，拄杖劈头楔。”

普安松岿天一大悦禅师

楚南吕氏子。因乱入黔，寓安南龙潭寺，礼无霞披剃，参善权和尚。在松岿。一日侍权，与官人持论《楞严经》，至“世尊举手问阿难处”，忽然有惺。遂以白权。权即印证。权寂后，师继席此山十余年。一日示微恙，白众嘱后事毕，趺坐而逝。塔于寺西之老塔山。世寿六十七，僧腊四十。

上堂，拈拄杖云：“启祖翁门户。展古佛家风。”卓一卓云：“辟人天正路，扫荡邪宗。”又卓一卓云：“正法眼藏，一时流通。汝诸人，还知松岿拄杖子为人处么？有向者里承当底，朝打三千，暮打八百。有向背地里吐舌底，亦与三十棒，未必肯容。何故聻？”复卓一卓云：“天上有星皆拱北，人间无水不朝东。”举宝寿开堂，三圣推出一僧，寿便打。圣云：“与么为人，瞎却镇州一城人眼去在。”寿掷下拄杖归方丈。师云：“二大老恁么作略，将谓据令而行。怎奈傍观者哂，松岿门下，只好一坑埋却。”且道：“他过在甚么处？”“具眼者试定当看。”

上堂：“德山棒如雨点，临济喝似雷奔。何殊乱世英雄，释迦摩竭掩室。净名毗耶杜口，正似太平奸细。直教列在下风，方乃揭示向上巴鼻。且如何是向上巴鼻。”良久云：“直饶向者里荐得分明。也是一场特地。”

上堂：“庐陵米镇州萝卜，山僧寻常受用得快。今日特为诸人拈掇。还会么？若会得，且许途中受用；若也不会，三个成群，四个作队则且置。

衹如山僧自纳败缺，诸人还知落处么。”良久云：“三生六十劫，咄！”

上堂，卓拄杖一下云：“三世诸佛也如是，历代祖师也如是。天下老和尚也如是，悦上座到者里，也不得不如是。”且道：“如是个甚么？”复卓一卓云：”“我见灯明佛，本光瑞如此。”

上堂：“禅禅禅，语默动静体安然；道道道，吃饭穿衣谁欠少。既然如是，因甚么善财童子，历一百一十城烟水，参五十三员善知识，然后复见文殊，方才得了。”且道：“了后如何？”“花开上林不是春，日出扶桑不是早。”

上堂：“新年头佛法，镜清道有，也好与三十棒；明教道无，也好与三十棒。何故？佛法论个甚么有无，直饶道个不有不无底，正好劈脊便棒。何以如此？”卓杖一下云：“拄杖开封，当仁不让。”

颂睹明星话

一睹明星眼界宽，大千无处着羞惭。
分明云散家家月，枉受深山六载寒。

万法归一

万法归一一归何，渔翁江上钓烟波。
芦花两岸偷开眼，戏水鸳鸯远避过。

安南广福虚峨大照禅师

楚之江陵陈氏子。在云南宜良石宝山，礼月幢和尚剃染，依黔之普安松岿善权，圆具印可。住广福。

僧问：“如何是祖师西来意？”师举果碟云：“核桃一把抓。”僧曰：“核桃一把抓是多少？”师云：“前三三，后三三。”僧曰：“前三三，后三三，又是多少？”师云：“汝也没量罪过，我也没量罪过。”僧曰：“争奈君子一言既出，四（驷）马难追。”师便打云：“因怜三尺子，失却两行眉。”师终广福。塔于寺侧。

安南万寿审实本照禅师

西蜀易氏子。幼失恃怙，自发心于本境小庵，礼一行僧剃发，矢志行脚。

至黔之普安松岿山，礼善权和尚，求受具足，权深器之，尝将狗子无佛性话追究。一日出坡挑柴，因柴担头脱，忽然有省，即书偈曰："甚奇怪甚奇怪，刷脱两头中间在。无始劫来是今朝，不识今朝频纳败。"持以白权。权曰："青天白日，见神见鬼作么！"师曰："从今向后，再不受老和尚欺瞒也。"权曰："饶你识得今朝，要且他时后日有事在。"师曰："他时后日有甚么事？"声未绝，权即乱棒打出。次日，书源流付嘱。师住安南万寿。开法接待二十余年，始终一揆。乙丑孟冬一日示寂，塔于西门外之晴龙山麓。

上堂："一念不生，万缘顿息。常光见前，孤明历历。更说甚么向上事，格外机。检点将来，也是糊饼里呷汁。还会么？着衣免寒，吃饭止饥。拟问如何，打折驴脊。"

师一日在城檀越家斋次。一士问："三教之中，那一教为尊。"师曰："问则总不尊也。"士曰："据老和尚道，总无分别也。"师曰："也不得儱侗。"士曰："恁么则毕竟是那一教为尊。"师曰："象叫地皮震。"士曰："老和尚与么，则相戏弄也。"师曰："戏弄则堕地狱如箭。"

问僧："甚处来？"僧曰："安笼来。"师云："闻大扁山，被人偷去，是真么？"僧曰："和尚何得当面诳语。"师曰："你真实道看。"僧无语。师曰："龙头蛇尾汉。出去！"

僧问："如何是云门饼？"师云："半斤一个。"僧曰："某甲不问者个饼。"师云："料汝受用不得。"

普安碧云恒暲圣目禅师

江右熊氏子。寓黔之安南，生随父于独秀山披剃，参善权和尚印心。

上堂："前释迦后弥勒，无端各各妄分别。如来禅祖师诀，堪笑人人总被惑。碧云恁么批判。且道："意在甚么处？"卓杖一下云："人间无水不朝东，天上有星皆拱北。"喝一喝下座。

上堂："云门干屎橛，洞山麻三斤。等闲忽拈出，疑杀许多人。于中还有不疑底么，出来试道道看。"僧才出，师便打云："吾行荒草里，汝便落深坑。"直打下座。

上堂："拈起拄杖云，三世诸佛用不尽，历代祖师用不尽，古今天下老和尚用不尽，今日落在碧云手里。”且道：“又作么生？”卓一卓云：“堪行正令。”

上堂：“抬眸不见天，低头不见地。人间三尺子，都来道不是。饶你道得是，拄杖子亦未肯相许。咄！”

上堂：“大光明藏，八面玲珑。含融十虚，通贯古今。乾坤以此覆载，日月以此照临。圣人以此治化，诸佛以此传心。历代祖师，并天下老和尚，以此扶宗荷教。竖立门庭，开权显实。接物利生。”且道：“衲僧门下，当作个甚么？”“十字街头破草鞋。”喝一喝下座。

小参：“参禅没甚奇特，唯要生死心切。无明窠窟掀翻，凡圣路头剿绝。直下及第心空，自然大休大歇。”且道：“歇后如何？”良久云：“碓嘴忽开花，磨盘时结果。”

习安天龙善一纯禅师

本郡张氏子。母陈氏。在法海寺，礼灵光老宿披剃，依顶相和尚具足，参善权和尚印证。复志遍游，自浙归里，住天龙山。次迁松岿。复住天龙。

上堂：“天龙峰顶，别是人间。猿啼嶂外，鸟噪云边。不是目前法，亦非心外事。掀翻陈年骨董，揭舒象外幽玄。玉壶影里劫初前，亘古乾坤不变。且作么生是应时及节底句。”喝一喝云：“禹力不到处，河声流向西。”

上堂：“打梆出坡，打板过堂。会则神通妙用，不会则业识忙忙。咄！切莫压良为贱。”卓杖一下云：“凫胫短兮鹤胫长。”

上堂：“春日熙熙，和风习习；岸柳摇金，溪桃吐赤。突出威音那畔，揭示衲僧巴鼻。明历历亲的的，因甚惟道江南三月鹧鸪啼。天龙门下，打折驴脊。”

上堂：“大尽三十日，小尽二十九。三世诸佛不知有，黧奴白牯却知有。”且道：“知个甚么。”“云中木马嘶，海底泥牛吼。惊起夜叉神，孛跳上岸，瞠眉努目。一一面南看北斗。”

中秋上堂：“宝月放光，丹桂飘香。两彩一赛，鼻孔昂藏。正恁么时，直饶道好修行好供养。禅归海经归藏，总好吃龙山痛棒。何以？分明有月落波心，自是无云生岭上。”喝一喝下座。

上堂：“我宗无语句，亦无一法与人。德山老汉，背月逃影。掩耳偷铃，殊不知山河大地。草水丛林，文殊普贤。无处藏身，墙壁瓦砾。忠国师一生受用不尽，立雪断臂与安心。眼里无觔一世贫。”喝一喝下座。

上堂：“禅禅禅，饥来吃饭困来眠；道道道，城楼五鼓金鸡叫。除却禅，去却道，夜半日头红杲杲。于此者里知分晓，月明帘外转身早。是则是，只是衲僧门下，未免拦胸踏倒。”

上堂：“春寒秋热，隆冬下雪。梅花开放岭头。路上行人，欲歇不歇。何故不歇？眼观东南，意在西北。殊不知，饶你走遍天涯海角，踏翻茶陵桥板，豁然大悟。天龙拄杖子，缓缓向你道。明月芦花一样看，鹭鸶立雪非同色。”一喝。

上堂：“儱儱侗侗，颟颟顸顸。正是全体大用，法法分明。头头合辙，未免遍地葛藤。天龙只知饥来吃饭，困来打眠。梦升兜率犹未惺，金鸡啼唱五更天。”

中秋上堂：“月圆月缺，犹是幻中境界。桂开桂卸，无非世谛馨香。于中有个亘古亘今，不开不卸。无圆无缺底，亦不可作奇特商量，若作奇特商量，脚跟下，便与三十痛棒。何故？好肉上不许剜疮。”

上堂：“南泉斩猫，归宗斩蛇。有例不可兴，无例不可缺。咄！仁者不忧，知者不惑。”卓杖一下云：“珊瑚枝枝撑着月。”

上堂：“历历明明，古今不变。挝鼓升堂，全机展演。坐立俨然，相呈觌面。卓杖下喝，压良为贱。智者犹迷，愚者取辨。离智绝愚，好看方便。甚么方便，呵呵，倒骑驴兮入佛殿。”

腊八日上堂：“奇哉三叹睹明星，漏逗一场冤莫伸。千古无人能雪释，瞎驴瞎马赶成群。即今还有为释迦老子，雪释得底么。缓缓着，是非已落傍人耳，洗到驴年也不清。”

元旦上堂：“说新又不新，道旧亦非旧。新旧两无干，冷灰重爆豆。既是新旧无干，因甚却成冷灰爆豆。莫不是本来无新旧，由自强名模。恁么见解，作他座主奴，也未得在。还分析得么，不萌枝上含春色，铁树花开遍界香。”

上堂：“胡来胡现，汉来汉现。”遂喝一喝云：“虚妄浮心，多诸巧见。作么生是真实底句，盏子扑落地，碟子成七片。”

上堂：“年年说，月月说，日日说，时时说；在在说，处处说，尘尘说，刹刹说。说无间歇，诸人还会么。不见道，乌石岭与汝相见了也，山门头与汝相见了也，僧堂前与汝相见了也。还会么，痴人面前，不得说梦。”

上堂：“处处真处处真，尘尘刹刹本来人。者般说话，唱教门中。足可观光，衲僧门下。未免白日见鬼。”且道：“衲僧门下，又有甚长处？”良久曰：“衲被蒙头万事休，此时山僧都不会。”

元宵上堂：“日月灯明佛，互相为昼夜。亘古不相违，此夜最亲切。最亲切，年年正月半，便是元宵节，壁上挂灯笼，空中悬宝月，嘉州大象趁光明，陕府铁牛生欢悦。休欢悦，看来也是证龟成鳖。”

上堂：“一往直行，茫茫宇宙。千差坐断，死水澄潭。饶你运用无亏，随缘得妙。也是杓卜听虚声。”且道：“总不与么时如何？”良久曰：“风送白云飞岭外，水流黄叶到江心。”

因事上堂：“个事见成，本无欠剩。岂欺未明，可怜不信。呵！呵！也是为他闲事长无明。”

达磨忌拈香：“梁皇殿上道不识，面赤不如语直。少室峰前痴面壁，多虚不如少实。当时只履西归，而今讨甚巴鼻。有巴鼻无巴鼻。”插香云：“万古清风吹何极。”

上堂：“恁么也不得，不恁么也不得。毫厘有差，天地悬隔。所以道，一切贤圣，皆以无为法而有差别。不差别，踏着秤铊原是铁。”喝一喝下座。

示众：“当阳一句，截断众流。充塞十虚。了无向背，诸佛诸祖。出身无路，天魔外道。觑捕无门，只得尽乾坤大地。日月星辰，森罗万象。情与无情，蜎飞蠕动。一切含灵，同一体证。同一受用，同一圆明。于中不见有纤毫生佛之相，不见有纤毫凡圣之名，不见有纤毫见闻之性，不见有纤毫取舍之心，不见有纤毫生灭之状，不见有纤毫动静之形，不见有纤毫得失过患，不见有纤毫物我之分。所以道，天地同根，万物一体。到者里，如击石火闪电光。会与不会，总是当人历历明明。本自见成底事，无欠无余，纤毫不昧。只因一念缘起不定，逐境生情，随情转念，随念分别。有天有地，有物有人，有佛有祖，有凡有圣，有取有舍，有见有闻，有生有灭，有动有静。于动静中，故起种种生灭；于生灭中，故有种种知解；于知解中，故有种种凡圣之论；于凡圣中，故有种种妄想执着；于妄想执着中，故有种种取舍；于取舍中，故有种种分别；于分别中，故有种种散乱；于散乱中，故有种种颠倒；于颠倒中，故成种种过患；于过患中，故使种种不安，种种不和，种种不宁，种种不静。所以道，万法本闲，惟人自闹。果实一念缘起无生，自然当下脱体风流。那有许多之谓，到者里，若是个汉。直教翻转面皮，掉转脚手，掀翻海岳。拨乱乾坤，指南作北，换斗移星，等闲向净白地上，撒沙撒土，立主立宾，立照立用，立境立人，立玄立要，立纵立夺，立杀立活，立收立放，立赏立罚，一切由己。亦然，道有生有佛也得，有凡有圣也得，有见有闻也得，有取有舍也得，有生有灭也得，有动有静也得。又说甚么得失过患，物我分别。所以道，法不孤起，仗境方生。法随法行，法幢随处建立者。岂不是尽乾坤大地，日月星辰，森罗万象，情与无情，同一体证，同一受用，同一圆明者哉。者些且置，更作么生是当阳一句。还会么，咄！青天白日，寐语作么。”

示众：“大道无形，真空绝迹。会与不会，总在里许。若也于中分缁素，辨玄微，论是非，正是取萤火烧须弥。若也总不恁么，切忌玉石同观。金沙混积，所以道：恁么也不是，不恁么也不是，恁么不恁么总不是。到者里，直须别有向上一路。始见衲僧巴鼻，且如何是衲僧巴鼻，乌龟钻败壁，鸡向三更啼。”

示众：“一句截流，万机寝削。十方坐断，无去来今。一道坦然，浑无边畔。豁开正眼，大地山河无寸土；列回光相，本来夜暗与日明。自是清风生八极，得来明月照乾坤。到者里，尘尘刹刹，全彰古佛家风；法法头头，总是当人机用。还得么，果若得到恁么田地，达磨不来东土，二祖不往西乾。佛法流遍天下，空生枉立岩前。不然，一片白云横谷口，许多归鸟尽迷巢。”喝一喝。

示众：“若论此事，别无奇特，山僧有个方便。不惜眉毛，与你诸人。下个注脚，还委悉么。”遂卓拄杖一下云：“者个便是最初句。”良久云：“者个便是向上句，还有末后一句。在你诸人肚皮，饿了要饭吃处荐取。于此荐得明，信得及，方知饭是米做，锅是铁铸。若信不及，正好向三家村口，十字路头把定。待有人揵犁拗耙赶牛来时，你便问他，做甚么事去。他自向你道得亲切，若再不信，直饶释迦弥勒，也奈你不何。自是你无灵种，要且怪别人不得。设若信了，山僧还有一句，再向你道。如何道，毗婆尸佛早留心，直至而今不得妙。”

都匀续灯寂常禅师

楚鄂蒲邑王氏子。母岑氏。适乱入黔始生。年十三，闻母诵《金刚经》，动出尘念。从本庵巨彻芟染，依贵筑东山梅溪和尚具足，参四川华岩圣可和尚印证。

示众："真空本湛然，幻翳从何起；佛祖假虚名，度生亦昧语；若是过量人，不用频频举；一口涸西江，一击忘所止；掉臂出长安，难瞒拄杖子。"且道："拄杖子有甚长处？""脑后见腮，不与往来。"

都匀无瑕玉禅师（尊宿）

本郡徐氏子。出家于开化殿，礼参实为师，依天野广恩和尚圆具。师善操守，有不出为人之举。数十年，以枯澹自若。临终，据座示众。坐脱。世寿五十一。僧腊三十六。

平越芦坪慈门竺崖性禅师

蜀东垫邑朱氏子。出家于安顺圆通寺，礼恒明剃染，依语嵩老人具足，参璧林和尚印可。

佛诞日上堂："指天指地独称尊，个事还他过量人；瞿昙露尽深深意，几个知恩解报恩。即今还有知恩底么？有。慈门拄杖子打教折，也未放手在。何故？衲僧门下，赏罚分明。师临终说偈示众坐化。塔于本山之阳。世寿六十三。僧腊四十余。

《锦江禅灯》（选录）①

（清）文雪通醉辑

序

明莫明于日月，禅不名日月而名灯者，何哉？日月不可传，灯可传也。故曰："薪尽火传，膏竭灯传。"日月在天之中，从上以来，自金襕别付，

① 编委会整理：《锦江禅灯·黔南会灯录》，四川大学出版社，1998，第31–36页、第223–239页、第243–244页、第252–258页、第262–277页、第290–292页、第314页。

及断臂得髓。梅子熟而菩提无树，一花开而五叶成枝。灯灯相续，焰焰生光。千古无暗室无迷途，赖此灯尔。然则此灯，三千大千世界，莫不有之。奚独震旦锦江欤？夫神禹自岷山导江，是山水发源于锦江。而西域谶云：“金鸡解衔一粒粟，供养阤那罗汉僧。”爰出马驹，踏杀天下。后代儿孙蕃衍。则谓灯独盛于锦江也亦宜。昭觉丈老人，得天童悟键锤，破山明衣钵。滴泪滴血，无法真传，为临济三十二世。中兴圆悟祖师之法席。三十年来，如涂毒鼓响，闻者咸失身丧命，劫灰扫荡。创建之余，汇集历代尊宿，凡产自蜀而阐扬宗风于异地，或产异地而大建法幢于西川者，皆录其源流行实警语悟偈，垂训后人。名曰《锦江禅灯》，而以高僧神僧附焉，共二十卷。老人岂私一锦江哉。老人驻锡锦江，则传锦江。三千大千世界，俱露老人法身，则无不禅之灯也。谓锦江之灯，即三千大千之灯乎？三千大千之灯，即锦江之灯也。余虽谬现宰官，未忘本来面目，蒙老人印可，分一灯于行车。略言简端，勿谓葛藤饶舌。

时康熙二十五年丙寅仲秋
赐进士第通议大夫户部左侍郎
前都察院左副都御史左佥都御史
乙丑充殿试读卷官钦定纂修《赋役全书》总裁
大理寺少卿、四川按察司按察使
卓异赐蟒服特旨内升弟子胡升猷顿首　撰

序

原夫天文日月所以贞丽，人文藻火所以昭发，而吾辈亦有捏碎虚空者，有欹枕须弥者，有入水不湿入火不焚者，此无他，乃精进勇猛之所使然耳。本师尝举谚云：“春宵一刻值千金。”惟以此事激励后学，或抑或扬，揭示自家宝藏。所以年登七十，尤矍铄焉。谓：“我本立誓愿，欲令一切众，如我等无异。”姑有是集之举。

盖吾真丹国中，人物多妄习，妄多则惑重，惑重则智轻，智轻则根基迟钝。所以生处不能熟，熟处不能生也。至于心之未穷，性之未尽，三界火宅，茫茫何归？以百年之得失，浩劫流浪，可不大哀欤！自劫运以来，髡夫辈视三藏如在龙宫，非菩萨手眼，弗能深入。长闭大柜，积尘锁埃，而莫或可展其题目，又深为可悯者。今略摘吾蜀禅师要语，分为三汇，合刊策本，庶来学便于参讨，不致煤墨混杂。是亦泥涂可致云宵，行潦可通沧海。

纲忝厕祖裔，弗忍旁观，圆通显密，闻所未闻。譬诸眼能察秋毫，而不能自观其面；发能舒气脉，而不能自通其结。故知面之妍丑者，明镜之力也；解发之曲直者，玄栉之功也。行之芳者，道德之基也；纲之振者，禅灯之光也。爰从上一伙老古锥，擅使勇猛之风。嗟予小子，以禅弓未张，慧剑弗利，怯弱不敢以自强，敢辞执鞭之后哉！

康熙丁卯九日昭觉住持彻纲 拜撰

序

夫禅之为灯也，非日月可能比。日月虽明，代谢有所不及。彼禅灯瑞光浩浩，圆照六合，不称其大；妙摄三有，不名其小。亭毒苍生，功埒化母。设一念等平，天地人原无两致；九年面壁，皮骨髓分作五家。㿚口而谈，横机而唱；推倒须弥，填实东海，……杰出丛林者，甲于巴子；而巴子国莫不称为法窟禅薮也。爰锦江居西南玉垒之上，北极紫微之下，左观于阗，右揖康居。论山联自昆仑，故有岷峨巫峰之峻；考水出于耨池，而有瞿塘滟滪之牢。宿躔参井，吴楚以之而襟带焉；地接八洪，嵩衡以之而螺髻焉。所居者尊，而所产者亦胜也。

聆生季运，忝寄残踪，每见铜头铁额之士，光扬宗教，剔弊除繁，赖彼山高水长之所使然。盖受其道者难訾，信其法者易晓。时沧桑摇荡，妄为人师；趑趄权门，来往不替。呜乎！干木在魏，高枕而谒文侯；子陵居汉，长揖而寻光武。彼称小道，尚怀高蹈之风；岂此沙门，不乘闲放之美。目下劫灰熢焞，三十年来棒喝遗徽，了无正范。今以禅灯一照，庶使缉玄词者，摊卷而获意珠；轨妙道者，披文而饮甘露。

或曰："溺文耽义，入海算沙。一体真如，见性即了。特彼勾章棘句，愈出而愈多。似蜂房酿百花之蜜，蚁丝穿九穴之珠。食其甜者念其蜂，好其珠者慕其蚁。今有人焉，不食甜，不好珠，不嗜语言文字。此集又奚为？"余谓："病其病者，不能自病。"客惭而退。未几半饷，聆辄下榻，手舞足蹈，扪须而叹曰："此灯光超日月大明之表，务流通于运季，展诚心于百世。此其发端乎？"

康熙戊辰中天节大圣大慈寺住持觉聆拜撰

序

觉范禅师作《石霜慈祖传赞》云："余观慈明，以英伟绝人之姿，行不缠凡圣之事。谈笑而起临济之将仆，叱咤而死黄龙之偷心。"视其施为，不见辙迹。未三世而死为绳墨。谚云：'字经三写，乌焉成马。'此言可以喻大也。先师示迹于末运，山川鼎沸之秋，千军队里安禅，虎穴魔宫说法。亦行不缠凡圣之事，得死心于先师者。惟我昭觉法兄丈和尚也，荷法心殷，践履唯实，寿几九旬，接纳四来，精力犹剩。于应机之假，搜萝全蜀古今知识，及高僧或现宰官居士等身，宝匣中秘要。廿有余年，辑成一书，名曰《锦江禅灯》。欲与百世之上古锥名宿，同一鼻孔，把手并行；千古之下，十方龙象，点开正眼。灼破昏衢，此段因缘非小补哉！"

德玉恨才谫德凉，不能助其一力。且与先师所行相违，未一世而死为绳墨，而为诸方耻。岂但乌焉成马哉！故不及吾兄远矣。非傥护赞美之辞耳！癸酉冬，乃命青城竹浪吾侄，买舟东下嘉禾之楞严，锓梓附方册龙藏，寿世流通。暂泊舟于古渝，收征帆而过我，以藁见示。正值期会接物之余，烧灯敬阅。诚哉吾蜀劫后之奇遘也！余欲无言可乎？亦乃吾兄吾侄护持慧命之心，远且殷矣。德玉遂合掌加额，谨赘数言，再拜弁于简端云。

康熙岁次癸酉长至日古渝华嵓圣可德玉题于石林面壁嵓

题辞

夫破颜微笑之旨，弥满五天。自江槎分玉浪以来，始洋溢乎中国。故金鸡衔粟，马驹踏人，贵乎见谛，履历次之。所以五叶蕃衍，中此毒者，病痼弗浅也。即遐陬僻壤，知有悟门，奄娼饷儿，擅说法要。累所传之杂糅，务禀授有苗裔。某为师承，某为嫡嗣，何州之子，何世降神，庶法运毋紊乎主张，而流芳亦迈矣。如德山、临济，大机大用，杀活自由，无俟外学相助。五季以从，辩藻转深，往往从义学理窟中翻驳而出，是衲子反带书生气耳！其真风变涣，由兹而始。

昨阅少林《缵绪》，以大慧易虎丘，付帕为嫡嗣。噫！丑词出自伪口，不逊费于笔端。古之法匠，尚有传记可考，非直谱牒而已。适以禅灯题其名，高僧、神僧附其右者，恐异日雷同《缵绪》之谬，以备后之修史者，便于采摭焉。且末法奉教，例多俑人，每临文而叹息，遂兴志以殚修。

吾祖之道之传于诸夏，始于梁，盛于唐，而光显于宋，其间多能文博达之士。追怀宗先帝晏驾之后，寇烽雾起，玉石俱焚。其残篇短帙，或以文传，而辞陋事疏；或尚声名，而志乖隐逸。彼得此失，无所考者。于是取诸方口实，且删且衍，以为之书。执笔悲懑，不觉涕泗横流。而人之所知，不如人之所不知，信哉！

近有一伙不明大法之人，只欲攀高自大，曩者阿难、调达，均为释尊之弟，罗睺、善星，同是如来之胤。非道有优劣亦邪正，盖自取之耳。

今集中，自四祖以下，迨双桂印止，于中麟膊猩唇，不胜枚举。仅取觚翰雅尚者，摘其黼藻。及驰他国说法者，名实章程。而乘愿入峡利生者，总戢帙内。间有一知半解，隐逸嵓阿者，列书号名于目次之后。或烽烟两地，难于捃拾，祈鸿鱼以示之，俾金鸡衔粟，蕃衍中华，断不类婆须密、天皇悟之故事，费后昆之笔舌也已。

康熙壬子成都府昭觉寺丈雪通醉谨识于不动轩

象崖珽禅师

闽之福清人。幼与费和尚同参金粟悟老人，后参东塔明和尚，职西堂，始印可。偕明和尚入蜀，开法梁山之玉屏，易号黄檗。

上堂：“举保寿开堂，三圣推出一僧。寿便打。圣云：‘恁么为人？瞎却镇州一城人眼去在。’寿掷下拄杖归方丈。”师拈云：“三圣坐筹帷幄，退己让人。者僧身挨白刃，皮下无血。保寿据令而行，龙头蛇尾三人虽纵夺可观，未免有得有失。”且道：“山僧今日开堂，若有推出一僧？”亦劈脊便打。他若云：‘恁么为人，瞎却西蜀人眼去在。’直打棒折也未放手。何故？要救天下人眼去在。”

腊八上堂：“独坐少人知，自怜双眼碧。夜半睹明星，无端瞎一只。三七思惟没奈何，树下经行虚叹息。腾今耀古累儿孙，个个扶篱与摸壁。唯有龙蟠铁栉栗，撑天拄地无穷极。因斋庆赞释迦文，当阳对众乱抛掷。

木童火里笑嘻嘻，石女溪边吹觱栗。告报诸人闻不闻，头上金乌似箭急。今年腊八在东山，明岁何尝离本际。荐取瞿昙悟底时，摩诃般若波罗密。”

因避秦酉阳大酉禅林，于辛卯七月望日示微恙。说偈：“来亦无所从，去亦无所至。来去本无踪，无是无不是。”掷笔趋寂。世寿五十三，僧腊三十一。

敏树相禅师

邻水人。参万峰明和尚嗣法焉。住垫江百丈山。

月旦上堂：“昨夜一声狮子呖，窟中抖擞金毛走。天明满地是麒麟，吩咐明州布袋守。向道渠侬不等闲，逢人切莫扬家丑。”

上堂：“学道休参卤莽禅，逢人要识此根源。当机觌面还相委，脱骨换肌是契先。出矿纯金重煅炼，离山美玉用钻研。看来至宝非容易，不是依俙了目前。”

住楚江万寿。上堂：“拨转万物维新之际，底汉正好向一人纳庆之辰。入此选佛场中，开单展钵，弄箸拈匙，彻见元初本体，获大真实受用。”

上堂：“参禅一着了生死，顿悟圆明彻自己。觉得早知灯是火，于今饭熟多时矣。”

龙门寺上堂：“不到龙门院里，焉知浪暖桃花。既知浪暖桃花，深入龙门院里。此犹是化门边事，且龙门堂上奇特一句。作么生道？五色云中观彩凤，九重天上看飞龙。”

举：世尊拈花：“灵山拈出紫金花，错过人天百万家。迦叶破颜方有意，涅槃流布眼无邪。金襕委付阿难侣，鸡足犹披弥勒裟。勿谓儿孙多意气，禹门不待化龙蛇。”仙苑告成：“傀儡场中作祸坑，无端平地赚懦陈。谁知线断懡㦬手，满面惭惶笑杀人。”

后旋南浦，示微恙。塔于慈云庵之右。世寿七十。

武冈州云天山燕居申禅师

忠南李氏子。参遍诸方，末后受万峰明和尚授嘱。

住贵筑大兴善寺。上堂，僧问：“人人上梯子听说法，即今法在何处？”师云：“上梯子上梯子。”乃云：“五里亭十里铺，夜则明行昼暗度。任是铜头铁额来，顶门一击全身露。”

上堂：“或时冷或时热，剔起眉毛看时节。大兴堂上打驴腰，火神庙里出鲜血。一场好事要人知，其奈人之信不及。众中还有信得及者么？”

上堂：“欲赏蟠桃会，殷勤上苑游。方朔偷不去，留滞在枝头。信手拈来庆和盘，从教亿万秋。”

上堂：“方丈里出来，法堂上坐起。学力如此，见处如此。大众还我一句来。”众默然。师云：“然则尽皆如此就，没有些闲神野鬼。”

住楚江楞严寺。上堂：“决于南岳行，谁知尚萍梗。连路少盘缠，出卖大佛顶。其价亦不增，售者亦不损。卖与众位们，衹要还我本。差了一丝毫，彼此皆不肯。”大众：“且向丝毫不差处道一句。”众无语。师云：“冬日固是寒，下雨觉更冷。”

上堂：“临流终日不抛钩，志在双鲸得便休。珍重渔人休放手，再抛香饵钓狞龙。有么？有么？请出相见高真观。”

示众云：“古佛不扬眉，高真解拱手。乌龟撞着蛇，栏腰咬一口。痛杀吕纯阳，三丰脚后肿。带累僧纲司，向外扬家丑。山僧拄杖过人头，打起金毛特地吼。”

寿七十二，无病而终。塔于云天山。

昭觉丈雪醉禅师

中川李氏子。少孺矜持，长以和让，情性沉厚，意气淡冲。初参明和尚于万峰，因鞋倒套不上有省。遂造天童，闻梆声大彻。单丁佯抑，一衲飘然。后回万峰，见而印可。开法牛山禹门，汉中静明，保宁草堂，整顿颓纲，说法如截，钳锤倜傥，毫发无容。政烽烟滚滚中，于秦蜀说法。七镇丛林，正令全施。霜输云委。

上堂：“久雨偶晴，人境纷纭。金乌投东岭，滴露草桥横。衲子分中明甚么边事，若也分疏得，也是乌龟钻破壁。”

上堂：“法不孤起，仗境方生。境既弗存，法从何立。”竖拂子云：“此是境，如何是法？”掷下云：“从兹抛在粪扫堆头，雨洒风吹去。”

诞日上堂：“吾年四十二，作事多颠蹶。佛祖生冤家，怒骂轰天地。兔角杖龙蛇，龟毛绳虎兕。一条铁脊梁，勿遭岐路使。丝毫尚弗容，死生安将继。”

上堂：“凛凛寒霜，洗出乾坤正气；娟娟皓月，印还天地公心。遐迩关河，淳承至化。西来曲调，仗庇流通。作无窟宠之埙篪，韵和不齐之金石。拟侧双聪听，风吹别调中。”

追严上堂:“朝朝睡到日红东，不会人前撞木钟。”以拄杖敲香几云:“天堂地狱，被山僧一击，七花八裂了也。惟有目犍连尊者，扬声大叫云:快活!快活！大众且道：‘此老快活，从威神力而得耶？从山僧拄杖头而得耶？’试甄别看。如辨别得出，六出祁山非猛士，七擒孟获始称豪。”

上堂：“还有冲锋惯战者么？”一僧出。师打。僧云：“恁么则泥牛哳太虚去也？”师云：“将头不猛，带累三军。”僧作掗枪势。师云：“善哉善哉。”僧拟议。师云：“草贼大败，劫风稍息。”

重辟昭觉。时年七十有六。扫劫灰得诸方残篇，缝为《锦江禅灯》。康熙癸酉秋，命门人竹浪彻生负稿嘉禾，剞劂流通。

荆南莲月正禅师

岳池姜氏子。岸谷渊弘，三学备练。因侍明和尚赴斋，途中吃跌，机语相叩，而嗣法焉。后开法于牂牁东印，次徙保寿，再迁荆南柏子庵。

上堂：“辨魔拣异，须是顶门具眼；诃佛骂祖，还他脑后见腮。若是全提正令，佛来魔来，总与三十棒，何故？放过即不可。”

上堂：“神头鬼面，突出难辨。魔口佛心，回看益深。直须两眼双明，不被境缘转换。万别千差，当阳勘破。方受得人天供养。”

上堂：“消息暗通，尚挂唇齿。灵机互换，犹犯锋铓。掀倒禅床，拂袖便行。疾入膏肓，山僧恁么告报，众中忽有个负血性底出来道：‘老汉因甚压良为贱，只对他道。’雪后始知松柏操，事难方见丈夫心。”

上堂：“欲识佛性义，当观时节因缘。时节若至，其理自彰。即今莺娇柳媚，蚕妇采桑，水流花发，农夫插秧。会得原是天真受用，不会未免业识茫茫。”

灵隐文禅师

高梁王氏子。初侍巾瓶于象岩和尚，后参万峰老人印可。开法黔南之紫竹院。

上堂："紫竹风生入翠娇，横斜弄影半窗摇。今朝唱和无生曲，幸有知音同共敲。同共敲，节令不相饶。三春已度过，九夏正芳新。柳绿开眉眼，桃红契本心。所以道，不离宝华殿，不越菩提场；重重华藏交参，一一珠网圆莹。且道承谁恩力，横按镆鎁全正令，太平寰宇斩痴顽。"

因雪上堂："彻骨寒威正寂寥，红炉燄上六花飘。卷帘荐取西来意，无限琼枝拂柳条。"

上堂："心非是性，认性乖宗。性非是心，立心失旨。性本无为，心亦无形。于无为无形处，辨得端的。一切诸形尽是心，一切有为都是性。放则乾坤冲塞，收则风行草偃。且收放一句，作么生道。竿头丝线从君弄，不犯清波意自殊。"

云幻宸禅师

蜀东忠州万氏子。每有出尘之志。十六出家，廿岁禀戒于象崖禅师，巾瓶三稔。参破山和尚，服膺数载。记莂之。应巴州中峰禅寺之请，入院。

上堂："一门超出，弹指了达无为；两眼豁开，宛然顿证妙果。心本是佛；何必寻剑刻舟；念乃即空，岂得离波觅水。千江月映，处处百亿化身；万树春回，在在随缘应感。淫房酒肆，即是弥勒道场；虎穴魔宫，原来释迦宝所。举一明三，坐断人天异路；知十答百，不落凡圣阶梯。堪报不报之恩，用作无为之化。尧天舜日以增辉，金车法轮而常转。正恁么时，祝国利生一句。作么生道？四海狼烟都息尽，万邦只教乐升平。"

渝州华岩圣可和尚

营山王氏子。侏儒渊默，于世邈焉。常听《金刚经》云："胎卵湿化，咸证金刚不坏之身"，稍有疑骇，遂舍家，投辽阳师落发，法名德玉。凡行住坐卧，便疑此身乃脓血所成，犹如聚沫。那个是我金刚不坏底？因参破山明和尚，以前语诘之。服膺数稔，始印证焉。以狂猿未控，走半天下。后归华岩古洞。遐迩聆之。归者如市。

众请上堂："鸡鸣犬吠，鹊噪鸦啼，观音菩萨来也；墙壁瓦砾，大地山河。普贤愿王在焉。声色里求人，闻见中垂手。则不无掀翻声色，踢脱见闻一句，作么生道？数声清磬是非外，一个闲人天地间。”

住滤州方山。佛诞，太守陈公入山挂幡彩，请上堂，问：“君恩如山，何以报？”师云：“镇夜潇潇雨。”进云：“亲恩似海，何以酬？”师云：“电后一声雷。”进云：“酬恩报德蒙师指，即今陈护法入山，作么生款待。”师云：“苏斯蕉扇正维夏，快我秧针适麦秋。”进云：“恁么则不二门中无捡择，人情佛法两周全。”师云：“也要阇黎亲荐得。”乃云：“达磨达现宰官身，魔外云门讵可侵。去岁金身长丈六，今朝丈六实迦文。”蓦拈拂子召众云：“还识迦文么？臣报君恩子报亲。”击拂子两下。

寓遵义府绥阳嘉瑞寺。结夏上堂：举“虎丘隆祖因僧问，九旬禁足此意如何？”祖云：“理长则就。”进云：“只如六根不具底，还禁得也无。”祖云：“穿却鼻孔。”进云：“学人小出大遇去也。”祖云：“降将不斩。”进云：“恁么则放某甲逐便。”祖云：“停囚长智。”师云：“隆祖恁么白足调心，高打墙篱，深掘隍堑，密固灵根，可谓有本。只是太区区生，今日德玉不尔。设有问九旬禁足此意如何？有条攀条，无条攀例。六根不具底还禁得也无？淫房多画姓，酒肆有诗名。学人小出大遇去也。万水千山里，犹是草鞋尘。”颂云：“无住之心那个知，电光石火较犹迟。且将法界为床座，入理之门有子规。”

合州石幢寿禅师

嘉陵姚氏子。初寓禹门丈和尚堂中，参随甚久，遂之双桂印可。住濮阳龙游，一榻萧然，别无长物，有回石头之风。

僧问：“和尚未见破老人时如何？”师云：“眼光烁破四天下。”进云：“见后如何？”师云：“瞎！”进云：“学人不然。”师云：“试道看。”进云：“学人未见和尚时瞎，见后眼光烁破四天下。”师竖拂子：“见么？”进云：“见。”师便打。

上堂：“六户虚通，万象乌能逃影；一门超出，诸境自是潜踪。以一门而含六户，千差共辙；将六户而归一门，万别同源。无内无外，耀腾今古。非暗非明，于斯荐得。越格超宗。”

上堂：“龙游无法说，纵横活鱍鱍。拈起鳖鼻蛇，露出冲霄鹤。放去周寰宇，收来随折合。不滞有无机，宁分月小大。觌体总恁么。阿谁能卜度。”

上堂："入道依何住，束心自尔俱。不从斯履历，何处起规模。性海珠光灿，情源爱水枯。头头归实际，物物证真如。"

定林寺上堂："一句全提，截断千差岐路；两镜相照，洞明格外机关。事有多途，理无异致。悟彻法源，自知限量。透顶透底，迈他圣智遐通；浅见浅闻，自是愚迷劣智。"

上堂："芦管灰飞后，一阳天下周。牧儿慵放犊，渔父怯垂钩。露冷山容瘦，霜寒水国幽。岭梅多意气，斗雪暗香浮。"

遵义松丘两生从禅师

蜀永川丁氏子。父母俱梦供养之僧真从来也。当娩室中果生一子，故老幼咸以真从呼之，遂号"两生"。自幼不茹酒荤，七岁依胞叔出家。异其常童，少习讲。后参双桂明和尚印可。

应恒昭禅寺请，开法上堂："今朝十月初一，到处犁耙事毕。独有恒泽山中，又是一个则例。且道甚么则例，新出一群犊子。今日方才贯鼻，待伊时节到来，个个耕翻大地。"

防御使请上堂："今朝腊月初五，寿星高照镇府。部属官员走似烟，林下道人何所处。一众云堂济济来，更要山僧打口鼓。试问诸人，还会么？"以拄杖卓一卓云："拈起胡茄十八拍，宫商一韵垂千古。"

护国寺上堂："今日欣逢上九，惊动人天聚首。四方衲子，归来于此。正好抖擞，所以道，旷劫来事只在如今，威音那畔全归掌握。法随法行，无处不周。心随心用，无处不遍。到者里说甚么？人间一百年，天上一昼夜。"蓦呈拄杖云："于此委悉，东方妙喜世界，亦不离个里；西方极乐世界，亦不离个里；乃至袈裟世界，亦不离个里；天上琉璃界，须弥善法堂，总不离个里。如是则一处明，千处万处光辉。一机转，千机万机历落。且不离本有一句，作么生道，相逢但说三分话，未可全抛一片心。"

世寿七十二。无恙而终。葬全身于松丘之右。

东川吕大器

遂宁人。持正果决，刚毅勇为。闻闯寇陷蜀，起中兴之私，永历主授以经略督滇，黔兵马屯于石柱司。坐筹帷握，决胜千里。明和尚亦避秦于司中，公备书请云："时无禅机不孝略有禅心，咫尺崇光瞻挹心切，便拟单骑榻前一泻夙心。山深道棘，思滋地方驿骚也。不弃愚忱，惠然一赍。可胜悬企为祷。"明拽杖而赴。士出。明云："你是吕居士么？"士曰："不敢。"明云："父母未生前姓甚么？"士拟开口，明便打。士怒色，明复打。士趋进。明呵呵大笑云："将谓！将谓！原来，原来。"明遂占一偈："无端平地起孤，骇得虚空颠倒走。痛打金毛人不识，几乎翻作跳墙狗。"士怒推出掩门，大张威令相勘。明又占一偈："父母未生前句子，等闲棒着发无明。猛然省得非他物，十八女儿不系裙。"遂归司。主马嵩山以扭缭拒明。明复占一偈："拄杖芒鞋荆棘路，沾沾滞滞无回互。通身泥水尚未干，又穿一双铁脚裤。"士有省，再请焚香。始拜为弟子。明曰："五年未剖荆山玉，忽得渠来秘不住。拄杖麻绳密密通，雷门布鼓明明露。泥猪癞狗打惊慞，跛鳖盲龟生恐怖。献与楚王仍不识，只当一个大萝卜。"公复云："万丈滩头横夜月，一腔宿雾扫晴天。他年合坐三生石，始信因缘弗偶然。"明复云："向慕肌骨，而未获一觌面耶。幸弹丸地上相逢，此奇缘。势不可不斗胆，果符素心漆桶子快，不然咫尺天涯矣。聊具瓢拂二种，机缘偈记：黄檗室中三顿棒，大愚胁下便还拳。老僧撞着吕公缚，祖代冤流如是传。"公后以棒喝接机，而僚采惮之。

贵阳云腹智禅师

渠县人。幼出俗于水月庵。初参雪门，后参象崖和尚印可。

上堂："三阳运转，万物咸新，春和境秀，已解碧潭之凝冰。处处歌欢，尽贺元旦之新节。只如不涉新旧一句，又作么生。明明历历无今古，乾坤何处不光辉。"

元宵上堂："孟春犹寒，瑞雪铺成银世界；滴水冰生，山川变作玉琉璃。不见道，寒时寒杀阇黎，热时热杀阇黎。诸人若向不寒不热处透得，便能脱罗网超三界。不被寒暑所迁，方为物外闲人。其或未然，处处明灯光烁烁。珍重禅人着眼看。"

解制上堂："开炉结制九十日，衲僧个个讨巴鼻。恶辣钳锤不饶伊，拟议开口蓦头劈。娘生鼻孔搭上唇，脚跟下事明如日。今朝解开布袋口，任意纵横东西去。"且道："清凉长老又作么生？"横担拄杖云："本是山中人，还归山中去。”

贵阳语嵩裔禅师

巴县宋氏子。廿岁出家，参破雪和尚，打破漆桶，值雪臂和尚印证。

开法于牟尼禅院。上堂：“吹毛宝剑，久藏匣中；今朝拔出，孰敢当锋。魔王尽丧，百怪潜踪。三世诸佛总立下风，一花五叶让谁立宗。十世古今一时流通，正恁么时，河清海晏，万国来降。处处村歌社饮，家家啸月吟风。且道新长老到院一句，还有唱和者么。举头天外看，谁是我般人。”

上堂：“昨日山前堆白雪，今朝座上起清风。不是有不是空，觌体相呈向上宗。崖畔石女睡初惺，拍手呵呵笑不穷。”大众且道：“笑个甚么？”顾左右云：“笑山僧不惜眉毛。”

上堂：“祝延今上适拈香，舜日高辉照大荒。只得青天无点翳，冰消瓦解绝商量。石头瓦砾皆欢喜，草木昆虫尽放光。密密流通正法眼，绵绵续焰广敷扬。当机奋迅能哮吼，始入西山选佛场。不让丈师亲马祖，还同临济个颠狂。据虎头兮捉虎尾，三玄三要播诸方。”

上堂：“吾年四十七，韶光劈箭急。愧无应世才，却有住山益。茅屋两三间，稳密更稳密。幸值大金汤，犹添外护力。法令正当行，妖魔皆绝迹。九苞之雏羽翼齐，金毛师子便返踯。鸣者鸣吼者吼，大震乾坤，高辉佛日，天上天下独称尊，世出世间谁能敌。正恁么时，四海讴歌归圣化，万邦纳表普称臣。”

示众：“久雨不晴，岩峦幽阴。白云在户，庭草渐深。林下衲子合作么生。”乃喝云：“虚空粉碎，大地平沉。倏然送出一轮红日，依旧普天匝地光明。且不属晴雨一句，作么生道？几片白云横世界，个中谁是出头人。”

病中示众：“吾年五十七，无补法门益。拜扫上天童，老病相催逼。示病原非病，此意许谁识。气岸幸不衰，筋骨有余力。喝破岭头云，迸出当天日。光辉彻四维，烜赫照今昔。莫占众生塔，何须苦觅地。抛向大江中，鱼龙一饱去。”掷笔而逝。

天隐崇禅师

垫江毕氏子。参遍诸方，末后于敏树和尚处打彻，以嗣法焉。

住贵州思南府朗溪司太平禅院。上堂:“千圣出世,惟究一心。建立五宗,单传直指。承言滞句者,埋没家宝。行棒行喝底,未透根源。与么吐露,沾唇挂齿。直饶荐得,早是无端。”

上堂,问:“如何是临济三玄戈甲?”师和声便打。进云:“打即不无。如何是夺人不夺境?”师云:“棒下无生忍,临机放过谁。”进云:“如何是夺境不夺人?”师云:“自从分破华山后,直至而今让巨灵。”进云:“如何是人境两俱夺?”师放下拄杖云:“不用展戈矛,歌谣贺太平。”进云:“如何是人境俱不夺?”师云:“海晏河轻歌舜日,黎民庶子乐尧天。”进云:“如何是第一玄?”师云:“拄杖头上为你言。”进云:“如何是第二玄?”师云:“舌条元在齿唇边。”进云:“如何是第三玄?”师云:“临济不解意,徒劳话目前。”进云:“如何是第一要?”“相逢懒开口,棒头已先到。”进云:“如何是第二要?”师云:“一击顶颅开,千圣绝玄妙。”进云:“如何是第三要?”师云:“脚瘦草鞋宽,踏遍长安道。”进云:“三玄三要蒙师指?向上宗乘事若何。”师云:“切忌落他圈缋。”乃云:“临济嘉声起河北,太平宗旨建朗溪。莫言此日非他日,嫡骨冤流接上机。”遂掷拄杖云:“山僧恁么告报,还知新太平不动枪旗。演三玄戈甲么?未举钳锤,融摄洞山五位君臣么?随机扣发,拨开云门一字关么?侠剑随身,划破仰山九十六种圆相么?了无同异,功超法眼六相义门么?于此透脱,亲见老僧,方识五宗之门庭,弗疑千圣之权实。”喝一喝下座。

黔灵赤松岭禅师

潼川韩氏子。年十五,每思浮世转眼成空,遂入山修持,草衣木食,甘苦自若。尝阅《华严》,至“《如来现相品》,‘世尊与诸天说法,诸天常闻天鼓之音,此音非从四维上下来,不生不灭,如我说法亦复如是’”。不觉失声有省。游遵义海龙山。依敏树和尚。久而记莂。

住贵阳府寿世禅院。结制上堂:“为因出世缘,随事立宾主。不落套头禅,养成戴角虎。珍重脚跟行,中途莫莽卤。山僧恁么道,怜儿不觉丑。还有识机宜具正眼者么?”良久喝一喝。

上堂:“解制机缘,本无言句。抹月披风,随缘去住。唱出无生曲,打起禾山鼓。个个入圆明,不傍他门户。恁么行脚人,尽作师子舞。他日出头来，定是主中主。”

溪声圆禅师

平山人。家以世袭，尝为廖中丞营将，因闯寇犯蜀不职，始削染隐于绥阳山中，居无何火庵，参牛山丈和尚圆具，总院事数稔。丈受禹门请，以衣院付之。

开法上堂：“从上来事，坐不当堂。历代兴慈，行不出户。不获已祇得向虚空掘洞。开第二义门，拈椎竖拂。棒喝交驰，或松根扫地。或街头等人，乃至张弓擎叉，吹毛辊毬。山僧虽是他家种草，毕竟不向者里藏身。”喝一喝。

四威仪：“山中行，赤足印泥痕。登石走，惊惺地头人。山中住，壁上开个户。人客来，奉敬大萝卜。山中坐，蒲团破又破。没边拦，不敢从新作。山中卧，纸被落头里。翻身来，两头俱登破。”

破衲歌：“看者破衲个，破得太索络。斤两刚七斤，多少人不作。泥猪癞狗尽该罗，跛鳖盲龟被伊缚。雨也打不湿，风也吹不着。拔自尘沙劫前，绽则千补百缀。无贵贱与人拈弄，有剪尺与人裁度。从来不晒晾，东掷西抛；一向不洗浣，汗臭气大。东土衲子礼三拜，寒温入髓；西天尊者立微笑，摆他不脱。分明盖覆赤肉团，无位真人尽包裹。山野一生多快活，全凭此领破衲个。”

后徙平武示寂。收骸衬。塔于昭觉祖塔之左。

安龙府月幢了禅师

江津毛氏子。母梦僧送桃啖之。有娠。年十六，因阅《楞严》，疑情顿发，遂白母剃染，遍参尊宿。忽一夜心境俱空，豁然有省。礼丈和尚于禹门，职维那。师资道契。癸巳冬，开法滇南石宝禅院，永历帝向其道风，请开示求偈，法名真佛。上锡椹服，恩渥甚厚，发帑藏为国祝厘。两奏表呈偈颂，皇情大悦。

上堂：“天不能盖，地不能载。包括五须弥，吐纳大千界。释迦弥勒无地容身，文殊普贤有意难解。生死涅槃划断，真如佛性捉败。虽然如是，为国开堂一句，作么生道？顿超诸佛祖师意，仰祝吾皇亿万春。”

上堂：“南明有口也难言，坐断千差不直钱。今对人天疥络索，直教切切悟心田。无边苦海皆甘露，髑髅特地契根源。”

后徙安龙玉泉寺。于丙午冬示微恙，辞众。偶有僧二人，谓某某相侍和尚前行，一僧无病而逝。师圆寂后，一僧相继而终。阇维于玉泉寺之后。侍僧两塔列左右焉。世寿五十三，僧腊三十七。

懒生升禅师

荣昌简氏子。幼秉渊默，骨力孤骞，矢志参禅，遍访尊宿，再参禹门丈和尚，机语相扣。后寓金川高峰。

上堂：“一向抱拙安贫，今朝遮掩不住。虽然露丑万端，务要诸人照顾。且照顾个甚么？”拂一拂云：“山头老汉强推出，走向人前都不顾。笑杀当年面壁翁，赤穷到底嘴生噗。”喝一喝。后省觐丈老人于昭觉，适遇提刑幻庵胡公，松斋宋公，案山张公，以送鸿为题作偈。师跃然曰：“子幸生于大有年，纵横潇洒杂晴天。饱经一肚桃花雨，拨乱干堤杨柳烟。倦去影随霄汉尽，健来心在白云边。信知物外闲游客，方寸同乎宇宙宽。”又思梅偈云：“瘦骨冰肌意未销，疏狂那复万山朝。翻他物表真豪杰，势压南溟弗寂寥。好鸟啄残风习习，游蜂采慕雨潇潇。知君旧有瑶台约，不负初怀辱见招。”

康熙乙丑正月八日，示微恙。端坐而逝。阇维收坚固子如菽伯什，似粟者若干。嗣法门人竹友、芥腹，赍回雒源高峰，建窣堵波。寿七十四，腊五十二。

昆明香国大憨我禅师

蜀南何氏子。嗣法于禹门丈和尚。

祈晴上堂：“烈性生横秃木干，天花乱坠斗牛寒。频敲雨色千秋祝，拨转晴辉万象安。八字打开门两扇，当阳抛出海来宽。行人莫谓苍穹苦，剔起眉毛仔细看。”

佛诞上堂：“自从结却龙湫舌，容貌居然天下绝。本是护明初度时，恍如舍脂离金阙。玉楼人见且风流，犹倚红罗扇遮月。不是男儿不黑心，男儿只恐心无血。纵然洗见骨头来，其髓何曾及时节。珍重毗蓝园里人，顾丝毫水鉴眉睫。”

遵义府禹门寺半月涵禅师

邻水人。廿岁于丈和尚处落发。后参破山老人于双桂，大死一番，如梦忽醒。仍旋昭觉，印证禹门。四众请为继席。

上堂：“玄机一唱，只贵知音。祖印高提，流通正眼。演无生之真乘，恢彰本有。树迦文之赤帜，揭示当人。普说学道如登山，直须到顶；犹若行船，直须到渊。至顶方知宇宙之宽广，到渊始觉湖海之浅深。所谓参须真参，悟须实悟。学者偷心不歇，门外打之绕。反咎禅道不灵验，寝食俱捐，偷心放下，啐地折爆地断，无量劫来生死根本。一照照破，天下善知识。不奈伊何，正好于涵上座手里吃棒。何故？不是一番寒彻骨，争得梅花扑鼻香。”

月茎字禅师

江陵雷氏子。十六岁父母俱背，遂礼石严和尚剃发。闻昭觉丈和尚禅宗丕振，遂瓢笠躬谒，契机而印可。住绥阳五涯寺。

上堂：“大道无向背，至理绝言诠。回出三贤，高超十地。直饶释迦弥勒到来，不敢承当。文殊普贤，无容拟议。古德道：‘尽乾坤大地，撮来如粟米粒大。’犹未是极则之谈。”且道：“全提正令一句如何？”良久云：“行到水穷处，坐看云起时。浴佛上堂，身光炽盛，谁敢动着纤毫。妙相圆明，切忌当头触犯。即今不肖儿孙，衹得应个时节。用性空真水，有时波澜浩渺。有时彻底澄清，敢问大众。浴即是，不浴即是。”以拂子作浇水势云：“尽道水能涤尘垢，水垢元来不二门。”

玉螺山希声彻咏禅师

贵州安顺府安平县宦族陈氏子。幼习儒业，颖悟过人。家供达磨一尊，师赞云：“碧眼螺髭，古怪跷蹊。无凡无圣，若愚若痴。梁王殿上，话不投机。掉身兀坐，作贼胆虚。家业荡尽，没点渣滓。讶！刚刚抛下一双履，东一只又西一只。”师求出家，父母不许。筑庵宅畔，断荤酒。懒俗务，遇佛眼和尚。参“万法归一”话头。疑情顿发，随父宦游遵义，诣桃源洞，谒丈雪和尚，机语相投。丈异之，云：“此子是个恶辣狮儿。”参敏树和尚。敏欲开口，师上前。掩敏口。师掩耳而出。敏曰：“真利器也。”双亲见背。师弃家入山。乃云：“从上诸祖各具手眼，或铃或铎，或棒或拂。”师将木五寸许，为圆头尖脚。名曰“得乐”。作得乐歌：“日行鞭唱，打得乐。”打得乐，你也有一个，我也有一个。一个有一个，个个不加鞭，忙里都错过。仔细思量来，放下且快活。朝也得乐，暮也得乐。讪我颠狂我也得乐，笑我痴顽我也得乐。热闹场中我也得乐，冷淡林间我也得乐。一鞭打得团团转，大地山河活泼泼。我也不会修善，不会造恶。不较长短，不分厚薄。要便要，说便说。”且道：“说个甚么？”“一切有为总是空，不如放下打得乐。有僧来。师扬鞭曰：“打！打！”如此数年，人莫能解。携杖云游，遍历名山大川。见知识甚多，搜括玄奥。穷究宗旨，不甘人下。及入蜀上昭觉，重晤丈雪和尚。丈云：“别来久矣，日用事作么生？”师云：“打得乐。”丈云：“将得乐来。”师竖拳。丈云：“除却者个。”师作扬鞭势。丈连呼：“得乐！得乐！”师大彻，遂付法焉。

石琴闻禅师

蜀邻邑人。生来颖异，舞勺之年[①]，辞亲学佛。于铜梁东山自得师脱白。后行脚讲筵，参遍禅席，得法燕居和尚贵阳之雍门，凡七座道场。

住开州辅德寺，有文刺史请上堂。问：“如何是夺人不夺境？”师云：“北海乡书消息断，南山春日雨花香。”“如何是夺境不夺人？”师云：“夕阳西下山光淡，马首东来酒兴深。”“如何是人境两俱夺？”师云：“魂消崖岛孤艟覆，肠断居庸匹马嘶。”“如何是人境俱不夺？”师云：“歌馆楼中客未散，长干道上月来初。”乃云：“扬眉即去，拂袖犹迟。瞬目而行，人境俱夺。若在衲僧分中，略较些子，若是衲僧向上事。”顾左右云：“参！”

藏天宣禅师

蜀东王氏子。童时于护国寺，依不我师脱白。廿岁于师翁裴和尚处圆具。灵隐和尚过护国，得叩机要，击节有省。遍参尊宿，诣牂牁嘉瑞，值两生和尚机语相投，与偈云：“棒头喝下接全机，电掣星飞较已迟。骨臭衫儿脱却了，因缘到处听施为。”继席松丘，有录行世。其略示众云：“参禅要猛烈，不悟不休歇。打起好精神，莫蹉过时节。下个死心肠，岂拘在

① 舞勺之年：指男孩子十三至十五岁期间学习勺舞。

年月。立得脚跟稳，始不被人惑。甘尽苦中苦，关头能打彻。古人曾与么，吾常于此切。作个不群人，行履须回别。克期能取证，当下便超越。透出天外天，回过白拈贼。才闻举着些，洞然自明白。山顶鼓波澜，海底立枯竭。弥勒释迦来，亡锋而结舌。三千陈葛藤，窠臼都剿绝。撞着跂死禅，一刀成两橛。更拟问如何，白棒蓦头楔。到此田地时，许你称禅客。伏惟大众前，莫疑我虚说。”

昌昌慧禅师

重庆府卢氏子。遇乱世逃入遵义。廿龄礼先登师脱白。闻破山和尚开法双桂，遂趋圆具。遍参诸方，归新都之宝光笑宗和尚处契机，而授以偈。自知德凉行寡，不能有益于法门。守死善道，有山居诗偈行世。其略曰：“水云深处卜幽居，随分生涯乐有余。霜冷菊开三径秀，月明人静六窗虚。闲来合药寻医典，静复焚香读佛书。个里不容狮子座，惟将一默答文殊。”扫双亲墓云：“清明佳节扫坟台，片片愁云渐涌来。雨过目前添旧恨，雷鸣冢上续新哀。香焚岳岭千年臭，纸挂长江百世恢。几咏蓼莪心胆裂，长空望断若痴呆。”

乾御源禅师

蜀人。受印偈于赤松和尚。久住黔西，有录行世。后江浙归觐本师。命秉拂。

小参：“神机密运，触类傍通。廓尔圆明，不落诸数。所以南询五十，锋铓初露于妙峰；楼阁门开，大机终涵于海藏。百千妙义，无量法门，总在一毛头上。彰显现前，一一无非受用。”大众：“既尔受用一分现前，因甚弥勒大士，却从远方归来？”“若向者里见得彻，黔天风月，一团和气。脚跟不动，华藏周游，其或未然，不免曲引傍资。”拂一拂云：“七载离师海上游，归来时节正逢秋。篱边菊露三玄句，桂萼香浮意外幽。狮峰如画，胜景凝眸。碧水潭中龙奋迅，夺得云霞满袖头。”喝一喝。

孤舟禅师

不知何许人。万历初，至真安磻溪寺，面壁数年。一日谓主僧曰：“明日予逝矣。寺外二树将折，一折有声，即主僧长老。一折无声，即予也。”次日二树果折。说偈曰：“勘破无无世界，了然何物心头。自性已归圆寂，清风明月自然。”端坐而逝。

遵义禹门策眉禅师

黎氏子。幼为邮吏，而桂子兰孙，缁素百有余人，因甲乙之。革依本师丈雪和尚削染，金汤法社，敞建丛林。乙卯冬杪过昭觉，省觐本师，行至渝州。偶问弟子：“此去成都远近？”众曰：“半月程。”师曰：“祇可半途。”命庄香遥礼毕，端坐而逝。世寿八十八，僧腊三十。塔于内江般若寺也。

（三）民国时期

本会呈内政部关于贵州省佛教会请取消息烽县苛征庙捐文　太虚

呈为地方假藉名义，苛征庙捐，恳请鉴核，准予咨行豁免事：

案，据贵州省佛教会呈，以据息烽县佛教会呈称：窃查云云……（原文略）俾得稍苏困苦，而便维持公益慈善事业等情，请转呈钧部依法维持等语。窃查地方公益，僧人同属国民，自亦应有担负之责，然必僧俗共同担负，于理始得其平，今乃独诛求于无告之僧人，即不论其是否合于法令，而僧众之受迫已甚。事实已无可讳言；殊非党治之下所应有之现象。据呈前情，理合具文，恳请钧部鉴核，务祈咨行贵州省政府严令息烽县迅将是项非法捐税，概行豁免，以重法令，而维僧众，实为公德两便。呈请国民政府行政院内政部。

中国佛教会常务委员：太虚

[**附记**] 选自《中国佛教会报》1931 年 第 15–21 期。

贵州省佛教会呈报澈浊到遵义县指导情形请将前委任原案撤销文

觉崇、慈照、定安、持省、永昌

呈为陈明情状。伏乞鉴核。请注销前案事。

窃查澈浊师去岁由皖道经贵州，在职会暂住。时值风雨飘摇之际，又加遵义县佛教会尚未改组，前派永昌前往指导，被一班无识僧众从中阻挠，遵义县政府，无理干涉，驱逐永昌，不受指导，职会为救济起见，于是函请澈浊师前往办理。不意到遵两月，只字片纸未见回复。经职会去函催促返省，亦置之不理。嗣经派人探寻，乃知澈浊竟将遵义县钤记交与一班劣僧众，任意妄为，以致遵义佛教会愈难收拾，而澈浊亦不知去向。窃思人心难测，欲得实力拥护宗教者，诚罕遇，其人也。除另派职会常务委员持省前往遵义，依法改组，以资整理外，理合具文呈乞钧会，俯赐鉴核，将职会前委派澈浊为指导委员一案，准予注核。实为公便，是否有当，伏候。钧会核示只遵

谨呈中国佛教会

贵州省佛教会常务委员：觉崇、慈照、定安、持省、永昌

[附记]选自《中国佛教会报》1930年第4–6期（民国十九年4月6日）。

参考文献

一、志书

[1]（明）弘治《贵州图经新志》
[2]（明）万历《铜仁府志》
[3]（明）郭子章《黔记》
[4]（清）吴振棫《黔语》
[5]（清）李宗昉《黔记》
[6]（清）张澍《续黔书》
[7]（清）康熙《黔灵山志》
[8]（清）康熙《湄潭县志》
[9]（清）乾隆《毕节县志》
[10]（清）乾隆《玉屏县志》
[11]（清）嘉庆《黄平州志》
[12]（清）咸丰《兴义府志》
[13]（清）咸丰《安顺府志》
[14]（清）同治《毕节县志稿》
[15]（清）道光《普安直隶厅志》
[16]（清）道光《铜仁府志》
[17]（清）道光《思南府续志》
[18]（清）道光《安平县志》
[19]（清）光绪《铜仁府志》
[20]（清）光绪《黎平府志》
[21]（民国）《续遵义府志》

[22]（民国）《大定县志》

[23]（民国）《都匀县志稿》

[24]（民国）《修文县志访稿》

[25]（民国）《清镇县志稿》

[26]（民国）《剑河县志》

[27]（民国）《桐梓县志》

[28]（民国）《思南县志稿》

[29]（民国）《石阡县志》

[30]（民国）《沿河县志》

[31]（民国）《贵定县志稿》

[32] 中共贵州省铜仁地委办公室档案室、贵州省铜仁地区志党群编辑室整理：《铜仁府志》（据民国缩印本点校），贵阳：贵州民族出版社，1992。

[33] 印江土家族苗族自治县志编纂委员会：《印江土家族苗族自治县志・梵净山志》，贵阳：贵州人民出版社，1992。

[34] 贵阳市志编纂委员会编：《贵阳市志・宗教志》，贵阳：贵州人民出版社，1996。

[35] 贵州省铜仁地区地方志编纂委员会编：《铜仁地区志・城乡建设环境保护志》贵阳：贵州人民出版社，2001。

[36] 贵州省地方志编纂委员会编：《贵州省志・文物志》，贵阳：贵州人民出版社，2003。

[37]《六盘水市志・民族志》编纂组织机构编：《六盘水市志・民族志》，贵阳：贵州人民出版社，2003。

[38] 镇远县政协文史资料研究室编：《镇远府志》（第 4 册），贵阳：贵州人民出版社，2014。

二、著作

[1]（东汉）刘熙撰《释名》

[2]（北宋）李昉等编《太平广记》

[3]（南宋）释普济《五灯会元》

[4]（明）徐弘祖著《徐霞客游记》

[5]（清）田雯《黔书》等辑《昭觉丈雪醉禅师语录》

[6]（宋）李昉等编《太平广记》

[7]（清）檀萃《黔囊》

[8]（清）王昶《滇行日录》

[9] 贵州省民族研究所、毕节地区彝文翻译组：《西南彝志选》，贵阳：贵州人民出版社，1982。

[10] 政协贵州省贵阳市委员会文史资料研究委员会编：《贵阳文史资料选辑》（第 5 辑），1982。

[11] 政协贵州省安顺市委员会：《安顺文史资料选辑》（第 2 辑），1984。

[12] 政协贵州省都匀市委员会：《都匀文史资料选辑》（第 5 辑），1986。

[13] 政协贵阳市南明区委员会文史办公室：《南明文史资料选辑》（第 5 辑），1987。

[14] 贵州省仁怀县政协文史资料征集委员会：《仁怀县文史资料》（第 4 辑），1987。

[15] 政协白云区委员会文史资料研究委员会:《白云文史稿》(第 5 辑)，1988。

[16] 政协贵州省金沙县委员会文史资料研究委员会:《金沙文史资料选》（第 4 辑），1989。

[17] 贵州省习水县政协文史研究委员会编:《习水县文史资料选辑》(第 8 辑），1989。

[18] 政协贵阳市南阳区委员会文史资料委员会编:《南明文史资料选辑》（第 11 辑），1993。

[19] 章海荣：《梵净山神》，贵阳：贵州人民出版社，1997。

[20] 编委会整理：《锦江禅灯·黔南会灯录》，成都：四川大学出版社，1998。

[21] 中国历史文献研究会、贵州历史文献研究会合编：《学者笔下的